– 献给 –

张荣观 先生
Mr. Zhang Rongguan
1910.06.26 ~ 1989.09.13

韩瑞芝 女士
Mrs. Han Ruizhi
1910.07.20 ~ 1966.10.16

SILK COMES FROM THE EAST
Central Asian Settlements along the Banks of the Grand Canal in Sui-Tang Luoyang and the Eastern Starting Point of the Silk Road

絲從東方來
隋唐洛阳城东运河两岸的
胡人部落与丝绸之路的东方起点

张成渝　张乃翥 ／ 著
Zhang Chengyu　Zhang Naizhu

文物出版社

图书在版编目（CIP）数据

丝从东方来 / 张成渝著 . —— 北京 ： 文物出版社，
2022.12

ISBN 978-7-5010-7861-5

Ⅰ．①丝… Ⅱ．①张… Ⅲ．①丝绸之路－考古－研究
－洛阳 Ⅳ．① K928.6

中国版本图书馆 CIP 数据核字 (2022) 第 205219 号

丝从东方来

隋唐洛阳城东运河两岸的胡人部落与丝绸之路的东方起点

张成渝　张乃翥　著

封面题字：［意］毕罗（Pietro De Laurentis）

责任编辑：杨冠华

书籍设计：特木热

责任印制：张道奇

出版发行：文物出版社

社　　址：北京市东直门内北小街 2 号楼

邮　　编：100007

网　　址：http://www.wenwu.com

经　　销：新华书店

印　　刷：北京荣宝艺品印刷有限公司

开　　本：787×1092　1/16

印　　张：25

版　　次：2022 年 12 月第 1 版

印　　次：2022 年 12 月第 1 次印刷

书　　号：ISBN 978-7-5010-7861-5

定　　价：380.00 元

本书的研究和出版得到

国家自然科学基金项目资助

（批准号：40901074）

目　录

第五章　杨隋时代中外经济交往对丝路构建的国家突破

——大运河的开凿，隋炀帝对东都财赋价值的开发

第六章　唐代洛阳地区胡人部落的人文地理学分布，印证了大运河输丝贸易国家职能的确立

前　言

　　这部题名为《丝从东方来：隋唐洛阳城东运河两岸的胡人部落与丝绸之路的东方起点》（SILK COMES FROM THE EAST - Central Asian Settlements along the Banks of the Grand Canal in Sui-Tang Luoyang and the Eastern Starting Point of the Silk Road）的书稿，是我们这些年来拟定的"丝绸之路视域下的古代洛阳与中外文化交流"书系的第五部。实际上，这个课题在酝酿的初期，我们曾经设想的题目是《洛都城东胡人聚落与大运河输丝贸易的研究》。这样的书名，较之前者，平实而直白，质感而无华，不论视觉感受拟或听觉感受都要平和、中允一些。这不仅符合"普罗"大众的心理诉求，更从课题立意上避开了"丝路起点城市"之争的当下困扰。

　　既然如此，那么现在的书名怎么会最终地确定下来？

　　这要从本书成稿过程中的一次学术切磋谈起。

　　2012 年 6 月，在北京大学的农园餐厅里，我们与意大利汉学家毕罗（Pietro De Laurentis）博士就城市文脉（urban context）问题有过一次学术的交谈。之后当我们与博士谈起这本将近完成的书稿时，博士从笔记本电脑上看到本书开卷大量引用赵丰教授等搜罗的江淮以南的丝绸考古资料，便立即建议我们无论如何要更加侧重落墨于洛阳与江南丝绸产业经济学因缘的探讨。毕罗博士说，"作为一本专著，《洛都城东胡人聚落与大运河输丝贸易研究》的一个核心问题，就是阐明大运河以极大的承载能力输丝到洛阳，从而以得天独厚的水文地理条件，使这座都城担当起了丝绸之路起点城市的实际称号。"

正是基于这次学术切磋的教益，现在的定稿本在相应论据的使用、相关论述的确定诸方面，都做了适度的调整，书名亦然。

人所共知，作为九朝故都的洛阳，蕴藏于文献、文物里的城市信息，着实是一项取之不完、用之不竭的文化遗产。但从截至目前已经出版的与这座城市相关的历史文化学（Historical Culturology）著作来看，采用先进文化理念、广泛利用群信息（group information）资源的学术论著，应该说还是非常的稀缺。这一地方性学术研究的时态，究其源委，说到底与几十年来从事这一领域工作的学者群专业知识的储备、学风修养的固有态势有着内在的关联。

但是，从另一方面来看待，这种学术态势的存在，也恰恰为洛阳未来城市文化史的研究，提供了论域层面的宝贵空间。

其实，从目前中国整体的学术研究情势看，我们的众多前轫学者已经作出了不少具有引领意义的文化学研究成果。就丝绸研究领域举例来说，新疆博物馆的武敏先生、中国丝绸博物馆赵丰先生、中国科学技术大学龚德才教授等新老专家，已经在丝绸研究领域作出了一些带有开拓意义的学术成果，这应该说为国内考史同行们作出了具有前沿性价值的学术示范。发生在丝绸研究领域的这一学术动态，应该说正是国内文化史学界理路创新过程中一个带有范式意义的缩影。

所以我们相信，假以时日的推演，具有丰富文化内涵的洛阳考史领域的学术研究，必将迎来一个全新的认知文化学（Cognitive Culturology）研究的时代。

第一章

世界资源置换需求视域下东方丝绸产业的文化学梳理

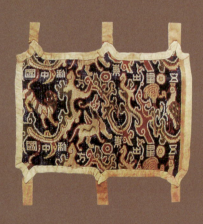

（一）考古人类学视域下中国早期蚕丝遗物的时空分布

中国科学技术大学 2016 年 12 月 24 日消息，该校学者研究发现 8500 年前丝织品的生物学证据，将中国丝绸出现的考古学证据提前了近 4000 年。

这一成果由该校科技史与科技考古系龚德才教授的研究团队研究发现，近日刊登在国际学术期刊《Plos One》上。

据报道，通过对河南中部地区著名的贾湖遗址的两处墓葬史前人遗骸腹部土壤样品的测验，检测到了蚕丝蛋白的残留物。根据遗址中发现的编织工具和骨针综合分析，表明 8500 年前的贾湖居民，可能已掌握了基本的编织和缝纫技艺，并有意识地使用蚕丝纤维制作丝绸。

学者们认为，古代的生产技术是人类文明的重要组成部分，因而一直是科研人员关注的重点，纺织技术更是如此。新石器时期，一系列的纺织工具，如陶器、骨器和石器等常有发现，这刺激了人们追踪中国纺织业源头的理念。然而，在史前古文化遗址中却很少发现丝织品存在的直接证据。

据龚德才教授介绍，印度学者曾通过显微形态对比的方法，证明了哈拉帕和昌胡——达罗遗址（前 2450 ～前 2000 年）出土的铜器表面残留有蚕丝纤维，提出了印度在 4000 年前已经开始使用蚕丝的证据。奥地利学者通过分析古埃及木乃伊卷发中的纤维疑似物，确定其为蚕丝纤维，从而推断 3000 年前的古埃及已经开始使用蚕丝。

考古研究表明，在中国的一些史前遗址中，迭有与丝绸相关的文物的出土。如河南荥阳青台村新石器时代遗址出土了 5500 年前的丝麻织物残片，浙江钱山漾良渚文化遗址出土了约 4750 年前的丝线、丝带和没有炭化的绢片，山西夏县西阴村仰韶文化遗址中发现了 5500 ～ 6000 年前的茧壳。此外，还有一些更早的间接证据，包括纺织工具以及与蚕和蚕丝相关的符号、图案和装饰品等，都揭示出中国丝绸发源的信息。

贾湖遗址位于河南省中部，是中国古代文明的重要发源地之一。依据中国古老的传说，生活于今河南西平县（紧邻贾湖）的嫘祖，曾"首创种桑养蚕之法，抽丝编绢之术"，由此开始了利用蚕丝制作丝绸的历史。

龚德才教授认为，贾湖遗址蚕丝蛋白残留物的发现，将中国丝绸出现的考古学证据提前近 4000 年，证实了中国是首个发明蚕丝和利用蚕丝的国家，对于丝绸发展史的研究起到了关

14

键作用，具有深远的人类文明史的意义 [1]。

另据中国纺织史专家赵丰先生调查、研究，我国最早的仿制品，出现在新石器时代晚期。距今 7000 ～ 5000 年，我国黄河流域和长江流域均已出现麻纺织业和丝纺织业。

由考古实践得知，最早发现的中国远古丝绸的见证是山西省夏县西阴村遗址出土的半个茧壳。

1926 年，清华大学研究院与美国弗利尔美术馆（Freer Gallery of Art）合作，由我国考古界前辈李济先生邀请袁复礼共同进行山西汾河流域的考古调查。期间发掘了山西夏县西阴村仰韶文化遗址。这是中国第一次由中国学者主持进行的考古发掘，在中国考古史上具有里程碑意义。

此次发掘，出土了半个蚕茧。翌年主持此次发掘的李济先生公布了这一令人振奋的发现："我们最有趣的发现是一个半割的、似丝的半个茧壳。用显微镜考察，这茧壳腐蚀了一半，但是仍然发光。那割的部分是极平直的。清华大学生物学教授刘崇乐先生替我看过好几次，他说，他虽不敢断定这就是蚕茧，然而也没有找出必不是蚕茧的证据。与那西阴村现在所养的蚕茧比较，比那最小的还小一点。这茧埋藏的位置并不在坑的底下，它不像是后来的侵入，因为那一方的土色没有受扰的痕迹，也不会是野蚕偶尔吐的，因为它是经过人工的割裂……" [2]。

经研究，刘崇乐初步断定此为桑蚕茧，茧壳长约 1.36 厘米，幅度约 1.04 厘米，系用锐利的刀刃切去茧壳的一部分。

1928 年，这半个茧壳经美国斯密森学会（Smithsonian Institution）鉴定，确定为蚕茧。

日本学者布目顺郎对西阴村的这个蚕茧进行了复原研究，测得原茧长 1.52 厘米，茧幅 0.71 厘米，茧壳被割去部分约占全茧的 17%，并推断是桑蟥茧 [3]。

---

[1] 据 2016 年 12 月 24 日新蓝网客户端报道整理，原标题《学者研究将中国丝绸出现的考古学证据提前近 4000 年》，编辑：胡昊。

[2] 李济：《西阴村史前的遗存》，清华研究院丛书第三种，1927 年；转引自赵丰、金琳：《纺织考古》，文物出版社，2007 年，页 18、19。

[3] [日] 布目顺郎：《养蚕の起源と古代绢》，雄山阁，1979 年；转引自赵丰、金琳：《纺织考古》，文物出版社，2007 年，页 19。

日本学者池田宪司在多次考察后认为，这是一种家蚕茧，只是由于当时的家蚕进化不够，茧形还较小[4]。

这一蚕茧现藏台北故宫博物院，具有很高的学术价值。

西阴村遗址的年代为距今 6000 ~ 5500 年，这一蚕茧遗物的出土，为人们研究丝绸起源提供了实物资料，因而在世界丝绸文明史上具有特别重大的意义。

其实，考古发现和研究表明，在东方的黄河流域，至迟在 5500 年前的仰韶文化中期，就已经出现了丝绸产业。

1981 年 4 月至 1987 年年底，考古人员对位于河南荥阳县的青台文化遗址进行了 7 次考古发掘。在这一属于仰韶文化中后期的史前遗址中，"出土了炭化丝麻织品残片（包括残迹），还有与纺织品有关的纺轮、骨针、骨匕、陶刀和合股的麻绳残段等"。发掘过程中，人们在 "遗址第 7 文化层的 W164 瓮棺葬内出土了距今 5500 年左右的纺织物残片。W164 的葬具为两件形制大小基本相同、口与口严密扣接的夹砂褐陶罐，竖立于略比陶罐大一些的圆坑内。棺内葬一呈蹲坐姿势的婴幼儿。出土时棺内未见淤土，而在头骨与肢骨上粘附有灰白色炭化丝织物……随后又在 W486 内发现丝织品实物。W486 以小口尖底瓶与器盖平置扣合作葬具，横卧于长方形土坑内。瓮棺内婴儿仰身直肢，头向正北。由于陶棺扣合紧密，除底部有少量进水痕和微量浮土外，未见其他淤积物。出土时骨骼保存完整，腿骨与脚骨上均粘附有部分褐灰色炭化纺织物碎片及块状织物结块。骨架两侧还有少量灰白色粟粒状炭化物。已经炭化的丝织物残片和粘附于头骨上的残迹，经上海纺织科学研究院鉴定，具有丝纤维光泽、单纤维排列平行、无捻度等特征。虽然纺织物炭化严重，仅能从单根丝纤维的剖面予以鉴定，但已足以证明它是新石器时代的桑蚕织物"[5]。

青台遗址出土的丝织物，是世界纺织考古的一项重大发现。它以确凿无疑的实物史料向人们显示，地处中原的黄河腹地，远在史前的仰韶时代，桑蚕丝绸业已经成熟地进入东方人

[4] 参见 [日] 池田宪司：《一粒茧に魅せられて》，《季刊中国》1987 年第 10 期；转引自赵丰、金琳：《纺织考古》，文物出版社，2007 年，页 19。

[5] 张松林、高汉玉：《荥阳青台遗址出土丝麻织品观察与研究》，《中原文物》1999 年第 3 期，页 10 ~ 16；有关这一文化遗址的发掘成果，参见郑州市文物工作队：《青台仰韶文化遗址 1981 年上半年发掘简报》，《中原文物》1987 年第 1 期，页 1 ~ 7。

宽 0.6 ~ 1 厘米

长 6.4 厘米

图一
河南巩义 5300 年前 "河洛古城"
遗址出土牙雕家蚕艺术品

民的生活。

20 世纪 80 年代，郑州市文物工作队在荥阳市青台村新石器时代遗址进行了较大规模的考古发掘。其中第七层及其相关地层中出土了距今约 5500 年的丝、麻织物残片。

据张松林、高汉玉的观察、研究，在 W164、W486 两个瓮棺内发现有丝织物残片。从丝纤维来看，其单茧丝面积为 36 ~ 38 微米，截面呈三角形，丝线无捻度，为典型的桑蚕丝。从织物结构来看，青台村织物有平纹织制的纱和以两根经丝成组的绞纱织物，称之为罗。这些罗中还带有浅绛色者，应是先经练染再染色的，所用的染料可能是赭铁矿一类 [6]。

除此之外，有关黄河中下游地区桑丝产业的早期信息，考古发掘亦有最新的发现。

据光明网 2020 年 5 月 13 日发布的信息，2020 年 5 月 7 日郑州市文物考古研究院公布，河南巩义双槐树遗址阶段性重大考古成果显示，这座 5300 年前相当于仰韶文化中晚期而被专家命名为 "河洛古国" 的都邑遗址，不但填补了中华文明起源关键时期、关键地区的关键材料，更由于遗址内出土了一件与丝绸起源有重要关联的已知最早家蚕牙雕艺术品，引起了学术界的高度重视（图一）。

据我国著名学者、北京大学教授、"夏商周断代工程" 首席科学家李伯谦介绍，在巩义河洛镇发现的这个遗址，契合《易经》中 "河出图，洛出书，圣人则之" 的记载。这个 "河" 是指黄河，"洛" 就是洛河，而河洛镇正是洛河汇入黄河的地方，从地点上讲，称其为 "河

---

[6] 高汉玉等：《河南青台遗址出土的丝麻织品与古代氏族社会纺织业的发展》，《古今丝绸》1995 年第 1 期，页 9 ~ 19；张松林、高汉玉：《荥阳青台遗址出土丝麻织品观察与研究》，《中原文物》1999 年第 3 期，页 10 ~ 16。

洛古国"没有问题。

李教授还认为，根据碳 14 测定，双槐树遗址距今 5300~5000 年，而遗址有三个大环壕、集中成四排的建筑基质、三个墓葬，墓葬里还有祭台，这几点从时间、内涵上说明当时已经进入古国阶段，双槐树遗址就是一个古国时代的遗址，所以可以称之为"河洛古国"。甚至不排除其是黄帝时代的都邑所在，至少已是早期中国的酝酿阶段。

而这件考古发掘的桑蚕文物充分表明，远在华夏文明的初期阶段，河洛一带便成为桑丝产业的重要地区，以致当地人民会通过视觉美术的传感，实施着桑蚕崇拜的文化行为。

1958 年，在浙江湖州吴兴钱山漾一处属于良渚文化的遗址中，出土了距今 4750 年的绢片、丝带、丝线及苎麻布残片和细麻绳等遗物。这是当时所知最早的丝织物产品[7]。

这些，无不有力地证实，上古时代东方文献有关黄帝与元妃嫘祖从事桑丝的记载，是信而有证的人事描述。我国是世界上丝绸织品的发源地，殆为文化遗产出土遗迹所昭示。

与此出土遗迹相参证，中国古代文献对于上古以降的农桑之事亦有连绵不绝的载籍。

如有商时代，"至帝太戊，有桑谷生于庭，一暮大拱。"[8]

《诗·小雅·小弁》尝曰："维桑与梓，必恭敬止。靡瞻匪父，靡依匪母。"朱熹集传："桑、梓二木。古者五亩之宅，树之墙下，以遗子孙给蚕食、具器用者也……桑梓父母所植。"

《孟子》曰："五亩之宅，树之以桑，五十者可以衣帛矣。"

我国自东汉以来，一直以"桑梓"一词借指故乡或父老乡里，从而在人本理念上折射出古人对桑丝产业在人生世故里突出价值的重视。

汉张衡《南都赋》："永世克孝，怀桑梓焉；真人南巡，觊旧里焉。"

晋袁宏《后汉纪·明帝纪上》："中国者，先王之桑梓也。"

如此看来，古人对"桑梓"概念富有文化认同韵致的释义，不仅带有华夏民族富于寻根意义的人生理念，更能映衬出东方社会对桑丝产业发自内心的崇拜——中华民族的"丝国"

---

[7] 浙江省文物管理委员会、浙江省博物馆：《吴兴钱山漾遗址第一、二次发掘报告》，《考古学报》1960 年第 2 期，页 73 ~ 91（正文）+149 ~ 158（图版）；徐辉等：《对钱山漾出土丝织品的检验》，《丝绸》1981 年第 2 期，页 43 ~ 45；高汉玉：《中国桑蚕丝帛起源的探讨》，《亚洲文明论丛》，四川人民出版社，1986 年。

[8] 司马迁：《史记》卷二八《封禅书》，中华书局，1982 年，页 1356。

称号，由此可见赋有源远流长的发自生产力场域的文明基因。

有关史前时期我国纺织作业的技术内涵，近 7000 年前的浙江余姚河姆渡遗址，曾出土了不少与纺织有关的石制、骨制、木制工具，如陶纺轮、木纬刀、木织轴、骨锥、骨管状针织网，所有这些带有整体构件意义的文化遗存，毫无疑问折射出这一时期的江浙一带，业已使用原始织机信息。此外，遗址中还出土了苘麻的双股麻线。

河姆渡出土文物经中国社会科学院考古研究所实验室测定，其年代为距今 6960±100 年。这说明处于母系氏族公社繁荣时期的河姆渡人，已经开始利用原始织机从事纺织生产了 [9]。

在新石器时期的文化遗产中，与上述蚕丝业实物形成信息共轭的，还有数量众多的符号遗物纳入我们的学理视域，由此让我们从社会理念层面感受到当时蚕丝生产为古人所殷殷重视的情态。现将我国遗址考古中历年发现的这类文化遗迹简要介绍，期以窥见我国丝绸文明的渊绪。

1977 年，浙江余姚河姆渡遗址出土了一件牙雕，牙雕上镌刻有四对虫蛹形象，学界多将其视为蚕的纹样刻画。这是迄今为止所知时代最早的蚕形文物遗迹。结合同一遗址出土的蛾形器——或称蝶形器——来看待，显然这在一定层面内反映了距今约 6000 年前河姆渡人对蚕生态的关注 [10]。

另在我国距今约 5000 年的新石器时代遗址中，类似的考古发现愈加频繁。

1921 年，瑞典地质学家安特生（Johan Gunnar Andersson，1874.7.3~1960.10.29）在辽宁砂锅屯仰韶文化遗址内，发掘到长达数厘米的用大理石制作的蚕形器。

1960 年，中国科学院考古研究所在山西芮城西王村仰韶文化晚期遗址中发现有陶制蚕蛹形装饰品。

与此同时，河北正定南杨庄仰韶文化遗址也出土了陶质蚕蛹。

---

[9] 浙江省文物管理委员会：《河姆渡遗址第一期发掘报告》，《考古学报》1972 年第 2 期，页 73～91（正文）+149～158（图版）。

[10] 浙江省文物管理委员会：《河姆渡遗址第二期发掘主要收获》，《文物》1980 年第 5 期，页 1～15（正文+图版一）+98～99（图版二）。

1963 年，江苏梅堰新石器时代遗址出土的黑陶上，也见有蚕纹的刻画。

而安徽蚌埠市郊区吴郢新石器时代遗址内发现的一件陶器的底部，刻画有被认作是蚕在营茧的美术图像。因为这一画面中，在蚕体之外有众多直线的分布，被认作是蚕在蚕簇中吐丝的定型。

另在甘肃临洮冯家坪距今 4200 年的齐家文化遗址中，曾发现了一件刻有很多蚕形昆虫的双联陶罐。

而在辽宁与内蒙古交界处的一座红山文化遗址中，曾经发现了许多的玉蚕。

凡此种种的文物发现，让我们感受到新石器时代华夏族对蚕丝生产的重视与崇敬。它从美术创作领域揭示了当年华夏大地丝绸业在人们意识形态中享有崇高的地位[11]。

1. 商殷时代的丝绸业

这种带有鲜明符号化寓意的文化现象，在我国各地商周时代的文化遗址中亦有众多的再现，如安阳附近的殷商墓中即时有所见。

此外，1953 年考古部门在安阳大司空村殷墟墓中发现了共有七节的白色蚕形玉[12]。

1966 年，在山东益都苏埠屯殷代大墓里也发现了形态逼真的玉蚕。由此可见，在商代晚期，桑蚕已被普遍的饲养。

西周文化遗址中出土的玉蚕数量较商代更多，日本学者布目顺郎在《养蚕起源与古代丝绸》一书中专门列举了周代蚕的仿造品和蚕纹饰，其中涉及到陕西泾阳高家堡、长安沣西村、宝鸡福临堡、河南浚县辛村、山西长治分水岭、山东临淄郎家庄等遗址[13]，而且往往在同一座墓中即有一大批同类文物的出现。如宝鸡茹家庄遗址发现的大量玉蚕，均用作人体的装饰品。山东济阳刘台西周墓地一座墓中即出土玉蚕 22 个。山东临淄郎家庄 1 号墓陪葬坑中出土的玉蚕更有 29 个之多[14]。

---

[11] 孙守道：《红山文化"玉蚕神"考》，《中国文物世界》，1998 年，总第 153 期，页 48 ~ 67。

[12] 马得志、周永珍：《1953 年安阳大司空村发掘报告》，《考古学报》1951 年第 5 期，页 25 ~ 90＋211 ~ 248；中国社会科学院考古研究所：《殷墟发掘报告》（1958 ~ 1961 年），文物出版社，1987 年。

[13] [日] 布目顺郎：《养蚕の起源と古代绢》，雄山阁，1979 年。

[14] 熊建平：《试谈刘台西周墓地出土的玉蚕》，《农业考古》1987 年第 1 期，页 310 ~ 312。

与布目顺郎上述研究相呼应，日本学者吉武成美对中国蚕丝的起源与发展也做了深入的探讨。这些研究结合田野考古学数据，认为中国在新石器时代晚期可能已完成家蚕的生物驯化。

中国学者在研究桑蚕、丝绸发源阶段的活动中，也作出了十分突出的贡献。如唐云明在《我国育蚕织绸起源时代初探》一文中，介绍了各地新石器时代遗址出土的与桑蚕有关的遗物，将我国蚕丝的发源时期判定为新石器时代晚期[15]。

周匡明在《养蚕起源问题的研究》一文中，根据河姆渡遗址发现的蚕纹牙雕推测，当时的人们已经掌握了利用蚕茧的秘密。而钱山漾遗址出土的绢片，则说明桑蚕当时已进入家养的时期[16]。

魏东在《先秦时期中国养蚕业中心地区的变迁》一文中，根据出土文物多集中在江南一带的情况，提出了中国蚕业发轫的中心地区位于长江三角洲的论断[17]。

在研究中国蚕业起源的学者中，蒋猷龙从文献学、民族学、考古学、历史学和遗传学等多学科的研究视域出发，对中国蚕业的起源问题进行了重新的审视，他于1978年提出家蚕的祖先野桑蚕为多化性，其原始型应当亦为多化性。又驯养桑蚕始于不同的时期的不同地区，由此形成蒋氏的"多中心论"[18]。

关于蚕业起源的问题，中国学者赵丰依据大量史料和考古出土实物的支持，从全新的文化人类学（cultural anthropology）和认知考古学（cognitive archaeology）的理念出发，提出了自己独到的见解。赵丰认为，中国蚕桑丝绸业起源的契机在于中国独特的文化背景。起初，属于新石器时代早期或中期的先民们对广泛生长于原始桑林之中的蚕产生了浓厚的兴趣。他们观察蚕自卵至蛹并化蛾飞翔的生态变化，把它与人的生死、死后升天（重生）相联系。于是，蚕成了沟通生与死、天与地的引路神，桑树成为羽化升天的工具。人们对蚕桑崇敬有加，在桑林中进行重要祭祀活动。至迟在新石器时代中期，人们开始对蚕加以有意识的饲养与保

[15]　唐云明：《我国育蚕织绸起源时代初探》，《农业考古》1985年第2期，页320～323（正文）+370（部分注释）。

[16]　周匡明：《养蚕起源问题的研究》，《农业考古》1982年第1期，页133～138。

[17]　魏东：《先秦时期中国养蚕业中心地区的变迁》，《丝绸史研究》1984年第1期，页1～21。

[18]　蒋猷龙：《家蚕的起源与分化》，江苏科技出版社，1982年。

护，以免人们的通天之路因自然环境或天敌而被阻。因此茧丝的利用，最初的目的是事鬼神。这样的情况一直延续到商或西周，直到春秋、战国时期，随着思想的逐步解放和生产力的进一步提高，丝绸的使用才渐渐普及起来[19]。

赵丰的这一见解，为我们打开了一扇侧重于从意识形态或"意识流"视域审视人类生产导向的思维机制，这无疑有助于我们由田野考古学"从物到物"的传统认知依赖中解放出来，从而更加贴近于感触人类一项生产活动的本真生态。这种善于捕捉人类精神活动的学科思考及其治学理念，对我们从事物质文明史的科学研究，尤其具有重大的启发意义。

逮至商周，丝织品业已作为贵族阶级的特殊消费品，是穿着者等级、身份的标志。当时的官方不但有专人、掌染草、钟氏及荒氏等官职，均为纺织生产而设置。与此同时，当时的政府还有若干保护桑蚕生产的政规、法令的出台。不仅如此，遗留至今的历史文献中，尚且有着对当时纺织和丝绸的记载。如《诗经》中对纺织生产的咏唱即有："十亩之间兮，桑者闲闲兮""萋兮斐兮，成是贝锦""东门之池，可以沤麻"等。

而《诗经·豳风·七月》，更有"采桑"的叙事，从中可以看出周原一带农陌桑蚕的一些田野劳动情节：

"七月流火，九月授衣。一之日觱发，二之日栗烈。无衣无褐，何以卒岁！三之日于耜，四之日举趾。同我妇子，馌彼南亩。田畯至喜。

七月流火，九月授衣。春日载阳，有鸣仓庚。女执懿筐，遵彼微行，爰求柔桑。春日迟迟，采蘩祁祁。女心伤悲，殆及公子同归。

七月流火，八月萑苇。蚕月条桑，取彼斧斨。以伐远扬，猗彼女桑。七月鸣鵙，八月载绩。载玄载黄，我朱孔阳，为公子裳"[20]。

所有这些，无不反映出上古时期人们在意识形态领域对丝绸生产的生态性认知。

尤其值得人们注意的是，商周时代的金石铭文，尚且涉及到了当时丝绸贸易的情况。如匆鼎铭中有"匹马束丝"换五个奴隶的记载。《诗经》中更有"抱布贸丝"者的人事刻画。这说明当年丝绸贸易已经达到市场化的趋势。南俄巴泽雷克墓葬中出土的中国丝绸实物，更

---

[19] 赵丰：《丝绸起源的文化契机》，《东南文化》1996 年第 1 期，页 67 ~ 74。

[20] 《诗经·豳风·七月流火》，叶圣陶：《十三经注疏·毛诗正义》卷八，中华书局，1959 年，页 389、390。

22

是这一时期丝绸贸易通向西方的例证。

学界的研究表明，商周时期，我国已开始进行桑树、麻类植物的人工栽培，且纺绩、缲丝、加捻等加工技术也有很大提高。

我国商代已出现几何纹的单层提花织物，有的甚至是复杂的四经绞罗。西周时期已出现用重组织织成而被称之为"织锦"的提花织物。当时在刺绣中普遍使用锁绣针法。植物染料和媒染技术已被广泛采用。其中朱砂染色的实物在出土案例中也极为常见。

学者们据此认为，这一时期的中国纺织史，主要是用考古实物来书写的，出土的纺织遗物成为当时纺织生产发展水平的最好见证 [21]。

1934 ~ 1935 年，中国考古学家在对安阳殷墟进行第 10 ~ 11 次考古发掘的过程中，从侯家庄西北岗殷墟大墓出土的铜爵、铜觚、铜戈上，发现有明显的细布痕迹和丝绢痕迹。这些文化遗迹的出现，引起了考古学界的高度重视 [22]。

1950 年，中国科学院考古研究所安阳工作队在殷墟西北岗王陵区发掘武官村大墓，墓中出土了带有绢帛痕迹的三件铜戈。这是新中国成立后较早发现的商代丝织品遗存，它再次证实有商晚期丝绸产品在黄河流域上层社会的流行。

1976 年，中国科学院考古研究所安阳工作队发掘了著名的妇好墓，墓中出土的一大批青铜器上均有丝织品的印痕。研究者发现这些丝织品不仅有普通的平纹绢和重平组织的缣、提花的绮，更有被称为"大孔罗"——事实上就是后来的四经绞罗的丝织品。这说明我国的罗织造工艺早在商代就已经发展到了极高的水平。

1973 年，河北省蒿城台西村商代遗址进行考古发掘。上海纺织科学研究院对出土青铜器上的丝织品印痕进行了鉴定 [23]。

1979 年，中国学者陈娟娟在故宫博物院旧藏的一些商代玉器和青铜器上亦发现了织物的印痕。其中在一件玉戈上发现雷纹绮印痕，其白色的痕迹虽然只是一小块，但却十分清晰，

[21] 赵丰、金琳：《纺织考古》，文物出版社，2007 年，页 17、18。

[22] 赵丰、金琳：《纺织考古》，文物出版社，2007 年，页 8。

[23] 高汉玉等：《台西村商代遗址出土的纺织品》，《文物》1976 年第 4 期，页 44 ~ 48。

可以看出呈 S 形的云雷纹和两侧的斜直线 [24]。

1991 年，江西新干大洋洲发现大量商代青铜器，青铜器表面也发现有丝织品包裹的痕迹。江西省文物考古研究所在清除这些器物表面的铜锈之前，邀请中国丝绸博物馆沈筱凤等对其丝织品进行了分析鉴定，并选择了其中部分青铜器保存其织物印痕。经研究分析，其中大部分织物均为平纹绢 [25]。

其实，第一个对青铜器上附着的纺织品引起重视的是瑞典人西尔凡女士。她对收藏在斯德哥尔摩远东博物馆中的两件青铜器进行了详细的观察，发现其上面附着有纺织品痕迹。在一件青铜钺上，西尔凡发现了平纹底上显示有回纹图案的丝织物。在另一件青铜甗上，她又发现了几何纹的织物及刺绣的痕迹。西尔凡对这些附着在青铜器上的织物遗痕进行了初步研究，证实中国上古时代丝绸产品的存在。这一研究成果引起了众多研究中国文化的学者的关注 [26]。

我国南方地区商代文化遗址中出土的丝织品遗物，另有福建省武夷山白岩崖洞船棺遗址的考古收获可为一例。这一船棺遗址中有男尸一具，出土的纺织品均为墓主的衣服残片。经上海纺织科学研究院鉴定，这些纺织品有大麻、苎麻、木棉和丝四种原料。织物的组织均为平纹结构。这一船棺的年代经碳十四测定，为距今 3445±150 年，即相当于商代 [27]。

可见远在有商一代的南方，即为丝织产品的重点生产区域。

2. 西周时期的丝绸业

我国西周时期的丝织品遗迹，可以陕西宝鸡周原遗址的考古发现为代表。

1975 年，宝鸡茹家庄西周弢伯墓中除了出土大量的青铜器和玉蚕等文物外，还发现了一些残留在铜器和泥土上的丝织物刺绣的印痕。这些印痕纹样虽已残损，但仍可以看出既有动

[24] 陈娟娟：《两件有丝织品花纹印痕的商代文物》，《文物》1979 年第 12 期，页 70、71。
[25] 沈筱凤等：《江西新干大洋洲出土商代青铜器上附着丝织品的鉴定》，《中国丝绸博物馆鉴定报告》第 1 号，1992 年。
[26] Vivi Sylwan, *Silk from the Yin Dyasty*, BMFEA,No.9,1937.
[27] 福建省博物馆等：《福建崇安武夷山白岩崖洞墓清理简报》，《文物》1980 年第 6 期，页 12～20+99（图版三）。

物的局部，也有植物的题材 [28]。

另在茹家庄其他西周早期墓葬中，也有不少带纺织品印痕的青铜器物的出土。其中 1955 年出土的铜剑柄上的印痕系为以假纱组织织出的绮。还有一件据说是以纬丝显花的织物 [29]。

所有这些丝织品的印痕以及大量玉蚕的出土，都从实物史料和生产崇拜视域折射出西周初年中国丝绸产业的发展情况。

河南省亦有西周丝绸产品遗迹的问世。

20 世纪 50 年代，河南信阳地区孙砦西周遗址中出土了一些丝织品。这些织物为用绵经、绵纬织成的紬，并且所有的经纬线均有加捻 [30]。

1991 年，河南三门峡市上村岭虢国墓地出土了大量的青铜器、玉器和一部分纺织品及服饰。其中棺内出土的墓主衣饰及随葬玉饰穿系中残留的一些织物标本，则包含着绮、绢、组、绣、罗、印绘等六七个种类。王亚蓉研究后认为，这一墓葬出土的麻裤和丝织残片，是国内首次得到的西周时期的丝麻实物，其出土的合裆裤，亦为现有出土年代最早的裤子，使人们对西周纺织及服饰能够进行具体的研究和探索。因此，这座墓葬是近年古代服饰研究领域的一个重大发现 [31]。

1970 年，辽宁朝阳西周早期墓中发现了 20 多层丝织物。后经北京纺织科学研究所分析鉴定，其中含有不止一层的平纹经二重织物 [32]。

这种织物组织，与战国、秦汉时期的织锦组织是一致的。这一发现将我国织锦出现的年代从东周提前到西周，并可与《诗经》中多处提到的"锦衣狐裘"和"贝锦"等记载相印证，为我们复原西周时期的织锦文化生态语境提供了珍贵的历史数据。

[28] 李也贞等：《有关西周丝织和刺绣的重要发现》，《文物》1976 年第 4 期，页 60 ~ 63。

[29] 刘伯茂：《我国西周丝织品的生产技术》，《中国纺织科学技术史资料》总第 6 集，1981 年，页 43 ~ 51。

[30] 赵丰：《信阳孙砦西周遗址出土丝织物的鉴定》，《华夏考古》1989 年第 2 期，页 1 ~ 68。

[31] 王亚蓉：《西周出土纺织品文物介绍》，（沈阳）第十三届国际服饰会议，1994 年。

[32] 赵承泽等：《关于西周丝织品（岐山和朝阳出土的）初步探讨》，《北京纺织》1979 年第 2 期，页 11 ~ 15。

（二）先秦、两汉时代汉地丝绸产品的出土分布

1. 春秋、战国时期的丝绸遗存

我国春秋、战国时期的纺织业，在商周以来的基础上，有了空前的发展。

据我国纺织史专家赵丰先生的研究，这一时期的丝绸生产得到了飞速的发展。首先是产地的扩大，形成了黄河流域、巴蜀地区和长江中下游地区三大中心。其中以黄河流域最为重要，首都长安城里的未央宫内设有东、西织室，主要织作以供郊庙之服，一年花费达五千万。此外还有御府尚方织室，生产锦绣纨绮等各种高档织物。

在黄河下游丝绸织绣生产重地齐鲁一带也设有官营作坊。齐郡设有三服官，作工数千人，一岁费数十万。

在民间，织绣生产量也十分巨大。王充《论衡·程材篇》记之有"齐郡世刺绣，恒女无不能。襄邑俗织锦，钝妇无不巧"。

从山东、江苏、河南出土的大量汉代纺织画像石上的纺织图来看，当时的纺织生产的确是十分普遍。

成都自战国时期起，桑织业已初具规模，至西汉时期更为兴盛，以织锦著称。秦汉时期均在当地设有锦官，专门生产蜀锦以供上用。汉代扬雄《蜀都赋》中提到："尔乃其人，自造其锦……发扬文采，代转无穷。"

在长江中下游地区，纺织业基本上还是以麻织为主，但期间丝织也开始兴盛起来。特别是长江中游地区出土的丝织品，很有可能是当地生产的[33]。

根据赵丰研究，战国、秦汉以降，华夏文明受楚文化的影响很大，所以中原纺织品与南方相较，已经显示出明显的风格趋同性。不仅如此，这一时期的纺织品中，有很大一部分出土于两湖楚国故地，这一现象引起了学界高度地注意。

这一时期的丝绸遗迹，1949 年前后即有次第的发现。

如 1949 年之前，长沙陈家大山和子弹库就曾经出土过帛书。

早在 20 世纪前半叶，湖南长沙子弹库就发现了一座战国墓，其中出土了著名的"子弹

---

[33]　赵丰、金琳：《纺织考古》，文物出版社，2007 年，页 41、42。

库帛书"[34]。1973 年，同墓地又出土了一些帛画，只是没有非常特别的丝织品出土。

1951 年秋，夏鼐先生率队到长沙郊外进行以战国到西汉时期为主要目的的考古调查和发掘，期间共清理了一百余座墓葬，如长沙仰天湖战国墓、五里牌 406 号墓、左家山 15 号墓及广济桥 5 号墓、左家塘 44 号墓、长沙烈士公园墓群等遗址，发现了大量战国时期的丝织品，包括绢、锦、绮、绦带、编织物等各种类型[35]。

长沙地区的战国墓后来继续进行考古发掘，并陆续有重要的丝织品发现。

如长沙烈士公园 3 号木椁墓曾出土不少丝绣品，虽然残破，但仍然可以见到其中的凤鸟纹样[36]。

1957 年，长沙左家塘发掘到一叠丝织品，从中发现了一批保存较好、颜色依然鲜艳的丝织物。其中大部分为平纹经重组织的织锦，包括深棕地红黄色菱纹锦三块、褐地矩纹锦一块、褐地红黄矩纹锦九块、朱条暗花对龙对凤锦两块、褐地双色方格纹锦七块、褐地几何填花燕纹锦一块。同墓还出土有绢类织物，其中一块藕色手帕保存相对完整[37]。

其次，湖北的荆州一带，也是楚国人活动最为集中的地区之一，楚国的都城纪南城就坐落在这里。所以楚国的丝织品遗存，这里曾有重要文物标本的出土。

江陵望山楚墓丝织物残片的出土，使学界对荆楚地区的丝织水平有了崭新的认识。

1965 年，湖北省文物工作队在江陵望山发掘出土了一批丝织品，其中包括对兽彩绦锦、动物花卉绢绣和石字纹锦绣。其中石字纹锦绣是一种织绣结合的产品，以经线来固定一组上下波动的纬线，散发着特有的视觉审美效果[38]。

此外，湖北江陵马山 1 号楚墓，位于楚纪南城范围内，其中出土的丝绸极为完好，十分罕见，当时被称为"丝绸宝库"。

---

[34] 商承祚：《战国楚帛书述略》，《文物》1964 年第 9 期，页 8 ~ 22+60 ~ 63。

[35] 中国科学院考古研究所：《长沙发掘报告》，科学出版社，1957 年。

[36] 湖南省文物管理委员会：《长沙广济桥第五号战国木椁墓发掘简报》，《文物》1957 年第 2 期，页 59 ~ 63；高至喜：《长沙烈士公园 3 号木椁墓清理简报》，《文物》1959 年第 10 期，页 65 ~ 70。

[37] 熊传新：《长沙新发现的战国丝织物，《文物》1975 年第 2 期，页 49 ~ 56+96（图版一）。

[38] 高汉玉等：《江陵望山楚墓出土的织锦和刺绣》，《丝绸史研究》1989 年第 2 期，页 6 ~ 9。

战国时期的丝织品出土，迄今享有空前意义的，是湖北江陵马山 1 号楚墓的发掘，对这一时期丝绸生产技术的工艺研究具有极为重要的价值[39]。

1982 年 1 月，江陵马山砖厂在施工取土时发现一座土坑竖穴墓，荆州地区博物馆对其进行了考古清理，其出土的丝织品及服饰让人大喜过望。其中有衣服共 35 件，服饰、衾及其他用品所用的织绣种类达几十种之多，绝大部分为前所未见，从而填补了战国时期丝织品的许多认知空白。这一发掘收获及其研究成果以考古报告的形式出版为《江陵马山 1 号楚墓》一书，是目前可知这一领域最具参考价值的学术著作[40]。

1977 年，湖北随县曾侯乙墓出土了不少的战国早期的丝织品，其中包括锦、绣等丝绸种类。这些带有年代坐标意义的文物实例，为研究战国早期的战国丝织业水平提供了珍贵的文化标本[41]。

河南南部春秋早期的考古遗址，亦出土过楚国时期的丝织品。其中信阳楚墓遗址的出土实物，更是江淮亚热带地区丝织业生产最具代表意义的考古实例。

1983 年，河南省信阳市潢川县一座属于春秋早期的黄君孟夫妇墓中出土了不少的丝织品、刺绣残片和麻鞋，这是淮河流域楚国北疆从事丝织业生产的例证[42]。

考古发现，信阳楚墓亦有不少杯纹绮的出土，凡此均能说明淮河以南亚热带地区春秋、战国时期丝织产业的发达[43]。

更具文化人类学认知意义的是，远在中亚一带的西域考古遗址中，也已发现了楚国丝织产品的遗迹，这为我们认识春秋、战国时期楚国丝织业与西域丝绸传输的关系，提供了绝佳而典型的文化史例证。

近代考古发现表明，公元前 7 ～前 3 世纪的春秋战国时代，远在塔里木盆地的古代遗址中，

[39] 陈跃钧：《江陵马砖一号墓出土的战国丝织品》，《文物》1982 年第 10 期，页 9 ～ 11。

[40] 湖北省荆州地区博物馆：《江陵马山一号楚墓》，文物出版社，1985 年。

[41] 高汉玉等：《随县曾侯乙墓出土的织织品和刺绣》，《丝绸史研究》1987 年第 1 ～ 2 期，页
     31 ～ 35。

[42] 欧潭生：《春秋早期黄君孟夫妇墓发掘报告》，《考古》1984 年第 4 期，页 302 ～ 332+348（正文）
     +385 ～ 390（图版）。

[43] 河南省文物研究所：《信阳楚墓》，文物出版社，1986 年。

图二
新疆鱼儿沟战国墓考古发掘出土的凤鸟纹
刺绣残片

已普遍出现了具有汉文化因素的丝织品和漆器等生活遗物[44]，这无疑透露出当时西域地区与中原一带物质交流的畅通。

其次，1977年新疆乌鲁木齐附近的鱼儿沟战国墓，考古发掘中曾有一些刺绣凤鸟纹残片的出土。从文物的类型风格来考察，这些织品的艺术手法与两湖地区同期的凤鸟纹丝织品的风格完全一致（图二）[45]。

20世纪50年代以前，在俄罗斯阿尔泰山西麓的巴泽雷克（Pazyryk）一带，考古学者从一组公元前5～前4世纪的大墓中，发掘出了一批产于中国的铜镜和丝织品[46]。

这些文物包括，其墓地六号冢墓中出土的不晚于公元前5世纪的楚风"山"字纹残铜镜[47]。及同墓另外出土来自中国的丝织品刺绣[48]。从而有力地证明公元前千季中叶中国与西域地区丝绸贸易的存在。

对于东西方历史上这条贯通欧亚的交通动脉，希腊史学家希罗多德（Herodotus，前484～前425年）在其所著的《历史》一书中，曾隐约提到这条经由黑海北岸穿越土耳其向阿尔泰进发的草原古道。当时的中原文化，时常通过这条"草原丝绸之路"远播于异域。

[44] 参见新疆维吾尔自治区博物馆、新疆社会科学院考古研究所：《建国以来新疆考古的主要收获》，《文物考古工作三十年》，文物出版社，1979年，页169～185。

[45] 新疆维吾尔自治区文物局等：《新疆文物古迹大观》，新疆美术摄影出版社，1999年。

[46] С.И.鲁金科：《论中国与阿尔泰部落的古代关系》，《考古学报》1957年第2期，页37～48。

[47] 迪特里希：《中国古代艺术的斗兽意匠花纹》（威斯巴登，1963年），页51～56；参见《中亚杂志》1970年Vol.14,No.4,P.269叶特玛尔文（K.Jettmar）有关评介；转引自张广达：《古代欧亚的内陆交通》，《西域史地丛稿初编》，上海古籍出版社，1995年，页390。

[48] 本克尔等：《从东到西的兽形意匠纹艺术》"Animal Style"Art from East to West（纽约，1970年），P.61；转引自张广达：《古代欧亚的内陆交通》，《西域史地丛稿初编》，上海古籍出版社，1995年，页390。

图三
20 世纪中叶洛阳中州路战国
遗址出土的"蜻蜓眼"料珠

图四
20 世纪中叶洛阳中州路战国
遗址出土的"蜻蜓眼"料珠

另在内地两周时代的文化遗址中，亦时有中外往来物质遗存的发现。20 世纪中叶，洛阳中州路一带战国遗址出土的若干"蜻蜓眼"料珠（图三、四），则尤为东周晚期中原地区交接西域的绝佳例证。这种带有圈状套花工艺的玻璃制品，与公元前 6 ~ 前 3 世纪盛行于希腊化时代的埃及或腓尼基等地中海东岸国家的蜻蜓眼料珠十分接近。同类的料珠国内山东及广东、湖北等战国占墓中亦有发现，这似乎反映了当时海上丝绸之路的开通[49]。

2. 两汉时期的丝绸遗存

两汉时期的丝绸遗存，当以长沙马王堆 1 号汉墓出土遗物最为著名。

1971 年底，长沙马王堆 1 号汉墓被发现。1972 年初，中国科学院考古研究所和湖南省博物馆联合对 1 号汉墓进行了考古发掘，其中出土了大量精美绝伦的丝绸纺织品[50]。

长沙马王堆 1 号汉墓出土遗物显示，这座墓葬的主人是西汉长沙国丞相轪候利仓的夫人辛追，其下葬的年代是汉文帝十二年（前 168 年）。同一墓地的 2 号墓和 3 号墓的主人，则为先于辛追而葬的丈夫和儿子[51]。

这三座汉墓以 1 号墓保存的最为完好，出土文物 3000 多件，其中包括丝织品及各种服

---

[49]　山东省文物考古研究所、山东省博物馆等：《曲阜鲁国故城》，齐鲁书社，1982 年，页 178；山东省博物馆：《临淄郎家庄一号东周殉人墓》，《考古学报》1977 年第 1 期，页 73 ~ 104；湖北省博物馆编：《曾侯乙墓》，文物出版社，1989 年，页 423 ~ 425。

[50]　赵丰、金琳：《纺织考古》，文物出版社，2007 年，页 11。

[51]　湖南省博物馆、中国科学院考古研究所：《长沙马王堆一号汉墓》，文物出版社，1973 年。

饰品 100 余件，对研究两汉丝绸具有非常重要的价值。

该墓出土的纺织品主要随葬于两处。一处是墓主身穿的丝绸服饰，其中有丝绵袍和麻布单衣，脚着青丝履，面盖酱色锦帕；用于双臂和双脚捆扎的丝带。全身包裹 18 层衣衾、所扎九道组带及覆盖的两件丝锦袍。另一处是木椁边箱的几个竹笥内随葬的纺织品，其中除 15 件十分完整的单、夹绵袍及裙、袜、手套、香囊等服饰外，另有 46 卷单幅的绢、纱、绮、罗、锦和各式绣品。

马王堆 3 号汉墓中也出土了不少的丝织品，品种与 1 号墓接近。惜其保存状况不如 1 号墓。

这两座墓中除了出土以上衣饰品之外，更有大量的帛画、帛书出土，从中折射出当年属于意识形态的文化产业，亦对丝绸产品有着特殊的利用途径。这是中国丝绸行业文化发展的一个重要里程碑！

中国西汉遗址中出土纺织品的墓葬实例，北方著名的还有河北满城中山靖王刘胜及其妻窦绾墓 [52] 和北京丰台区大葆台汉墓 [53]。南方的有广州象岗南越王墓和湖北江陵纪南城凤凰山 168 号汉墓。

其中丝织品出土最为丰富的墓葬，当属广州象山南越王赵佗墓。该墓于 1983 年发掘，在其西耳室西端有整匹、整卷的丝织品出土，惜其全部炭化，难窥细节。但从其织物组织结构来看，织物品种与长沙马王堆汉墓出土品有不少一致之处。这不仅反映了两处遗址年代的接近，更说明长沙国与南越国两地之间商业互市和丝绸产品交流的关系密切 [54]。

1975 年发掘的湖北江陵纪南城凤凰山 168 号汉墓，墓主人遂少言爵至五大夫，葬于汉文帝十三年（前 167 年），与马王堆 1 号墓的年代十分的接近。墓主尸体保存相当完好，出土了不少精美的纺织品。特别是织锦，有不少与马王堆 1 号墓、3 号墓的同类织品在质地上十分相象。这从一个侧面折射出西汉时期南方丝绸产业相互影响的信息。

在江苏东海尹湾汉墓的发掘中，出土了风格与马王堆汉墓非常相似的刺绣，其中 2 号墓

[52] 中国科学院考古研究所满城发掘队：《满城汉墓发掘报告》，文物出版社，1980 年。

[53] 大葆台汉墓发掘组等：《北京大葆台汉墓》，文物出版社，1989 年。

[54] 广州市文物管理委员会等：《西汉南越王墓》，文物出版社，1991 年。

出土的缯绣衾，质地考究，光色华美，是我国汉代丝织品难得一见的上乘作品[55]。

此外，1985 年，河北省文物研究所、张家口地区文化局组成联合考古队，发掘了河北阳原三汾沟汉墓群。其中相当于西汉晚期的 9 号墓中，出土了不少丝织品残片。内有一件保存较为完整的云气龙纹绣片，似为镜囊，具有较高的研究价值[56]。

在丝绸之路沿线，亦有西汉乃至东汉时期丝织品的出土。

1979 年，甘肃省博物馆文物工作队在敦煌东郊的马圈湾烽燧遗址发掘了许多西汉时期的纺织品。其中多数为毛织品，也有相当数量丝织品的出土。这些丝织品中，则有不少的云气菱纹锦残片和诸多的绢织物[57]。

在甘肃河西走廊一线，更为大量的丝绸发现，是在武威磨嘴子遗址西汉晚期至东汉中期三座汉墓考古发掘的收获。

该遗址中，属于西汉晚期的是 48 号墓，属于王莽时期的是 62 号墓，属于东汉中期的是 49 号墓。其中丝织品发现最为重要的是 62 号墓，出土了各种绢、纱、菱纹罗、绒圈锦、丝带和红色人字轧纹绮等一大批珍贵的文物，凸显了两汉之际丝绸之路沿线丝织品库存的丰富[58]。

两汉之际丝织品发现的另一个非常重要的考古遗址，是蒙古诺音乌拉匈奴墓。

诺音乌拉遗址位于蒙古中央省色楞格河畔的一个山丘上，这里有一处属于公元前 1 世纪至公元 1 世纪的墓葬群。1924 ~ 1925 年，俄国探险家科兹洛夫首先在这里对一座大型匈奴贵族墓进行了考古发掘，出土了大量来自我国内地的各种珍贵丝织品。

这批文物最初由日本学者梅原末治整理发表，其中的衣饰与织物包含了大量的锦绣制品。

这些锦类可以列出名称者有山岳双禽树木纹锦、云气神仙纹"新神灵"锦、织有"颂昌万岁宜子孙"的云岳禽纹锦、织有"威山"铭文的兽华云纹锦、云岳禽兽纹锦裂、织有"游

[55] 连云港市博物馆：《江苏东海县尹湾汉墓群发掘简报》，《文物》1996 年第 10 期，页 4 ~ 25（正文）+97 ~ 98+100+2（其余为彩色插页）；武可荣：《试析东海尹湾汉墓缯绣的内容与工艺》，《文物》1996 年第 10 期，页 64 ~ 67；连云港市博物馆：《江苏东海县尹湾汉墓群发掘简报》，《文物》1996 年第 10 期，页 4 ~ 25（正文）+97 ~ 98+100+2。

[56] 河北文物研究所：《河北阳原三汾沟汉墓群发掘报告》，《文物》1990 年第 1 期，页 1 ~ 18+97 ~ 99。

[57] 赵丰：《敦煌马圈湾汉代烽燧遗址出土纺织品》，《敦煌汉简》，中华书局，1991 年。

[58] 甘肃省博物馆：《武威磨嘴子三座汉墓发掘简报》，《文物》1972 年第 12 期，页 9 ~ 24。

成君时于意"的禽形华纹锦、禽鸟菱形纹锦、草样华纹锦断片及双鱼纹锦等等。

该墓出土有汉建平五年（前2年）的漆器，这可以为这一墓葬的断代提供可靠的依据。结合出土丝织品的风格来考察，这一墓葬中出土的丝织物的年代应该在我国的两汉交替之际。因此，这一遗址丝织品的出土，为研究两汉之际"草原丝绸之路"的人文交流，提供了宝贵的考古学依据[59]。

另在新疆塔里木盆地沙漠南沿的一些魏晋遗址中，也陆续有东汉织锦遗物的发现。

如民丰县的尼雅、洛浦县的山普拉、若羌县的楼兰等地的魏晋遗址中，即有不少东汉织锦的出土。因为这类织物与诺因乌拉的同类织物相比较，具有东汉织物的特征。

尼雅遗址1号墓出土的"王侯合昏千秋万岁宜子孙"锦被及8号墓出土的"五星出东方利中国"锦护膊纺织品，据中国考古学家俞伟超研究，均为汉代皇家作坊产品，应为中原王庭赐给西域当地统治者的遗物。

其次，楼兰遗址发现的双鱼纹锦，不仅在诺音乌拉亦有出土，且其"广山"织锦，更与诺音乌拉出土的"威山"锦在品格上如出一辙。由此推断，楼兰遗址中出土的织锦，有一些当与诺音乌拉织锦同为东汉的产品。我们认为，东汉织锦能够在塔里木沙海魏晋遗址中出现，当地气候干燥，纺织物易于保存应为根本原因[60]。

楼兰遗址出土丝织品，研究最称详尽的要数瑞典学者西尔凡。她在1949年出版的《额济纳河和罗布泊出土的丝织物研究》一书中，详细地对斯坦因发掘楼兰遗址和额济纳河遗址发现的包括织锦、绮、罗等各种织物进行了技术分类和艺术风格的探讨，从而让我们感受到汉代丝绸之路在沙海故国联结中外友谊的情节[61]。

俄罗斯陆柏博士对圣彼得堡艾尔米塔什博物馆（Hermitage Museum）收藏的诺音乌拉遗址出土的丝织品进行了深入研究，出版了《艾尔米塔什博物馆所藏公元前5世纪至公元3世

---

[59]　[日]梅原末治：《蒙古ノイン·ウテ発见の遗物》；赵丰、金琳：《纺织考古》，文物出版社，2007年，
　　　 页64、65。

[60]　赵丰、金琳：《纺织考古》，文物出版社，2007年，页65、66。

[61]　Vivi Sylwan, Investigation of Silk from Edson-Gol and Lop-Nor,Stockholm,1949.

纪的中国古代纺织品和刺绣》，为人们认识草原丝绸之路的丝绸转输提供了考古学解读[62]。

对于西陲流沙故道出土丝绸的研究，随着中国考古事业的进展，业已步入有序开展的阶段。1959 年，中国考古部门在尼雅遗址发现了汉代的丝绸制品，新疆维吾尔自治区博物馆武敏先生对其进行了初步的整理和研究。这是新中国以来中国学者第一次对东汉丝织品进行的较为全面的研究。

继此之后，夏鼐先生也对汉代丝织物进行了研究，其论著《新疆新发现的古代丝织品——绮、锦和刺绣》一文，将东汉丝织品的种类主要分为锦、绮、绣三类[63]。

凡此丝路故道上丝绸文物的出土，一再折射出由中原向西域转输丝绸的历史生态。这为我们考察异域历史的内在因子，提供了极其珍贵的文化资源。

（三）中古时代汉地丝绸产品的生态状况

1．魏晋南北朝时期的丝绸遗迹

魏晋南北朝时期，内地丝织业依旧很发达，中原及齐、蜀两地，更是丝织业的高产地区。蜀相诸葛亮曾说："今民贫国虚，决敌之资，唯仰锦耳"[64]。

四川古称"蜀""蜀国"和"蚕丛之国"，这里水土丰美，气候宜人，温湿度适宜栽桑养蚕，丝绸业起源早，是我国丝绸文化的发祥地之一。蜀锦兴于春秋战国，盛于汉唐，繁于明清。战国时期，成都夷里桥南岸设"锦官城"，置"锦官"管理织锦刺绣。

成都历来都是生产蜀锦的中心，是一座丝线织就的城市，以锦命名，因锦而兴，古时称锦官城。这座有着 2300 多年悠久历史的文化名城，孕育着丰富多彩的蜀派文化。

20 世纪 40 年代初，成都的许多人家以织锦为业，档案里这样记载当年蜀锦生产的盛况：成都有织机 3 万多台，织工 5 万多名。大街小巷，机杼之声不绝。春熙路、东大街各大绸缎

[62]　E. Lubo-Lesnichenko,Ancient Chinese Silk Textiles and Embroideries,5th to 3rd Century AD in the State Hermitage Museum（in Russia），Leningrad, 1961.

[63]　夏鼐：《新疆新发现的古代丝织品——绮、锦和刺绣》，《考古学报》1963 年第 1 期，页 45 ～ 76+156 ～ 170。

[64]　李昉：《太平御览》卷八一五引《诸葛亮集》，中华书局，1960 年，页 3624。

铺里临门码着大量的绸缎，来往女士身着锦缎华服……这座城市与锦有着千丝万缕的联系，今天，成都仍有很多地名、建筑和锦有关，如锦江，是古时候洗濯蜀锦的地方；锦里，是织锦工人居住的地方；锦市和锦官驿是交易和起运蜀锦的地方。地名纷纷以"锦"为称号，蜀锦对成都的影响可见一斑。

西汉晚期，成都已成为全国织锦的重要产地。东汉末年，成都的织锦生产已跃居全国第一。这些蜀锦作为上等贡品，进贡朝廷，营销全国各地，并远销国外。三国时期，蜀锦是蜀汉政权经济和军事活动的支柱产业，诸葛亮曾在军令中强调"今民贫国虚，决敌之资，唯仰锦耳"。蜀锦也是魏、吴两国十分喜爱的畅销品。南朝刘宋山谦之在《丹阳记》里说："历代尚未有锦，而成都独称妙，故三国时魏、吴皆资于西蜀。"《后汉书·左慈传》也记载曹操曾派人到蜀中买锦的事实。

王毅介绍，"在汉唐时期的成都，除了商业，手工业也特别发达，织锦业在其中起到了关键的作用。唐朝的公主们都很喜爱蜀锦"。唐中宗时安乐公主出嫁，蜀地进贡的"单丝碧罗笼裙"用细如发丝的金线织成花鸟，"飘似云烟，灿若朝霞"。

汉代的成都，经济已相当繁荣，织锦业尤其发达，成为朝廷重要的贡赋来源。于是朝廷在成都专门设置锦官管理，并在成都城西南修筑"锦官城"（简称"锦城"）；"锦官城""锦城"由此成为成都的别称。这种以"锦"纪事的城市文明，在盛唐诗圣的笔下得到了充分的阐发。

杜甫《蜀相》诗："丞相祠堂何处寻，锦官城外柏森森。映阶碧草自春色，隔叶黄鹂空好音。三顾频烦天下计，两朝开济老臣心。出师未捷身先死，长使英雄泪满襟"[65]。

同人《春夜喜雨》诗："好雨知时节，当春乃发生；随风潜入夜，润物细无声；野径云俱黑，江船火独明；晓看红湿处，花重锦官城"[66]。

同人《登楼》诗："花近高楼伤客心，万方多难此登临。锦江春色来天地，玉垒浮云变古今。北极朝廷终不改，西山寇盗莫相侵。可怜后主还祠庙，日暮聊为梁甫吟"[67]。

晋人左思在《蜀都赋》中有这样一段描述："圜阓之里，伎巧之家；百室离房，机杼相和；

---

[65] 杜甫：《蜀相（诸葛亮祠在昭烈庙西）》，《全唐诗》卷二二六，中华书局，1960 年，页 2431。

[66] 杜甫：《春夜喜雨》，《全唐诗》卷二二六，中华书局，1960 年，页 2439。

[67] 杜甫：《登楼》，《全唐诗》卷二二八，中华书局，1960 年，页 2479。

见锦裴成、濯色江波。"那时的成都，有无数机房，伎工织女，满城尽闻机杼声。织锦工人
常在江中濯洗织锦，故而江水五光十色，艳丽似锦。

三国时期，一位机械工程专家马钧对绫机做了改进，刺激了丝绸产业的发展。据《三国志》
裴松之注记载，扶风人"马钧，巧思绝世。傅玄序之曰：'为博士居贫，乃思绫机之变，不
言而世人知其巧矣。旧绫机五十综者五十蹑，六十综者六十蹑。先生患其丧功费日，乃皆易
以十二蹑。其奇文异变，因感而作者，犹自然之成形，阴阳之无穷，此轮扁之对不可以言言者，
又焉可以言校也……'"[68]

这种对绫机进行了技术改造的创新行为，实际上反映了丝织产业日行发达的社会需要。

北魏时期的丝织产业，人们可以从当时贾思勰的一部专门记载技术之事的著述《齐民要
术》的纂著管窥其一二。这部著作对当时栽桑、养蚕、缫丝、染色等丝绸工艺，具有极其详
细的记述，从中可以折射出魏晋以降中原一带丝绸产业的发展面貌[69]。

2. 隋唐时期的丝绸遗迹

有唐一代，官营丝织业更行发达。当时长安城内，少府监属下的织染署掌供冠冕组绶
的织作色染。常设的织造作坊有布、绢、絁、纱、绫、罗、锦、绮、绸、褐等十作。炼染
之作有青、绛、黄、白、皂、紫等六作。其中绫锦作坊中的巧儿即有 365 人。内作使下织
染作坊中的绫匠 83 人。就连管理宫中闲散女劳力为主的掖庭局中也设有绫坊，其中有绫匠
158 人[70]。

此外，史书记载唐代宫廷内部临时设置的作坊，谓其"宫中贵妃院织锦、刺绣之工凡
七百人"[71]。可见盛唐时期内宫锦绣生产规模之动人视听。

学者们研究发现，唐代中晚期，纺织生产的重点区域已逐渐由中原地区向南方转移。至
有唐后期，全国的经济基本上都有赖于江南地区。当时江南地区生产纺织品的种类十分丰富，
特别是各种高档丝织品已成为唐朝皇室主要的御用品。

---

[68] 陈寿：《三国志》卷二九《杜夔传》裴松之之注，中华书局，1982 年，页 807。

[69] 贾思勰：《齐民要术》，中国国际广播出版社，2011 年。

[70] 赵丰、金琳：《纺织考古》，文物出版社，2007 年，页 82。

[71] 刘昫：《旧唐书》卷五一《后妃传》，中华书局，1975 年，页 2179。

李肇《国史补》记载："初，越人不工机杼。薛兼训为江东节制，乃募军中未有室者，厚给货币，密令北地娶织妇以归，岁得数千人，于是越俗大化，竞添花样，绫纱妙称江左矣。"

史料表明，越州在唐朝前期的贡品非常有限，而到了唐代后期，便上贡异文吴绫、吴绫、吴朱纱、白纱、宝花花纹罗、白编绫、交梭绫、十样花纹绫、轻容、吴绢、花纱、缭绫等十余种[72]。

唐代中国丝织行业的发展，可以当时纺织业中发明的"缂丝"工艺为一例。这种纺织工艺最早出现在中亚地区汉代的毛织物上，逮及唐代开始出现于丝织物上。由此可以看出唐代丝织业的发展，与东西方文化交流关系密切。

唐代中国丝织产品质量超前，可以凤翔法门寺地宫出土的数量众多、品类丰富的供养品丝织物作为典型代表。这种出土于佛教遗存中的高档丝织品，可以让人们感受到宗教供奉在中国丝绸业中的质量引领作用。

李唐时期中国丝绸织物的质量已经发展到一个新的高峰，法门寺地宫中的丝织品可谓绝佳佐证。据地宫出土的《随真身衣物账》记载，这些丝织品大多为历代皇室所供奉，其中有武则天、唐懿宗、唐僖宗、惠安皇太后等供养的丝绸服饰多达七百余件。其种类包括绫、罗、纱、绢、绣、印花和编织等。这些丝绸织物一般以专门的箱箧来盛放，显示了它们的珍贵。从丝绸的组织结构来考察，法门寺地宫出土的丝织品几乎包括出土丝绸的所有品种，真可谓一座丝绸的宝库。其中那件著名的武则天供奉的"武后绣裙"，是中国封建时代唯一一位女皇的遗迹，价值极高。

此外，法门寺地宫出土了几件精美的刺绣包袱，其中一件檀香木函内残存绣袱，刺绣纹样只残存有二簇花草纹、二只蝴蝶、一只鹦鹉及一只大鸟的翅膀。这件残品的刺绣针法包括抢针、瞬线、齐针、接针、盘金、钉金线、麂针及刻鳞针，刺绣用绒线，绣技精湛，无论是色彩处理上，还是刺绣技艺上，均可谓是刺绣中的上乘之作。

法门寺地宫出土的丝织品中有用金箔加工的工艺形式，包括印花贴金、描金、捻金、织金、蹙金等，尤以织金锦和蹙金绣更为珍贵。地宫出土了五件完整的蹙金绣供奉品，其中一件紫红罗地蹙金绣半臂十分精美。半臂领口上左右两边绣有如意云头状纹饰。其余部分满绣折枝

---

[72]　赵丰、金琳：《纺织考古》，文物出版社，2007 年，页 82、83。

图五
法门寺地宫出土的一件
唐代紫红罗地蹙金绣半臂

图六
法门寺地宫出土的一件
唐代紫红罗地蹙金绣裙

花，每朵花的花蕊上还钉有一粒小红宝珠闪闪发亮，活泼艳丽。而另一件紫红罗地蹙金绣裙，则是在紫红罗底上盘绣蹙金的山岳、流云纹样，一字形腰带上蹙绣对称的流云纹。整件裙子富丽堂皇、光色绚丽（图五、六）。

可以说，法门寺地宫出土的丝织品，代表了当时唐代宫廷丝织业的最高水平，反映了当时社会上层的审美情趣和文化品位，为我们研究唐代的丝织、印染工艺提供了珍贵的实物数据[73]。

以上这些遍及中国各地的丝绸文物的出土，以物质遗存的方式显示出华夏大地亘古以来享誉世界的丝绸幅员。从而与这一文明古国自古及今崇拜桑丝的地理命名有着内在的因缘。

作为表意文字的汉语系统，以"桑"为地理风貌首字命名的大小地名，全国遗留至今的

---

[73]　陕西省考古研究院：《法门寺考古发掘报告》，文物出版社，2007 年。

不下三四十处，涉及地域包括山西、陕西、河南、山东、四川、河北、安徽、甘肃、贵州、辽宁、吉林、北京、江西、湖南、浙江、新疆、天津等省市[74]。如果连带非首字为"桑"的诸多地名——如"稠桑（河南灵宝）""大桑（四川丹巴）""祝桑（四川雅江）"——那么作为"丝国"的华夏故地，可以想见古代的桑植林业对人们生态理念的突出影响。

从理性层面来说，我国思想界还在上古时代即对桑植事业富于崇拜的感情。

上古时代的东方世界，对于华夏桑丝产业已有黄帝与元妃嫘祖育蚕、取丝、造机杼作衣等扑朔迷离的传说。

黄帝娶西陵氏之女，是为嫘祖。以载记史前故实为长的刘恕《通鉴外记》亦曰：西陵氏之女嫘祖，为黄帝元妃，治丝茧以供衣服，后世祀为先蚕[75]。

（四）西域出土文物与东西方的文化交流

1. 域外出土丝绸辑绎

在近代考古史上，西方学者们发现欧洲出土最早的中国丝绸遗迹，是公元前 6 世纪中叶的一座属于早期铁器时代的德国贵族墓葬——在德国西南部的巴登·符腾堡（Baden Wurttemburg）的荷米歇尔（Hohmichele）发掘的这座 6 号墓中，人们发现了一件当地制作的羊毛衫，羊毛和装饰图案织品中都杂有来自中国的家蚕丝。墓中还出土有成批的来自希腊和地中海其他地区的器物[76]。考虑到在斯图加特附近霍克道夫·埃伯丁根（Hochdorf Eberdingen）一座公元前 6 世纪晚期的古墓中也出土了丝毛混纺的织物，人们倾向于认为这些中国蚕丝有可能是经过黑海地区转输到德国。

在希腊雅典西北陶工区的墓葬遗迹中，人们亦曾发掘了一座雅典富豪阿尔西比亚斯（Alcibiades）家族的墓葬。墓中出土了六件丝织物和一束可以分成三股的丝线。经鉴定，这些丝

---

[74] 《中国地名录》，地图出版社，1983 年，页 187。

[75] 参见清季同治年江苏书局刊竹纸线装版；又民国二十四年（1935 年）精装初版。

[76] 勃里德：《欧洲青铜时代》（J.Briard:The Bronze Age in Europe,London），1979 年，页 213；巴贝尔：《史前织物》（E.J.W.Barber:Prehistoric Textiles,Princeton），1991 年，页 203、204；转引自沈福伟：《中西文化交流史》，上海人民出版社，2006 年，页 20。

图七
1875 年希腊奥林匹亚宙斯神庙遗
址发掘的一件创作于公元前 420 年
的石雕《带翅膀的尼克女神像》

图八
公元前雅典卫城尼克神庙残存的另
一件《尼克女神》浮雕

织品原为中国家蚕丝所织造，时代属于公元前 430 ~ 前 400 年间 [77]。

与西域上述地区出土丝绸产品相表里，源远流长的希腊古代美术史料中亦有"符号化"丝绸遗迹可以透露当年东方丝绸广为地中海国家日常接纳的景深。

1875 年，西方人在希腊奥林匹亚宙斯神庙遗址的考古发掘中，获得一件的雕塑大师佩翁尼奥斯（Paionios，前 450 年 ~ 前 400 年）创作于前 420 年、高 195 厘米的石雕作品《带翅膀的尼克女神像》。这件面部、翅膀和双臂业已残缺的神像雕刻，体格匀称，动态优娴，肌肤柔丽，衣着华美，浑身洋溢着中年女性特有的性感魅力。这一艺术人物最具审美价值的形态靓点，是其薄衣贴体、充满动感的服饰表现手法——只有丝质衣料的成像效果，才能凸显如此曼妙的原创意息——千年之后享誉东方的"曹衣出水""吴带当风"，其实早已为西方艺术家根植于现实生活的创作实践所嚆发（图七）[78]。

---

[77]　巴贝尔：《史前织物》（E.J.W.Barber:Prehistoric Textiles,Princeton），1991 年，页 32；转引自沈福伟：
　　　《中西文化交流史》，上海人民出版社，2006 年，页 20。
[78]　朱伯雄主编：《世界美术史》（第三卷），山东美术出版社，1989 年，页 224、225。

图九
大英博物馆藏雅典卫城帕提农神庙披风上的希腊身著丝绸衣饰的女神雕像（本图由作者于 2019 年 9 月 1 日拍摄于
大英博物馆）

同样题材、风格类同的石刻作品，时代与之仿佛的雅典卫城（Athen Acropolis）尼克神庙残存的《尼克女神（Nike Slancio）》浮雕，更有炉火纯青的艺术表达（图八）[79]。

不仅如此，大英博物馆（British Museum）收藏雅典卫城帕提农神庙三角披风上的一组希腊雕刻人物中，也多有身著轻薄丝绸衣服的女神形象的出现（图九）。

循此而思想，西方艺术家之对丝绸衣饰熟稔于胸的创作技巧，实质上透视着那个时代丝绸贸易的畅达。

来自欧洲考古实践中的这些学术成果，使人们有可能观察到驰骋在欧亚草原上的斯基泰人在公元前 6 ～前 5 世纪之际充当了中国丝绸远输西方的转输者的角色。从而让人们对远古时代横跨欧亚万里广漠的"草原丝绸之路"有了感性的认识。

又据德国雅各布比教授（Prof.Herman Jacobi）考证，约公元前 3 世纪，当印度孔雀王朝旃陀罗笈多王在位时，有臣某著《考铁利亚》（Kautiliya）一书，书中载支那（Cina）产丝，

[79]　朱伯雄主编：《世界美术史》（第三卷），山东美术出版社，1989 年，页 226、227。

其丝货有贩至印度之语。因此可见，远在上古时代，中印之间已有交通的往来[80]。

从另一流通方向上来考察，古代逶迤万里的丝绸之路上，亦不乏域外探索者拓荒的踪迹。

据当代学者张广达先生研究，2世纪西方学人托利买的《地理志》曾转录了时代较早的推罗城（Tyre）地理学者马里努斯（Marinus）的记述。当时马里努斯曾向商人搜集资料——其中包括马其顿的贩运彩缯的商人马埃斯·提提安努斯（Maës Titianus）。后者曾在100年前后派出人员到帕米尔以东的塔里木——甚至到丝国京城——从事贸易。所以，"西方东来贸丝，大概当以马埃斯·提提安努斯的派遣人员为先驱"[81]。

1967年，北部高加索山区库班河上源之一大拉巴河（Большая Лаба）支流巴勒卡（Балка）一地名为莫谢瓦亚·巴勒卡（Мощевая Балка）的墓葬中，出土了各类丝织品143件。与此同时，此墓以东，在基思洛沃德斯克（Кисловодск）附近的哈萨乌特墓葬中，亦出土丝织品残片65件。据遗址发掘者耶鲁撒利姆斯卡娅研究，这些丝织品年代属于8～9世纪。其中产于粟特地区的占60%，产于中国和拜占庭的各占20%。这显然说明当时北高加索地区已是东西方丝绸贸易的交通要道[82]。

从报道中得知，上述墓葬中另有中国绢画和汉文文书出土。这些文书从字迹判断，与敦煌、吐鲁番唐代文书年代相近[83]。这是目前所知中文文书出土最西的地点。这些汉文文书"是中亚穆格（Мyг）山出土的年代在8世纪初的三通汉语文书之外流入西方的又一批文书[84]。

西方世界此类文物的发现，无疑折射出古代一条横跨欧亚大陆的交通孔道辉煌昔日的历史真实。

---

[80] 参见 Sitzungsberichte der Königlichen Preussischen Akademie der Wissenschaften XLIV,1911.S～961；转引自张星烺：《中西交通史料汇编》第六册，中华书局，1977年，页9。

[81] 张广达：《古代欧亚的内陆交通》，《西域史地丛稿初编》，上海古籍出版社，1995年，页377。

[82] [苏] 阿·耶鲁撒利姆斯卡娅《丝路上的阿兰世界》，苏联国立埃米塔什博物馆刊《东方文化》，列宁格勒，1978年，页151～154；转引自张广达：《古代欧亚的内陆交通》，《西域史地丛稿初编》，上海古籍出版社，1995年，页391。

[83] [日] 加藤九祚：《中央亚细亚遗迹的旅行》，日本放送协会（NHK）丛书334号，1979年，页66；转引自张广达：《古代欧亚的内陆交通》，《西域史地丛稿初编》，上海古籍出版社，1995年，页391。

[84] 张广达：《古代欧亚的内陆交通》，《西域史地丛稿初编》，上海古籍出版社，1995年，页384。

2. 国内西陲出土丝绸辑绎

相对于国外丝绸文物的出土，中国新疆地区考古发现的古代丝织品遗物，在规模、品种上更具有明显的优势。这无疑反映出国内西服地区与中原丝绸往来的密集。

如 1959 年前后，新疆维吾尔自治区考古人员在当年斯坦因盗掘过的吐鲁番阿斯塔那墓地进行考古清理，意外地发现了大量保存完好的纺织品。

另在塔克拉玛干沙漠的南端，考古人员在当年斯坦因发现的尼雅遗址发掘到了一座保存完好的男女合葬墓。墓中出土了大量完整如新的丝绸服饰。

此外，考古人员在新疆阿拉尔还发现了一座回鹘时期的墓葬，其中出土了不少属于宋代的丝绸服饰。

新疆地区因为气候干燥，出土的丝绸服饰大都比较完整，这为丝绸研究提供了可能。我国考古学者夏鼐、魏松卿、陈娟娟、武敏等人，都是在这一时期开始了自己的丝绸研究。由此开启了中国丝绸研究的新时代 [85]。

1966 ~ 1969 年，新疆维吾尔自治区博物馆文物工作者四次进入中国极端干旱的吐鲁番地区，对阿斯塔那遗址 105 座墓葬进行了考古发掘，出土了大量的丝织品。

1972 ~ 1975 年，吐鲁番地区又发掘了一百余座墓葬，此后发掘工作转移到哈拉和卓，在那里又发现了非常精美的丝织品 [86]。

魏晋时期中国的丝织产业，在西域的沙漠绿洲遗址出土文物中亦有丰富的遗迹显示。如塔里木盆地丝绸之路南道的尼雅古城遗址，近代来即出土了数量可观的魏晋时期的丝绸产品。

其中早期西方探险家在这里进行的遗址发掘，以英籍匈牙利人斯坦因（Marc Aurel Stein，1862 年 11 月 ~ 1943 年 10 月）的收获最为知名。

尤其是，在斯坦因第三次中亚考察中（1913 ~ 1916 年），他重访尼雅、楼兰遗址和敦煌，再次卷走大量的历史文物。

1914 年 3 月初，斯坦因离开若羌前往罗布泊盐泽西南的米兰，又考察了楼兰遗址及其周围，发现汉魏时期用汉、佉卢、粟特、婆罗迷文写成的文书及丝绸、织锦、刺绣、毯毡、铜

---

[85] 赵丰、金琳：《纺织考古》，文物出版社，2007 年，页 10。

[86] 赵丰、金琳：《纺织考古》，文物出版社，2007 年，页 11。

镜等大量文物。这些品种各异的丝织产品，为人们了解魏晋时期的丝源分布，提供了珍贵的实物资料[87]。

西方探险家在我国新疆的丝绸发现稍后，我国文物工作者也在塔里木盆地汉晋遗址考古中发现了极有价值的丝织产品。

1959 年，新疆维吾尔自治区博物馆考古队李遇春等在塔里木盆地东南地区的尼雅遗址，发现了一具距今约两千年的木棺，木棺内葬一对男女尸体。尸体身上的服饰及棺中随葬的丝织品均保存完好，几无损毁。其中最珍贵的是"万世如意"锦袍、白布刺绣裤腿及用"延年益寿大宜子孙"锦制成的袜、手套和鸡鸣枕、"阳"字锦袜、刺绣镜囊、刺绣粉袋，还有大量的单色丝质服装及其他织物，包括不少品种的毛织品及印花棉织品[88]。

1977 年，新疆托克逊阿拉沟东口 28 号古墓遗址中，又出土了一件幅面长 17、宽 17 厘米且保存良好的凤鸟纹绿色丝线刺绣绢。经鉴定，这件丝绸制品为中原地区春秋时代的产品，具有明显的楚人织绣的风格[89]。这件沉睡了千年的历史文物，以其毋庸置疑的文化学信息揭示了那条封尘万里的"丝绸之路"的客观存在！

20 世纪 80 年代，新疆文物工作者又在尼雅遗址考古中，发现一批质地精良的丝织品。1988 年之后，新疆考古所组织的"中日尼雅遗址学术考察队"连续数次在这里进行了调查发掘。

尤其是 1995 年，尼雅遗址的田野考古获得了丰硕的成果。考古队在尼雅发现了一处聚葬的墓地，共清理、发掘了 8 座尼雅上层贵族的墓葬。1998 年，其中 3 号墓和 8 号墓出土的珍贵文物，不但在上海博物馆展出，而且收录于《丝路考古珍品》一书中[90]。

3 号墓是一座贵族夫妇合葬墓。墓主身盖"王侯合昏，千秋万岁，宜子孙"文字锦被，夫妇面部均有覆面。男主人覆面用"世毋极锦，宜二亲，传子孙"文字锦制成。女主人覆面

[87]　[英] 奥莱尔·斯坦因著、艾力江译：《亚洲腹地考古图记》，广西师范大学出版社，2004 年。

[88]　新疆维吾尔自治区博物馆：《新疆民丰县北大沙漠中古遗址墓葬区东汉合葬墓情理简报》，《文物》
　　　1960 年第 6 期，页 5 ～ 6（图版）+9 ～ 12（文字）；武敏：《新疆出土汉唐丝织品初探》，《文物》
　　　1962 年第 7、8 期，页 5 ～ 10（图版）+64 ～ 75（文字）。

[89]　王小甫等：《古代中外文化交流史》，高等教育出版社，2006 年，页 11；图版引自新疆维吾尔自
　　　治区文物管理局等：《新疆文物古迹大观》，新疆美术摄影出版社，1999 年，页 165。

[90]　新疆维吾尔自治区文物局等：《丝路考古珍品》，上海译文出版社，1998 年。

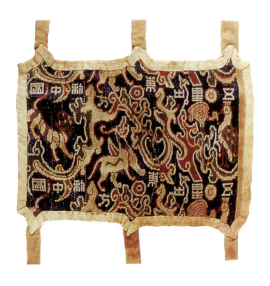

图一〇
1995 年尼雅遗址考古中 8
号墓出土的"五星出东方利
中国"文字锦护膊

用龙凤纹锦制成。男主人头戴绸面丝绵风帽,身穿方格纹锦袍;下身着锦裤,足履勾花皮鞋。女主人亦戴丝绵风帽,头扎组带,身穿锦袍,锦袍上织入虎、驼、鹿、马、孔雀及单人舞、双人舞等纹样。奁盒内放置有彩色线绳及香囊等物。

8 号墓出土了"安乐如意、长寿无极""安乐绣文、大宜子孙""大明光受右承福""延年益寿、长葆子孙"等多种文字的织物,均保存十分完好,光鲜如新,具有极高的文物价值和研究价值。尤其珍贵的是,该墓还出土了"五星出东方利中国""讨南羌"文字锦护膊(图一〇)[91]。

我们认为,尼雅遗址这两座墓葬出土的汉字文字锦,其清晰的文化寓意表明,这种带有强烈的汉地人文学特征的织锦,显然出自于中国内地[92]。它们之所以集中流播于塔里木盆地的东南一隅,与丝绸之路的两关输丝有着密切的关系。这些文化遗物的发现,从一个侧面反映了魏晋时代的沙海绿洲与中原内地上层社会的文化交流。如果结合当地出土的数量可观的魏晋遗简的文献载籍,我们自然不难理解当年这些丝织珍品流入绿洲上层社会的历史氛围。

与尼雅出土丝织品相媲美,塔里木盆地的楼兰遗址也有上佳的古代丝绸的发现。自

[91]　新疆文物考古研究所:《新疆民丰县尼雅遗址 95MN1 号墓地 M8 发掘简报》,《文物》2000 年第 1 期,页 1、2(图版)+4 ~ 40(文字)。

[92]　[日]版本合子:《关于尼雅遗址出土的纺织品》,《中日共同尼雅遗迹学术调查报告书》第二卷,中村印刷株式会社、法藏馆,1999 年。

1900 年 3 月瑞典地理探险家斯文·赫定（Sven Hedin，1865 ～ 1952 年）率领的考察队发现这一古城遗址以来，这里便出土了数量可观的魏晋丝织品。尤其是英籍探险家斯坦因继此之后对当地的三次考古发掘，出土的丝织品让国际文化界称赏不绝。其中 1914 年他于楼兰城址东北高台东汉墓发掘的织有"长乐明光""登高明望西海""延年益寿"等文字的汉锦，可谓享誉中外的丝绸珍品。这为研究东汉时期丝绸之路南线与内地的文化交流，提供了绝佳的文物数据。

除此之外，新中国成立后的楼兰考古，亦有更为精彩的丝织物发现。

如 20 世纪 70 年代末至 80 年代初，中日合作对古楼兰地区进行了考察和发掘。

又 1979 ～ 1980 年，新疆文物考古研究所楼兰考古队三次深入罗布泊腹地，对楼兰古城遗址及其墓葬群进行了考古调查和重点发掘。在城址内出土了纺织品 59 件。惜其多为残片，复原不易。不过，此次考古队在楼兰城郊的平台墓地 MA 及孤台墓地 MB 进行了发掘，其中 MB 的 2 号墓，竟出土了 74 件精美绝伦的丝织品。

这一组丝织品中包括 53 件织锦，其中见有"长寿明光""永昌""延年益寿、长葆子孙""望四海贵福寿为国庆""登高贵福"等铭文。另有绮 5 件，图案以菱纹为主；刺绣 1 件及绢片若干。

与上述丝织品一同出土的织物，该墓群中还发现毛织品 22 件。其中包括普通类毛织物、缂毛、毛毯及毡等。另有若干棉织品的出土 [93]。

另外，新疆文物考古研究院所还对临近楼兰的孔雀河古墓沟墓葬群进行了调查，亦发现不少同一时期的丝织品。其中最为知名的是一种被称为"斑纹锦"的丝织品。这种织锦状如虎斑，具有鲜明的特征。这在后来的尼雅和营盘遗址都有发现，可见这种丝织物在沙海绿洲诸国深受人们喜爱。

1984 年，新疆维吾尔自治区博物馆文物队与和田文物管理所在洛浦县山普拉遗址进行了两次考古发掘。共清理墓葬 52 座。其中一号墓和二号墓，均是有一百余个个体共同埋葬的丛葬大墓。经碳 14 年代测定，二者分别为战国与西汉时期，但其出土的织物，却具有较为明显的东汉特征 [94]。

[93] 新疆楼兰考古队：《楼兰古城址调查与试掘简报》，《文物》1988 年第 7 期，页 1 ～ 22。

[94] 阿合曼提·热西提：《洛浦县山普拉古墓地》，《新疆文物》1985 年第 1 期，页 109 ～ 113；新疆维吾尔自治区博物馆：《洛浦县山普拉古墓发掘报告》，《新疆文物》1989 年第 2 期，页 1 ～ 49。

根据我国丝绸学者赵丰研究，具有这种"类似风格的织物还广泛发现于丝绸之路沿途自东亚到西亚的广袤地区。东自朝鲜平壤汉乐浪郡遗址，北到蒙古诺因乌拉古墓，西到叙利亚的帕尔米拉、杜拉 - 欧罗巴等遗址，均有中国汉代风格的织锦出土。这些丝绸遗物的发现，为汉代丝绸之路勾画了一条用实物连成的路线，为丝绸之路的研究提供了实物的佐证"[95]。

位于新疆尉犁县城东南 150 公里出的营盘（又称"因半"）古城遗址，近代亦有丝织品文物的出土。从而对我们认识丝绸传播西域增添了宝贵资料。

1989 年，新疆组织巴州文物普查队，对营盘遗址的 10 座曾被盗掘的古墓进行了清理，发现了不少的纺织品[96]。

嗣后的 1995 年 11 ~ 12 月，新疆文物考古研究所又对营盘遗址内 100 余座被盗墓葬和地表有木桩标志的 32 座未盗古墓进行了抢救性发掘。这些墓中最为重要的随葬品即是形制各异的纺织品。这些纺织品按其质地可以划分为丝、毛、棉、麻四类。前两类最多，占出土文物总数的三分之一以上。丝织品中有绢、绮、绦、锦、绣、染缬等，毛织品中有罽、毯、毡、编织带、毛绣及毛绳等。营盘遗址出土的纺织品，无论是从技术上抑或是图案审美上来考察，均能反映出东西方文化交流的影响，因而具有特别的学术研究价值[97]。

研究表明，营盘出土的绮织品，基本上都是中国传统的平纹地斜纹织物，其中有几何菱纹绮、方胜纹绮及对禽对兽绮等六种。织锦中，也有如"寿""登高"等云气动物纹锦。这种对禽对兽绮和"登高"文字锦，在楼兰墓地出土文物中亦有发现，人们据此认为部分营盘丝织品的年代可以早到西晋时期。

营盘丝织品中富有特色的是平纹经二重的绦带和平纹纬二重的织锦。前者是一种窄条状织物，多出现在衣物的装饰部位，采用平纹经二重组织，但丝线一般加有 S 拈，估计为汉人织工所织。后者是一种纬显花织物，采用两色或三色，其经线加有 Z 拈。同类织物曾在吐鲁番 5 世纪的墓葬中有过出土，只是质量不如营盘所出的精美[98]。

营盘出土的丝织品中还有少量的锁绣品、绞缬品。此外，这些丝织品中值得特别注意的

[95] 赵丰、金琳：《纺织考古》，文物出版社，2007 年，页 91。
[96] 新疆文物考古研究所：《新疆尉犁县因半古墓调查》，《文物》1994 年第 4 期，页 19 ~ 31。
[97] 李文瑛、周金玲：《营盘墓葬考古收获及相关问题》，《丝路考古珍品》，上海译文出版社，1998 年。
[98] 赵丰、金琳：《纺织考古》，文物出版社，2007 年，页 92。

图一一
1995 年新疆营盘遗址出
土丝织品中的印金织物

图版采自赵丰、金琳：《纺
织考古》，文物出版社，
2007 年，页 93

是其印金织物（图一一）的出土。它们主要出自于营盘的 14 号墓和 15 号墓。

在 14 号墓主长袍残片的领、襟、袖、下摆、后背等部位，普遍贴印着各种光彩夺目的圆形、方形、三角形金饰。此外，另有一种带有果实形状（似石榴）的图案，系先用色绢按设计好的花纹剪出花瓣、花心、果实，经拼对成形后缝在坯料上，然后再在花样上贴金，印出更为细密繁缛的小花纹。这种金箔装饰的织物，在史料上仅见于三国时期的文献，实物样品中则第一次发现于盘营。

应该引起我们整体关注的是，盘营墓地与上述丝织品同时出土的一些毛织物，在织造方式和装饰美术题材上有着明显的域外文化特征。这种毛织物，其组织采用了双层组织和平纹纬重组织。其中一件对人兽树纹罽袍，无论从编制技法和装饰图案美术题材的选取那一方面来审视，都具有西亚文化的特征，从而反映出当年塔里木盆地绿洲诸国在衣饰文明中含有东西方文化交流的史态。

从盘营墓地出土纺织品的形态类别上考察，其小部分丝织品与楼兰遗址出土者相似。但这里更多为带有当地或西域风格的毛织物和一些平纹纬二重的丝织品，这种丝织物在吐鲁番遗址中要晚到东晋、十六国时期。此外，营盘出土的绞缬绢，同类的纺织品在吐鲁番遗址西凉建初十四年（418 年）的墓葬 63TAM1 中及敦煌佛爷庙湾十六国时期的墓葬中均为最早的发现[99]。所以，营盘墓葬的主要年代，应该在 4 ~ 5 世纪前后的五凉时期，这不但为营盘丝织品的断代提供了考古学依据，也为沙洲瀚海出土的著名的同期"李柏文书"这一遗卷的社

---

[99]　甘肃敦煌县博物馆：《敦煌佛爷庙湾五凉时期墓葬发掘简报》，《文物》1983 年第 10 期，页 51 ~ 60。

图一二
1959 年尼雅遗址出土印有"阿娜希塔"
女神像的织品

会史数据所旁证。

相对于新疆沙海绿洲出土的这些纺丝织品遗物，近代的塔里木考古，还为我们找到了一些更具认知意义的文化人类学课题。

1959 年的尼雅遗址考古中，人们发现了两件被称为蜡染或蜡缬的蓝地白花的印花棉织品。

其中一件带有格子等几何形图案，目前尚缺乏相应的研究。

另一件的图案内容比较复杂，在残余部分起码能够看到四个可以判断题材的板块。一是中心板块，可以看到一个人的脚与一只狮子的爪和尾。二是以方格为主的板块。三是位于下方的长条，有一兽咬着一条龙的尾巴。四是一块最完整、图案意义最富学术价值的板块，图案中印着一位项间见有联珠纹项圈、头顶有着辉光在中亚地区甚为流行的主掌生殖而被称为"阿娜希塔"的女神（图一二）[100]。

有关这一女神的题材确定，近年西方学者提出了新的见解。有学者认为，这一人物更可能是希腊神话中的鬼子母。这种美术形象较多流行于印度西北部的犍陀罗文化区。其形象往往为一女性，手持角状花束，在当地被认为是保护小孩之神[101]。

笔者认为，塔里木绿洲遗址中发现的这一美术人物，不管他的角色含有何种西域神祇的

[100]　赵丰：《蓝白蜡缬棉布》，《中华文物鉴赏》，江苏教育出版社，1990 年。

[101]　Ellen Johnston Laing, Recent finds of Western-Related Glassware,Textiles and Metalwork in Central Asia and China, Bulletin of the Asia Institute,Vol 9,1995（《中国中亚地区近年发现的西方玻璃制品和金属制品》）。

寓意，我们只用根据这一美术人物手中捧执有形体硕长而盛满葡萄的角杯（rhyton），就能够判断它源自于盛行葡萄酒崇拜的地中海一带。毫无疑问，这种美术题材在沙海绿洲的混用纺织品中的出现，说明从视觉性（Visuality）上依然揭示出东西方文明交互影响的历史事实。

类似的印花棉布在新疆山普拉墓地亦有出土，反映了西域文明在中亚地区有着广泛的地域影响。这与塔里木盆地流行汉地文字织锦，恰是一个历史事实的两个侧面。

南疆和田地区洛浦县的山普拉墓地，曾经出土了为数众多的极具研究意义的纺织品。其中引人注目的一件，是两条裤腿织物所使用的面料。它们用缂毛技术织成，一条裤腿上织有较大的武士人像；另一条裤腿上织有马人形象。

新疆维吾尔自治区和田地区文物管理所李吟屏对这件织物作了深入考证。他认为其中的"马人"，就是希腊、罗马神话中的坎托尔（Centaur）。这一美术题材的出现，进一步证实了地中海人种曾入居于阗。而那个武士人像，则与斯坦因获于楼兰的毛织品上的赫米斯（Hermes）头像极为相像，他们正是罗马文明的体现。所有这些，都是犍陀罗文化对中国西北地区影响的结果[102]。

新疆出土带有域外纺织品风格的毛织物，最为引人瞩目的，若如前述营盘 15 号墓所出的"对人兽树纹罽"。这件毛织品作为该墓墓主的外袍面料，采用的是双层组织，以黄、红两色显示花地。其图案纹饰的设计，高度重视画面整体的对称性效果。而在每一个纵长80 厘米的单元板块的内部，则由六组以石榴树为轴两两相对的动作人物和动物所组成。每一组又以二方连续的形式横贯终幅（幅宽 118 厘米以上）。各单元图案又以上下对称布局，从而使幅面整体显得欢快活泼而又井然有序。这件毛织品最具艺术魅力的视点造型，是其图案中的四组人物形象——这些人物均为训练中的男性，裸体、卷发、高鼻、大眼，体格雄浑，动感十足。其手持兵器、两两相对的神态呼应，强化了西域世界体力格斗的场景氛围，具有很高的纪实性生活画卷的写真价值。穿插于这幅面料中的两组对羊、对牛动物，传达出西域草原世界民族生活的特有气息，这也从一个侧面传达出这件毛织物与西域斯基泰文明相关联的文化背景（图一三）。

在回溯古代塔里木绿洲丝绸文明的时候，我们有意关注这类流布于当地的毛织品样板，

---

[102]　李吟屏：《洛浦县山普拉古墓地出土缂毛裤图案》，《文物》1990 年第 11 期，页 72 ～ 74。

图一三
新疆营盘 15 号墓出土的一件具有西亚文化特征的
对人兽树纹罽袍

图版采自赵丰:《丝绸之路美术考古概论》,文物出版社,
2007 年,页 130

其学术目的在于通过这些古代纺织品的整体性研究,为人们勾画出一个东西方纺织品亘早处于一种交流互动的文化势态中。凡此学术准的的确定,无疑是我们认识丝绸之路资源生态的一个带有根本理念的理性支点。

在田野考古中发现的中古丝绸文物中,塔里木盆地古绿洲遗址出土的上述产品无疑有着典型的区域史地研究的价值。这些历史遗物在探讨丝路文明——尤其是东西方丝绸交流的进程——自然有着不可替代的学术意义。

事实上,沙海绿洲那些带有东方理念的文字锦的出土,显然折射出当年汉地丝绸制品为西域诸国上层社会所喜闻乐见。而正是这种带有地域审美补偿意义的丝绸引进,才构成了东西方地域资源的差异互动——沙海丝绸的出土,端的折射出丝路资源流动的必然。如果我们将这些丝绸遗物与沙海绿洲出土的大量汉晋遗简进行综合研究,我们不难看出当年丝绸产品的传输,与汉晋国家经营西域的政治视野有着密切的联系。

当我们从资源赋存视域对中国丝绸产业的地域分布与历史状况进行系统回溯,让我们再以时代次序为脉络,对古代中外社会的人际交往作一大区段的梳理,以便为历史上丝绸之路的形成与拓展,提供一个更加广阔而深邃的生活史背景。

(五) 小结

通过本章对世界资源置换需求视域下东方丝绸产业的文化学梳理,可以看出,早在 8500 年前的新石器时代的中原地区以及 4750 年前以良渚文化为中心的太湖地区,业已有了丝绸产业的兴起。在嗣后进入国家文明态的岁月里,中国境内的丝绸织物已经由天山廊道的传播,远输于欧洲中部的德国巴登——符腾堡的荷米歇尔一带及地中海北岸的希腊雅典地区。

不难发现，正是黄河下游、长江中下游及岭南地区桑蚕、丝织业的日渐发展，促成了上古以降华夏诸朝丝绸产业的持续高涨。丝绸之路之所以能构成东西方世界一条旷世不泯的黄金通道，完全有赖于中国东部地区源源不断的丝绸资源的支撑。这种利润丰厚、络绎不绝的商贸传输，无疑刺激着传输手段和成本方式的改善。以运作平稳、卸载省工为特质的水上运输，便不失时机地提到国家层面的议事日程上来。

第二章

上古时代东西方社会
往来的回溯

（一）仰韶文化以来出土文物带给我们的思考

有关上古时代东西方社会的往来，可以从新石器文化遗址出土的陶器产品中略窥其踪迹。

人们熟知，在黄河流域的诸多仰韶文化遗址中，曾经出土过数以千计、形制精美的彩陶。与这些彩陶一同面世的，还有为数众多、造型奇特的汲水器——尖底瓶（图一四）这类生活用具的出土，由此折射出当年人类极具画卷色彩的生活情形。

无独有偶，我们在意大利著名的庞贝遗址的考古库房中，亦发现有当年这一遗址内出土的形制相似的尖底瓶（图一五、一六）[103]。

从物理原理上考察，这种生活用具无疑具有深水汲引的功用，其要点在于利用其纵向落体时产生的动力效应，达到瓶口逐次进水的结果。

从器物细节形态上分析，这种器物的核心构件，除了细长鼓腹的体型外，为了维系绳索的需要，基本都有相对硕大的盘口，或者肩部预留有贴环。

引人思考的是，新石器时代东西方世界这种用途相同的生活器具，在文物形态上竟然有着如此相似的要素构成。如此看来，就在人类迈入文明社会的前夜，不远万里的人际交流，无疑成为东西方世界生计转输的必备载体。

图一四
黄河流域诸多仰韶文化遗址中
出土的汲水器——尖底瓶

---

[103]　图版系作者 2005 年 11 月 25 日摄于庞贝故城文物库房。

图一五、一六
意大利庞贝遗址考古
库房保存的该遗址内
出土的形制与东方相
似的尖底瓶

（二）良渚文化遗址的文明启示

1986～1987年，我国考古工作者从良渚墓葬中发掘出了大量的随葬品，其中雕琢精美、旷费岁月的玉器制品占90%以上。尤其是其中象征神权的玉琮和象征军权的玉钺，为研究阶级社会和权力支配的起源提供了珍贵的实物资料。这种带有人类文明史意义的考古史料，值得高度重视。

引起人们对良渚文化特别关注的，是其遗址中与大量玉器同期出现的丝织品实物。

这一文化圈内的钱山漾遗址出土的丝织品残片，是先缫后织的产品，它是我国迄今为止发现最早的丝织品实物，这块距今4700～5200年的丝绢残片，堪称"世界第一片丝绸"。王遂今据此曾提出"丝绸之源"起源于长三角的说法。他认为上古黄河流域与西北地区的丝织业，是从河姆渡、良渚等江南丝绸文化的发祥地北传过去的[104]。

如果考虑到早于良渚遗址的河南贾湖遗址和青台遗址丝绸遗迹的揭示，我们应该有理由认为，就目前已知的考古学史料来看，我国西北一带乃至辽阔的西域地区，其丝绸产业的传播渊源，正是我国的黄淮一带及其以南的江南地区。这些地区之所以成为世界丝绸产业的核

---

[104]　王遂今：《吴越文化史话》，浙江大学出版社，2003年。

心地带，温暖的宜蚕气候和地理植被的适宜，是其根本的生态原因。这是本著的一个具有根本意义的学术理念。

如是可知，漫长丝绸之路古道上的贩丝贸易及其丝绸遗迹，端的印证了"丝从东方来"的经济地理学逻辑。

（三）殷墟藏玉与东西方社会的人际往来

追溯中原地区与四裔荒远之交通，援之文献所披始滥觞于三代。《尚书·禹贡》于当时中夏文明"东渐于海，西被于流沙。朔南暨，声教讫于四海，禹锡玄圭，告厥成功"[105]之绘写，大抵透露出华夏早期开拓四方边服而至声教混一的业绩。

1976 年，中国社会科学院考古研究所发掘了殷商时代（前 14 ～前 11 世纪）安阳殷墟小屯村武丁时期的妇好墓。墓中出土的 755 件玉器，除极少数为岫岩玉和独山玉之外，绝大多数均为来自和田的昆仑玉。

在这些上古时代的玉器中，以下几件收藏于中国国家博物馆的陈列品值得我们分外关注。

玉簋，共两件。其中一件高 12.5、口径 20.5、壁厚 1 ～ 1.6 厘米。此簋呈绿色，平口方唇，腹部微鼓，圈足微外撇（图一七）。另一件白玉簋，侈口圆唇，下腹微鼓，圈足直矮。两件玉簋与琮、圭、璧、环、瑗、玦、盘等礼器共 175 件同出该墓，这与《考工记》中记载的玉礼器基本相符。除"璋"以外，礼数已基本齐全。因此，该墓出土的玉礼器，对研究周礼时代的文化渊源有着重要的参考价值。

弦纹玉琮，通体呈浑方形柱状，内芯

图一七
中国国家博物馆藏殷墟妇好墓出土的和田玉簋

---

[105] 《尚书》卷二《禹贡篇》，上海古籍出版社，1987 年，页 38。

呈圆筒状，高9.3、射径4.7、内孔径4.3厘米。在柱体四角的两个侧面，均有阴线刻的粗细
不等的纵向弦纹。柱体上下的两端，各阴刻四道平行的弦纹。整个器形，显得装饰简略，朴
素大方，与同期多数玉器繁缛的表面雕饰形成鲜明的反差（图一八）。

　　玉人，妇好墓出土的玉人有多件，玉质和体态造型各有不同。其中一件羊脂玉人物雕刻，
呈现半圆雕阴阳直立的人物形象。其高12.5、宽1厘米，乳白色玉质，玲珑剔透，光彩耀人。
这件玉人一面为男性形象，另一面为女性形象。其造型均为裸体，双足之下各有一榫，应为
其他器物之插柄或配饰。中国考古遗址中半圆雕的直立玉人，红山文化遗址中即有发现。但
是这种两面不同性别的直立玉人的美术形象则比较罕见（图一九）。

　　晚商时代中国的玉人造像，与西域地区美术题材和雕造技法更趋接近的文物实例，是江
西新干大洋洲遗址出土的商代晚期活环屈蹲羽人玉佩。这件玉人高8.7、背脊厚1.4厘米。系
叶腊石材质地，通体呈棕红色，光泽温润，极具美感。这件玉人的造型极富个性化手法，具
有浓郁的西方雕刻艺术的风格。该玉人头呈高冠鸟形，鸟尾以掏雕法琢出三个相扣的链环；
面部呈臣字目，粗横眉，半环耳，内卷勾状喙的嘴巴，几与下颌相连。其双臂拳曲于胸前，肩、
臂高耸，造型夸张。其通身采用减底剔地法，呈浮雕状，双腿则弯曲呈蹲坐式。腰、背两侧
有竖列鳞片纹，采用减地浮雕法，鳞片纹外侧雕有羽翼。玉人出土时涂有朱砂。

　　中国古代曾有"天命玄鸟，降而生商"的传说，这件玉雕似乎证实了商代确有玄鸟崇拜

图一八
中国国家博物馆藏殷墟妇好
墓出土的和田玉弦纹玉琮

图一九
安阳殷墟妇好墓出土的和田玉
双面裸体玉人雕像

图二〇
江西新干大洋洲遗址出土晚商具有西
域雕刻技法因素的活环屈蹲羽人玉佩

的事实。问题是，这件玉雕人物的面部线条造型，具有明显的西域雕刻的技法因素，值得学界注意（图二〇）。

妇好墓中出土的近千件玉器，丽质光润，琢磨细腻，是昆玉流入中原地区最早的一次文物展示。三代时期中原地区与西域矿产资源如此带有国家意义的流通，无疑说明当年两地之间资源供需的规模化存在。因此，盘点殷墟昆玉的储存状况，不但能让我们感受到有商一代物质文明和精神审美的原真面貌，更有让我们获得上古时期中西方人文往来宏观背景的学术收益[106]。

（四）周穆王西游：东方国家西域意识的确立

两周时代，不唯诗风多有吟颂荒服远来的音声，即如期间中外往来之史例，上古文献中亦时有涉及。

如《竹书纪年》记载：穆王"十七年，王西征昆仑丘，见西王母。其年西王母来朝，宾于昭宫"[107]。

此事《穆天子传》卷二则谓："辛丑，天子北征东还，乃循黑水。癸巳，至于群玉之山，容成氏之所守。曰：'群玉田山，□知阿平无险，四彻中绳，先王之所谓册府，寡草木而无鸟兽。'爰有□木，西膜之所谓□。天子于是攻其玉石，取玉版三乘，玉器服物，载玉万只。天子四日休群玉之山，乃命邢侯待攻玉者。"同书卷三："吉日甲子，天子宾于西王母。乃执白圭、玄璧以见西王母，好献锦组百纯，□组三百纯，西王母再拜受之。乙丑，天子觞西王母于瑶池之上，西王母为天子谣曰……"[108]。

《穆天子传》以后人浮托而未称信史，然"其叙简而法，其谣雅而风，其事侈而核"（胡应麟《少室山房笔丛·三坟补逸》），在我国上古文献中仍然有其重要的价值。其山川风物之

[106] 有关殷墟妇好墓中玉料来源于和田的报告，详见中国社会科学院考古研究所：《殷墟妇好墓》，文物出版社，1980年，页114。

[107] 《竹书纪年》卷下，《四库全书》第303册·史部二·编年类·第61册，上海古籍出版社，1987年，页303～27。

[108] 《山海经·穆天子传》，岳麓书社，1992年，页214、223。

叙写，人物民俗之记事，不唯在一定程度上透露出我国先民探索西域的历史脚步，更在一定层面上体现了中原人民了解西域生态、人文的感性收获。

另在内地两周时代的文化遗址中，亦有中外往来物质遗存的发现。

洛阳以往出土的西周晚期的青铜鼎上，曾镶嵌有玻璃珠，足以说明当时西域玻璃技术已为中原工匠所掌握 [109]。

此外，前述 20 世纪中叶洛阳中州路一带战国遗址出土的若干"蜻蜓眼"料珠，即为东周晚期中原地区交接西域的绝佳例证。这种带有圈状套花工艺的玻璃制品，与公元前 6 世纪至前 3 世纪盛行于希腊化时代的埃及或腓尼基等地中海东岸国家的蜻蜓眼料珠十分接近。同类的料珠在山东及广东、湖北等战国墓中亦有发现，似乎反映了当时海上丝绸之路已经开通 [110]。

与周代交通西域相印证，西域本身的文物遗迹亦有相应的显示。

20 世纪 50 年代以前，在俄罗斯阿尔泰山西麓的巴泽雷克（Pazyryk）一带，考古学者从一组公元前 5 至前 4 世纪的大墓中，发掘出了一批产于中国的铜镜和丝织品 [111]。

这些文物包括，该墓地六号冢墓中出土的不晚于公元前 5 世纪的中原"山"字纹残铜镜 [112] 及同墓另外出土的来自中国的丝织品刺绣 [113]。从而有力地证明了公元前千季中叶中国与西域地区社会往来的存在。

此外，20 世纪 90 年代前后，甘肃礼县大堡子山公元前 9 ~ 前 8 世纪秦公墓葬的出土文物中，有几件用于棺椁装饰的金箔饰件。研究者认为，秦人建立政权初期政治势力阻居于陇右前后，

---

[109] 高至喜：《论我国春秋战国的玻璃器》，《文物》1985 年第 12 期，页 54 ~ 65。

[110] 山东省文物考古研究所等：《曲阜鲁国故城》，齐鲁书社，1982 年，页 178；山东省博物馆：《临淄郎家庄一号东周殉人墓》，《考古学报》1977 年第 1 期，页 73 ~ 104；湖北省博物馆编：《曾侯乙墓》，文物出版社，1989 年，页 423 ~ 425。

[111] С. И. 鲁金科：《论中国与阿尔泰部落的古代关系》，《考古学报》1957 年第 2 期，页 37 ~ 48。

[112] 迪特里希：《中国古代艺术的斗兽匠意花纹》（威斯巴登，1963 年），页 51 ~ 56；参见《中亚杂志》1970 年 Vol.14,No.4,P.269 叶特玛尔文（K.Jettmar）有关评介；转引自张广达：《古代欧亚的内陆交通》，《西域史地丛稿初编》，上海古籍出版社，1995 年，页 390。

[113] 本克尔、恰特温、法尔卡斯（E.C.Bunker,C.B.Chatwin,A.R.Farkas）：《从东到西的兽形意匠纹艺术》"Animal Style"Art from East to West（纽约，1970 年），P.61；转引自张广达：《古代欧亚的内陆交通》，《西域史地丛稿初编》，上海古籍出版社，1995 年，页 390。

从金矿来源上审视，这些制品的原料来源只能是河西走廊与阿尔泰一带。因此，这类来自西方文化区系的历史遗物，清晰折射出当时中外两地社会往来的畅通，这较汉武开通西域提前了数世纪之久[114]。

（五）小结

通过本章对上古时期的中外交通史事的有限回溯，我们可以看出自华夏文明发轫的曙光时代，东西方社会之间业已有了广泛的物质交流和精神传播的人脉互动。这种从部落取向到国家意识对资源沟通的经验积累，为后来东西方资源的能动再分配，提供了有益的历史借鉴。

---

[114]　韩伟：《论甘肃礼县出土的秦金箔饰件》，《文物》1995 年第 6 期，页 4 ~ 11。

两汉以降中原交通西域
的历史景貌

（一）张骞凿空西域，开辟了一个中西社会往来的新时代

先秦以还，历史文献多有中外交流的纪事，从而为人们了解当年丝绸之路上发生的人文掌故提供了便利。

迨至汉武，张骞凿空西域，反映出封建国家开通边荒、交流中外的锐意。自此而后，西域见闻委婉东来，不绝如缕；文献纪实，时时而有。至若《史记》之纂录，则殷殷叙事中载有如下的史态。

"大夏在大宛西南二千余里妫水南……其东南有身毒国。骞曰：'臣在大夏时，见邛竹杖、蜀布。问曰："安得此？"大夏国人曰："吾贾人往市之身毒。身毒在大夏东南可数千里，其俗土著，大与大夏同，而卑湿暑热云。其人民乘象以战。其国临大水焉。"以骞度之，大夏去汉万二千里，居汉西南。今身毒国又居大夏东南数千里，有蜀物，此其去蜀不远矣。今使大夏，从羌中，险，羌人恶之；少北，则为匈奴所得；从蜀宜径，又无寇。'天子既闻大宛及大夏、安息之属皆大国，多奇物，土著，颇与中国同业，而兵弱，贵汉财物；其北有大月氏、康居之属，兵强，可以赂遗设利朝也。且诚得而以义属之，则广地万里，重九译，致殊俗，威德遍于四海。天子欣然，以骞言为然，乃令骞因蜀犍为发间使，四道并出：出骎，出冉，出徙，出邛、僰，皆各行一二千里。其北方闭氏、筰，南方闭巂、昆明。昆明之属无君长，善寇盗，辄杀略汉使，终莫得通。然闻其西可千余里有乘象国，名曰滇越……骞因分遣副使使大宛、康居、大月氏、大夏、安息、身毒、于阗、扞罙及诸旁国。乌孙发导译送骞还，骞与乌孙遣使数十人，马数十匹报谢，因令窥汉，知其广大……乌孙使既见汉人众富厚，归报其国，其国乃益重汉。其后岁余，骞所遣使通大夏之属者皆颇与其人俱来，于是西北国始通于汉矣……初置酒泉郡以通西北国。因以发使抵安息、奄蔡、黎轩、条枝、身毒国……是时汉既灭越，而蜀西南夷皆震，请吏入朝。于是置益州、越巂、牂柯、沈黎、汶山郡，欲地接以前通大夏，乃遣使柏始昌、吕越人等岁十余辈，出此初郡抵大夏，皆复闭昆明，为所杀，夺币财，终莫能通至大夏焉"[115]。

"初，汉使至安息，安息王令将二万骑迎于东界。东界去王都数千里。行比至，过数十城，

---

[115] 司马迁：《史记》卷一二三《大宛列传》，中华书局，1959 年，页 3164 ~ 3171。

人民相属甚多。汉使还,而后发使随汉使来观汉广大,以大鸟卵及黎轩善眩人献于汉。及宛西小国骥潜、大益,宛东姑师、扞罙、苏薤之属,皆随汉使献见天子"[116]。

班固续史,每有承托;采风西域,兼美详略。

时"自玉门、阳关出西域有两道。从鄯善傍南山北,波河西行至莎车,为南道;南道西逾葱岭则出大月氏、安息。自车师前王廷随北山,波河西行至疏勒,为北道;北道西逾葱岭则出大宛、康居、奄蔡焉……汉兴至于孝武,事征四夷,广威德,而张骞始开西域之迹。其后骠骑将军击破匈奴右地,降浑邪、休屠王,遂空其地,始筑令居以西,初置酒泉郡,后稍发徙民充实之,分置武威、张掖、敦煌,列四郡,据两关焉。自贰师将军伐大宛之后,西域震惧,多遣使来贡献,汉使西域者益得职。于是自敦煌西至盐泽往往起亭,而轮台、渠犁皆有田卒数百人,置使者校尉领护,以给使外国者。"[117]

汉史有关西域绿洲国家"多遣使来贡献,汉使西域者益得职"的描述,反映的正是两地使者往还、不绝于途的情形。"于是自敦煌西至盐泽,往往起亭。而轮台、渠犁皆有田卒数百人,置使者校尉领护,以给使外国者。"从中透露出西汉王朝设防沿途、接济本朝使节的部署。汉史有关西域各国内政构成及其距离长安道里的精确记载,无疑传达出这一王朝对西域人文地理的熟悉。

汉于西域诸国风情之熟悉,文献所载,颇为详密。

"罽宾国,王治循鲜城,去长安万二千二百里,不属都护。……罽宾地平温和,有目宿,杂草奇木……其民巧,雕文刻镂,治宫室,织罽,刺文绣,好治食。有金银铜锡,以为器。市列,以金银为钱,文为骑马,幕为人面。出封牛、水牛、象、大狗、沐猴、孔爵、珠玑、珊瑚、虎珀、璧流离。它畜与诸国同。自武帝始通罽宾,自以绝远,汉兵不能至。其王乌头劳数剽杀汉使。乌头劳死,子代立,遣使奉献。汉使关都尉文忠送其使。王复欲害忠,忠觉之,乃与容屈王子阴末赴共合谋攻罽宾,杀其王,立阴末赴为罽宾王,授印绶。"[118]

又"安息国,王治番兜城,去长安万一千六百里,不属都护。北与康居、东与乌弋山离、西与条支接。土地风气,物类所有,民俗与乌弋、罽宾同。亦以银为钱,文独为王面,幕为

---

[116] 司马迁:《史记》卷一二三《大宛列传》,中华书局,1959 年,页 3172、3173。

[117] 班固:《汉书》卷九六《西域传》,中华书局,1962 年,页 3872、3873。

[118] 班固:《汉书》卷九六《西域传》,中华书局,1962 年,页 3884 ~ 3886。

夫人面。王死辄更铸钱。有大马爵。其属大小数百城，地方数千里，最大国也。临妫水，商贾车船行旁国。书革，旁行为书记。武帝始遣使至安息，王令将将二万骑迎于东界。东界去王都数千里，行比至，过数十城，人民相属。因发使随汉使者来观汉地，以大鸟卵及犁靬眩人献于汉，天子大说。"[119]

武帝时，"汉始筑令居以西，初置酒泉郡，以通西北国。因益发使抵安息、奄蔡、牦轩、条支、身毒国。而天子好宛马，使者相望于道，一辈大者数百，少者百余人，所赍操，大放博望侯时。其后益习而衰少焉。汉率一岁中使者，多者十余，少者五六辈，远者八九岁，近者数岁而反。"[120]

至于西汉时代中原与印度之间通过其他陆路的交往，史乘另有约略地记载："武帝时，身毒国献连环羁，皆以白玉作之。玛瑙石为勒，白光琉璃为鞍，鞍在暗室中，常照十余丈如昼日。自是长安始盛饰鞍马，竞加雕镂。或一马之饰直百金，皆以南海白蠡为珂，紫金为华，以饰其上。犹以不鸣为患，或加以铃镊，饰以流苏，走则如撞钟磬，动（则）若飞幡葆。后得贰师天马，帝以玫瑰石为鞍，镂以金银鍮石，以绿地五色锦为蔽泥。后稍以熊罴皮为之，熊罴毛有绿光，皆长二尺者，直百金。卓王孙有百余双，诏使献二十枚。"[121]

时张骞西域所至者，并"大宛、大月氏、大夏、康居，而传闻其旁大国五六，具为天子言其地形所有……骞曰：'臣在大夏时，见邛竹杖、蜀布，问安得此，大夏国人曰："吾贾人往市之身毒国。身毒国在大夏东南可数千里，其俗土著，与大夏同而卑湿暑热。其民乘象以战。其国临大水焉。"以骞度之，大夏去汉万二千里，居西南。今身毒又居大夏东南数千里，有蜀物，此其去蜀不远矣。今使大夏……从蜀，宜径，又无寇。'"[122]

此中无疑透露出汉人考察西域之细心与周密。

尤其值得珍视的是，史籍对于西汉晚期佛教初传入汉地亦有珍贵的记载。

《魏略·西戎传》："昔汉哀帝元寿元年（前2年），博士弟子景卢受大月氏王使伊存口受《浮屠经》，曰'复豆'者，其人也。《浮屠》所载临蒲塞、桑门、伯闻、疏问、白疏闲、

[119]　班固：《汉书》卷九六《西域传》，中华书局，1962年，页3889、3890。

[120]　班固：《汉书》卷六一《张骞传》，中华书局，1962年，页2694。

[121]　刘歆撰、葛洪辑：《西京杂记》卷二，《四库全书》第1035册，上海古籍出版社，1987年，页
　　　　1035～8。

[122]　班固：《汉书》卷六一《张骞传》，中华书局，1962年，页2689、2690。

比丘、晨门，皆弟子号也。《浮屠》所载，与中国《老子经》相出入。……浮屠属弟子别号，合有二十九，不能详载，故略之如此……"[123]可见中外社会不绝岁时交通于丝绸之路沿途者，不唯人间所需之物质财富，更有人类精神产品的互动运作。此系两汉之际佛教传入中国的史料滥觞，这与后来明帝时代法兰、摩腾之白马传经，均为中外精神交流的珍贵纪事。

与文献记载相表里，出土文物亦为观察汉代中外人事往来提供了直接的信息。

意大利拿波里国立考古博物馆（National Archaeological Museum, Naples）收藏有一幅古罗马时期的壁画残片。画面上展示了一位跣足而身穿轻薄透体外衣的罗马女祭司（Menade）形象（图二一）。研究者一致认为，这种质感轻盈而透明的衣服，无疑是用来自中国的丝绸制作的。

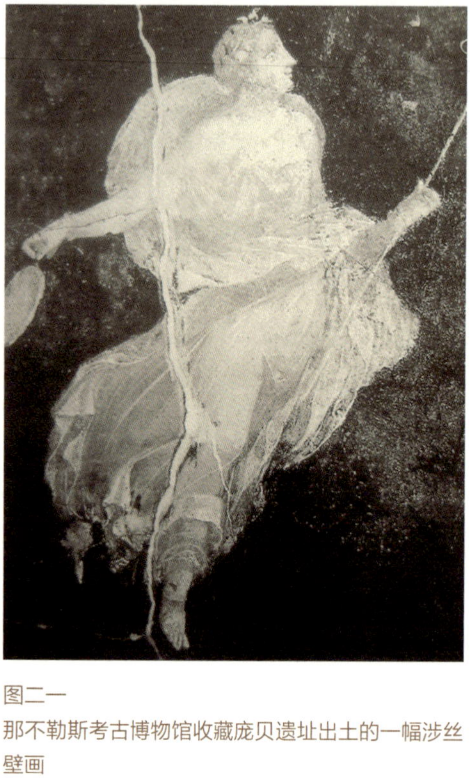

图二一
那不勒斯考古博物馆收藏庞贝遗址出土的一幅涉丝壁画

同类的衣服样式，地中海沿岸古希腊、罗马地区的石刻作品亦有大量地显示（图二二）。这些刻画古代丝绸服装的样本，从美术视域折射出汉代丝绸之路国际贸易的畅通。

与此美术遗迹相映成趣的是，"古典时代，希腊罗马诗人创作了大量关于丝绸的颂歌，弗吉尔的《田园诗》、贺拉斯的《颂歌》、普罗佩赛的《哀歌》以及和奥维德的《恋情》，到处可见对丝绸的赞美之词。由于罗马人对东方丝绸的需求量迅速增长，以至于造成罗马帝国财政严重出超。古罗马作家老普林尼（23～79年）在《自然史》中惊呼：'我国每年至少有一亿赛斯塔钱（约合十万盎司黄金）被印度、中国和阿拉伯半岛夺走！'"[124]

20世纪80年代末，位于阿富汗北境席巴尔

[123] 陈寿：《三国志·魏书》卷三〇注引鱼豢，《魏略·西戎传》，中华书局，1982年，页859、860。
[124] 林梅村：《寻找楼兰王国》，北京大学出版社，2009年，页147。

甘地区一处被称为 Tilly – Tehede 的古代遗址中，发现了 6 座公元前后的属于大夏故国的墓葬。上述墓葬中出土了 20000 余件黄金艺术品以及数量众多的古罗马、安息、天竺、斯基泰和中国的古代文物，从而向人们展示出这一中亚故国沟通东西方社会联系的交通枢纽地位的存在。尤其值得注意的是，这一组墓葬中的第 2、3、6 号墓中，均出土了宣帝（前 73 年 ~ 前 49 年）至平帝（1 ~ 5 年）之间黄河流域流行的昭明镜[125]。

而据俄罗斯学者 Ю. А . 扎德涅普罗夫斯基与 Е.И. 鲁沃·莱斯尼琴科考古研究报导，仅以往在中亚费尔干纳公元 1 世纪以前的 80 处墓群的 500 余座墓葬中，即"大都发现有汉式镜"的出土[126]，进而透露了两汉之际中原与中亚地区频频发生物质交流的事实。

1987 年前后，敦煌市博物馆在文物普查过程中，于汉代效谷县"悬泉"遗址采集到汉简 64 枚。简 1296 号文云：

"河南郡新成当利里乾充字子游，神爵（鼂按：原报告释"爵"为"舜"，误）五年（前 57 年）正月，王成过东尸（A）

图二二
雅典卫城希腊雕刻中的一尊身着丝绸衣服的女神形象

[125] V.I.Sarianidi, "The Golden Nobles of Shibarghan", Time Magazine,2 July, 1979; V.I.Sarianidi,The Golden Hoard of Bactria, Vienna ,1985；转引自林梅村：《西域文明——考古、民族、语言和宗教新论》，东方出版社，1995 年，页 277。

[126] Ю . А . 扎德涅普罗夫斯基、Е . И . 鲁沃·莱斯尼琴科：《中亚费尔干纳出土的汉式镜》，《考古与文物》1998 年第 3 期，页 84 ~ 93。

章曰新成之印（B）"[127]。

考河南新成之置县，事在西汉惠帝之四年（前 191 年）[128]。稽其今日之地望，殆即洛阳南郊之伊川县是也。《水经注》卷一五《伊水》条所谓"伊水又北，径高都城东。徐广《史记音义》曰：'今河南新城县有高都城'"者，可证简牍记事之确切。揆诸乾充简之内容，可知乾氏当年持有新城官署押印文书过往于瓜、沙内外。这件文书极其重要的学术价值，在于它从出土文物的角度，最早透露了张骞凿空西域之后，洛阳籍乡民在封建国家正式允许下通过西陲关防的事实。从中无疑可以看出，当时的中原王朝，对于通好西域诸部抱有积极热忱的态度。

1976 年夏，洛阳北郊邙山南麓发掘了西汉中期卜千秋墓。墓室壁面彩色祥云绘画中，首次发现具有中亚、印度风格的忍冬纹装饰绘画和有翼神兽[129]。

倘如更从物质文化方面来寻踪，则长安西汉宫殿遗址出土高鼻深目之青铜羽人造像（图二三）[130]，亦不失为西域文明影响中原艺术造型之一证。这种含有西域文化因素的工艺美术作品，直至东汉时代的洛阳地区，亦有相同遗例的再现（图二四）。

此外，20 世纪 50 年代以来，云南晋宁石寨山西汉滇国贵族墓及山东淄博西汉齐王墓陪葬坑、广州西汉南越王墓出土了一类具有近东古埃兰器物遗风的花瓣纹银盒[131]，这在文化遗存领域透露出当时东方国家与西域各地有交通往来的事实。

张骞凿空西域及李广利西征大宛以来，西域诸国与汉朝交往日趋频繁。这些绿洲部落出于交流中原的需要，遂在当地学习汉籍文献以期交接内地的方便。

在楼兰尼雅遗址的出土文书中，人们发现了包括《史记匈奴列传》《左传昭公》《战国策燕策》《孝经》《急就章》《九九章》在内的数量众多的汉籍文献。对于这些文献的阅读主体

---

[127] 敦煌市博物馆：《敦煌汉代烽燧遗址调查所获简牍释文》，《文物》1991 年第 8 期，页 38。

[128] 班固：《汉书》卷二八上《地理志》，中华书局，1962 年，页 1555、1556。

[129] 洛阳博物馆：《洛阳西汉卜千秋壁画墓发掘简报》，《文物》1977 年第 6 期，页 1 ~ 12。

[130] 西安市文物管理委员会：《西安发现一批汉代铜器和铜羽人》，《文物》1966 年第 4 期，页 7、8。

[131] 云南省博物馆：《云南晋宁石寨山古墓群发掘报告》，文物出版社，1959 年；线图引自孙机：《中国圣火》，辽宁教育出版社，1996 年，页 140；山东省淄博市博物馆：《西汉齐王墓随葬器物坑》，《考古学报》1985 年第 2 期，页 223；广州市文物管理委员会等：《西汉南越王墓》（上卷），文物出版社，1991 年，页 209。

图二三
陕西西安西汉宫殿遗址出土的高
鼻深目青铜羽人造像

图二四
1987年洛阳东郊东汉墓中出土
的一件鎏金青铜羽人造像
图版采自洛阳市文物工作队编:《洛
阳出土文物集粹》,朝华出版社,
1990年,页70

是否系西域当地的胡人,楼兰古城的斯坦因发掘品给予了真切地说明——楼兰 LA 遗址一件
佉卢文遗书,背面写有"敦煌具书畔毗在(再)拜"的汉文,可知这是一件名叫"畔毗"的
楼兰胡人从敦煌写给楼兰家人的汉文书信。

此外,斯坦因第四次中亚探险于尼雅遗址发现一枚写有以下内容的汉简:"大宛王使羡
左大月氏(使)上所 [以下字迹漫漶]……/ 所寇,愿得汉使者,(进奉),故及言 [以下字
迹漫漶]……"

研究者认为,"这枚汉简似为大宛国使者羡说明大月氏使者写给汉朝皇帝的上书底稿。
这就清楚地表明,中亚文字传入塔里木盆地以前,汉字实际上是塔里木盆地乃至帕米尔以西
诸国与汉朝交往的通行文字"[132]。

纪元初叶,汉祚更新,光武审势,移都洛阳。至于中西交往,开通西域,则上承长安,
延续不替。

东汉时代西域诸国的人文史事,安帝时期西域长史班勇已有详细的记载,此又为后来史
家所沿袭 [133]。

---

[132]　有关汉代西域地区流通的这些汉文遗籍,参见林梅村:《寻找楼兰王国》,北京大学出版社,2009年,页81。

[133]　范晔:《后汉书》卷八八《西域传》有"班固记诸国风土人俗,皆已详备《前书》。今撰建武以
　　　　后其事异于前者,以为《西域传》,皆安帝末班勇所记"云云。中华书局,1965年,页2913。

时值"王莽篡位，贬易侯王，由是西域怨叛，与中国遂绝，并复役属匈奴。匈奴敛税重刻，诸国不堪命，建武中，皆遣使求内属，愿请都护。光武以天下初定，未遑外事，竟不许之……（永平）十六年（73年），明帝乃命将帅北征匈奴，取伊吾卢地，置宜禾都尉以屯田，遂通西域，于阗诸国皆遣子入侍。西域自绝六十五载，乃复通焉。明年，始置都护、戊己校尉……和帝永元元年（89年），大将军窦宪大破匈奴。二年（90年），宪因遣副校尉阎盘将二千余骑掩击伊吾，破之。三年（91年），班超遂定西域，因以超为都护，居龟兹……六年（94年），班超复击破焉耆，于是五十余国悉纳质内属。其条支、安息诸国至于海濒四万里外，皆重译贡献。九年（97年），班超遣掾甘英穷临西海而还。皆前世所不至＼，山经所未详，莫不备其风土，传其珍怪焉。于是远国蒙奇、兜勒皆来归服，遣使贡献"[134]。

"自建武至于延光（25～125年），西域三绝三通。顺帝永建二年（127年），（班）勇复击降焉耆，于是龟兹、疏勒、于阗、莎车等十七国皆来服从，而乌孙、葱岭已西遂绝。"[135]

实际上，东汉初年乌孙已与中原王朝有过政治的联系。史载永平十七年（74年）西域戊己校尉耿恭屯后王部金蒲城，"至部，移檄乌孙，示汉威德，（乌孙）大昆弥已下皆欢喜，遣使献名马及奉宣帝时所赐公主博具，愿遣子入侍。恭乃发使赍金帛，迎其侍子"[136]。

传载安息国于"章帝章和元年（87年）遣使献狮子、符拔。符拔形似麟而无角。和帝永元九年（97年），都护班超遣甘英使大秦，抵条支……十三年（101年），安息王满屈复献狮子及条支大鸟，时谓之安息雀"[137]。

"安息国居和椟城，去洛阳二万五千里。北与康居接，南与乌弋山离接。地方数千里，小城数百，户口胜兵最为殷盛。其东界木鹿城，号为小安息，去洛阳二万里。章帝章和元年（87年），遣使献师子、符拔。符拔形似麟而无角。和帝永元九年（97年），都护班超遣甘英使大秦，抵条支。临大海欲度，而安息西界船人谓英曰：'海水广大，往来者逢善风三月乃得度，若遇逆风，亦有二岁者，故入海人皆赍三岁粮。海中善使人思土恋慕，数有死亡者。'英闻

---

[134] 范晔：《后汉书》卷八八《西域传》，中华书局，1965年，页2909、2910。

[135] 范晔：《后汉书》卷八八《西域传》，中华书局，1965年，页2912。

[136] 范晔：《后汉书》卷一九《耿恭传》，中华书局，1965年，页720。

[137] 范晔：《后汉书》卷八八《西域传》，中华书局，1965年，页2918。

之乃止。十三年（101 年），安息王满屈复献师子及条支大鸟，时谓之安息雀。"[138]

居有波斯故地的条支和安息，其与东方中国的社会往来亦有文物遗迹的显示。

人们知道，藏于巴黎卢浮宫的巴比伦萨贡王宫遗址石刻浮雕和波斯故国波斯波利斯城址（City Site of Persepolis）谒见殿石刻浮雕中，多已见有雪杉纹装饰美术遗迹的出现（图二五、二六）。随着西域文化的东渐，地处中原的两汉文物遗迹中，亦有这类美术题材的衍生。

1984 年，洛阳伊川县白元乡王庄村西汉砖室墓出土了空心砖，砖面自上而下排列着六株雪杉纹形象刻画[139]。1992 年，洛阳西郊浅井头村西汉壁画墓后壁山墙空心砖中，更有上下分列、左右成行的雪杉纹铺排（图二七）[140]。

2009 年夏，龙门西山出土一件左端高27、右端高 26、横长 110.5 厘米的汉代画像砖，其装饰图案中所见的雪杉纹和联珠纹，亦是西域公元前 6 世纪波斯波利斯故城装饰题材的蓝本移植（图二八）。

图二五、二六
伊朗波斯波利斯故城遗址建筑装饰艺术中的雪杉纹、联珠纹浮雕造型

[138] 范晔：《后汉书》卷八八《西域传》，中华书局，1965 年，页 2918。

[139] 李献奇、杨海钦：《洛阳又发现一批西汉空心画像砖》，《文物》1993 年第 5 期，页 19。

[140] 洛阳市第二文物工作队：《洛阳浅井头西汉壁画墓发掘简报》，《文物》1993 年第 5 期，页 9；
       类似的美术遗迹，亦可参见河南省文化局文物工作队第一、二队：《河南出土空心砖拓片集》，
       人民美术出版社，1963 年，图 45、73。

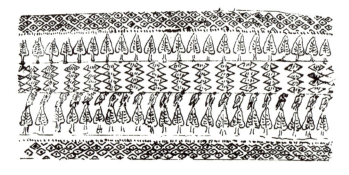

图二七
1992 年洛阳浅井头村西汉
壁画墓出土空心砖所见的雪
杉纹造型

图二八
2009 年龙门西山出土西汉
晚期画像砖中的雪杉纹、联
珠纹造型

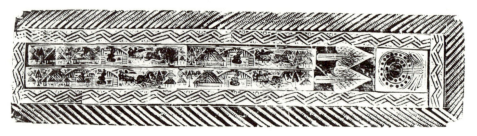

这些带有强烈西域美术意致而为人们喜闻乐见的艺术题材，就连洛阳唐代的宫廷建筑装饰石刻，都有不厌其烦的工艺取材（图二九）。可见西域文明对古代东方文化注入了有目共睹的活力。

构图相似的同一美术题材在中外文化遗产中的异彩纷呈，端的折射着纪元前后东西方文化沟通的存在。

"大秦国一名犁靬，以在海西，亦云海西国……以石为城郭，列置邮亭，皆垩塈之。有松柏诸木百草。人俗力田作，多种树、蚕桑……所居城邑，周圜百余里。城中有五宫，相去各十里，宫室皆以水精为柱，食器亦然……其人民皆长大平正，有类中国，故谓之大秦。土多金银奇宝，有夜光璧、明月珠、骇鸡犀、珊瑚、琥珀、琉璃、琅玕、朱丹、青碧。刺金缕绣，织成金缕罽、杂色绫。作黄金涂、火浣布……其王常欲通使于汉，而安息欲以汉缯彩与之交市，故遮阂不得自达。至桓帝延熹九年（166 年），大秦王安敦遣使自日南徼外献象牙、犀角、瑇瑁，始乃一通焉。"[141]

在西方，古希腊文献最早提到中国的著作，约在公元前 130 年至前 87 年之间，相当于

[141]　范晔：《后汉书》卷八八《西域传》，中华书局，1965 年，页 2919、2920。

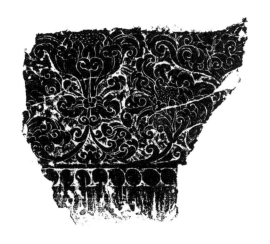

图二九
洛阳唐宫天堂遗址出土建筑石刻中的
联珠纹美术造型

图版采自洛阳市文物考古研究院：《隋
唐洛阳城天堂遗址发掘报告》，科学出
版社，2016 年，页 71

西汉武帝元光五年至后元二年。"不过，直到古罗马推罗城作家马林诺斯著《地理学导论》，西方人才对中国与地中海东岸之间的商道有了明确的记载。除了利用埃及亚历山大图书馆外，马林诺斯还向活跃在丝绸之路上的国际商贾收集地理情报，尤其是采访了专门和印度及中国做生意的马其顿巨商梅斯。""梅斯商队到洛阳的时间约在公元 1 ~ 2 世纪之交。这支希腊马其顿商队抵达洛阳后，甚至惊动了东汉宫廷。"[142]

史载和帝永元六年（94 年），"西域都护班超大破焉耆、尉犁，斩其王。自是西域降服，纳质者五十余国"[143]。又永元十二年（100 年）"冬十一月，西域蒙奇、兜勒二国遣使内附，赐其王金印紫绶"[144]。十三年（101 年）"冬十一月，安息国遣使献狮子及条支大爵"[145]。汉纪所载之"蒙奇""兜勒"，分别系"马其顿"和"推罗"的汉代译名。因此学人们认为，这次被认为是"遣使内附"的马其顿使团的访华，"应是欧洲与中国的首次直接交往"[146]。

时值西域都护班超经营西域（91 ~ 102 年），威慑远方，"于是五十余国悉纳质内属。其条支、安息诸国至于海濒四万里外，皆重译贡献。（永元）九年（97 年），班超遣掾甘英穷临西海而还……于是远国蒙奇、兜勒，皆来归服，遣使贡献"[147]。

[142]　林梅村：《寻找楼兰王国》，北京大学出版社，2009 年，页 147、148。

[143]　范晔：《后汉书》卷四《和帝纪》，中华书局，1965 年，页 179。

[144]　范晔：《后汉书》卷四《和帝纪》，中华书局，1965 年，页 188。

[145]　范晔：《后汉书》卷四《和帝纪》，中华书局，1965 年，页 189。

[146]　林梅村：《寻找楼兰王国》，北京大学出版社，2009 年，页 148。

[147]　范晔：《后汉书》卷八八《西域传》，中华书局，1965 年，页 2916。

据林梅村研究，蒙奇、兜勒这批于 100 年来抵我国的"遣使"，实际上正是当时罗马帝国安敦尼王朝（Antonines）统治时期罗马皇帝图拉真（Trajan，98 ~ 117 年）治下远届洛阳的一批"罗马商团"。他们的充使来华，必定受到甘英西行招徕荒远的直接曳引 [148]。

又安帝"永宁元年（120 年），掸国王雍由调复遣使者诣阙朝贺，献乐及幻人，能变化吐火，自支解，易牛马头。又善跳丸，数乃至千（十）。自言我海西人，海西即大秦也，掸国西南通大秦。明年元会，安帝作乐于庭，封雍由调为汉大都尉，赐印绶、金银、彩缯各有差" [149]。至此，大秦属地尼罗河流域亚历山大里亚的魔术师，终于成为第一批来到中国首都的罗马艺人。

史书记此又谓："永宁元年（120 年），西南夷掸国王献乐及幻人，能吐火，自支解，易牛马头。明年（121 年）元会，作之于庭，安帝与群臣共观，大奇之。" [150] 以此可见，蜚声西域的大秦杂艺，以其撩乱人目、出神入化的表演技巧，远在东汉中叶即已折服了洛阳庙堂朝野的有识阶层。

延光四年（125 年）"秋七月，西域长史班勇击车师后王，斩之" [151]。

永建二年（127 年）三月，"疏勒国遣使奉献。"夏六月，"西域长史班勇、敦煌太守张朗讨焉耆、尉犁、危须三国，破之；并遣子贡献" [152]。

永建"五年（130 年）春正月，疏勒王遣侍子，及大宛、莎车王皆奉使贡献" [153]。

"顺帝永建六年（131 年），于阗王放前遣侍子诣阙贡献" [154]。

史载灵帝熹平四年（175 年），东汉王庭遣戊己校尉及西域长史合兵阻断于阗王安国对拘弥的侵犯，这是东汉最后一次维持西域政治秩序，以确保中外交通的稳定。同时亦传达出东汉帝国武功文治于丝路沿途的事实 [155]。

---

[148] 林梅村：《公元 100 年罗马商团的中国之行》，《西域文明——考古、民族、语言和宗教新论》，东方出版社，1995 年，页 11 ~ 32。

[149] 范晔：《后汉书》卷八六《西南夷传》，中华书局，1965 年，页 2851。

[150] 范晔：《后汉书》卷五一《陈禅传》，中华书局，1965 年，页 1685。

[151] 范晔：《后汉书》卷五《安帝纪》，中华书局，1965 年，页 242。

[152] 范晔：《后汉书》卷六《顺帝纪》，中华书局，1965 年，页 254。

[153] 范晔：《后汉书》卷六《顺帝纪》，中华书局，1965 年，页 257。

[154] 范晔：《后汉书》卷八八《西域传》，中华书局，1965 年，页 2916。

[155] 范晔：《后汉书》卷八八《西域传》，中华书局，1965 年，页 2915。

纪元伊始，"莎车国，西经蒲犁、无雷至大月氏，东去洛阳万九百五十里。匈奴单于因王莽之乱略有西域，唯莎车王延最强，不肯附属。元帝时，尝为侍子，长于京师，慕乐中国，亦复参其典法。常敕诸子，当世奉汉家，不可负也。天凤五年（18年），延死，谥忠武王，子康代立。

光武初，康率旁国拒匈奴，拥卫故都护吏士妻子千余口，檄书河西，问中国动静，自陈思慕汉家。建武五年（29年），河西大将军窦融乃承制立康为汉莎车建功怀德王、西域大都尉，五十五国皆属焉。九年（33年），康死，谥宣成王。弟贤代立，攻破拘弥、西夜国，皆杀其王，而立其兄康两子为拘弥、西夜王。十四年（38年），贤与鄯善王安并遣使诣阙贡献，于是西域始通。葱岭以东诸国皆属贤。十七年（41年），贤复遣使奉献，请都护……"[156]

东汉外戚梁冀，父商，曾"献美人友通期于顺帝"[157]。唐人李贤等引《东观汉纪》注"友通期"曰"支通期"者，可见其为月支来华的胡姬。

汉史又载，梁冀曾"遣客出塞，交通外国，广求异物……远致汗血名马。又广开园囿，采土筑山，十里九阪，以象二崤。深林绝涧，有若自然。奇禽训兽，飞走其间……又多拓林苑，禁同王家。西至弘农，东界荥阳，南极鲁阳，北达河、淇。包含山薮，远带丘荒，周旋封域，殆将千里。又起菟苑于河南城西，经亘数十里，发属县卒徒，缮修楼观，数年乃成。移檄所在，调发生兔，刻其毛以为识。人有犯者，罪至刑死。尝有西域贾胡，不知禁忌，误杀一兔，转相告言，坐死者十余人"[158]。从中透露出东汉时代洛阳地区域外胡人的众多。

"天竺国一名身毒，在月氏之东南数千里……其人弱于月氏，修浮图道，不杀伐，遂以成俗……土出象、犀、瑇瑁、金、银、铜、铁、铅、锡。西与大秦通，有大秦珍物。又有细布、好毾𣚠、诸香、石蜜、胡椒、姜、黑盐。和帝时，数遣使贡献。后西域反畔，乃绝。至桓帝延熹二年（159年）、四年（161年），频从日南徼外来献。世传明帝梦见金人，长大，顶有光明，以问群臣。或曰：'西方有神，名曰佛，其形长丈六尺而黄金色。'帝于是遣使天竺问佛道法，遂于中国图画形像焉。楚王英始信其术，中国因此颇有奉其道者。后桓帝好神，

[156] 范晔：《后汉书》卷八八《西域传》，中华书局，1965年，页2923。

[157] 范晔：《后汉书》卷三四《梁冀传》，中华书局，1965年，页1180。

[158] 范晔：《后汉书》卷三四《梁冀传》，中华书局，1965年，页1181、1182。

数祀浮图、老子。百姓稍有奉者，后遂转盛。"[159]

有关东汉时期国内祀奉佛教的事例，古籍文献亦有间或地披露。

"建和元年（147年），月氏国沙门支谶至洛阳译《般舟三昧》《阿閦佛经》等二十一部。二年（148年），安息国沙门安世高至洛阳译《五十校计》等百七十六部……自永平以来，臣民虽有习浮图者，天子未之好，至（桓）帝始笃好之。于禁中铸黄金浮图、老子像，亲于濯龙宫设华盖之座，用郊天之乐。"[160]

延熹九年（166年），平原人襄楷上疏亦云："闻宫中立黄老、浮屠之祠。此道清虚，贵尚无为，好生恶杀，省欲去奢。"[161]此后的南亚佛教，遂经舟载驼行、耳濡目染，逐渐演袭为汉地民众的精神信仰。凡此意识形态之迁延，端借丝绸之路日益恢弘的沟通。

（二）公主和番，沟通汉胡民族交往与血缘融合的国家运筹

在汉代与西域诸部从事社会交往的过程中，中原王朝出于对西域胡人部落的政治团结和血缘融合的需要，曾有远嫁公主于朔方的国策。无论这一国家行为是否含有牺牲女权、"怀柔"胡部的性质，但其示好邻邦的出发点无疑带有"睦邻友好"的文化意义，从而成为汉代中外政治关系中一道通惠远方、拉近民族情感的靓丽风景线。

众所周知，在横跨欧亚辽阔疆域的丝绸之路上，自古及今流淌的是东西方人民驼马逶迤、风餐露宿的身影。这些抛身绝域、历经洪荒的古代献身之士，为东西方文明的沟通与交流，作出了可歌可泣而让后人为之景仰的历史贡献。

时至今日，当传世文献和考古文物作为丝绸之路文明遗存展现在世人视域下的时刻，我们怀着理性思考的文化观念，再一次的感受到"丝路人踪"在这一漫长廊道上所承载的具有根本历史意义的文化价值。

因此，在我们看来，丝绸之路这一震古烁今的人类文明通道，其所承载的一切文化踪

[159] 范晔：《后汉书》卷八八《西域传》，中华书局，1965年，页2921、2922。

[160] 志盘：《佛祖统纪》卷三五《法运通塞志·桓帝》，《大正藏》第49册，（台北）新文丰出版公司，1983年，页330。

[161] 范晔：《后汉书》卷三〇下《襄楷传》，中华书局，1965年，页1082。

迹，都是当年中外人际前仆后继持续活动的结果。丝绸之路上行人的"行为化担当（actions of commitment）"，才是我们关注这一文明通途上所有人文现象的理性中心。

正是出于以上的学术理念，本书殆将"丝路行人"这一文化概念引入自我关注的学理视域中来。"丝路行人"行为的发掘与探讨——尤其是这些人际行为赋有的人类"使命价值（vocation value）"的剖析——更是笔者视为本著着墨的一个基本立足点。

执是之故，在本节的内容确定和史料选取中，笔者意欲通过古代丝绸之路上人际信息的搜集，重点为读者钩沉出一幅始于汉代的"公主和番"的历史画卷，从而将当年丝绸之路上的人间往来，纳入一种国家"政治视域"的文化取向来衡量，藉以让人们体会到"国家意识"曾经是丝绸之路生态演绎的一种最居主导地位的力量。

在谈到丝绸之路沟通西域地区的历史人物时，我们不应该忘记西汉时期三位杰出女性的名字，她们便是细君公主、解忧公主和冯嫽。正是他们的出现，开辟了一个中原国家通过友谊联姻结好西域诸部的新时期。

西汉初期，控弦漠北的匈奴势力日渐强大，不断侵扰着汉朝的边境，对中原安定造成了严重的威胁。汉武帝曾两次派遣张骞出使西域，寻求同盟者，以便共同抗击匈奴，解除边患。

当时，伊犁河流域是当时西域最强大的乌孙国的游牧地区。时至汉武帝时期，为了彻底击败西北边塞的匈奴，张骞建议用厚赂招引乌孙，同时下嫁公主，与乌孙结为兄弟，这样即可断匈奴右臂，与乌孙共同夹击频繁南侵的匈奴[162]。

因为当年乌孙对汉朝国情尚无真正的了解，加之乌孙内部的纷争，故而畏惧强大的匈奴乘机来袭，当时的乌孙王猎骄靡未能答应张骞和亲、东迁的请求。

及张骞死后五年，汉与西域的形势有了巨大的变化，西域各国纷纷与汉朝建立友好往来的通使关系。而此时的匈奴，在汉朝的连续抗击下，偃旗息鼓，远遁漠北。

适逢西汉元封年间（前110～前105年），乌孙昆莫猎骄靡遣使献马于汉朝，提出"愿得尚汉公主，为昆弟"的意向，并以乌孙良马千匹为聘礼。汉武帝答应了乌孙王的请求，于是选细君为公主远嫁于乌孙。

据史书记载，在细君离开长安时，汉武帝"赐乘舆服御物，为备官属宦官侍御数百人，

[162]　班固：《汉书》卷六一《张骞传》，中华书局，1962年，页2692。

赠送甚盛"[163]。

这在汉朝和亲的公主中，已是最为隆重的陪送。细君公主在史书中被称之为"江都公主"或"乌孙公主"，是中国历史上最早留下姓名的和亲公主。

考细君公主者，本汉代江都王刘建的女儿，她是丝绸之路上第一个远嫁西域的汉家公主。无疑更是献身汉朝和乌孙政治联盟的奠基者。

细君嫁到乌孙以后，被乌孙王猎骄靡封为右夫人，并在赤谷城为细君修建了一座汉式宫殿。细君在专门为她建筑的汉式宫室中，常"置酒饮食，以币帛赐王左右贵人"。

作为汉朝与乌孙第一个传送友好的政治使者，细君和番使乌孙与汉朝开始了政治的和军事的联盟，实现了汉朝联合乌孙，遏制匈奴的目的。民族之间这种血缘婚姻的交媾，推动了当时中原内地、西域汗庭对对方传统文化、人文生计的相互接触和了解，增进了民族感情的和睦与融洽，维护了东西方交通往来的畅达。为后来西域各部交通中原奠定了一个良好的基础。

细君公主到达乌孙后，猎骄靡封她为右夫人，两年后，猎骄靡去世，其孙子岑陬军须靡继承王位。按照习俗新王要继承旧王的所有妻妾。细君公主遂改嫁乌孙王军须靡。细君虽贵为公主。但不通乌孙语言，不适应乌孙风俗习惯，她在乌孙短短地生活了五年就去世了。

对于个人命运来说，细君公主的一生无疑是悲凉、哀婉的。她发自肺腑的《黄鹄歌》词，突出地抒发了身在异乡的她对故国无限怀恋的心情。其辞曰："吾家嫁吾兮天一方，远托异国兮乌孙王。穹庐为室兮毡为墙，以肉为食兮酪为浆。居常土思兮心内伤，愿为黄鹄兮归故乡！"时"天子闻而怜之，间岁遣使者持帷帐、锦绣给遗焉。"[164]

这是因为乌孙公主寄身朔方，孤苦伶仃。乌孙王昆莫猎骄靡年纪已老，细君虽与其孙年龄相当，但语言不通，习俗不同，夫妻之间相处有限，全无知音温情可以寄托。细君乃汉宗室之女，来自"礼仪之邦"。相比中原文明，乌孙自然相对落后，穹庐为室毡为墙，以肉为食酪为浆。这种异域风俗的铁幕，使得乌孙公主痛心哀伤，无处倾诉。严酷的岁月折磨着一颗怀恋故国的青年人的身心。

其实当乌孙王昆莫猎骄靡其孙岑陬收继细君为妻时，细君并不从命，上书汉朝天子，希

---

[163]　班固：《汉书》卷九六下《西域传·乌孙国》，中华书局，1962 年，页 3903。

[164]　班固：《汉书》卷九六下《西域传·乌孙国》，中华书局，1962 年，页 3903。

冀得到亲人的支持。然汉天子报曰："从其国俗，欲与乌孙共灭胡。"[165]细君无奈，为汉帝征服匈奴之大业，遂从胡俗成为岑陬的妻子。

如此惟人心扉、可歌可泣的民族联姻，曾给东西方历史文化涂上了一抹令人感慨的忧伤。诗人白居易有诗引之叹曰："塞北虏郊随手破，山东贼垒掉鞭收；乌孙公主归秦地，白马将军入潞州；剑拔青鳞蛇尾活，弦抨赤羽火星流；须知乌目犹难漏（白氏自注：尚书将入潞府，偶逢水鸟鹭鹚，引弓射之，一发中目，三军踊跃。其事上闻，诏下美之），纵有天狼岂足忧；画角三声刁斗晓，清商一部管弦秋；他时麟阁图勋业，更合何人居上头"[166]。

可见乌孙公主之和番，已成古今边疆政治中一段令人难以释怀的情感记忆。

继细君公主远嫁乌孙之后，西汉帝国更有解忧公主再降乌孙的续事，从中可以看出中原王朝高度重视丝绸之路政治经营的国策。

史载细君公主逝世之后，为了继续汉朝与乌孙的友好联盟，应乌孙再次请求，汉武帝把楚王刘戊的孙女解忧封为公主再次嫁给了乌孙王军须靡。

解忧公主初嫁军须靡为夫人，军须靡死后，他的堂兄弟翁归靡即位，号称"肥王"。按乌孙习俗，肥王"复尚楚主解忧，生三男两女，长男曰元贵靡；次曰万年，为莎车王；次曰大乐，为左大将；长女弟史为龟兹王绛宾妻；小女素光为若呼翎侯妻"[167]。因此解忧公主曾被称之为"乌孙国母"，史书中亦称其为"乌孙公主"。

解忧公主性格开朗，豁达大度，为人乐观，接与如流，很快就适应了草原部落的游牧生活。她在乌孙积极参加政治活动，协助乌孙王处理政治、经济、军事等事务，深受乌孙人民的爱戴。

公元前74年，匈奴联合车师向乌孙发动了进攻，并扬言只有乌孙交出汉朝公主，断绝和汉朝来往，方肯罢休。乌孙王翁归靡和解忧公主上书汉朝，请求发兵救援。"汉养士马，议欲击匈奴"，不巧这时汉昭帝去世，故汉朝未能及时出兵。翁归靡与解忧公主再次联名上书汉朝呼救，表示"愿发国半精兵，自给人马五千骑，尽力击匈奴。"汉宣帝即位，于公元前72年发兵15万骑，兵分5路攻打匈奴，并派校尉常惠持节出使乌孙，与乌孙王一起率5

---

[165] 班固：《汉书》卷九六下《西域传·乌孙国》，中华书局，1962年，页3904。

[166] 白居易：《河阳石尚书破回鹘、迎贵主、过上党、射鹭鹚，绘画为图，猥蒙见示，称叹不足，以诗美之》，《全唐诗》卷四六〇，中华书局，1960年，页5242。

[167] 班固：《汉书》卷九六下《西域传·乌孙国》，中华书局，1962年，页3904。

万余精兵从西方进攻。在汉军和乌孙的联合夹击下，匈奴大败，使乌孙彻底解除了来自匈奴的威胁。

乌孙王翁归靡为了发展与汉朝的和亲关系，决定立他和解忧公主的长子元贵靡为嗣。公元前64年，翁归靡上书，为元贵靡求亲。汉宣帝答应了他的请求，以解忧公主的侄女相夫为公主，让相夫居上林苑中学习乌孙语言。乌孙派遣了300余人的迎亲使团，前往长安迎娶公主。相夫在被护送到敦煌时，听到翁归靡去世，乌孙立军须靡的匈奴夫人所生子泥靡为昆莫的消息，汉宣帝于是征还相夫，婚事作罢。

泥靡号"狂王"，复尚解忧公主。但泥靡与公主不和，又暴恶失众，使乌孙王庭遭受波折。为了重振乌孙，解忧公主与汉使卫司马魏和意、副侯任昌谋诛狂王，结果狂王受伤，骑马逃走。其子细沈瘦率兵围魏和意、任昌及解忧公主于乌孙首府赤谷城数月，西域都护郑吉发诸国兵解救，才告解围。

解忧与翁归靡生三男二女，与泥靡生一男鸱靡。后来她的长子元贵靡做了乌孙王，次子万年为莎车王，三子大乐做了乌孙大将，四子鸱靡9岁即夭折；长女弟史嫁给龟兹（在今库车）王绛宾做夫人，小女素光为乌孙若呼翕侯的妻子。

解忧公主多年来在乌孙操劳国事，积劳成疾，再加年迈，待"元贵靡、鸱靡皆病死，公主上书言年老思土，愿得归骸骨葬汉地。天子悯而迎之"。甘露三年（前51年），年届古稀的解忧公主携带3个孙辈回到阔别已久的长安。汉宣帝"赐公主以田宅奴婢，奉养甚厚，朝见仪比公主。后二岁卒，三孙因留守坟墓云"[168]。至此，这位在乌孙度过了50余年、为汉朝和西域的民族团结做出了巨大贡献的乌孙国母终于归老故乡。

可以想象，还在2000多年前封建社会极其专制的时代，一个高度缺乏人格自由、被迫寄身朔风异邦的中原女性，在生存环境万般迥异的条件下，竟有如此坚韧不移的社会信念和沟通两地的个人禀赋，舍生忘死、取舍得当地游刃于复杂多变、动辄杀戮的民族旋涡中，推动和维持了汉、乌之间的长达半个世纪的友好进程。这种超乎社会预料的民族政治的运筹，竟如此成功地演绎于一位汉家公主的身上。这一历史事件的本身，值得人们从国家制度、时代环境、民族政治、文化取向、资源构成、生存意识等诸多客观因素中去寻求接近本真的解释。但毫无疑问，我们更值得从这一历史事件全息元素上予以考虑，不应脱离对解忧公主个人魅

---

[168]　班固：《汉书》卷九六下《西域传·乌孙国》，中华书局，1962年，页3908。

力的发掘——细君之哀唱《黄鹄》，解忧之号称"国母"，这丝丝扣扣境遇天壤的难解原委，说到底折射出每一个历史人物含之心腑的个人素养！当我们回溯这一历史事件的时候，我们不能不为解忧公主那种开放超迈、挑战自我的个人基因所感慨！

不仅如此，在汉朝以通婚形式接与西域诸国的过程中，并有奇慧女史挺身异域、持节远迈，与解忧公主一起为推动中原与西域民族相互友好做出了积极的贡献。

《汉书》传此有云："初，楚主（解忧公主）侍者冯嫽能史书、习事，尝持汉节为公主使，行赏赐于城郭诸国，敬信之，号曰冯夫人。为乌孙右大将妻，右大将与（昆弥）乌就屠相爱，都护郑吉使冯夫人说乌就屠，以汉兵方出，必见灭，不如降。乌就屠恐，曰：'愿得小号。'宣帝征冯夫人，自问状。遣谒者竺次、期门甘延寿为副，送冯夫人。冯夫人锦车持节，诏乌就屠诣长罗侯赤谷诚，立元贵靡为大昆弥，乌就屠为小昆弥。"[169]

冯嫽是随解忧公主来到乌孙的侍者，嫁给了乌孙右大将为妻。冯嫽是一个杰出的女政治家和外交家，她"尝持汉节为公主使"，遍访天山以南诸国，赢得了当地人民的敬重和信任，人们尊称她为"冯夫人"。实际上，她是我国历史上第一位杰出的女外交家。公元前60年，乌孙发生内乱，翁归靡的匈奴夫人所生子乌就屠袭杀了泥靡，自立为乌孙昆莫。面对危险局势，汉朝一方面欲发兵讨伐，另一方面让冯嫽利用自己丈夫与乌就屠相好的关系，说服乌就屠让出了夺得的王位。最后，汉朝立元贵靡为大昆莫，乌就屠为小昆莫。冯嫽随解忧公主回长安后不久，解忧的孙子星靡的王位发生动摇，为此冯嫽上书汉元帝，请求派她去帮助星靡治理乌孙，汉元帝答应了她的要求。冯嫽不顾年迈体衰和路途遥远，再次来到乌孙，由于乌孙大臣们对她十分尊敬，使星靡的王位得到了巩固，也使汉朝与乌孙的关系得到进一步发展。

更为难能可贵的是，冯嫽还是我国书法史上最早的女书法家和西域史上的第一位书法家。《汉书·西域传》记载冯嫽"能史书，习事"（见前），即其能够长期练习汉代广泛使用的隶书。虽然，冯嫽在西域时期的书法手迹早已散落无存，但史书如此纪事，显然折射出当年冯嫽对汉字书法的精通。

清朝康熙年间编修的大型历代书画艺术类书《佩文斋书画谱》等书籍，均将冯嫽作为古代书法家收入书家传记中。

由此可见，远在西汉，人们的文化修养也在一定层面上可以孕育出个人优秀的社会质量。

---

[169]　班固：《汉书》卷九六下《西域传·乌孙国》，中华书局，1962年，页3907。

西汉联姻西域的国家取向，曾在中西政治往来、文化交流中发挥过值得肯定的历史作用。在这一民族政策的影响下，西域绿洲诸胡部落更有主动交流中原王庭者。

元康元年（前65年），龟兹王绛宾偕夫人入觐长安。汉赐印绶，且以绮绣杂缯奇珍凡数千万厚赠送之。史载绛宾"后数来朝贺，乐汉衣服制度，归其国，治宫室，作徼道周卫，出入传呼，撞钟鼓，如汉家仪"[170]，内中颇已显示西域诸国对汉家风仪制度的倾慕与效仿。

至于西汉时期西域精神文化传播于内地，稗史亦有一定的透露。

如汉初"戚夫人侍儿贾佩兰，后出为扶风人段儒妻……七月七日临百子池，作于阗乐。乐毕，以五色缕相羁"[171]。这实际反映了西域凿空前后碛西文明逐渐流播中原的景致。

中外关系史上所有这些值得人们回溯的文化事象，追踪溯源其实都透露着古代各个民族为了拓展生存资源，而展开的一系列来自生存本能的行为安排。这与古代丝绸之路负载的文明职能，有着内在的一致性。

（三）长城、烽燧、屯田、司禾，两汉经营西域交通的建设性构思

相对于公主和番这样的国家政治意识的贯彻，两汉王朝尚且在丝路沿线付诸了众多的带有国家生计意义的建设投入，从中可以看出中原王朝在西域经营中的建设性思考。

实际上，之所以两汉有意于西域的经营，根本原因正在于张骞凿空西域之后，带回了西域诸国丰富的物产资源的信息。这令汉人意识到交通西域的战略意义。

史载："大夏在大宛西南二千余里妫水南……其东南有身毒国。骞曰：'臣在大夏时，见邛竹杖、蜀布。问曰："安得此？"大夏国人曰："吾贾人往市之身毒。"身毒在大夏东南可数千里，其俗土著，大与大夏同，而卑湿暑热云。其人民乘象以战，其国临大水焉。以骞度之，大夏去汉万二千里，居汉西南。今身毒国又居大夏东南数千里，有蜀物，此其去蜀不远矣。今使大夏，从羌中，险，羌人恶之。少北则为匈奴所得。从蜀宜径，又无寇。'天子既闻大宛及大夏、安息之属，皆大国，多奇物，土著颇与中国同业而兵弱，贵汉财物；其

————————

[170]　班固：《汉书》卷九六《西域传》，中华书局，1962年，页3916、3917。
[171]　刘歆撰、葛洪辑：《西京杂记》卷三，《四库全书》第1035册，上海古籍出版社，1987年，页1035～13。

北有大月氏、康居之属，兵强可以赂遗设利朝也。且诚得而以义属之，则广地万里，重九译，致殊俗，威德遍于四海。天子欣然以骞言为然，乃令骞因蜀犍为发间使，四道并出：出駹，出冉，出徙，出邛僰，皆各行一二千里。其北方闭氐、筰，南方闭嶲、昆明。昆明之属无君长，善寇盗，辄杀略汉使，终莫得通。然闻其西可千余里，有乘象国名曰滇越……骞因分遣副使使大宛、康居、大月氏、大夏、安息、身毒、于阗、扞采及诸旁国。乌孙发导译送骞还，骞与乌孙遣使数十人，马数十匹报谢，因令窥汉，知其广大……乌孙使既见汉人众富厚，归报其国，其国乃益重汉。其后岁余，骞所遣使通大夏之属者，皆颇与其人俱来，于是西北国始通于汉矣……初置酒泉郡，以通西北国。因以发使，抵安息、奄蔡、黎轩、条枝、身毒国……是时汉既灭越，而蜀西南夷皆震，请吏入朝。于是置益州、越嶲、牂柯、沈黎、汶山郡，欲地接以前通大夏，乃遣使柏始昌、吕越人等岁十余辈，出此初郡，抵大夏，皆复闭昆明，为所杀，夺币财，终莫能通至大夏焉。"[172]

"初，汉使至安息，安息王令将二万骑迎于东界。东界去王都数千里。行比至，过数十城，人民相属甚多。汉使还，而后发使随汉使来观汉广大，以大鸟卵及黎轩善眩人献于汉。及宛西小国驩潜、大益，宛东姑师、扞采、苏薤之属，皆随汉使献见天子。"[173]

史乘对西域史事的这类纪实，让我们明了汉朝政府锐意交通西域的原因，在于拓展生计资源的获取。

时"自玉门、阳关出西域有两道。从鄯善傍南山北，波河西行至莎车，为南道；南道西逾葱岭则出大月氏、安息。自车师前王廷随北山，波河西行至疏勒，为北道；北道西逾葱岭则出大宛、康居、奄蔡焉……汉兴至于孝武，事征四夷，广威德，而张骞始开西域之迹。其后骠骑将军击破匈奴右地，降浑邪、休屠王，遂空其地，始筑令居以西，初置酒泉郡，后稍发徙民充实之，分置武威、张掖、敦煌，列四郡，据两关焉。自贰师将军伐大宛之后，西域震惧，多遣使来贡献，汉使西域者益得职。于是自敦煌西至盐泽往往起亭，而轮台、渠犁皆有田卒数百人，置使者校尉领护，以给使外国者"[174]。

汉史有关西域绿洲国家"多遣使来贡献，汉使西域者益得职"的描述，反映的正是两地

---

[172] 司马迁：《史记》卷一二三《大宛列传》，中华书局，1959 年，页 3164 ～ 3171。

[173] 司马迁：《史记》卷一二三《大宛列传》，中华书局，1959 年，页 3172、3173。

[174] 班固：《汉书》卷九六《西域传》，中华书局，1962 年，页 3872、3873。

使者往还、不绝于途的情形。其"于是自敦煌西至盐泽，往往起亭。而轮台、渠犁皆有田卒数百人，置使者校尉领护，以给使外国者"之载籍，从中无疑透露出西汉王朝设防沿途、接济本朝使节的布署。汉史有关西域各国内政构成及其距离长安道里的精确记载，无疑传达出汉王朝对西域人文地理的留心纪事，以便适时为往来使人提供精准的资粮供应。

汉于西域诸国风情之熟悉，文献所载，颇为详密。

"罽宾国，王治循鲜城，去长安万二千二百里，不属都护……罽宾地平温和，有目宿、杂草奇木……其民巧，雕文刻镂，治宫室，织罽，刺文绣，好治食。有金银铜锡，以为器。市列，以金银为钱，文为骑马，幕为人面。出封牛、水牛、象、大狗、沐猴、孔爵、珠玑、珊瑚、虎珀、璧流离。它畜与诸国同。自武帝始通罽宾，自以绝远，汉兵不能至。其王乌头劳数剽杀汉使。乌头劳死，子代立，遣使奉献。汉使关都尉文忠送其使。王复欲害忠，忠觉之，乃与容屈王子阴末赴共合谋攻罽宾，杀其王，立阴末赴为罽宾王，授印绶。"[175]

又"安息国，王治番兜城，去长安万一千六百里，不属都护。北与康居、东与乌弋山离、西与条支接。土地风气，物类所有，民俗与乌弋、罽宾同。亦以银为钱，文独为王面，幕为夫人面。王死辄更铸钱。有大马爵。其属大小数百城，地方数千里，最大国也。临妫水，商贾车船行旁国。书革，旁行为书记。武帝始遣使至安息，王令将将二万骑迎于东界。东界去王都数千里，行比至，过数十城，人民相属。因发使随汉使者来观汉地，以大鸟卵及犁靬眩人献于汉，天子大说"[176]。

武帝时，"汉始筑令居以西，初置酒泉郡，以通西北国。因益发使抵安息、奄蔡、牦靬、条支、身毒国。而天子好宛马，使者相望于道，一辈大者数百，少者百余人，所赍操，大放博望侯时。其后益习而衰少焉。汉率一岁中使者，多者十余，少者五六辈，远者八九岁，近者数岁而反"[177]。

至于西汉时代中原与印度之间通过其他陆路的交往，史乘另有约略的记载："武帝时，身毒国献连环羁，皆以白玉作之。玛瑙石为勒，白光琉璃为鞍，鞍在暗室中，常照十余丈如昼日。自是长安始盛饰鞍马，竞加雕镂。或一马之饰直百金，皆以南海白蜃为珂，紫金为华，以饰其上。犹以不鸣为患，或加以铃镊，饰以流苏，走则如撞钟磬，动（则）若飞幡葆。后得贰师天马，

---

[175]　班固：《汉书》卷九六《西域传》，中华书局，1962 年，页 3884 ~ 3886。

[176]　班固：《汉书》卷九六《西域传》，中华书局，1962 年，页 3889、3890。

[177]　班固：《汉书》卷六一《张骞传》，中华书局，1962 年，页 2694。

图三〇、三一
甘肃河西走廊敦煌汉代的
长城关隘玉门关遗址

帝以玫瑰石为鞍，镂以金银鍮石，以绿地五色锦为蔽泥。后稍以熊罴皮为之，熊罴毛有绿光，皆长二尺者，直百金。卓王孙有百余双，诏使献二十枚。"[178]

此中不仅透露出汉人考察西域之细心与周密，更亦反映出当年在交通西域的过程中，大量的西域奇珍异宝流播于汉地。

为了保障交通西域的正常进行，汉朝在丝绸之路沿线——尤其是河西走廊一带——构筑了长城和数量众多的烽燧、鄣亭、关隘，直至 2000 多年之后的今天，这些建筑遗产仍座落、耸立在当年的丝路古道旁（图三〇～三三）。这些两汉帝国构筑的交通西域的建筑遗址，有

---

[178]　刘歆撰、葛洪辑：《西京杂记》卷二，《四库全书》第 1035 册，上海古籍出版社，1987 年，页 1035 ～ 8。

图三二、三三
甘肃河西走廊汉代的长城烽燧遗址

丰富的过所史料的发现[179]。

例如，当年丝路重镇的汉代"悬泉遗址"，即有大量交通史料的出土。

1987 年前后，敦煌市博物馆在文物普查过程中，于汉代效谷县"悬泉"遗址采集到汉简
64 枚。简 1296 号文云：

---

[179]　有关中国古代关隘交通的情况，可参见程喜霖：《唐代过所研究》，中华书局，2000 年。

图三四
甘肃河西走廊漫长丝路古道上的汉代阳关烽燧遗址

"河南郡新成当利里乾充字子游，神爵（耆按：原报告释"爵"为"舜"，误）五年（前
57 年）正月，王成过东尸（A）

章曰新成之印（B）。"[180]

考河南新成之置县，事在西汉惠帝之四年（前 191 年）[181]。稽其今日之地望，殆即洛阳
南郊之伊川县是也。《水经注》卷一五《伊水》条所谓"伊水又北，径高都城东。徐广《史
记音义》曰：'今河南新城县有高都城'"者，可证简牍记事之确切。揆诸乾充此简之内容，
可知乾氏当年持有新城官署押印文书过往于瓜、沙内外。这件文书极其重要的学术价值，在
于它从出土文物的角度，最早透露了张骞凿空西域之后，洛阳籍乡民在封建国家正式允许下
通过祖国西陲关防的事实。从中可以看出，当时的中原王朝，对于通好西域诸部抱有积极热
忱的态度。

形制类同的汉代烽燧，在河西走廊漫长的丝路古道上，曾经形成了一道独特的人文地理
风景线（图三四）。

此后，东汉王朝对天山南北的西域各部，持续地行使着有效的行政管理，在相关沙海绿
洲及交通孔道上设置了众多戍守城垒和烽燧亭障。今库车县西北天山南麓的克孜尔尕哈古道
旁，仍然耸立着一座巍峨壮观的汉代烽燧遗址（图三五）。它那历经沧桑、傲视天穹的身姿，
向人们叙说着一段倾诉不尽而可歌可泣的往昔岁月。

---

[180]　敦煌市博物馆：《敦煌汉代烽燧遗址调查所获简牍释文》，《文物》1991 年第 8 期，页 38。

[181]　班固：《汉书》卷二八上《地理志》，中华书局，1962 年，页 1555、1556。

有关两汉时期长城、烽燧沿线的国家边政管理，位于西域交通枢纽地带的一些文物发现，为我们了解当年的历史状貌提供了十分难得的的文化史信息。

如近代新疆地区出土的裴岑纪功碑，对于揭示东汉晚期中原王朝西域边疆政治的运筹，有着弥足珍贵的史学价值。

敦煌太守裴岑纪功碑，上锐下方，高142、宽59.4厘米，镌刊汉

图三五
库车县天山南麓的克孜尔尕哈古道旁耸立着一座巍峨壮观的汉代烽燧遗址

隶6行，每行10字，清晰可辨。雍正七年（1729年）宁远将军岳钟琪驻军新疆时意外发现于今新疆巴里坤哈萨克自治县境内。20世纪50年代，碑石转藏于乌鲁木齐新疆维吾尔自治区博物馆。

史乘记载，东汉自安帝之后，北匈奴呼衍王时常驰骋于蒲类、秦海间。其弦控西域，寇抄不绝的行径，阻扼了丝路之路的畅通。

该碑立于东汉顺帝永和二年（137年）八月，碑文记述了汉敦煌太守裴岑率军攘御北匈奴呼衍王的功绩。碑文载曰：

"惟汉永和二年八月，敦煌太守云中裴岑，将郡兵三千人，诛呼衍王寿，斩馘部众，克敌全师，除西域之灾，蠲四郡之害，边竟乂安。振威到此，立海祠以表万世。"（图三六）

碑中所记的"呼衍王寿"，是匈奴右部的最高统治者。据《汉书·匈奴传》记载，呼衍氏代袭高位，是匈奴王族三大豪门之一。因其牧地邻近西域及河西走廊一带，所以经常侵扰河西四郡与蒲类海地区，给西域各族及河西居民的社会生活造成诸多的危害。早在延光二年（123年），呼衍王就联合车师，袭击敦煌、酒泉、武威、张掖，当时的敦煌太守张挡曾上书朝廷，请求反击。朝廷任命班勇为西域长史，带兵屯田于柳中（吐鲁番盆地的鲁克沁一带）。永建元年（126年）、二年（127年），班勇征集西域诸军，与匈奴决战于天山东部，呼衍王败绩，远逸漠北，降者两万余人。后因班勇蒙冤入狱，朝廷因循苟安，所以呼衍王得以重整旗鼓，

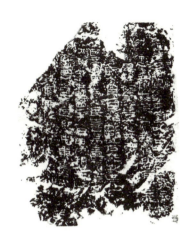

图三六
新疆巴里坤哈萨克自治县境内刊
于东汉永和二年（137年）的敦
煌太守裴岑纪功碑

图三七
新疆拜城县东北喀拉达格山发现
东汉延熹元年（158年）镌刊的《刘
平国作亭诵》石刻碑文

卷土重来。由是酿就永和二年（137年）此役的发生[182]。

1877年，新疆拜城县东北喀拉达格山麓崖上，发现了一篇东汉桓帝延熹元年（158年）的被称作《刘平国作亭诵》的石刻碑文，今据后二年拓本转录全文如下：

"龟兹左将军刘平国，以七月廿六日发家，

从秦人孟伯山、狄虎贲、赵当卑、万阿羌、

石当卑、程阿羌等六人，共来作列亭。从

□□关八月一日始，斲岩作孔，至十日

毕），坚固万岁，人民喜，长寿年，宜

子孙。永寿四年（158年）八月甲戌朔十二日

乙酉，直建纪此东乌累关城，皆

将军所作也。俱披山□"（图三七）。

碑文近旁，另有题刻文曰：

"敦煌长□

淳于伯隗

作此诵"

据我国西域史学者马雍研究，这件石刻文物系东汉晚期驻扎龟兹地区的军政人士在丝路交通干道上奉命修建的"列亭"之一的记事，它体现了东汉时期中原王朝与西域当地人民共

---

[182] 吴其昌：《汉敦煌太守裴岑破北匈奴纪功碑跋尾》，《匈奴史论文选集（1919～1979）》，中华书局，1983年，页335～360。

同对边疆建设付出的劳动[183]。富有史学旨趣的是，刘平国碑刻表明，当年天山沿线包括西域都护府治所乌垒城建设的边政工程，曾与祁连山西端的敦煌，保持有密切的人众役使关系——桓帝时代坐御洛阳的中原王朝，始终是以丝绸之路远近传输逐步推进的政策观念，来运筹西域边疆建设的人口支配的。

西域与屯田垦殖、边政建设有关的这些文化信息，充分反映了两汉时代中原王朝对西域经营的长远意识。

正是由于中原王朝锐意于西域的经营，中外各地的物质交流和精神往来始能因诸时宜日见发祥。

与以上文化遗址出土的汉代文献相媲美，近代西方探险家在丝路沿线的关隘遗址考古中也发现了许多折射当年中原王朝经略西域的文物资料。如斯坦因（M.A.Stein,1862-1943.）三次中亚探险中在敦煌地区发掘到的胡人过往书信即是著名的一例。

1907 年，英籍探险家斯坦因在敦煌西北汉代长城烽燧遗址下发掘到一批粟特文古信札。1979 年，匈牙利哈马塔（J. Harmatta）教授将其中 2 号信札作了较系统的翻译，从而让人们了解了东汉晚期粟特人沿河西走廊到洛阳从事兴贩贸易的情节。林梅村亦主张这部分文书书写于东汉晚期的建安七年（202 年）[184]。

敦煌长城烽燧遗址的这些粟特胡语文书的出土，毫无疑问透露出两汉时期中原国家通过长城、关隘、烽燧的设置，有效行使着对丝绸之路交通往来的国家管理。

不仅如此，塔里木绿洲遗址出土的各期汉文印信，亦为我们研究中原王朝经略西域提供

---

[183]　孟池（马雍）：《从新疆历史文物看汉代在西域的政治措施和经济建设》，《文物》1975 年第 7 期，页 27 ~ 34；又见新疆社会科学院考古研究所：《新疆考古三十年》，新疆人民出版社，1983 年，页 188 ~ 194。

[184]　J.Harmatta, "Sogdian Sources for the History of Pre-Islamic Central Asia", *Prolegomena to the Sources on the History of Pre-Islamic Central Asia,* Budapest 1979, pp.153-165. 参见 J.Harmatta, "Sir Aurel Stein and the Date of the Sogdian 'Ancient Letters'", *Jubilee Volume of the Oriental Collection 1951-1976,* Budapest 1978, pp.73-88;idem., "The Archaeological Evidence for the Date of the Sogdian 'Ancient Letters'", *Studies in the Sources on the History of Pre-Islamic Central Asia,* Budapest1979, pp.75-90；林梅村：《敦煌出土粟特文古书信的断代问题》，《中国史研究》1986 年第 1 期，页 87 ~ 99；参见《法国汉学》丛书编辑委员会编：《粟特人在中国——历史、考古、语言的新探索》，中华书局，2005 年。

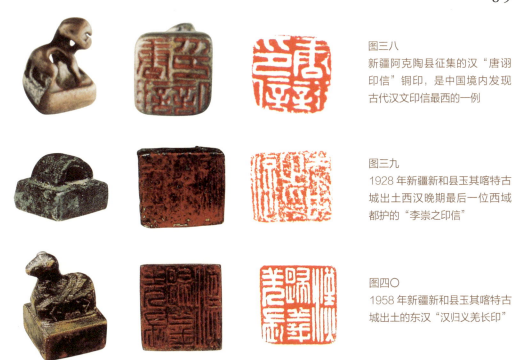

图三八
新疆阿克陶县征集的汉"唐诩印信"铜印，是中国境内发现古代汉文印信最西的一例

图三九
1928年新疆新和县玉其喀特古城出土西汉晚期最后一位西域都护的"李崇之印信"

图四〇
1958年新疆新和县玉其喀特古城出土的东汉"汉归义羌长印"

了可靠的文化依据。且举以下几例。

1. 近代克孜勒苏柯尔克孜自治州阿克陶县奥依塔克征集汉"唐诩印信"铜印一枚，兽纽，通高2.5厘米，正方形印面边长1.9厘米（图三八）[185]。此为中国境内发现古代汉文印信最西的一例。

2. 1928年阿克苏地区新和县玉其喀特古城遗址出土的西汉"李崇之印信"铜印，桥形纽，通高0.7厘米，近方形印面边长1.3厘米（图三九）[186]。印主李崇，乃西汉晚期最后一位西域都护，《汉书》有其简略的记事。

3. 1958年阿克苏地区新和县玉其喀特古城遗址出土东汉"汉归义羌长印"铜印（一说是年出土于沙雅县于什格堤），羊纽，通高3.5厘米，正方形印面边长2.3厘米（图四〇）[187]。

李崇印信出土的历史背景，史籍有明晰的透露。

史载莽新"天凤三年（16年），乃遣五威将王骏、西域都护李崇将戊己校尉出西域，诸

[185]　图版引自祁小山、王博：《丝绸之路·新疆古代文化》，新疆人民出版社，2008年，页171。

[186]　图版引自祁小山、王博：《丝绸之路·新疆古代文化》，新疆人民出版社，2008年，页158。

[187]　图版引自祁小山、王博：《丝绸之路·新疆古代文化》，新疆人民出版社，2008年，页158。

国皆郊迎，送兵谷。焉耆诈降而聚兵自备。骏等将莎车、龟兹兵七千余人，分为数部入焉耆。焉耆伏兵要遮骏。及姑墨、尉犁、危须国兵为反间，还共袭击骏等，皆杀之。唯戊己校尉郭钦别将兵，后至焉耆。焉耆兵未还，钦击杀其老弱，引兵还。莽封钦为剼胡子。李崇收余士，还保龟兹。数年莽死，崇遂没，西域因绝"[188]。

是岁，王莽"遣大使五威将王骏、西域都护李崇将戊己校尉出西域，诸国皆郊迎贡献焉。诸国前杀都护但钦，骏欲袭之，命左帅何封、戊己校尉郭钦别将。焉耆诈降，伏兵击骏等，皆死。钦、封后到，袭击老弱，从车师还入塞。莽拜钦为填外将军，封剼胡子；何封为集胡男。西域自此绝"[189]。

以上史料充分显示，正是焉耆之役的失败，导致了西汉王朝失控西域诸国而龟缩龟兹的结局。至于李崇于焉耆败后能有退保龟兹的一时喘息，或许与此前汉、龟之间保持传统旧好有着密切的关联。

原来，元康元年（前 65 年），龟兹王绛宾偕夫人入朝长安，汉赐印绶，且以绮绣杂缯琦珍凡数千万厚赠送之。绛宾"后数来朝贺，乐汉衣服制度，归其国，治宫室，作徼道周卫，出入传呼，撞钟鼓，如汉家仪"[190]，内中颇已显示这一绿洲政权对汉室孜孜向慕的心迹。

只不过，此时已成强弩之末的新莽王庭，已经无力支撑处在荒远绝域之中的李崇残部了。这正如史家所评断："孝平之世，政自莽出，褒善显功，以自尊盛。观其文辞，方外百蛮，亡思不服……"[191]

中原王朝再次蜚声于西域，已是建都于洛阳的东汉时代了。

这次集结的新和玉其喀特古城遗迹出土东"汉归义羌长印"，在塔里木盆地古代文化史上有着特别的意义。

当年李崇焉耆折戟退保于龟兹，除了得益于龟兹向慕汉化的原因，更有当地归附汉朝的羌人部落容与汉人的情感就包含在其间。

有关汉朝政府款接、羁縻西北诸胡民族酋帅的史实，早年各地出土有不少同类官印可以

[188] 班固：《汉书》卷九六《西域传》，中华书局，1962 年，页 3927。

[189] 班固：《汉书》卷九九《王莽传》，中华书局，1962 年，页 4146。

[190] 班固：《汉书》卷九六《西域传》，中华书局，1962 年，页 3916、3917。

[191] 班固：《汉书》卷一二《平帝纪》，中华书局，1962 年，页 360。

图四一
早年中国各地出土涉及碛西沙海诸胡民族的各种官印

折射其中的信息。就以涉及碛西沙海诸胡民族为史例，此前已经见有另一"汉归义羌长"和"汉归义羌佰长""西海羌骑司马""西海沙塞右尉"及"汉归义胡长""汉归义胡佰长""汉率善胡长""汉匈奴归义亲汉长"等印的面世（图四一）[192]。

史传中国上古时代，南方曾有三苗之乱的发生。后及虞舜，始迁三苗部落于三危山一带。这些三苗后裔在敦煌地区与原住居民融合之后，逐渐形成了羌族部落。迨至春秋战国时期，由于强秦的崛起，游弋河陇一带的羌族部落被迫西迁于雪域高原或塔里木盆地的周边——以"婼羌""叶尔羌河"为代表的一些与羌人有关的地理概念的出现，应与羌人部落的定居有着直接的关系。

由此看来，以上诸胡官印的颁赐，足见中原汉庭对碛西沙海周边部落的怀远与优柔。其中优抚羌人印信的一再出土，无疑透露出中原王朝充分认识到羌人拥镇西疆的重要。

---

[192] 图版引自康殷、任兆凤编《印典》所辑汉代官印各例，国际文化出版公司，1993 年；《上海博物馆藏印选》，上海书画出版社，1979 年。其中"汉委奴国王"金印，1784 年出土于日本九州岛福冈县糟屋郡志贺汀，系东汉光武帝颁封给倭王的印信。

图四二
1959 年考古人员在
民丰县尼雅遗址征集
到一枚炭精质地的汉
代"司禾府印"

大抵由于路途遥远转输辎重粮秣的艰辛，两汉政府在经营西域的过程中率先采用了就地军垦、设府屯田的政策。1959 年，民丰县"司禾府印"发现，即是中原王朝屯积西域的绝佳印证。

1959 年，考古人员于尼雅遗址所在的民丰县，征集到一枚汉代的"司禾府印"。该印碳精质地，桥纽，通高 1.7 厘米，正方形印面边长 2 厘米（图四二）[193]。

征诸史乘，知西汉时代已在西陲边远地区设有专司垦殖的机构。

《汉书地理志敦煌郡》颜师古注广至县曰："宜禾都尉治昆仑障。"[194] 而史载神爵三年（59 年）后西汉王朝于西域设都护，因之匈奴"不得近西域。于是徙屯田，田于北胥鞬，披莎车之地，屯田校尉始属都护"[195]。从中一再透露出西汉王朝对西域地区军事屯田的重视。

其次，东汉史乘亦载：永平"十六年（73 年），明帝乃命将帅北征匈奴，取伊吾卢地（今新疆哈密境内），置宜禾都尉以屯田，遂通西域。于阗诸国皆遣子入侍，西域自绝六十五载乃复通焉。明年，始置都护、戊己校尉"[196]。

《金石续编》卷一东汉《右扶风丞李君通阁道记》刻石，亦见"宜禾都尉"的职官，由此可见东汉王庭于西陲因屯田而设置管理机构的措施。民丰"司禾府印"的出土，透露出汉代在精绝地区经营农业并纳入国家行政管理的确凿信息[197]。

中原王朝出于丝绸之路交通保障的以上管制行径，实际从行政节制视域透露出国家层面的政治取向。这种带有强烈掌控职能的交通建设系统，折射出丝绸之路资源利益分配的严峻。

[193] 史树青：《新疆文物调查随笔》，《文物》1960 年第 6 期，页 22 ~ 31；贾应逸：《新疆尼雅遗址出土"司禾府印"》，《文物》1984 年第 9 期，页 87 页；图版采自新疆维吾尔自治区文物管理局、新疆维吾尔自治区博物馆：《新疆文物古迹大观》，新疆美术摄影出版社，1999 年，页 55。

[194] 班固：《汉书》卷二八《地理传》，中华书局，1962 年，页 1614。

[195] 班固：《汉书》卷九六《西域传》，中华书局，1962 年，页 3874。

[196] 范晔：《后汉书》卷八八《西域传》，中华书局，1965 年，页 2909。

[197] 史树青：《新疆文物调查随笔》，《文物》1960 年第 6 期，页 22 ~ 31。

著名于史的"汗血马"的输入，端的折射出开发中西交通能力的东方需求。

史载"大宛国，王治贵山城，去长安万二千五百五十里。户六万，口三十万，胜兵六万人。副王、辅国王各一人。东至都护治所四千三十一里，北至康居卑阗城千五百一十里，西南至大月氏六百九十里。北与康居、南与大月氏接，土地风气物类民俗与大月氏、安息同。大宛左右以葡萄为酒，富人藏酒至万余石，久者至数十岁不败。俗耆酒，马耆目宿。宛别邑七十余城，多善马。马汗血，言其先天马子也。张骞始为武帝言之，上遣使者持千金及金马，以请宛善马。宛王以汉绝远，大兵不能至，爱其宝马不肯与。汉使妄言，宛遂攻杀汉使，取其财物。于是天子遣贰师将军李广利将兵前后十余万人伐宛，连四年。宛人斩其王毋寡首，献马三千匹，汉军乃还……贰师既斩宛王，更立贵人素与汉善者名昧蔡为宛王……又发使十余辈，抵宛西诸国求奇物，因风谕以伐宛之威。宛王蝉封与汉约，岁献天马二匹。汉使采葡萄、目宿种归。天子以天马多，又外国使来众，益种葡萄、目宿离宫馆旁，极望焉。自宛以西至安息国，虽颇异言，然大同，自相晓知也。其人皆深目，多须髯。善贾市，争分铢。贵女子，女子所言，丈夫乃决正。其地无丝漆，不知铸铁器。及汉使亡卒降，教铸作它兵器。得汉黄白金，辄以为器，不用为币"[198]。

与此同时，随着天马的内徙和"外国使来众"局面的出现，导致汉地"益种葡萄、目宿离宫馆旁，极望焉。自（大）宛以西至安息国……其地无丝漆，不知铸铁器。及汉使亡卒降，教铸作它兵器。得汉黄白金，辄以为器，不用为币"。这种赋有明显社会生态学（Social Ecology）和行为人类学（Action Anthropology）机制的东西方资源置换，不仅直接带动了中外社会往来的规模化进展，更从资源再分配角度反映了世界空间格局下人类生存条件的互动与优化。

纪元初叶，汉祚更新，光武审势，移都洛阳。至于中西交往，开通西域，则上承长安，延续不替。

东汉时代西域诸国的人文史事，安帝时期西域长史班勇已有详细地记载，此又为后来史家所沿袭[199]。

---

[198] 班固：《汉书》卷九六《西域传》，中华书局，1962 年，页 3894 ～ 3896。

[199] 范晔：《后汉书》卷八八《西域传》有"班固记诸国风土人俗，皆已详备《前书》。今撰建武以后其事异于前者，以为《西域传》，皆安帝末班勇所记"云云。中华书局，1965 年，页 2913。

时值"王莽篡位,贬易侯王,由是西域怨叛,与中国遂绝,并复役属匈奴。匈奴敛税重刻,诸国不堪命,建武中,皆遣使求内属,愿请都护。光武以天下初定,未遑外事,竟不许之……(永平)十六年(73年),明帝乃命将帅北征匈奴,取伊吾卢地,置宜禾都尉以屯田,遂通西域,于阗诸国皆遣子入侍。西域自绝六十五载,乃复通焉。明年,始置都护、戊己校尉……和帝永元元年(89年),大将军窦宪大破匈奴。二年(90年),宪因遣副校尉阎盘将二千余骑掩击伊吾,破之。三年(91年),班超遂定西域,因以超为都护,居龟兹……六年(94年),班超复击破焉耆,于是五十余国悉纳质内属。其条支、安息诸国至于海濒四万里外,皆重译贡献。九年(97年),班超遣掾甘英穷临西海而还。皆前世所不至`,山经所未详,莫不备其风土,传其珍怪焉。于是远国蒙奇、兜勒皆来归服,遣使贡献"[200]。

"自建武至于延光(25~125年),西域三绝三通。顺帝永建二年(127年),(班)勇复击降焉耆者,于是龟兹、疏勒、于阗、莎车等十七国皆来服从,而乌孙、葱岭已西遂绝"[201]。

实际上,东汉初年乌孙已与中原王朝有过政治联系。史载永平十七年(74年)西域戊己校尉耿恭屯后王部金蒲城,"至部,移檄乌孙,示汉威德,(乌孙)大昆弥已下皆欢喜,遣使献名马及奉宣帝时所赐公主博具,愿遣子入侍。恭乃发使赍金帛,迎其侍子"[202]。

延光四年(125年)"秋七月,西域长史班勇击车师后王,斩之"[203]。

永建二年(127年)三月,"疏勒国遣使奉献。"夏六月,"西域长史班勇、敦煌太守张朗讨焉耆、尉犁、危须三国,破之;并遣子贡献"[204]。

永建"五年(130年)春正月,疏勒王遣侍子,及大宛、莎车王皆奉使贡献"[205]。

"顺帝永建六年(131年),于阗王放前遣侍子诣阙贡献"[206]。

史载灵帝熹平四年(175年),东汉王庭遣戊己校尉及西域长史合兵阻断于阗王安国对

[200] 范晔:《后汉书》卷八八《西域传》,中华书局,1965年,页2909、2910。
[201] 范晔:《后汉书》卷八八《西域传》,中华书局,1965年,页2912。
[202] 范晔:《后汉书》卷一九《耿恭传》,中华书局,1965年,页720。
[203] 范晔:《后汉书》卷五《安帝纪》,中华书局,1965年,页242。
[204] 范晔:《后汉书》卷六《顺帝纪》,中华书局,1965年,页254。
[205] 范晔:《后汉书》卷六《顺帝纪》,中华书局,1965年,页257。
[206] 范晔:《后汉书》卷八八《西域传》,中华书局,1965年,页2916。

拘弥的侵犯，这是东汉最后一次维持西域政治秩序，以确保中外交通的稳定。同时亦传达出东汉帝国武功文治于丝路沿途的事实[207]。

纪元伊始，"莎车国，西经蒲犁、无雷至大月氏，东去洛阳万九百五十里。匈奴单于因王莽之乱略有西域，唯莎车王延最强，不肯附属。元帝时，尝为侍子，长于京师，慕乐中国，亦复参其典法。常敕诸子，当世奉汉家，不可负也。天凤五年（18年），延死，谥忠武王，子康代立。

光武初，康率旁国拒匈奴，拥卫故都护吏士妻子千余口，檄书河西，问中国动静，自陈思慕汉家。建武五年（29年），河西大将军窦融乃承制立康为汉莎车建功怀德王、西域大都尉，五十五国皆属焉。九年（33年），康死，谥宣成王。弟贤代立，攻破拘弥、西夜国，皆杀其王，而立其兄康两子为拘弥、西夜王。十四年（38年），贤与鄯善王安并遣使诣阙贡献，于是西域始通。葱岭以东诸国皆属贤。十七年（41年），贤复遣使奉献，请都护……"[208]

东汉外戚梁冀，父商，曾"献美人友通期于顺帝"[209]。唐人李贤等引《东观汉纪》注"友通期"曰"支通期"者，可见其为月支来华的胡姬。

汉史又载，梁冀曾"遣客出塞，交通外国，广求异物……远致汗血名马。又广开园囿，采土筑山，十里九阪，以象二崤。深林绝涧，有若自然。奇禽训兽，飞走其间……又多拓林苑，禁同王家。西至弘农，东界荥阳，南极鲁阳，北达河、淇。包含山薮，远带丘荒，周旋封域，殆将千里。又起菟苑于河南城西，经亘数十里，发属县卒徒，缮修楼观，数年乃成。移檄所在，调发生兔，刻其毛以为识。人有犯者，罪至刑死。尝有西域贾胡，不知禁忌，误杀一兔，转相告言，坐死者十余人"[210]。从中透露出东汉时代洛阳地区域外胡人之众多。

凡此连篇累牍的史料掌故，无一不是东汉时期西域诸国交流中原的历史信息的珍贵显示。

[207] 范晔：《后汉书》卷八八《西域传》，中华书局，1965年，页2915。
[208] 范晔：《后汉书》卷八八《西域传》，中华书局，1965年，页2923。
[209] 范晔：《后汉书》卷三四《梁冀传》，中华书局，1965年，页1180。
[210] 范晔：《后汉书》卷三四《梁冀传》，中华书局，1965年，页1181、1182。

（四）文物遗迹视域下的两汉中外社会往来

与文献记载相表里，出土文物亦为观察汉代中外人事往来提供了直接的视觉信息。

如前引意大利拿波里国立考古博物馆（National Archaeological Museum,Naples）收藏有一幅古罗马时期的壁画残片。画面上展示了一位跣足而身穿轻薄透体外衣的罗马女祭司（Menade）形象。研究者一致认为，这种质感轻盈而透明的衣服，无疑是用来自中国的丝绸制作的。

同类的衣服样式，地中海沿岸古希腊、罗马地区的石刻作品亦有大量地显示。如大英博物馆（The British Museum）被称为"帕提农画廊（The Parthenon Galleries）"的第18号馆收藏雅典卫城（Athen Acropolis）的埃尔金斯石雕（Elgin Marble）人物造像中，即见有诸多身着透体丝绸衣物的希腊女神形象（图四三～四五）。这些刻画古代丝绸服装的样本，从美术视域折射出2500年前秦汉时期丝绸之路国际贸易的畅通。

图四三～四五
大英博物馆第18号展馆收藏的2500年前雅典卫城埃尔金斯石雕人物造像中所见身着透体丝绸衣物的希腊女神形象

与此美术遗迹相映成趣的是，"古典时代，希腊罗马诗人创作了大量关于丝绸的颂歌，弗吉尔的《田园诗》、贺拉斯的《颂歌》、普罗佩赛的《哀歌》以及和奥维德的《恋情》，到处可见对丝绸的赞美之词。由于罗马人对东方丝绸的需求量迅速增长，以至于造成罗马帝国财政严重出超。古罗马作家老普林尼（23～79年）在《自然史》中惊呼：'我国每年至

少有一亿赛斯塔钱（约合十万盎司黄金）被印
度、中国和阿拉伯半岛夺走！'"[211]。

与西域古希腊、罗马时代这些涉丝遗迹和文
献记事相呼应，古罗马地区的文化遗迹亦为研究
当年的中外人际往来提供了可靠的考古学证据。

如上所述，古罗马帝国与中国之间通过丝
绸之路保持了密切的贸易往来，这虽然广为人知，
但是一直以来却缺乏考古学的佐证。对于这两个
位于亚欧大陆两端的古代文明大国交流起源于何
时，规模究竟有多大，历史对此并无确切记载，
人们也一直在苦苦寻找着进一步的答案。

值得庆幸的是，此前竟有一个亚裔人骨
遗骸在古罗马帝国的历史遗址中出土，真可
谓这一领域堪称吉光片羽的珍贵资料。

图四六、四七
2016 年英国一个考古团队在伦敦一座古罗马时期
的墓地中发现两具很可能是中国人的骸骨

2010 年，在意大利的瓦讷立（Vagnari）
发现了一具有东亚血统的成年男子骸骨，DNA 测试可以将其生活的年代追溯到 2 世纪的
罗马帝国。这是古罗马地区首次发现亚裔血统的人类学遗迹，学术意义重大。

更让人欣慰的还有，据英国《泰晤士报》（The Times）、《每日邮报》（The Daily
Mail）等媒体 2016 年 9 月下旬的报道，2016 年英国一个考古团队公布，他们在伦敦一座古罗
马时期的墓地发现了 2 具很可能是中国人的骸骨（图四六、四七）。这为我们解开这段历史
的谜团带来了新的线索。

英国考古学家称，这座墓地大概介于 2 ~ 4 世纪之间，当时，古罗马帝国建立了伦敦，
并把这座城市命名为伦底纽姆（Londonium）。在这座墓地中发现 2 具中国人骸骨，意味着
在那个年代古罗马与中国之间已经有了人文交流。

这一消息引发了考古界和史学界广泛的关注，英国媒体也加以及时的报道。《泰晤士报》
网站以"中国遗骨改写古罗马历史"为题，对此事予以关注。《每日邮报》以"两大古帝国

[211] 林梅村：《寻找楼兰王国》，北京大学出版社，2009 年，页 147。

的相遇：两具中国人骸骨如何进入伦敦的古罗马墓地"为题，进行了跟踪报道。

这座古罗马时期的墓地现在位于伦敦南华克区的兰特街。《泰晤士报》称，这是一座普通的墓地，埋葬的都是古罗马时期的平民，他们曾经生活在贫穷和脏乱的泰晤士河畔。《每日邮报》称，出土的22具骸骨中，两具为亚洲血统，另有4组被确认属非洲种系。尽管专家还没有确定两具亚洲骸骨的确切来源，但却认为他们很有可能都来自于中国。

这一次伦敦的最新发掘成果，要归功于伦敦博物馆的考古团队。他们在此次发掘和分析中使用了非常先进的技术，结果惊奇地发现，这是一座多元化社会的墓地。来自美国密歇根州立大学的法医专家对骸骨进行了分析，得出的结论是：这些骸骨中，2具来自于亚洲人种，而至少4具则为非洲血统。

《每日邮报》认为，这一发现将重新改写古罗马历史，因为这意味着古罗马与中国的交流比人们以往认知的要更加广泛。《泰晤士报》则称，这一考古结果或将改变人们对欧亚历史的看法，因为这一发现意味着亚洲人曾经移民到了古罗马帝国。《国际商业时报》（International Business Times）认为，这有助于人们更好地认识那个时期不同文明之间的交流。

两具亚洲骸骨的发现还有两个意义：一是进一步证明伦敦在古罗马时期就是一个多元化色彩浓厚的国际化城市，二是把中国人向伦敦移民的时间大大提前。

伦敦博物馆的丽贝卡·雷德芬（Rebecca Redfern）博士在《考古学杂志》（The Archaeological journal）发表上述考古成果时称，这两名亚洲人为何会在伦敦落脚是一个谜。她说："罗马帝国在西欧各国与地中海的扩张，开启了诸多种族和不同地域的同化和互动。"

她认为，古罗马帝国能够积蓄其力量和财富，需要在原材料和产品方面与欧洲、非洲和包括中国与印度在内的亚洲国家进行贸易。在那个时代，很多人会长途跋涉，或出于贸易原因，或出于军人等职业的原因，或因为自己的社会地位低下，例如奴隶。她认为，这两具骸骨，或者是来自中国的奴隶，或者是来自中国的奴隶的后代，因为那个年代中国和印度之间、印度和古罗马之间有奴隶贸易。

同位素分析也为骸骨的来源提供了一定的线索。雷德芬博士称，分析显示，在骸骨生前的饮食结构中，水生食品的成分非常有限，这与古罗马帝国人口和靠近泰晤士河居住的人口有所不同。

专家认为，下一步需要综合研究在古罗马帝国遗址墓地发现的骸骨，这将有助于弄清楚究竟有多少"外国人"居住在古罗马帝国，也有助于了解那个年代的移民模式。

这两块骨骸的发现也具有重要的学术意义。一方面，它证明了伦敦是古罗马时代的国际大都市。另一方面，它也证实了中国和古罗马产生交集的时间。

作为一个庞大的奴隶帝国，古罗马也对奴隶有着巨大的需求。很明显，本国的奴隶无法满足，所以他很可能与亚洲和欧洲进行贸易。

事实上，中国人的足迹不仅在欧洲和西方被发现，在埃及这个古老的非洲国家的法老墓中也被发现。可以看出，在遥远的古代，中国人的足迹已经传播到世界上许多地方[212]。

就文化遗产的的人际子遗来看，古代东西方人种的地域跨越，实际上就是一个多元流动模式——哪里有生存空间和资源，古人势必从生存取向上对地理环境做出自我判断。我国塔里木盆地的古代绿洲城邦，即有古代西方白种民族留下的足迹——1980 年考古学家在新疆若羌县北境发掘的著名的"楼兰美女（Beauty of the Ancient Loulan Castle）"干尸遗体——无疑从相对方向为我们认知古代人类的地域流动，提供了绝佳例证（图四八）。

在中亚地区，近年更有重大的遗址考古活动，揭示了公元前后中国内地与西域地区文化往来的持续存在。

20 世纪 80 年代末，位于阿富汗北境席巴尔甘地区一处被称为 Tilly–Tehede 的古代遗址中，

发现了 6 座公元前后的属于大夏故国的墓葬。上述墓葬中出土了 2 万余件黄金艺术品以及数量众多的古罗马、安息、天竺、斯基泰和中国文物，从而向人们展示出这一中亚故国沟通东西方社会联系的交通枢纽地位的存在。尤其值得注意的是，这一组墓葬中的第 2、3、6号墓中，均出土了宣帝（前 73 ~ 前 49 年）至平帝（1 ~ 5年）之间黄河流域流行的昭明镜[213]。

图四八
1980 年塔里木绿洲出土带有西域人种
血统的女性遗体

[212] 《光明日报》驻伦敦记者林卫光：《伦敦发掘古罗马时期骸骨似为中国人 或将改写东西方文明交流史》，光明网，2016 年 9 月 26 日 07:43:40 网载。

[213] V.I.Sarianidi, "The Golden Nobles of Shibarghan",*Time Magazine*, 2 July,1979;V.I.Sarianidi,*The Golden Hoard of Bactria*, Vienna ,1985；转引自林梅村：《西域文明——考古、民族、语言和宗教新论》，东方出版社，1995 年，页 277。

而据俄罗斯学者 Ю.А.扎德涅普罗夫斯基与 Е.И.鲁沃·莱斯尼琴科考古研究报道，仅以往在中亚费尔干纳谷地（Fergana Valley）公元 1 世纪以前的 80 处墓群的 500 余座墓葬中，即"大都发现有汉式镜"的出土[214]，进而透露了两汉之际中原与中亚地区频频发生物质交流的事实。

在东方，1976 年夏，洛阳北郊邙山南麓发掘了西汉中期卜千秋墓。墓室壁面彩色祥云绘画中，首次发现具有中亚、印度风格的忍冬纹装饰绘画和有翼神兽（Winged beasts）[215]。这种源自西域美术题材的墓葬遗迹，实质上折射了两汉时期中外美术交流的信息。

前述长安西汉宫殿遗址和洛阳东汉墓葬遗址出土的两尊高鼻深目的青铜羽人造像[216]，正是这一文化往来的实际例证。

此外，20 世纪 50 年代以来，云南晋宁石寨山西汉滇国贵族墓及山东淄博西汉齐王墓陪葬坑、广州西汉南越王墓出土了一类具有近东古埃兰器物遗风的花瓣纹银盒[217]，这在文化遗存领域透露出当时东方国家与西域各地存在交通往来的事实。

张骞凿空西域及李广利西征大宛以来，西域诸国与汉朝交往日趋频繁。这些绿洲部落出于交流中原的需要，遂在当地学习汉籍文献以便于交接内地。

在楼兰尼雅遗址的出土文书中，人们发现了数量众多包括《史记·匈奴列传》《左传·昭公》《战国策·燕策》《孝经》《急就章》《九九章》在内的汉籍文献。对于这些文献的阅读主体是否系西域当地的胡人，楼兰古城的斯坦因发掘品给予了真切地说明——楼兰 LA 遗址斯坦因发掘的一件佉卢文遗书，背面写有"敦煌具书畔毗在（再）拜"的汉文，可知这是一件名叫"畔毗"的楼兰胡人从敦煌写给楼兰家人的汉文书信。

此外，斯坦因第四次中亚探险于尼雅遗址发现一枚写有以下内容的汉简："大宛王使羡

[214] Ю.А.扎德涅普罗夫斯基、Е.И.鲁沃·莱斯尼琴科：《中亚费尔干纳出土的汉式镜》，《考古与文物》1998 年第 3 期，页 84～93。

[215] 洛阳博物馆：《洛阳西汉卜千秋壁画墓发掘简报》，《文物》1977 年第 6 期，页 1～12。

[216] 西安市文物管理委员会：《西安市发现一批汉代铜器和铜羽人》，《文物》1966 年第 4 期，页 7、8。

[217] 云南省博物馆：《云南晋宁石寨山古墓群发掘报告》，文物出版社，1959 年；线图引自孙机：《中国圣火》，辽宁教育出版社，1996 年，页 140；山东省淄博市博物馆：《西汉齐王墓随葬器物坑》，《考古学报》1985 年第 2 期，页 223；广州市文物管理委员会等：《西汉南越王墓》（上卷），文物出版社，1991 年，页 209。

左大月氏（使）上所 [以下字迹漫漶]……/ 所寇，愿得汉使者，（进奉），故及言 [以下字迹漫漶]……"

研究者认为，"这枚汉简似为大宛国使者羡说明大月氏使者写给汉朝皇帝的上书底稿。这就清楚地表明，中亚文字传入塔里木盆地以前，汉字实际上是塔里木盆地乃至帕米尔以西诸国与汉朝交往的通行文字"[218]。

居有波斯故地的条支和安息，其与东方中国的社会往来亦有文物遗迹的显示，这有中外相关的历史遗存可为我们提供认识依据。

如前所述，波斯故国的波斯波利斯古城遗址（City Site of Persepolis），多处见有雪杉纹装饰美术遗迹的出现。随着西域文化的东渐，地处中原的两汉文物遗迹中，递有这类美术题材的再现。

前引洛阳伊川县白元乡王庄村西汉砖室墓出土的空心砖，即刻画有六株雪杉纹美术形象[219]。洛阳浅井头村西汉壁画墓出土空心砖中，更有分列、成行的雪杉纹的刻画[220]。

构图相似的同一美术题材在中外文化遗产中的异彩纷呈，都反映了纪元前后东西方文化存在沟通。

清末，西方学人在山西灵石县境内掘得 16 枚古罗马铜币。据考证，这批铜币铸于罗马皇帝梯拜流斯（Tiberius）至安敦（Marcus Aurelius Antoninus）时代。报道详见布歇尔：《山西之罗马古钱》（Bushell,Ancient Roman Coins from Shansi,Peking Oriental Society）[221]。

1955 年春夏之际，洛阳西郊孙旗屯一带修筑秦岭防洪渠时，于冲积土壤中发现石刻神兽一对，其一陈列于洛阳古代石刻艺术馆展室内。这件石刻，身高 109、体长 166 厘米。其外观形态虎头豹腰，动态刚健，颇类一只咆哮山岳的狮子。其头顶生两角，膊间有双翼，在题材风格上洋溢着西域神话翼兽的特征。这一石刻作品的颈部背侧，有阴刻隶书"缑氏蒿聚成

[218] 有关汉代西域地区流通的这些汉文遗籍，参见林梅村：《寻找楼兰王国》，北京大学出版社，2009 年，页 81。

[219] 李献奇、杨海钦：《洛阳又发现一批西汉空心画像砖》，《文物》1993 年第 5 期，页 19。

[220] 洛阳市第二文物工作队：《洛阳浅井头西汉壁画墓发掘简报》，《文物》1993 年第 5 期，页 9；类似的美术遗迹，亦可参见河南省文化局文物工作队第一、二队编：《河南出土空心砖拓片集》，人民美术出版社，1963 年，图 45、73。

[221] 张星烺：《中西交通史料汇编》第一册，中华书局，1977 年，页 27、28。

奴作"字样，是以可知这件作品为洛阳当地工匠所创作（图四九）。

另在该馆同一陈列中，还有1963年于洛阳伊川彭婆镇东高屯村出土的一件带翼神兽。这件石刻身高114、体长172厘米，其外观与前件成奴石刻多有相似之处（图五〇）。考察它们的制作年代，大抵在东汉的中晚期前后。

东汉时期洛阳地区雕刻的翼兽，近年亦有后续的出土。2011年夏秋，洛阳古旧市场于当地收集到新近出土的翼兽两躯。这两躯翼兽，其一连底座通高175、身长210、身宽70厘米（图五一）。其二连底座通高176、身长210、身宽70厘米。 由两躯翼兽尺寸高度一致的构图定型，可见必为同一陵墓置于神道对称位置之上的一对同期的作品。

在西方艺术史上，翼兽尝被称为"格立芬（griffen）"者。据说，格立芬是太阳的象征或日神的化身，具有祆教美术题材的强烈寓意。

事实上，这种带翼神兽几乎为西域各地人民所喜爱。其中著名的实例，如巴黎卢浮宫藏西亚克沙巴城萨尔贡宫殿遗址出土的公元前721～前705年高约396厘米的亚述翼兽（Winged bull）数尊，翼兽牛身、人面，头顶着冠，肩膊生翼，雕饰诡异，气势宏伟，显示出亚述文化艺术特有的气质（图五二、五三）[222]。

而梵蒂冈博物馆（The Vatican Museum）收藏的一组出土于地中海沿岸的古代格里芬雕刻，更以美轮美奂的艺术形象为广大游人所称赞（图五四）[223]。

图四九
1955年洛阳西郊孙旗屯秦岭防洪渠
出土的汉代带翼神兽

图五〇
1963年洛阳伊川彭婆镇东高屯村出土
的东汉带翼神兽

图五一
2011年夏秋洛阳新出土的东汉
带翼神兽之一

[222] 图五二系本书作者张成渝拍摄；图五三引自劳伦斯·高文（Sir Lawrence Gowing）等编：《大英视觉
       艺术百科全书》（THE ENCYCLOPEDIA OF VISUAL ART），第一卷，（台北）大英百科股份有限公司、
       广西美术出版社，1994年，页87。
[223] 图五四系本书作者张乃翥2005年11月摄于梵蒂冈博物馆。

图五二
巴黎卢浮宫藏西亚克沙巴城萨尔贡
宫殿遗址出土的公元前721～前
705年的亚述翼兽（Winged bull）
*2008年4月7日作者张成渝拍摄于
巴黎卢浮宫*

图五三
巴黎卢浮宫藏西亚克沙巴城萨
尔贡宫殿遗址出土的公元前
721～前705年的亚述翼兽
（Winged bull）

图五四
梵蒂冈博物馆收藏出土于地中海沿岸的古代格
里芬雕像
2005年11月27日作者张乃翥拍摄于梵蒂冈博物馆

如此看来，中原石刻艺术中所见的这些翼兽，无疑受到了西域美术题材的影响。这与东汉以来中原、西域之间的文化交流有着密切的联系。

美术遗迹中这种带翼神兽的出现，其经由西域传入的过程，中国文化遗产中亦有迹象可以勾画出传播路径的细节。

1907年岁初，英国探险家斯坦因在新疆米兰 M. V 汉代佛寺遗址环形塔基回廊护壁图画中，除了发现有成排的半身有翼天使形象外，在其上层又发现了一种裸体男士与翼狮搏斗的画面。"这些寺庙中的壁画具有特别的说服力，它们表明了近东希腊化艺术的影响，甚至在中亚这个偏远的角落里，也是很强和直接的"[224]。

此外，本书前引"桓帝延熹九年（166年），大秦王安敦遣使自日南徼外献象牙、犀角、瑇瑁"的史事，不仅说明东汉时期中原一带大象已经稀缺，更能说明当年大秦帝国与南亚诸国保持着密切的海上贸易联系。这由当年庞贝遗址出土的印度牙雕镜柄"拉赫施密（Lakshmi）"可以获得合理的解释（图五五）[225]。

[224] 斯坦因：《西域考古图记·路经楼兰》，广西师范大学出版社，2000年，页258，图101。

[225] 图版系本着作者张乃翥2005年12月拍摄于专门收藏、陈列庞贝遗址发掘遗物的拿波里国立考古
博物馆（Museo Archeologico Nazionale）。

图五五
庞贝遗址出土的印度牙雕镜柄"拉赫施密（Lakshmi）"造像
2005 年 11 月 24 日作者张乃蓊拍摄于拿波里意大利国立考古博物馆

与此相关的田野考察显示，洛阳邙山南麓东汉帝陵遗址内的象庄村南侧，至今地表尚且屹立着一尊形体硕大的石刻大象。这似乎传达着当年洛阳一带因热衷于外来珍奇而产生的异物崇拜。

1987 年，洛阳东郊一座东汉遗址出土了一件形制奇特的玻璃瓶。这件玻璃瓶，口径 3.7、腹径 7.2、通高 13.6 厘米。总体呈半透明黄绿色，器壁自口沿至瓶底夹有旋转状的白色搅胎拉丝，造型别致，意象华美，属于典型的罗马公元 1 世纪前后的玻璃制品，其确切年代约当 2 世纪，为陆路发现的时代最早的罗马遗物，对研究中国早期交通西域具有十分珍贵的文物价值（图五六）[226]。

公元前 1 世纪，地中海东岸的工匠发明了玻璃吹制技术，制造出了美丽的球形玻璃器皿。所以有学者研究认为，洛阳出土的这件罗马搅胎玻璃，"显然与罗马商人在洛阳的活动密切相关"[227]。

1 ~ 2 世纪，锐意开拓东方市场的罗马商人，通过丝绸之路将大量的罗马玻璃器皿带到了中亚和葱岭以东地区。

1979 年，苏联与阿富汗联合考古队在阿富汗西北地区发掘了大月氏王陵。墓中出土 2 件罗马玻璃器中，有 1 件即是搅胎玻璃瓶。结合墓中出土的罗马钱币考虑，这座月氏王的墓葬当封存于约公元 30 年。

中亚月氏王陵出土的这件玻璃遗物，自然使我们联想到洛阳上述那件罗马玻璃瓶沿着丝路迤逦东来的情景。

这类搅胎拉丝的玻璃工艺，罗马时代往往又被用来制造一些佩带所用的串珠。我国新疆和田山普拉遗址和民丰尼雅遗址的东汉墓葬中，即出土有这类罗马风格的料珠。由于当时西

[226] 有关罗马搅胎玻璃器的出土实例，参见林梅村：《丝绸之路考古十五讲》，北京大学出版社，2006 年，页 129 ~ 131 图样及图示。

[227] 林梅村：《寻找楼兰王国》，北京大学出版社，2009 年，页 149。

域胡人移居洛阳的引进，罗马久负盛名的"大秦珠"遂又享誉于京都。东汉诗人辛延年《羽林郎》采风时世有谓："昔有霍家奴，姓冯名子都；依倚将军势，调笑酒家胡；胡姬年十五，春日独当垆；长裾连理带，广袖合欢襦；头上兰田玉，耳后大秦珠；两鬟何窈窕，一世良所无"——中原西风之流韵绵长，沁人心脾！

汉地工艺品效仿西域同类产品的实例，值得我们给予分外关注的，尚有一件1982年洛阳西工区发掘出土的制作精良的战国青铜壶 [228]。

图五六
1987年洛阳东郊东汉墓塚出土一件呈白色搅胎拉丝的典型公元1世纪前后的罗马玻璃瓶
图版采自洛阳市文物工作队编《洛阳出土文物集粹》，朝华出版社，1990年，页72

图五七
1982年洛阳出土的一件具有西方密体装饰风格的狩猎纹战国青铜壶
图版采自洛阳市文物工作队编《洛阳出土文物集粹》，朝华出版社，1990年，页50

人们知道，在西方古代的生活中，几乎一切带有装饰意味的美术作品，在画面构图中都热衷以"密体意致（appreciation of the ornate pattern）"来展示视觉审美的意趣。

像上述其他的生活元素传入到东方人民的审美爱好一样，这种美术风尚也在洛阳生活器物的装饰风格中留下了珍贵的样板。

作为一件古代东方人日常使用的器物，洛阳这件富于西方艺术情调的战国青铜器的装饰特征，至少反映了当时洛阳文化社会对西域艺术风采的欣赏与熟稔（图五七）。

---

[228] 图引洛阳文物工作队：《洛阳出土文物集粹》，朝华出版社，1990年，页50；关于这类器物的图像学比较研究，可参见李零：《入山与出塞》，文物出版社，2004年。

（五）西域异物及杂艺、教团的东来，是中外物质和
精神领域资源沟通的必然

在两汉时期东西方人文交流的过程中，物质和精神领域的若干文化资源的东来，值得人们从人类文明的视角给予尤其的重视。例如，西域献狮、杂艺，输送佛教于华夏，堪属此题之大端。

按狮子之播越中华，始于东汉。史载章和元年（87 年）"西域长史班超击莎车，大破之。月氏国遣使献扶拔、狮子"[229]。

同年安息国"遣使献狮子、符拔。符拔形似麟而无角。和帝永元九年（97 年），都护班超遣甘英使大秦，抵条支……十三年（101 年），安息王满屈复献狮子及条支大鸟，时谓之安息雀"[230]。

短短 14 年间月氏、安息的三次献狮，不仅向人们透露出西域对华夏动物资源的熟悉，更能揭示出东西方物质层面的交流，向来以"物以稀为贵"的资源理念所支配——中国丝绸产品源源不断地流向西域，亦同此理。

不过，发人深思的是，这种"以稀为贵"的动物"使献"，在中国却出现了与动物原生地所在初衷大相径庭的遭遇——史乘记载，在此后长达 16 个世纪的历程中，西域贡狮多次遇到"却贡"的对待。其中著名的如北魏正光（520～525 年）末年"波斯国胡王所献"的一头狮子，在中国滞留 6 年之后，至普泰元年（531 年）被节闵帝诏令"禽兽囚之，则违其性，宜放还山林"而遣返本国[231]。

逮至武周万岁通天元年（696 年）三月，督作使姚璹在《请却大石国献狮子疏》中对不宜受贡更有如下的理由："狮子猛兽，唯止食肉，远从碎叶，以至神都（洛阳），肉既难得，极为劳费。"[232] 显然这是出于对贡狮行为资源赋存实际价值的比较考虑。这种系于利益考虑的用事法则，说到底正是丝绸之路所有转输运筹的一个根本出发点。

[229]　范晔：《后汉书》卷三《章帝纪》，中华书局，1965 年，页 158。
[230]　范晔：《后汉书》卷八八《西域传》，中华书局，1965 年，页 2918。
[231]　杨衒之：《洛阳伽蓝记》卷三《城南条》，上海古籍出版社，1982 年，页 162。
[232]　董诰等编：《全唐文》卷一六九，中华书局影印本，1983 年，页 1732。

耐人寻味的是,与上述"实体"贡狮相映照,东方世界另有一种"图像"狮子的传来。这种带有"符号"意义的西域名物的传播,其沿革路径不仅与前者声势隔悬、大异其趣,而且在长达 2000 年之久的东方社会,已经形成为具有国度特色的文化符号。

考古调查显示,在张骞凿空西域之后的汉地文物系统中,即有一种石刻的狮子形象出现在内地的墓葬遗迹中。

如陕西关中一带的西汉陵墓石刻中,即有石刻狮子的出土(图五八)。这是目前所知国内石刻题材的最早实例之一,具有珍贵的文物样本意义。

山东嘉祥县东汉时代的武梁祠石室,曾出土了一对身长 160、高 123、前宽 48 厘米的石雕狮子(图五九、六〇)。这也是国内迄今发现的较早的狮子石刻样本,故亦有着视觉观摩的文物价值。

图五八
陕西关中一带西汉陵墓石刻中的狮子造型

图五九、六〇
山东嘉祥县东汉时代武梁祠石室出土的石雕狮子

不仅如此,与上述具有动物写实意义的美术样本相媲美,东汉以降国内的众多大型墓葬遗迹中,时有数量密集的一种被称为"翼狮"(Winged lion)的有翼神兽(winged chimera)的出现。

如 1955 年洛阳西郊孙旗屯一带修筑秦岭防洪渠时,于冲积土壤中发现的一对石刻神兽。其中陈列于中国国家博物馆的一件,头顶生一角,膊间有双翼,在造型风格上同样展现着西域有翼神兽的特征,其外观形态与前述陈列于洛阳古代石刻艺术馆展室内的那一件石刻作品具有造型风格的类同,从中可以折射出当年洛阳籍艺术家对这一域外美术题材视觉仪态的类型化理解(图六一)。

东汉时期洛阳地区雕刻的翼兽,近年亦有后续的出土。2011 年夏秋,洛阳古旧市场于当地收集到新近出土的翼兽两躯。这两躯翼兽,其一连底座通高 175、身长 210、身宽 70 厘米(图六二)。其二连底座通高 176、身长 210、身宽 70 厘米。由两躯翼兽尺寸极其一致的构图定型,可见必为同一陵墓置于神道对称位置之上的一对同期的作品。

中原地区两汉以降这类具有明显域外题材特征和美术风尚的艺术作品，实际上在华夏大地上有过一种持续传播的过程。享誉中外的江南六朝陵墓石刻中，就有着数量众多、蔚为壮观的此类翼兽雕刻的作品（图六三）。

大江南北不同时空条件下的这些石刻艺术作品的流行，以文化史实例向我们展示出古代华夏人民对域外文明从文化接触（culture contact）以来，日渐发生的文化濡化（cultural enculturation）的脉动。这种为内地人民喜闻乐见美术遗产，端的印证了中外社会往来为东西方人民播撒审美愉悦的万里互动，提供了顺应历史的能动机遇。

如果我们从全球体系（global system）的视野中予以思考，那么这类融合东西方文明特质的艺术遗产给予我们的理性思考，实际上具有观察世界文明动态取向的积极意义。

在西方艺术史上，翼兽尝被称之为"格立芬（griffen）"者。据说，格立芬是太阳的象征或日神的化身，具有祆教美术题材的强烈寓意。

事实上，这种带翼神兽几乎为西域各地人民所喜爱。其中著名的实例，如巴黎卢浮宫藏西亚克沙巴城萨尔贡宫殿遗址出土的公元前721～前705年高约396厘米的亚述翼兽数尊，翼兽牛身、人面，头顶着冠，肩膊生翼，雕饰诡异，气势宏伟，充分展示出亚述文明（Assyria culture）的独特魅力[233]。

此外，人们熟知，享誉世界的波斯波利斯故城

图六一
中国国家博物馆藏洛阳孙旗屯出土的另一件东汉石刻翼狮

图六二
2011年夏秋洛阳新近出土的东汉带翼兽之二

图六三
江南六朝陵墓齐宣帝神道中所见的石刻翼狮形象

[233] 见前图五二、五三。

图六四
伊朗波斯波利斯故城遗址建筑雕刻中的一组翼狮形象

图六五
印度山奇大塔门栏装饰雕刻中的翼狮形象

遗址（Persepolis）和印度山奇大塔（Great Stupa at Sanchi）的门栏装饰石刻中，亦多有翼狮形象的出现（图六四、六五）。

　　而意大利庞贝遗址（Pompeii）收藏的一些出土于地中海沿岸的古代格里芬雕刻，更以美轮美奂的艺术形象为广大游人所称赞（图六六）[234]。

　　如此看来，中原石刻艺术中所见的这些翼兽，无疑受到西域美术题材的影响。东方艺术世界里的这种天方意趣的动物信仰（animal faith），说到底正与东汉以来中原、西域之间的文化交流有着密切的联系。

　　事实上，中国学者早已指出，从狮子活体到石刻狮子和石刻翼狮的持续东渐，实质上反映了东方世界将狮子的"动物信仰（animal faith）"意识涌入了华夏精神生活的漫长过程。这一文化现象的本身，亦再次印证了在世界文化交流的过程中，东西方资源理念会存在着选择性吸收的内在理路[235]。

　　毫无疑问，这种具有浓郁的现象学美学

图六六
意大利庞贝遗址（Pompeii）出土的地中海沿岸遗风的古代格立芬雕刻

[234]　本书作者张成渝 2005 年 11 月摄于庞贝遗址。

[235]　蔡鸿生：《唐代九姓胡与突厥文化·下编·西域物种与文化交流》，中华书局，1998 年，页 195 ~ 211。

（phenomenological esthetics）价值的文化史资料，正是从物质视域跨入意识形态视域研究古代东西方文明相互濡染的宝贵历史遗产。它为我们揭示出那条横贯欧亚的丝绸之路，曾经承载了非物质文明的供需诉求。

由此不难发现，相对于以上物质系统存在的文化交流的著名事件，其实在精神领域亦同样有着文化资源积极流动的历史事态。这其中，佛教文化的流播中夏，正可谓一个源远流长、遗响至今的鲜活案例。

在佛教传播东方的初期，曾有集群性教众连袂结锡来臻中原的事实。由此不难看出，在西域意识形态播越内地的过程中，"群众传递"曾经发挥着重要的作用。

20 世纪 30 年代，洛阳出土了一件佉卢文井阑题记石刻。经对此石断裂残块进行缀合，可以见到以下的文字内容："唯……年……月 15 日，此地寺院……祈愿人们向四方僧团敬奉一切"（图六七）。

有学者认为，这件石刻题记的出现，与灵帝年间自犍陀罗地区内徙洛阳的贵霜僧团有着密切的关联 [236]。

值得注意的是，20 世纪初年英籍探险家斯坦因在塔里木盆地尼雅遗址 N5 佛寺遗址中，盗掘出大量的佉卢文文书、羊皮文书和汉文木简等 400 余件汉晋文物。其中有"泰始五年（269年）"纪年文书一件，其中透露出汉晋时代操佉卢语的胡人部落在西域一带与中原王朝接与行政的时态，这与东汉晚年同样操佉卢语的胡人教团活跃于洛阳，有着相似的时代背景。

有关佉卢文等西域胡书流入汉地的史籍记事，今日所知最早者当首推西晋时代月氏人竺法护（Dharmarakśa，生活于 266 ～ 313 年间）所译《普曜经》对西域胡书的报导。

永嘉二年（308 年）法护此经罗列梵书以下 64 种西域胡书中，其"佉留书"即指佉卢文。《高僧传》记载，竺法护于"晋武之世（265 ～ 290 年），寺庙图像，虽崇京邑，而《方等》深经，蕴在葱外。护乃慨然发愤，志弘大道。遂随师至西域，游历诸国。外国异言

图六七
20 世纪 30 年代洛阳出土的一件石刻佉卢文井栏题记

---

[236]　有关这一井阑的细节考释，详见林梅村：《洛阳所出佉卢文井栏题记》，《西域文明——考古、民族、语言和宗教新论》，东方出版社，1995 年，页 383 ～ 404。

三十六种，书亦如之。护皆遍学，贯综诂训，音义字体，无不备识。遂大赉梵经，还归中夏"[237]。

竺法护"备识"西域三十六种胡书，理应包含他在《普曜经》中所列的"佉留书"。由是学者们认为汉籍中提到的"佉卢文"，似应以护译《普曜经》为最早。

不仅如此，由竺法护从中亚"胡书"汉译佛经的纪事，人们还可以看出当年汉地佛经的蓝本，多以中亚胡本为依据。这与我国新疆地区的佛经传播原本每系中亚胡本，有着极其相似的一致性[238]。

"天竺国一名身毒，在月氏之东南数千里……其人弱于月氏，修浮图道，不杀伐，遂以成俗……土出象、犀、瑇瑁、金、银、铜、铁、铅、锡。西与大秦通，有大秦珍物。又有细布、好毾㲪、诸香、石蜜、胡椒、姜、黑盐。和帝时，数遣使贡献。后西域反畔，乃绝。至桓帝延熹二年（159年）、四年（161年），频从日南徼外来献。世传明帝梦见金人，长大，顶有光明，以问群臣。或曰：'西方有神，名曰佛，其形长丈六尺而黄金色。'帝于是遣使天竺问佛道法，遂于中国图画形像焉。楚王英始信其术，中国因此颇有奉其道者。后桓帝好神，数祀浮图、老子。百姓稍有奉者，后遂转盛。"[239]

有关东汉时期国内祀奉佛教的事例，古籍文献亦有间或地披露。

"建和元年（147年），月氏国沙门支谶至洛阳译《般舟三昧》、《阿閦佛经》等二十一部。二年（148年），安息国沙门安世高至洛阳译《五十校计》等百七十六部……自永平以来，臣民虽有习浮图者，天子未之好，至（桓）帝始笃好之。于禁中铸黄金浮图、老子像，亲于濯龙宫设华盖之座，用郊天之乐"[240]。

延熹九年（166年），平原人襄楷上疏亦云："闻宫中立黄老、浮屠之祠。此道清虚，贵尚无为，好生恶杀，省欲去奢"[241]。

当然，世间任何事物都有多态发展的可能——根据目前可以掌握的史料，佛教传入中国

---

[237] 慧皎撰、汤用彤校注：《高僧传》卷一《竺昙摩罗刹传》，中华书局，1992年，页33。

[238] 有关佛教经典在我国新疆地区的传播，可参见季羡林：《季羡林全集》第十六卷《佛教与佛教文化（二）西域佛教史》，外语教学与研究出版社，2010年，页121～299。

[239] 范晔：《后汉书》卷八八《西域传》，中华书局，1965年，页2921、2922。

[240] 志盘：《佛祖统纪》卷三五《法运通塞志·桓帝》，《大正藏》第49册，（台北）新文丰出版公司，1983年，页330。

[241] 范晔：《后汉书》卷三〇下《襄楷传》，中华书局，1965年，页1082。

远在东汉初叶即由个别梵僧的曳引——竺法兰、摄摩腾的白马载经，极有可能输入的会是印度故地的原生语种。凡此形式不同的宗教行为，都是中外意识形态传播、交流的正常现象。

（六）文献记事视域下汉晋丝路人际的典型画卷

以张骞"凿空"西域为标志，东西方的社会交往开始步入国家政治的层面。在此后长达450多年的岁月里，演绎于天山廊道东西两翼漫长古道上的悠悠驼铃和天马嘶鸣，正以旷日不绝的人际互动，昭示着中外各国追逐人类资源流动的供需平衡。

1. 在这些人类生存资源的传输流量中，以"衣食生计"为主体的物质交换，毫无疑问占有着绝对优先的人际份额

前引"大秦国一名犁鞬，以在海西，亦云海西国……其人民皆长大平正，有类中国，故谓之大秦。土多金银奇宝，有夜光璧、明月珠、骇鸡犀、珊瑚、琥珀、琉璃、琅玕、朱丹、青碧。刺金缕绣，织成金缕罽、杂色绫。作黄金涂、火浣布……其王常欲通使于汉，而安息欲以汉缯彩与之交市，故遮阂不得自达。至桓帝延熹九年（166年），大秦王安敦遣使自日南徼外献象牙、犀角、瑇瑁，始乃一通焉"[242]。

史乘如此之纪事，可以让我们看到至少在两汉时期，中西交通的一个重大的内容，就是丝绸贸易的贯彻——甘英泛海大秦，"而安息欲以汉缯彩与之交市，故遮阂不得自达"——一语导出了当年国际通货中丝绸转贸存在着巨大的现实利益。

这对此间中西文明的历史走向，提出了一个耐人寻味的文化学命题。

洛阳出土胡人墓志显示，洛阳地区规模化的胡人内徙始于汉晋时期，之后北魏、隋、唐之际，更是胡人东来络绎不绝的繁盛时段。又从迄今业已发现的出土石刻史料来看，直至北宋初叶洛阳仍有粟特移民的存在（详后）。

对此，史家记之有曰："魏兴，西域虽不能尽至，其大国龟兹、于阗、康居、乌孙、疏勒、月氏、鄯善、车师之属，无岁不奉朝贡，略如汉氏故事"[243]。

《三国志》注引《魏略·西戎传》，记"西域诸国，汉初开其道，时有三十六，后分为五十余。

[242] 范晔：《后汉书》卷八八《西域传》，中华书局，1965年，页2919、2920。

[243] 陈寿：《三国志》卷三〇《东夷传》，中华书局，1982年，页840。

从建武（25～55年）以来，更相吞灭，于今有二十道。从敦煌玉门关入西域，前有二道，今有三道。从玉门关西出，经婼羌转西，越葱岭，经悬度，入大月氏，为南道。从玉门关西出，发都护井，回三陇沙北头，经居卢仓，从沙西井转西北，过龙堆，到故楼兰，转西诣龟兹，至葱岭，为中道。从玉门关西北出，经横坑，辟三陇沙及龙堆，出五船北，到车师界戊己校尉所治高昌，转西与中道合龟兹，为新道……南道西行，且志（末）国、小宛国、精绝国、楼兰国皆并属鄯善也。戎卢国、扜弥国、渠勒国、皮山国皆并属于阗国。罽宾国、大夏国、高附国、天竺国皆并属大月氏。

临儿国，《浮屠经》云，其国王生浮屠。浮屠太子也……

中道西行尉梨国、危须国、山王国皆并属焉耆。姑墨国、温宿国、尉头国皆并属龟兹。桢中国、莎车国、竭石国、渠沙国、西夜国、依耐国、满犁国、亿若国、榆令国、捐毒国、休修国、琴国皆并属疏勒。自是以西，大宛、安息、条支、乌弋。乌弋一名排特。此四国次在西，本国也，无增损。前世谬以为条支在大秦西，今其实在东。前世又谬以为强于安息，今更役属之，号为安息西界。前世又谬以为弱水在条支西，今弱水在大秦西。前世又谬以为从条支西行二百余日，近日所入，今从大秦西近日所入。

大秦国一号犁靬，在安息、条支西大海之西。从安息界安谷城乘船，直截海西，遇风利二月到，风迟或一岁，无风或三岁。其国在海西，故俗谓之海西。有河出其国，西又有大海。海西有迟散城，从国下直北至乌丹城，西南又渡一河，乘船一日乃过。西南又渡一河，一日乃过。凡有大都三，却从安谷城陆道直北行之海北，复直西行之海西，复直南行经之乌迟散城，渡一河，乘船一日乃过。周回绕海，凡当渡大海六日乃到其国。国有小城邑合四百余，东西南北数千里。其王治滨侧河海，以石为城郭。其土地有松、柏、槐、梓、竹、苇、杨柳、梧桐、百草。民俗，田种五谷，畜乘有马、骡、驴、骆驼。桑蚕。俗多奇幻，口中出火，自缚自解，跳十二丸巧妙。其国无常主，国中有灾异，辄更立贤人以为王，而生放其故王，王亦不敢怨。其俗人长大平正，似中国人而胡服。自云本中国一别也，常欲通使于中国，而安息图其利，不能得过。其俗能胡书。其制度，公私宫室为重屋，旌旗击鼓，白盖小车，邮驿亭置如中国。从安息绕海北到其国，人民相属，十里一亭，三十里一置，终无盗贼。但有猛虎、狮子为害，行道不群则不得过。其国置小王数十，其王所置城周回百余里，有官曹文书。王有五宫，一宫间相去十里，其王平旦之一宫听事，至日暮一宿，明日复至一宫，五日一周。置三十六将，每议事，一将不至则不议也。王出行，常使从人持一韦囊自随，有白言者，受其辞投囊中，还宫乃省为决理。以水晶作宫柱及器物……国出细缔。作金银钱，金钱一当银钱十。有织成细布，言用水羊毳，名曰海西布。此国六畜皆出水，或云非独用羊毛也，亦用木皮或野茧丝作，织成氍毹、毾𣰖、罽帐之属皆好，其色又鲜于海东诸国所作也。又常利得中国丝，解以为胡绫，故数与安息诸国交市于海中……山出九色次玉石，一曰青，二曰赤，三曰黄，四曰白，五曰黑，六曰绿，七曰紫，八曰红，九曰绀。今伊吾山中有九色石，即其类。阳嘉三年（134年）时，疏勒王臣盘献海西青石、金带各一。又今《西域旧图》云厨宾、条支诸国出琦石，即次玉石也。大秦多金、银、铜、铁、铅、锡，神龟、白马、朱髦、骇鸡犀、玳瑁、玄熊、赤螭、辟毒鼠、大贝、车渠、玛瑙、南金、翠爵、羽翮、象牙、符采玉、明月珠、夜光珠、真白珠、虎珀、珊瑚，赤白黑绿黄青绀缥红紫十种流璃，璆琳、琅玕、水精、玫瑰、雄黄、雌黄、碧、五色玉，黄白黑绿紫红绛绀金黄缥留黄十种氍毹、五色毾𣰖、五色九色首下毾𣰖、金缕绣、杂色绫、金涂布、绯持布、发陆布、绯持渠布、火浣布、阿罗得布、巴则布、度代布、温宿布、五色桃布，绛地金织帐、五色斗帐，一微木、二苏合、狄提、迷迷、兜纳、白附子、熏陆、郁金、芸胶、熏草木十二种香。大秦道既从海北陆通，又循海而南，与交趾七郡外夷比，又有水道通益州、永昌，故永昌出异物。

前世但论有水道，不知有陆道，今其略如此，其民人户数不能备详也。自葱岭西，此国最大，置诸小王甚多，故录其属大者矣……

北新道西行，至东且弥国、西且弥国、单桓国、毕陆国、蒲陆国、乌贪国，皆并属车师后部王。王治于赖城，魏赐其王壹多杂守魏侍中，号大都尉，受魏王印。转西北则乌孙、康居，本国无增损也。北乌伊别国，在康居北，又有柳国，又有岩国，又有奄蔡国，一名阿兰，皆与康居同俗。西与大秦、东南与康居接。其国多名貂，畜牧逐水草，临大泽，故时羁属康居，今不属也。

呼得国在葱岭北、乌孙西北、康居东北，胜兵万余人，随畜牧，出好马，有貂。坚昆国在康居西北，胜兵三万人，随畜牧，亦多貂，有好马。丁令国在康居北，胜兵六万人，随畜牧，出名鼠皮，白昆子、青昆子皮。此上三国，坚昆中央，俱去匈奴单于庭安习水七千里，南去车师六国五千里，西南去康居界三千里，西去康居王治八千里。"[244]

由《魏略·西戎传》记西域道里方位、风物制度之详殚明细、如数家珍，可知魏人因中外往来之频繁对西方社会已有丰富的了解。其中关于大秦国"又常利得中国丝，解以为胡绫，故数与安息诸国交市于海中"的叙述及其魏赐车师后部王"壹多杂守魏侍中，号大都尉，受

---

[244]　陈寿：《三国志·魏书》卷三〇注引鱼豢，《魏略·西戎传》，中华书局，1982年，页858~863。

魏王印"的记事，则直接透露了曹魏时期中原地区与西域诸国从事经济、政治交往的事实。

三国时西域胡人往来洛阳的事迹，河西地区的有关故实可以折射其一斑。如《三国志》载淮南人仓慈，"太和（227～232年）中迁敦煌太守。郡在西陲，以丧乱隔绝，旷无太守二十岁，大姓雄张，遂以为俗……常日西域杂胡欲来贡献，而诸豪族多逆断绝。既与贸迁，欺诈侮易，多不得分明。胡常怨望，慈皆劳之。欲之洛者，为封过所；欲从郡还者，官为平取，辄以府见物与共交市，使吏民护送道路，由是民夷翕然称其德惠。数年卒官，吏民悲感如丧亲戚，图画其形，思其遗像。及西域诸胡闻慈死，悉共会聚于戊己校尉及长史治下发哀。或有以刀画面，以明血诚。又为立祠，遥共祠之"[245]。

在西方，古希腊文献最早提到中国的著作，在公元前130～前87年之间，相当于西汉武帝元光五年至后元二年。"不过，直到古罗马推罗城作家马林诺斯著《地理学导论》，西方人才对中国与地中海东岸之间的商道有了明确的记载。除了利用埃及亚历山大图书馆外，马林诺斯还向活跃在丝绸之路上的国际商贾收集地理情报，尤其是采访了专门和印度及中国做生意的马其顿巨商梅斯。""梅斯商队到洛阳的时间约在公元1～2世纪之交。这支希腊马其顿商队抵达洛阳后，甚至惊动了东汉宫廷"[246]。

史载和帝永元六年（94年），"西域都护班超大破焉耆、尉犁，斩其王。自是西域降服，纳质者五十余国"[247]。又永元十二年（100年）"冬十一月，西域蒙奇、兜勒二国遣使内附，赐其王金印紫绶"[248]。十三年（101年）"冬十一月，安息国遣使献狮子及条支大爵"[249]。

汉纪所载之"蒙奇""兜勒"，分别系"马其顿"和"推罗"的汉代译名。因此有学人认为，这次史称"遣使内附"的马其顿使团的访华，"应是欧洲与中国的首次直接交往"[250]。

时值西域都护班超经营西域（91～102年），威慑远方，"于是五十余国悉纳质内属。其条支、安息诸国至于海濒四万里外，皆重译贡献。（永元）九年（97年），班超遣掾甘英

[245]　陈寿：《三国志》卷一六《仓慈传》，中华书局，1982年，页512、513。
[246]　林梅村：《寻找楼兰王国》，北京大学出版社，2009年，页147、148。
[247]　范晔：《后汉书》卷四《和帝纪》，中华书局，1965年，页179。
[248]　范晔：《后汉书》卷四《和帝纪》，中华书局，1965年，页188。
[249]　范晔：《后汉书》卷四《和帝纪》，中华书局，1965年，页189。
[250]　林梅村：《寻找楼兰王国》，北京大学出版社，2009年，页148。

穷临西海而还……于是远国蒙奇、兜勒，皆来归服，遣使贡献"[251]。

据西域史学者林梅村研究，蒙奇、兜勒这批于 100 年抵达我国的"遣使"，实际上正是当时罗马帝国安敦尼王朝（Antonines）统治时期罗马皇帝图拉真（Trajan，98 ～ 117 年）治下远届洛阳的一批"罗马商团"。他们的充使来华，必定受到甘英西行招徕荒远的直接曳引[252]。

由此可见，汉魏时代的海陆丝路，承载着繁忙逶迤、不辍岁月的物流交通。

2. 佛法东来及国家文教的西传，揭开了东西方世界意识形态相与融合的时代

按佛教初传中国，即与洛阳结有开先之因缘，此则见于僧传之记叙。

摄摩腾（Kāśyapa Mātanga），"本中天竺人……汉永平中，明皇帝夜梦金人飞空而至，乃大集群臣以占所梦。通人傅毅奉答：'臣闻西域有神，其名曰"佛"，陛下所梦，将必是乎。'帝以为然，即遣郎中蔡愔、博士弟子秦景等，使往天竺，寻访佛法。愔等于彼遇见摩腾，乃要还汉地。腾誓志弘通，不惮疲苦，冒涉流沙，至乎雒邑。明帝甚加赏接，于城西门外立精舍以处之，汉地有沙门之始也……后少时卒于雒阳。有记云：腾译《四十二章经》（*The Sūtra of the Forty-two Sections*）一卷，初缄在兰台石室第十四间中。腾所住处，今雒阳城西雍门外白马寺（The White Horse Monastery）是也"（图六八、六九）[253]。

当时"洛中构白马寺，盛饰浮图，画迹甚妙，为四方式"[254]。

史载当年明帝请佛时，曾"遣使天竺，问其道术而图其形象焉"[255]。

摩腾弘法洛阳之史踪，延至唐宋时代尚有遗迹可供凭吊。"洛都塔者，在城西一里，故白马寺南一里许。古籍俗传为阿育王舍利塔，即迦叶摩腾所将来者"[256]。

---

[251] 范晔：《后汉书》卷八八《西域传》，中华书局，1965 年，页 2916。

[252] 林梅村：《公元 100 年罗马商团的中国之行》，《西域文明——考古、民族、语言和宗教新论》，东方出版社，1995 年，页 11 ～ 32。

[253] 慧皎：《高僧传》卷一《汉雒阳白马寺摄摩腾传》，中华书局，1992 年，页 1、2。

[254] 魏收：《魏书》卷一一四《释老志》，中华书局，1974 年，页 3029。

[255] 袁宏：《后汉纪》，见范晔：《后汉书》卷四二《楚王英传》，李贤注引，中华书局，1965 年，页 1429。

[256] 钱易：《南部新书》卷己，中华书局，2002 年，页 90。

图六八
洛阳白马寺旧址印度弘法高僧摄摩腾大师遗墓

图六九
洛阳白马寺旧址印度弘法高僧竺法兰大师遗墓

竺法兰（Dharmaratna），"亦中天竺人，自言诵经论数万章，为天竺学者之师。时蔡愔既至彼国，兰与摩腾共契游化，遂相随而来……既达雒阳，与腾同止，少时便善汉言。愔于西域获经，即为翻译《十地断结》《佛本生》《法海藏》《佛本行》《四十二章》共五部。移都寇乱，四部失本，不传江左。唯《四十二章经》今见在，可二千余言，汉地见存诸经，唯此为始也。愔又于西域得画释迦倚像，是优田王栴檀像师第四作也。既至雒阳，明帝即令画工图写，置清凉台中及显节陵上"[257]。

汉明摹写天竺之佛图，千百年后仍为中国美术史籍所乐道：昔"汉明帝梦金人，长大，顶有光明，以问群臣。或曰：'西方有神名曰佛，长丈六，黄金色。'帝乃使蔡愔取天竺国优填王画释迦倚像，命工人图于南宫清凉台及显节陵上。以形制古朴，未足瞻敬。阿育王像，至今亦有存者。"[258]

"建和元年（147年），月氏国沙门支谶至洛阳译《般舟三昧》、《阿閦佛经》等二十一部。二年（148年），安息国沙门安世高至洛阳译《五十校计》等百七十六部……自永平以来，臣民虽有习浮图者，天子未之好，至（桓）帝始笃好之。于禁中铸黄金浮图、老子像，亲于

---

[257] 慧皎：《高僧传》卷一《汉雒阳白马寺摄摩腾传》，中华书局，1992年，页3。

[258] 张彦远：《历代名画记》卷五《叙历代能画人名》，人民美术出版社，1963年，页125、126。

濯龙宫设华盖之座，用郊天之乐。"[259]

释"安清，字世高，安息国王正后之太子也……出家修道，博晓经藏，尤精阿毗昙学。讽持《禅经》，略尽其妙。既而游方弘化，遍历诸国。以汉桓之初，始到中夏。才悟机敏，一闻能达，至之未久，即通习华言。于是宣译众经，改胡为汉。出《安般守意》《阴持入》《大》《小》《十二门》及《百六十品》。初外国三藏众护，撰述经要为二十七章，高乃剖析护所集七章，译为汉文，即《地道经》是也。其先后所出经论，凡三十九部。义理明析，文字允正，辩而不华，质而不野。凡在读者，皆亹亹而不倦也"[260]。

时届初唐，道宣法师回溯此事则谓："右并后汉桓帝元嘉元年（151年），有安息国太子名清，字世高。次当嗣王，让位与叔。既而舍国出家，怀道游方，弘化为务。以桓帝建和二年（148年），振锡来仪，届于雒邑。少时习语，便大通华言。慨法化犹微，广事宣译。至灵帝世，二十余年，凡译一百七十余部，合一百九十余卷。其《释道安录》《僧佑录》《三藏记》《慧皎高僧传》等，只云高出经三十九部。义理明析，文字允正。辩而不华，质而不野。凡在读者，皆亹亹然而不倦焉。"[261]

释"安玄，安息国人也。志性贞白，深沈有理致。为优婆塞，秉持法戒，毫厘弗亏；博诵群经，多所通习。汉灵帝末，游贾洛阳。有功，号'骑都尉'……渐练汉言，志宣经典。"[262]

这是古代西亚"帕提亚"帝国（Parthian Empire）来华侨民弘化佛法的著名史迹。

释"支谦，字恭明，大月支人也。祖父法度，以汉灵帝世率国人数百归化，拜率善中郎将。"[263] 法度"率国人数百归化"于中原，这在中西交通史上实属值得一书的事件。

研究者认为，法度此次率领如此庞大的国人群体来臻于洛阳，原因出于贵霜南北朝末年

---

[259] 志盘：《佛祖统纪》卷三五《法运通塞志·桓帝》，《大正藏》第49册，（台北）新文丰出版公司，1983年，页330。

[260] 慧皎：《高僧传》卷一《汉雒阳安清传》，中华书局，1992年，页4、5。

[261] 道宣：《大唐内典录》卷一，《大正新修大藏经》第55册，（台北）新文丰出版公司，1994年，页223。

[262] 僧祐：《出三藏记集》卷一三《安玄传》，《大正藏》第55册，（台北）新文丰出版公司，1994年，页96。

[263] 僧祐：《出三藏记集》卷一三《支谦传》，《大正藏》第55册，（台北）新文丰出版公司，1994年，页97。

的国体分崩、政治动荡。他们来到洛阳后，曾以佛教信众创立寺院——20 世纪初叶洛阳汉魏故城遗址出土的佉卢文井栏刻石，记录了贵霜大月氏移民在洛阳建立寺院的史实[264]。并且，这一避难群体流落中原后，即将洛阳视为其籍贯——僧佑《出三藏记集》卷一三《支谦传》，称支谦为"河南支恭明"者，大抵反映了这批西域移民认籍洛阳的心理过程[265]。

"支楼迦谶，亦直云支谶，本月支人……汉灵帝时，游于雒阳。以光和、中平之间（178～189 年），传译梵文，出《般若道行》《般舟》《首楞严》等三经。又有《阿阇世王》《宝积》等十余部经，岁久无录。安公校定古今，精寻文体，云'似谶所出，凡此诸经，皆审得本旨，了不加饰，可谓善宣法要弘道之士也。'后不知所终……时有天竺沙门竺佛朔，亦以汉灵帝时，赍《道行经》来适雒阳，即转梵为汉……朔又以光和二年（179 年）于雒阳出《般舟三昧》，谶为传言，河南雒阳孟福、张莲笔受……又有沙门支曜、康巨、康孟详，并以汉灵、献之间（168～220 年），有慧学之誉，驰于京雒。曜译《成具定意》《小本起》等；巨译《问地狱事经》，并言直理旨，不加润饰；孟详译《中本起》及《修行本起》。先是沙门昙果于迦维罗卫国得梵本，孟详共竺大力译为汉文。安公云：'孟详所出，奕奕流便，足腾玄趣也。'"[266]

内典记载，东汉"《道行经》一卷，右一部，凡一卷，汉桓帝时，天竺沙门竺佛朔赍胡本至中夏。到灵帝时，于洛阳译出。"[267]

又"《道行经》后记……光和二年（179 年）十月八日，河南洛阳孟元士口授。天竺菩萨竺佛朔时传言者译。月支菩萨支谶时，侍者南阳张少安、南海子碧、劝助者孙和、周提立。"[268]

次"《般若三昧经记》：《般若三昧经》，光和二年（179 年）十月八日，天竺菩萨竺佛朔于洛阳出。菩萨法护时，传言者月支菩萨支谶授与。河南洛阳孟福字符士，随侍菩萨张莲字少安笔受。令后普着在，建安十三年（208 年）于佛寺中校定悉具足，后有写者，皆得

---

[264] 林梅村：《贵霜大月氏人流寓中国考》《洛阳所出佉卢文井栏题记》，《西域文明——考古、民族、语言和宗教新论》，东方出版社，1995 年，页 33～41、387～404。

[265] 僧佑：《出三藏记集》卷一三《支谦传·了本死经序》，《大正藏》第 55 册，（台北）新文丰出版公司，1994 年，页 97。

[266] 慧皎：《高僧传》卷一《支娄迦谶传》，中华书局，1992 年，页 10、11。

[267] 僧佑：《出三藏记集》卷二，《大正藏》第 55 册，（台北）新文丰出版公司，1994 年，页 6。

[268] 僧佑：《出三藏记集》卷七，《大正藏》第 55 册，（台北）新文丰出版公司，1994 年，页 47。

南无佛。又言，建安十三年（208 年）岁在戊子八月八日于许昌寺校定。"[269]

东汉末叶，又有天竺人维祇难、竺律炎、昙柯迦罗等先后来到洛阳译经。其中维祇难译天竺佛教大型譬喻文学诗集《法句经》初出本[270]，集中为数众多的佛教譬喻故事及其优美跌宕的韵文语言，极大地激发了中国传统文学向通俗化叙事方向的发展。

献帝时中原儒者牟融避难交趾，传习佛典，答人疑难，撰写《理惑论》三十七篇，是为中国第一部佛教辩难论著，对后世佛教理论风靡华夏有着重要的先导作用。

故范晔论曰："西域风土之载，前古未闻也。汉世张骞怀致远之略，班超奋封侯之志，终能立功西遐，羁服外域。自兵威之所肃服，财赂之所怀诱，莫不献方奇、纳爱质，露顶肘行，东向而朝天子……立屯田于膏腴之野，列邮置于要害之路。驰命走驿，不绝于时月；商胡贩客，日款于塞下。其后甘英乃抵条支而历安息，临西海以望大秦，拒玉门、阳关者四万余里……梯山栈谷绳行沙度之道，身热首痛风灾鬼难之域，莫不备写情形，审求根实……汉自楚英始盛斋戒之祀，桓帝又修华盖之饰。"[271]

时届曹魏，佛教传人涉足洛阳者内典有载。

"昙柯迦罗，此云法时，本中天竺人，家世大富，常修梵福。迦罗幼而才悟，质像过人……乃弃舍世荣，出家精苦，诵大、小乘经及诸部《毗尼》。常贵游化，不乐专守。以魏嘉平（249～254 年）中，来至洛阳。于时魏境虽有佛法，而道风讹替，亦有众僧未禀归戒，正以剪落殊俗耳。设复斋忏，事法祠祀。迦罗既至，大行佛法。时有诸僧共请迦罗译出戒律，迦罗以律部曲制，文言繁广，佛教未昌，必不承用。乃译出《僧祇戒心》，止备朝夕。更请梵僧立羯磨法受戒。中夏戒律，始自于此……时又有外国沙门康僧铠者，亦以嘉平之末来至洛阳，译出《郁伽长者》等四部经。又有安息国沙门昙帝，亦善律学，魏正元（254～255 年）之中，来游洛阳，出《昙无德羯磨》。又有沙门帛延，不知何人，亦才明有深解，以魏甘露（256～260 年）中，译出《无量清净平等觉经》等凡六部经。后不知所终焉。"[272]

与西域梵僧东臻华夏相仿佛，汉地信众亦有远行西天弘法者——中土第一位出家僧侣洛

[269] 僧祐：《出三藏记集》卷七，《大正藏》第 55 册，（台北）新文丰出版公司，1994 年，页 48。

[270] 僧祐：《出三藏记集》卷一三《安玄传》，《大正藏》第 55 册，（台北）新文丰出版公司，1994 年，页 96。

[271] 范晔：《后汉书》卷八八《西域传》，中华书局，1965 年，页 2931、2932。

[272] 慧皎：《高僧传》卷一《昙柯迦罗传》，中华书局，1992 年，页 12、13。

阳人朱士行，率有西行于阗寻求正法的创举。

曹魏嘉平年间（249～253年），西域僧人昙摩迦罗（一译"昙柯迦罗"，意云"法时"）传来《僧祈戒本》，在中国首创授戒剃僧制度。朱士行依此戒律正度为比丘，从而成为中国汉地有案可考的第一位华裔僧人。

内典记载，"朱士行，颍川人。志业方直，劝沮不能移其操。少怀远悟，脱落尘俗，出家已后，专务经典。昔汉灵之时，竺佛朔译出《道行经》，即《小品》之旧本也。文句简略，意义未周。士行尝于洛阳讲《道行经》，觉文章隐质，诸未尽善，每叹曰：'此经大乘之要，而译理不尽，誓志捐身，远求大本。'遂以魏甘露五年（260年）发迹雍州，西渡流沙。既至于阗，果得梵书正本，凡九十章。遣弟子不如檀，此言法饶，送经梵本还归洛阳。未发之顷，于阗诸小乘学众，遂以白王云：'汉地沙门欲以婆罗门书，惑乱正典。王为地主，若不禁之，将断大法，聋盲汉地，王之咎也。'王即不听赍经。士行深怀痛心，乃求烧经为证。王即许焉……遂得送至陈留仓垣水南寺……士行遂终于于阗，春秋八十。依西方法阇维之……因敛骨起塔焉。后弟子法益从彼国来，亲传此事，故孙绰《正像论》云：'士行散形于于阗。'此之谓也。"[273]

还在佛教传入中原的早期阶段，朱士行就以西行求法的个人实践体现了中原社会善于接纳异质文化的时代意识。因此，朱士行的弘法事迹，与天竺高僧摄摩腾、竺法兰传法洛阳的前哲懿行，无疑都是洛阳与西域交通史上传誉后世的话题，这在中外佛教文化交流史上理应占有突出的一页。

汉魏时代东西方交通往还的频繁，刺激了西晋王朝对西域地区政治经营的意识。

史载"泰始元年（265年）冬十二月丙寅，设坛于南郊，百僚在位及匈奴南单于四夷会者数万人"[274]的盛况华章，可谓晋世中外人事往来气意中天绘声绘色地描写。

其后，西域诸国交聘洛阳者次第绵连、不绝于书。

太康元年（280年）"八月，车师前部遣子入侍"[275]。

四年（283年）"八月，鄯善国遣子入侍，假其归义侯"[276]。

[273]　慧皎：《高僧传》卷四《晋洛阳朱士行传》，中华书局，1992年，页145、146。
[274]　房玄龄等：《晋书》卷三《武帝纪》，中华书局，1974年，页50。
[275]　房玄龄等：《晋书》卷三《武帝纪》，中华书局，1974年，页72。
[276]　房玄龄等：《晋书》卷三《武帝纪》，中华书局，1974年，页75。

五年（284 年）十二月庚午，"林邑、大秦国各遣使来献" [277]。

六年（285 年）冬十月，"龟兹、焉耆国遣子入侍" [278]。

八年（287 年）十二月，"南夷扶南、西域康居国各遣使来献" [279]。

焉耆国王遣子入侍洛阳的史事，《晋书·焉耆传》另有相应的记载："武帝太康中，（焉耆）王龙安遣子入侍。" [280]

洛阳西晋辟雍遗址出土的《大晋龙兴皇帝三临辟雍皇太子又再莅之盛德隆熙之颂》碑，记载了晋初数以万计前来洛阳修习儒家礼仪的四方学子的事实：当时，晋氏"廊开太学，广延群生，天下鳞萃，远方篆训，东越于海，西及流沙，并时集至，万有余人"。而辟雍碑碑阴太学生员题名中，确有"散生西域朱乔尚建、散生西域王迈世光、散生西域隗景大卿（车师人）、散生西域隗元君凯（车师人）"及诸多敦煌寓洛生员的遗迹 [281]。

至于当时四夷交通中夏者，史传亦有连绵不绝的记事。

"大宛西去洛阳万三千三百五十里，南至大月氏，北接康居，大小七十余城。土宜稻麦，有葡萄酒，多善马，马汗血。其人皆深目多须……善市贾，争分铢之利。得中国金银，辄为器物，不用为币也。太康六年（285 年），武帝遣使杨颢拜其王蓝庾为大宛王。蓝庾卒，其子摩之立，遣使贡汗血马。" [282]

又"康居国，在大宛西北可二千里，与粟弋、伊列邻接。其王居苏薤城。风俗及人貌、衣服，略同大宛。地和暖，饶桐、柳、葡萄，多牛羊，出好马。泰始（265 ～ 274 年）中，其王那鼻遣使上封事并献善马。" [283]

---

[277] 房玄龄等：《晋书》卷三《武帝纪》，中华书局，1974 年，页 75。

[278] 房玄龄等：《晋书》卷三《武帝纪》，中华书局，1974 年，页 76。

[279] 房玄龄等：《晋书》卷三《武帝纪》，中华书局，1974 年，页 78。

[280] 房玄龄等：《晋书》卷九七《四夷传》，中华书局，1974 年，页 2542。

[281] 余嘉锡：《晋辟雍碑考证》，《余嘉锡论学杂着》，中华书局，1963 年，页 133；张乃翥：《〈三临辟雍碑〉与晋武之文教视野》，《中外关系史：新史料与新问题》，科学出版社，2004 年，页 163 ～ 171。

[282] 房玄龄等：《晋书》卷九七《四夷传》，中华书局，1974 年，页 2543、2544。

[283] 房玄龄等：《晋书》卷九七《四夷传》，中华书局，1974 年，页 2544。

又"大秦国,一名犁靬,在西海之西,其地东西南北各数千里。有城邑,其城周回百余里。屋宇皆以珊瑚为棁栭,琉璃为墙壁,水精为柱础……其人长大,貌类中国人而胡服。其土多出金玉宝物、明珠、大贝,有夜光璧、骇鸡犀及火浣布,又能刺金缕绣及织锦缕罽。以金银为钱,银钱十当金钱之一……武帝太康中,其王遣使贡献。"[284]

西晋时期西域文化与内地之交流,时人文章亦有辞赋之一例。潘尼《玻璃碗赋》赞西域传来玻璃制品欣动中原时有谓:"览方贡之彼珍,玮兹碗之独奇。济流沙之绝险,越葱岭之峻危。其由来也阻远,其所托也幽深。据重峦之亿仞,临洪溪之万寻。接玉树与琼瑶,邻沙棠与碧林。瞻阆风之崔嵬,顾玄圃之萧参。于是游西极,望大蒙。历钟山,窥烛龙。觐王母,访仙童。取琉璃之攸华,诏旷世之良工。纂玄仪以取象,准三光以定容。光映日耀,圆成月盈。纤瑕罔丽,飞尘靡停。灼烁旁烛,表里相形。凝霜不足方其洁,澄水不能喻其清。刚坚金石,劲励琼玉。磨之不磷,涅之不浊。举兹碗以酬宾,荣密坐之曲宴。流景炯晃以内澈,清醴瑶琰而外见。"[285]对这类天方珍宝极尽状摩之能事,从而折射出晋人称誉西方奇技异珍的情怀。

有晋一代西域不辞"阻远"络绎"方贡"的事例,洛阳出土文物中更有直接的纪事。如西安大唐西市博物馆收藏2007年洛阳邙山出土的垂拱三年(687年)《大唐故处士安公康夫人墓志并序》一石,志载"夫人讳敦,其先康居国人也。晋泰始年中(265~274年)奉表献真珠宝物,因留子孙,遂为河南洛阳人焉"。可见上述文献纪事信而有征,毋容置疑。

此外,1924年新疆鄯善县出土了一件晋人写本陈寿《三国志·吴志》残卷。内容为《吴书·虞翻传》至同书《张温传》遗留文本。嗣后1956年1月10日,新疆吐鲁番一座佛塔遗址中,再次出土晋代写本《三国志》残卷。内容系《孙权传》,残存五百七十余字。以上两卷之书风,"字迹十分类似,捺笔极重,隶书气味很浓厚",具有鲜明的晋人书法的时代特征[286]。《三国志》成书于晋初,作为汉地传统文化典籍,其流布西陲边地之迅捷,一方面显示出西晋时期中原文明对西域地区极具张力的影响。另一方面也透露出一种带有时政意义的文化典籍,更在西晋王朝极具效率的管理制度下及时通行边疆地区的情势。

---

[284] 房玄龄等:《晋书》卷九七《四夷传》,中华书局,1974年,页2544、2545。

[285] 欧阳询:《艺文类聚》卷七三、八四,上海古籍出版社,1982年,页1262、1263、1441、1442。

[286] 郭沫若:《新疆新出土的晋人写本〈三国志〉残卷》,《文物》1972年第8期,页2~6。

另在新疆罗布泊地区，往年出土有东晋咸和年间（326～334年）前凉西域长史李柏致焉耆王书简草稿之残卷，内中依然透露出中原王朝对西域地区的政治影响（图七〇）[287]。

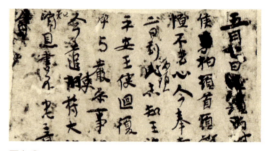

图七〇
新疆罗布泊往年出土的咸和年间前凉西域长史李柏致焉耆王书简残卷

由此反映出西晋年间中外交通的畅达。

文物系列中如此密集的地缘事态，已为上引历史文献所印证。

与此事态相表里，近代以来中国西北一带相继出土了数以百计的晋代官印。这些印章大多为西晋王朝颁发给边服渠酋的职官印信[288]，从中不难看出司马氏政权结好四方蕃望的政治态度。考古数据显示，西晋王朝颁赐诸胡官印的数量，已远远超出汉魏两代同类官印数量的总和，这充分反映出西晋年间汉胡政治阶层人事往来的频繁。

如1973年洛阳博物馆征集的据传出土于甘肃的"晋归义胡王"金印[289]及往年出土的"晋归义胡侯""晋率善胡仟长""晋率善胡佰长""晋支胡率善仟长""晋鲜卑归义侯""晋屠各率善佰长""亲晋羌王"（二枚）"晋归义羌王"（二枚）"亲晋氐王""晋归义氐王"（三枚）"晋蛮夷王""晋蛮夷归义王""晋蛮夷归义侯""晋蛮夷率善仟长""晋蛮夷率善佰长""晋匈奴率善佰长"官印等[290]，亦即西晋王庭颁赐睦邻友好或者向慕归化的胡人首领及部落大人的印信。

与上述西晋胡人官印相比较，值得人们细心措意的是，如果我们将这枚胡王金印与其他的西晋官印置于"史实束（bundle of events）"的视域下来考察，则这枚民族文物将会为我

[287] 王国维：《罗布淖尔东北古城所出晋简跋》《罗布淖尔北所出前凉西域长史李柏书稿跋》，《观堂集林》卷一七，中华书局，1959年，页863～865、871～876。

[288] 参见康殷、任兆凤辑《印典》所辑汉晋官印各例，国际文化出版公司，1993年。

[289] 贺官保、陈长安：《洛阳博物馆馆藏官印考》，《文物》1980年第12期，页58；又见《洛阳市文物志》第八章"馆藏文物"第三节"金银玉石器"，中州古籍出版社，1995年，页361、362。

[290] 《上海博物馆藏印选》，上海书画出版社，1979年，页77、80；姜东方：《"晋匈奴归义王"金印》，《文物》1988年第6期，页37；陕西省文管会、陕西博物馆陈全方：《陕西出土的一批古代印章资料介绍》，《文物资料丛刊》1977年第1期，页192；《汉铜印丛》卷八，第三册，中华书局，1962年，页14；康殷、任兆凤辑：《印典》，国际文化出版公司，1993年。

们揭示出西晋一代更为丰富的人文情态。

北京首都博物馆藏有一方西晋"晋匈奴归义王"金印。印重86.9克,含金量为60%。印正方形,边长2.2、厚2.5厘米。驼纽,纽高1.7厘米。印面刻阴文"晋匈奴归义王"六字。其刻功用刀平直,字口方齐 [291]。这方金印,不仅为研究西晋时期汉与匈奴的关系提供了珍贵的实物。更从文化群(culture groups)层面显示出当时"胡人"与"匈奴"为晋人分明视为不同民族的事实,这就为澄清洛阳文博界长期以来将"晋归义胡王"印认定为"匈奴"官印提供了甄别依据。西晋王朝对职贡部落酋帅官印的颁授,尚有次第行为的遗迹——略次一等的印信,内地亦有文物的面世。

不仅如此,来自于出土文物的符号集合(Sign-complex)信息显示,"晋归义胡王"印信的颁授,出土遗物已有不止一例的发现——它无疑从一个侧面透露了中原王朝频繁接与四夷蕃王部落的真实史态——如果从中亚七河流域昭武九姓的商贸史来分析,则这类"归义胡王"显然指的就是"利之所在,无远弗届"的粟特诸胡部落东来华夏的首领。进而可以明了,西晋时代"归义胡王"印信的次第颁授,实乃中亚粟特地区诸胡首脑络绎往来中原的时态遗迹。

1964年,新疆吐鲁番阿斯塔那遗址延昌二十九年(589年)唐绍伯墓出土了一件绣有"胡王"汉字的牵驼纹织锦(图七一)[292]。这件载有浓郁中外文化交流信息的织锦的出土,无论从遗址所在地理位置的典型性和文化内涵的可融性上来说,它都贯穿着中外古代民族之间人文往来的血脉。

中古时期中原、西域两地先后出现的这些与"胡王"有关的文物,折射出中原社会与西域粟特胡人部落绵延不断的政治、经济联系。正是这种持续存在的东西方人文交流,促进了当年丝绸之路政治交往的繁荣。

图七一
1964年吐鲁番阿斯塔那遗址延昌二十九年(589年)唐绍伯墓出土的一件绣有"胡王"汉字的牵驼纹织锦

[291] 姜东方:《"晋匈奴归义王"金印》,《文物》1988年第6期,页37。

[292] 新疆维吾尔自治区博物馆:《吐鲁番阿斯塔那——哈拉和卓古墓群发掘简报》,《文物》1973年第10期,页7~27;新疆社会科学院考古研究所:《新疆考古三十年》,新疆人民出版社,1983年,页87。

　　中古时期中外交流东往西来的历史动态，两晋以后中原史乘、西域文物遗迹中亦有另外的例证。而敦煌因地处丝绸之路"两关锁钥"的咽喉要道上，所以自来便有以商贸转贩为生业的粟特胡人的行踪。这有大量出土文献可以得到恰切地印证。

　　如前所述，1907 年，英国探险家斯坦因（Marc Aurel Stein, 1862 ~ 1943.）在敦煌烽燧遗址中发掘到一组西晋末年（312 年前后）的粟特文古信札（Sogdian Ancient Letters）。据研究，这些文书是移居凉州和敦煌的粟特人写给故乡撒马尔罕（Samarkand, 今乌兹别克斯坦境内）贵人的书信。信中谈到，这些以凉州为大本营的粟特商团，在东至洛阳、西到敦煌的广大地区从事丝绸等物的长途贩运，其经营的商品有金、麝香、胡椒、樟脑、麻织物、粮食及中原丝绸等 [293]。

　　西晋时期西域胡人来臻华夏的事例，洛阳地区已有文化遗存可资寻觅。

　　2003 年冬，文物部门在洛阳偃师县西侧首阳山南麓发掘了一座编号为 2003YHDM37 的永康元年（300 年）的西晋墓。墓中出土陶俑、陶房、陶磨、陶碗、陶碓、陶牛、陶鸡、陶狗、陶车轮、陶空柱盘、陶灯、陶盾及铜质饰件等诸多陪葬明器外，另有镌刻"永康元年二月廿一日，安文明妻支伯姬丧"的铭文砖一件 [294]。

　　依照刻铭砖透露墓主的姓氏信息，结合当年洛阳地区大量留寓西域胡人的人文背景，我们认为墓主夫妇应为安国粟特胡人与月氏胡姓裔民组成的家庭。这与上述斯坦因在敦煌烽燧遗址发掘出土的粟特文书信写卷中透露的西晋末年粟特胡人兴贩洛阳的事实，有着内在的现实因缘。

　　此外，1965 年 1 月 10 日，吐鲁番地区安伽勒克古城遗址一座寺庙废墟中，出土了一只盛有多种古代写本文书的陶瓮。这些文书中，一件北凉时代的汉文《金光明经》写卷及其题记引起了人们的注意。题记全文如下："金光明经卷第二　凡五千四百卅三言」庚午岁八月

---

[293]　参见恒宁（W.B.Henning）：《粟特文古信札年代考》（The Date of the Sogdian Ancient Letters），《伦敦大学亚非学院学报》（BSOAS）第 12 卷，1948 年，页 602 ~ 605；辛姆斯·威廉姆斯（N.Sims　Williams）《中国和印度的粟特商人》（The Sogdian Merchants in China and India），卡多那（A.Cadonna）与蓝其奥狄（L.Lanciotti）编：《中国与伊朗——从亚历山大到唐朝研究论集》（Cina e Iran.Da Alessandro Magno alla Dinastia Tang），佛罗伦萨，1996 年，页 47、48；荣新江：《北朝隋唐粟特人之迁徙及其聚落》，《中古中国与外来文明》，生活·读书·新知三联书店，2001 年，页 54、55；粟特文古信札局部图版，参见荣新江：《敦煌学十八讲》，北京大学出版社，2001 年，页 42。

[294]　洛阳市第二文物工作队、偃师商城博物馆：《河南偃师西晋支伯姬墓发掘简报》，《文物》2009年第 3 期，页 36 ~ 40。

十三日于高昌城东胡天南太后祠下为索将军佛子妻息合家写此」金光明一部。断手讫竟，笔墨大好，书者手拙，具字而已，后有聪睿揽」采之者，贯其奥义，疾成佛道。"[295] 此中明确透露出当年高昌城下有"胡天"神祠的事实[296]。

关于这件文书的写作年代，学者们认为或在北凉承玄三年（430 年），或在北魏太和十四年（490 年）。但文书书法运笔之形意隽美、挥洒自如，题记措辞之文理晓畅、雅俗兼工，反映出中古时代吐鲁番地区中原传统文化根基的弘博。

（七）小结：汉晋时期中外社会往来的高涨起因于东西方资源流转的扩大

相对于上古时代而言，汉晋时代的中外社会往来、人事演绎，因为史料的丰富，让我们充分感受到丝绸之路上的人际交往，已有明显的质量跨越。这不仅由于张骞凿空西域开辟了封建国家实施东西方沟通的行政介入，更由于随着中外人际交通的不断增加，东西方世界对彼此的资源赋存有了日渐丰富的了解。这无疑将刺激沿路人民对丝路沿线物质资源和精神资源生计需求的拓展。

汉晋以降的丝路岁月，实质上演绎的正是这样的一种生态逻辑。

---

[295]　吐鲁番文书整理小组、新疆维吾尔自治区博物馆：《吐鲁番晋—唐墓葬出土文书概述》，《文物》1977 年第 3 期，页 26。

[296]　王丁：《南太后考》，《粟特人在中国——历史、考古、语言的新探索》，中华书局，2005 年，页 430 ～ 456；王丁：《吐鲁番安伽勒克出土北凉写本〈金光明经〉及其题记研究》，《敦煌吐鲁番研究》第九卷，中华书局，2006 年，页 35 ～ 55。

第四章
Chapter Ⅳ

北魏洛阳城南"四夷馆"
的文化人类学启迪

（一）文献视域下一个马上民族对中外资源赋存的国家取向

众所周知，北魏拓拔氏之兴起，首以马上驰骋风卷于中外。故其立国以来，东西两地经济往来、文化交流不绝于时日，盖以交通运作鹘飞鹰击、倏忽快捷而使然。洎太延五年（439年）削平河西、扩开异域，域外文明之延揽移植遂又乘时疾进畅化于东方。

史载太武帝太延元年（435年），"遣使者二十辈使西域"[297]。二年（436年），"遣使六辈使西域"[298]。三年（437年），"遣散骑侍郎董琬、高明等多赍锦帛出鄯善，招抚九国，厚赐之……琬过九国，北行至乌孙国。其王得魏赐，拜受甚悦……琬于是自向破洛那，遣明使者舌。乌孙王为发导译，达二国，琬等宣诏慰赐之。已而琬、明东还，乌孙、破洛那之属遣使与琬俱来贡献者十有六国。自后相继而来，不间于岁，国使亦数十辈矣"[299]。

史载"琬等使还京师，具言凡所经见及传闻旁国"，这无疑对北魏朝野了解西域各国的风土人情、地理物产有着重大的推动。

当时西域的大月氏国，"其国人商贩京师，自云能铸石为五色琉璃。于是采矿山中，于京师铸之。既成，光泽乃美于西方来者。乃诏为行殿，容百余人，光色映彻，观者见之，莫不惊骇，以为神明所作。自此国中琉璃遂贱，人不复珍之"[300]。此为西方物流技术落植东土的实例。

太平真君五年（444年）三月，"遣使者四辈使西域"。又正平元年（451年）正月，"破洛那、罽宾、迷密诸国各遣使朝献"[301]。此正河西内属后中外社会互动之先声。

献文帝皇兴二年（468年），北魏遣"使者韩羊皮使波斯，波斯王遣使献训象及珍物。经于阗，于阗中于王秋仁辄留之，假言虑有寇不达。羊皮言状，显祖怒，又遣羊皮奉诏责让之"[302]。

宣武帝景明三年（502年），"疏勒、罽宾、婆罗捺、乌苌、阿喻陀、罗婆、不仑、陀拔罗、弗波女提、斯罗、哒舍、伏者奚那太、罗盘、乌稽、悉万斤、朱居盘、诃盘陀、拨斤、厌昧、

[297] 魏收：《魏书》卷四下《世祖纪》，中华书局，1974年，页85。

[298] 魏收：《魏书》卷四下《世祖纪》，中华书局，1974年，页87。

[299] 李延寿：《北史》卷九七《西域传》，中华书局，1974年，页3206。

[300] 李延寿：《北史》卷九七《西域传》，中华书局，1974年，页3226、3227。

[301] 魏收：《魏书》卷四下《世祖纪》，中华书局，1974年，页105。

[302] 魏收：《魏书》卷一〇二《西域传》，中华书局，1974年，页2263。

朱汾洛、南天竺、持沙那斯头诸国并遣使朝贡"[303]。

正始四年（507年）九月甲子，"疏勒、车勒、阿驹、南天竺、婆罗等诸国遣使朝献……冬十月丁巳，高丽、半社、悉万斤、可流伽、比沙、疏勒、于阗等诸国并遣使朝献……戊辰，疏勒国遣使朝贡。"[304]

永平元年（508年）"二月辛未，勿吉、南天竺国并遣使朝献……三月……己亥，斯罗、阿陀、比罗、阿夷义多、婆那伽、伽师达、于阗诸国并遣使朝献。秋七月辛卯，高车、契丹、汗畔、罽宾诸国并遣使朝献……是岁，高昌国王麴嘉遣其兄子私署左卫将军孝亮奉表来朝，因求内徙，乞师迎接"[305]。

永平二年（509年）正月"丁亥，胡密、步就磨、忸密、盘是、悉万斤、辛豆（身毒）、那越、拔忸诸国并遣使朝献。壬辰，嚈哒、薄知国遣使来朝，贡白象一。乙未，高昌国遣使朝贡……三月癸未，磨豆罗、阿曜社苏突阁、地伏罗诸国并遣使朝献……十有二月……迭伏罗、弗菩提、朝陀咤、波罗诸国并遣使朝献"[306]。

永平三年（510年）"九月壬寅，乌苌、伽秀沙尼诸国并遣使朝献。丙辰，高车别帅可略汗等率众一千七百内属。（十月）戊戌，高车、龟兹、难地、那竭、库莫奚等诸国并遣使朝献"[307]。

永平四年（511年）"三月癸卯，婆比幡弥、乌苌、比地、干达诸国并遣使朝献……六月乙亥，干达、阿婆罗、达舍、越伽使密、不流沙诸国并遣使朝献……八月辛未，阿婆罗、达舍、越伽使密、不流沙等诸国并遣使朝献……九月甲寅……嚈哒、朱居盘、波罗、莫伽陀、移婆仆罗、俱萨罗、舍弥、罗盘陀等诸国并遣使朝献……冬十月丁丑，婆比幡弥、乌苌、比地、干达等诸国并遣使朝献……十有一月……戊申，难地、伏罗国并遣使朝献"[308]。

[303]　魏收：《魏书》卷八《世宗纪》，中华书局，1974年，页195。
[304]　魏收：《魏书》卷八《世宗纪》，中华书局，1974年，页204、205。
[305]　魏收：《魏书》卷八《世宗纪》，中华书局，1974年，页205、207。
[306]　魏收：《魏书》卷八《世宗纪》，中华书局，1974年，页207～209。
[307]　魏收：《魏书》卷八《世宗纪》，中华书局，1974年，页209、210。
[308]　魏收：《魏书》卷八《世宗纪》，中华书局，1974年，页210、211。

延昌元年（512年）"戊申，疏勒国遣使朝献……三月辛卯朔，渴盘陀国遣使朝献……（十月）嚈哒、于阗、高昌及库莫奚诸国并遣使朝献"[309]。

二年（513年）八月"庚戌，嚈哒、于阗、盘陀及契丹、库莫奚诸国并遣使朝献"[310]。

三年（514年）"十有一月庚戌，南天竺、佐越、费实诸国并遣使朝献"[311]。

魏孝明帝时代，史载熙平二年（517年）正月"癸丑，地伏罗、罽宾国并遣使朝献……秋七月乙丑，地伏罗、罽宾国并遣使朝献"[312]。

神龟元年（518年）闰七月"丁未，波斯、疏勒、乌苌、龟兹诸国并遣使朝献"[313]。

正光二年（521年）五月"乙酉，乌苌国遣使朝贡。闰月丁巳，居密、波斯国并遣使朝贡。六月己巳，高昌国遣使朝贡"[314]。

北魏迁都洛阳以来西域诸国奉使东夏如此之频繁，足以反映当时中外交流、社会往来的畅通。对于西方世界络绎款塞、频示友好的行径，北魏王庭亦有不失时机之响应。

神龟元年（518年），胡灵太后遣敦煌人宋云与崇立寺比丘惠生西行取经。宋云一行寻访沿途，远至中亚，于正光三年（522年）二月返回洛阳，凡得佛经"一百七十部，皆是大乘妙典"[315]。惠生此行有《行记》一篇，详细记载了经历诸国的道里物产、风土人情，对中原社会了解西域风俗有着积极的意义。

有关北魏时代中国与中亚迷密等国之间的交往，历史文献及文物遗迹均有相应的线索。

《北史·西域传》："迷密国，都迷密城，在者至拔西，去代一万二千一（六）百里。正平元年（451年）遣使献一峰黑骆驼。"[316]

1979年以来，巴基斯坦伊斯兰堡真纳大学的达尼教授（Ahmad Hasan Dani）与德国海德

[309] 魏收：《魏书》卷八《世宗纪》，中华书局，1974年，页211、212。
[310] 魏收：《魏书》卷八《世宗纪》，中华书局，1974年，页213。
[311] 魏收：《魏书》卷八《世宗纪》，中华书局，1974年，页214。
[312] 魏收：《魏书》卷九《肃宗纪》，中华书局，1974年，页225、226。
[313] 魏收：《魏书》卷九《肃宗纪》，中华书局，1974年，页228。
[314] 魏收：《魏书》卷九《肃宗纪》，中华书局，1974年，页232。
[315] 杨衒之：《洛阳伽蓝记》卷五《城北》条，上海古籍出版社，1978年，页251~342。
[316] 李延寿：《北史》卷九七《西域传》，中华书局，1974年，页3221。

堡大学的耶特马尔教授（Karl Jettmar）率领一支巴基斯坦——德国联合考古队，在中—巴喀拉昆仑公路沿线对古代岩刻进行了三年有余的田野调查。在一处位于沙提阿勒（Shatial）附近的印度河南岸一带，人们发现了一例汉文题记和数以百计的粟特文题记。其中不少粟特文题记提到去往中国的旅行者的名字[317]。

这一考古队在另一处称作"洪扎灵岩"（Sacred Rock of Hunza）的石刻题记群中，发现了刻有大量贵霜帝国时期的佉卢文铭词和笈多帝国时期的婆罗米文铭词及粟特文题记。其中最为珍贵的，是一条竖写的汉文题记："大魏使谷魏龙今向迷密使去。"研究者认为，这条汉文题记应当刻于 444 ～ 453 年之间[318]。

而当时西域诸国人物风情因中外交流而为中原熟知者，则缣缃绵润，史笔不绝。

《魏书》卷一〇二《西域传》："大秦国，一名黎轩，都安都城……地方六千里，居浪海之间。其地平正，人居星布……其人端正长大，衣服车旗拟仪中国，故外域谓之大秦。其土宜五谷桑麻，人务蚕田。多璆琳、琅玕、神龟、白马朱鬣、明珠、夜光璧。东南通交趾，又水道通益州永昌郡。多出异物。大秦西海水之西有河，河西南流。河西有南、北山，山西有赤水，西有白玉山。玉山西有西王母山，玉为堂云。从安息西界循海曲，亦至大秦"[319]。

同传："南天竺国，去代三万一千五百里。有伏丑城，周匝十里。城中出摩尼珠、珊瑚。城东三百里有拔赖城，城中出黄金、白真檀、石蜜、葡萄。土宜五谷。世宗时，其国王婆罗化遣使献骏马、金、银。自此每使朝贡"[320]。

同传："迭伏罗国，去代三万一千里。国中有勿悉城，城北有盐奇水，西流。有白象，并有阿末黎，木皮中织作布。土宜五谷。世宗时，其国王伏陀末多遣使献方物，自是每使朝贡。"[321]

同传："嚈哒国……在于阗之西，都乌许水南二百余里……自太安（455 ～ 459 年）以后，每遣使朝贡。正光（520 ～ 524 年）末，遣使贡狮子一，至高平，遇万俟丑奴反，因留之。

---

[317] A.H.Dani;Human Records on Karakorum Highway,Islamabad, 1983,PP.26-28.

[318] 马雍：《巴基斯坦北部所见"大魏"使者的岩刻题记》，《西域史地文物丛考》，文物出版社，1990 年，页 129 ～ 137。

[319] 魏收：《魏书》卷一〇二《西域传》，中华书局，1974 年，页 2275、2276。

[320] 魏收：《魏书》卷一〇二《西域传》，中华书局，1974 年，页 2278。

[321] 魏收：《魏书》卷一〇二《西域传》，中华书局，1974 年，页 2278。

丑奴平,送京师……熙平(516 ~ 517 年)中,肃宗遣王伏子统宋云、沙门法力等使西域访求佛经,时有沙门慧生者亦与俱行,正光中还。"[322]

同传:"康国者,康居之后也……旧居祁连山北昭武城,因被匈奴所破,西逾葱岭,遂有其国……名为强国,西域诸国多归之……人皆深目、高鼻、多髯。善商贾,诸夷交易多凑其国……奉佛,为胡书……太延(435 ~ 439 年)中,始遣使贡方物。"[323]

当北魏迁都洛阳以来,史传载波斯国谓:"神龟(518 ~ 520 年)中,其国遣使上书贡物,云:'大国天子,天之所生,愿日出处常为汉中天子。波斯国王居和多千万敬拜。'朝廷嘉纳之。自此,每使朝献。恭帝二年(555 年),其王又遣使献方物。隋炀帝时,遣云骑尉李昱使通波斯,寻使随昱贡方物。"[324]

与古代吐鲁番地区"胡天"神祠相仿佛,中原地区胡天祆神的祠奉,史籍亦有信息的显示。史载北魏灵太后幸嵩高山,"从者数百人,升于顶中,废诸淫祀,而胡天神不在其列"[325]。毫无疑问,一个地区胡天神祠的存在,折射出那里胡人部落信教人口的众多。

在上述中外社会交往的过程中,北魏时期各有一项人文资源和自然资源的引进,给我们留下了深刻的记忆。

史载天兴"六年(403 年)冬,诏太乐、总章、鼓吹增修杂技,造五兵、角抵、麒麟、凤凰、仙人、长蛇、白象、白虎及诸畏兽、鱼龙、辟邪、鹿马仙车、高絙百尺、长趫、缘橦、跳丸、五案以备百戏。大飨设之于殿庭,如汉晋之旧也"[326]。可见这种渊源于西方胡风民俗中的文艺题材,随着丝绸之路沿线社会各界文化交流的畅开,已为北魏上层社会所击赏并纳入宫廷礼乐的范畴。

其实,已有的文物史例表明,汉唐之际中原地区流行的被称为"天禄""辟邪"的带角翼兽(图七二),其文化渊源可以上溯到纪元前世的古罗马帝国或南亚巽伽王朝的影

[322] 魏收:《魏书》卷一○二《西域传》,中华书局,1974 年,页 2278、2279。

[323] 魏收:《魏书》卷一○二《西域传》,中华书局,1974 年,页 2281。

[324] 李延寿:《北史》卷九七《西域传》,中华书局,1974 年,页 3223。

[325] 魏收:《魏书》卷一三《灵太后传》,中华书局,1974 年,页 338。

[326] 魏收:《魏书》卷一百九《乐志》,中华书局,1974 年,页 2828。

图七二
江苏省丹阳市梁武帝萧衍修陵神道一侧的翼兽雕刻

图七三
公元前罗马帝国古城遗址出土的翼兽

图七四
公元前南亚巽伽王朝佛塔围栏门梁上的翼兽

响（图七三、七四）[327]。

由此可见，汉唐时代内地络绎不绝的这类神异动物样本的出现，其文化母型原本脱胎于西域行之已久的"格立芬"美术模型。

而北魏宫廷乐舞节目中的"畏兽"题材——一种肩部生出火焰纹的演艺人物，应即西域行之久远的祆教祭祀活动所见道具化装的比赛主体。这种"赛祆"舞曲技艺中的"畏兽"，实乃延及后世的"回回"斗狮表演之角色[328]。

北魏迁都洛阳以来的中西文化交流，音乐史踪的载籍亦为我们提供可资注目的例证。

---

[327]　文物实例参见本文前引图 39、40、42。

[328]　张乃翥：《洛阳新出北魏石棺床与粟特文化》，《甘肃民族研究》2011 年第 1 期，页 47 ~ 62。

"自宣武以后，始爱胡声。洎于迁都，屈茨（龟兹）琵琶、五弦、箜篌、胡笛、胡鼓、铜钹、打沙罗、胡舞、铿锵镗鞳，洪心骇耳。抚筝新靡绝丽，歌响全似吟哭，听之者无不凄怆，琵琶及当路琴瑟殆绝音。皆初声颇复闲缓，度曲转急躁。按此音所由，源出西域诸天诸佛韵调。娄罗胡语，直置难解，况复被之土木？是以感其声者，莫不奢淫躁竞，举止轻飙。或踊或跃，乍动乍息，蹻脚弹指，撼头弄目，情发于中，不能自止。论乐岂须钟鼓，但问风化浅深。虽此胡声，足败华俗。非唯人情感动，衣服亦随之以变。长衫鬃帽，阔带小靴，自号惊紧，争入时代；妇女衣髻，亦尚危侧，不重从容，俱笑宽缓……易俗移风，实在时政"[329]。看来，这种带有国家"时政"意义的文化时尚，正是中原王朝接纳西域胡风的结果。

与此同时，北魏时期的民间文学，亦为西域音乐文明的东播华夏提供了生动的史料。

古籍叙述，北魏洛阳的"景明寺，宣武皇帝所立也……伽蓝之妙，最得称首。时世好崇福，四月七日，京师诸像皆来此寺。尚书祠曹录像凡有一千余躯。至八日节，以次入宣阳门，向阊阖宫前受皇帝散花。于时金花映日，宝盖浮云，幡幢若林，香烟似雾。梵乐法音，聒动天地。百戏腾骧，所在骈比。名僧德众，负锡为群；信徒法侣，持花成薮。车骑填咽，繁衍相倾。时有西域胡沙门见此，唱言佛国"[330]。

此虽佛国道场之即景，然其"梵乐法音，聒动天地。百戏腾骧，所在骈比"之状写，则形象生动、活灵活现勾画出了当年宗教场合西方杂艺各展技能的情节。毫无疑义，宗教活动的推波助澜，已将域外音乐文明深深根植于华府都会广大佛教信众的心中。

中国音乐史上如此鲜活之叙事，已从一个文化视域折射出北魏时期西域文明对内地世俗社会的冲击。

再看来自自然资源视域中的一组信息——北魏前后西域油橄榄（olive）的输入与引植，可谓一项值得史学界分外注意的事件。

北魏时代东西方如此频繁的人际往来，使两地间的物质生活在某些方面发生着别开生面的变革。与上述西域异国时常东来的"方物"之献相印证，洛阳作为北魏京都曾经有过油橄榄作物的引进。这无疑是中外社会交流过程中一项值得大书特书的佳话。

---

[329] 杜佑：《通典》卷一四二《乐典·二》，中华书局，1988年，页3614、3615。

[330] 杨衒之：《洛阳伽蓝记》卷三《城南》条，上海古籍出版社，1978年，页132、133。

《洛阳伽蓝记》记载：京都华林园"景阳山南有百果园，果列作林，林各有堂。有仙人枣，长五寸，把之两头俱出，核细如针。霜降乃熟，食之甚美。俗传云出昆仑山，一曰西王母枣……"[331]

其实，有关"西王母枣"移植中原的史事，汉籍文献亦另有弥足珍贵的史料。

"《邺中记》曰：'石虎园中有西王母枣，冬夏有叶，九月生花，十二月乃熟，三子一尺。又有羊角枣，亦三子一尺。'"[332]

"《西京杂记》曰：'初修上林苑，群臣各献名果，树亦有制。有美名弱枝枣、西王母枣（出昆仑山）、棠枣、玉门枣、青华枣、棒枣、赤心枣。'"[333]

"郭子横《洞冥记》曰：'嵝嵣细枣，出嵝嵣之山。山临碧海，万年一实，子如今软枣。筤之有膏，膏可燃灯。西王母握核以献，帝因名握核枣。'"[334]

"卢谌《祭法》曰：'春祠用枣油。'"[335]

"《晋宫阙名》：'华林园，枣六十二株，王母枣十四株。'"[336] 可见这种异域"方物"与汉地原生植物可以形成植物群落的情势。

植物学知识告诉我们，概括以上文献的记事，这种"霜降乃熟""冬夏有叶，九月生花，十二月乃熟""筤之有膏，膏可燃灯"、春祠有"枣油"可用的"西王母枣"，实即中古时期久行西域地中海沿岸国家的"油橄榄"。这种原产西域的木本油类作物，正是随着丝绸之路物质文化交流的演绎，落植生根于华夏。

通过以上对北魏时期文献叙事中的中外人际互动的辑录，我们不难感受到当年丝绸之路沿线各国相与沟通的频仍。面对一个如此具有突出时代特征的文化史课题，我们似乎不能回避的一个史学问题就是，作为北魏京都的洛阳，曾经以何种方式接纳了这些异国他乡的来宾？

揆诸人类社会的发展，自来便有其"因缘合契"的内在规律。根植于同一史态下的北魏文献典籍，恰恰有其对应如真的事态纪实。

---

[331] 杨衒之：《洛阳伽蓝记》卷一《城内·景林寺》条，上海古籍出版社，1978年，页66。

[332] 李昉等：《太平御览》卷九六五《果部·二·枣》，中华书局，1960年，页4282。

[333] 李昉等：《太平御览》卷九六五《果部·二·枣》，中华书局，1960年，页4282。

[334] 李昉等：《太平御览》卷九六五《果部·二·枣》，中华书局，1960年，页4282。

[335] 李昉等：《太平御览》卷九六五《果部·二·枣》，中华书局，1960年，页4282。

[336] 李昉等：《太平御览》卷九六五《果部·二·枣》，中华书局，1960年，页4282。

　　如以极具生动文笔描摹洛阳寺院场景的《洛阳伽蓝记》一书，便有记载京城胡人聚落的特写："宣阳门外四里至洛水上作浮桥，所谓永桥也……永桥以南，圜丘以北，伊、洛之间，夹御道有四夷馆。道东有四馆：一名金陵，二名燕然，三名扶桑，四名崦嵫。道西有四里：一曰归正，二曰归德，三曰慕化，四曰慕义。吴人投国者处金陵馆，三年已后赐宅归正里……北夷来附者处燕然馆，三年已后赐宅归德里……东夷来附者处扶桑馆，赐宅慕化里。西夷来附者处崦嵫馆，赐宅慕义里。自葱岭已西，至于大秦，百国千城，莫不欢附，商胡贩客，日奔塞下，所谓尽天地之区已。乐中国土风因而宅者，不可胜数。是以附化之民，万有余家。门巷修整，阊阖填列，青槐荫柏，绿树垂庭，天下难得之货，咸悉在焉。"[337]

　　在所有涉及北魏都城的历史文献中，《洛阳伽蓝记》无疑是记叙洛阳市井岁月的写实性和文学性俱臻绝唱的文化史著作。上述有关北魏王朝安置四方来宾的记事，实际上已从国家政治层面，揭示出北魏王庭对友好邻邦的接与政策。凡此赋有外交含义的政府措施，实际上已从文化战略视域，折射出当年中原国家对外关系的政治学视野。

　　北魏时期，封建国家重视农桑的发展，史书亦有记事可资参考。景明三年（502 年）十二月戊子，宣武帝诏曰："民本农桑，国重茧籍，粱盛所凭，冕织攸寄。比京邑初基，耕桑暂缺，遗规往旨，宜必祗修……便可表营千亩，开设宫坛。秉耒援筐，躬劝亿兆。"[338]

　　同书同卷续有：景明"四年（503 年）正月乙亥，车驾籍田于千亩。"[339] 说明北魏王朝的确注重农桑的劝喻。

　　这也从国家管理层面看出有魏一代重视农桑发展的政治取向。

（二）历史文化遗存与北魏时期的中外文化交流

　　与上述文献叙事相媲美，古代丝绸之路沿线的一些文化遗址亦曾发现了众多的文物遗迹揭示着中外社会往来的畅通。

　　有关北魏早期交通西域的文化遗迹，首推近代在帕米尔高原以西巴基斯坦北部一处被称

---

[337]　杨衒之：《洛阳伽蓝记》卷三《城南》条，上海古籍出版社，1982 年，页 159 ~ 161。

[338]　魏收：《魏书》卷八《世宗纪》，中华书局，1974 年，页 195。

[339]　魏收：《魏书》卷八《世宗纪》，中华书局，1974 年，页 195。

图七五
中亚"洪扎灵岩二号"岩刻群所见北魏"大魏使谷巍龙今向迷密使去"题记

为"洪扎灵岩（Sacred Rock of Hunza）"的石刻文字群。在这一遗址内的河畔山崖上，镌刊着公元前 1 世纪至公元 15 世纪数以千计的贵霜帝国时期的佉卢文铭词和笈多帝国时期的婆罗米文铭词。另有不少的粟特文题记（个别题记中夹杂着吐蕃文字）。

这其中的一条重要的汉文题记，镌刻在喀拉昆仑公路一段支线路段北侧临河的岩石上，在考古编号中属于"洪扎灵岩二号"岩刻群。这一题记所刻的岩石高约数丈，文字竖刻，一行十二字，字迹大部分清晰可观。其文曰："大魏使谷巍龙今向迷密使去"（图七五）。

依据我国著名西域史学者马雍先生的考古勘察和研究，这一题记的镌刊年代应在北魏太平真君五年（444年）至兴安二年（453 年）之间，是北魏与中亚粟特米国往来通使的文物纪实[340]。

1964 年 12 月，河北定县一处北魏遗址中出土了一件太和五年（481 年）的石函。函中埋藏了货币、金、银、铜、琉璃、玉、玛瑙、水晶、珍珠、贝、珊瑚等 5657 件文物。货币中含波斯萨珊朝银币 41 枚，其中标本"7：3"号银币，系耶斯提泽德二世（438 ~ 457 年）时之物，其边沿左边有一"S"符号，下边有一行打印上去的嚈哒文字——表示此币可以在其国境内作为法币使用。"这枚银币是我国境内第一次发现的和嚈哒国有关的实物史料"，对研究中古时期中国与中亚地区的社会交往有珍贵的价值[341]。

1981 年 9 月，山西省大同市西郊小站村发现了北魏屯骑校尉建威将军洛州刺史封和突墓。

墓中出土鎏金银盘一件，据考即系波斯萨珊王朝东传中国之物品。学者们研究认为，这件银盘中錾雕的行猎者人物当为萨珊朝第四代国王巴赫拉姆一世，而其艺术风格却又受到希腊罗马造型艺术的影响。从出土文物实例上来说，这件西域器物在中国内地的出现，真实地

[340]　马雍：《巴基斯坦北部所见"大魏"使者的岩刻题记》，《西域史地文物丛考》，文物出版社，1990 年，页 129 ~ 137；图版引自氏著"图版六（Ⅵ）"。

[341]　河北省文化局文物工作队：《河北定县出土北魏石函》，《考古》1966 年第 5 期，页 269、270。

图七六

1988 年北魏平城遗址出土的一件具
有西亚古埃兰艺术遗风的花瓣纹玻
璃钵

图七七

大同南郊北魏墓葬出土的一件器
形、纹饰带有希腊化风格的鎏金
高足银杯

图七八

大同南郊北魏墓葬出土的一件器形、
纹饰带有希腊化风格的银碗

反映了北魏时代中原地区与西方国家文化往来的密切 [342]。

1988 年 8 月，山西省大同市南郊张女坟第 107 号北魏墓中，出土了一件具有萨珊风格的玻璃碗和一件鎏金刻花银碗。这件玻璃钵呈淡绿色透明状，高 73、腹径 113、口径 104、直口，鼓腹，圜底，腹部有三十五个磨花椭圆形凸起装饰，分四行交错排列，圜底有六个磨花凹圆装饰。银碗高 46、口径 102 厘米，敞口，圆腹，圆底。口沿下錾联珠纹两道，腹部外壁饰四束"阿堪突斯（Acanthus）"叶纹联成，每束叶纹中间的圆环内，各錾一高鼻深目、长发披肩的男子头像。圜底有八等分圆圈叶纹 [343]。

又 1988 年 8～11 月，大同市北魏平城遗址出土了一件具有西亚古埃兰艺术遗风的花瓣纹玻璃钵。学者们认为这件器物应为萨珊波斯仿制当地古器而流入中国者（图七六）[344]。

此外，20 世纪 80 年代以来，大同市南郊北魏墓葬遗址中，曾出土了三件鎏金高足铜杯和一件银碗。研究表明，其器形和纹饰带有明显的希腊化风格（图七七、七八）[345]。

北朝时期洛阳与西方的交通联系，文化遗产中亦有迭迭实例蔚为可观。

[342] 有关封和突墓出土波斯银盘与北魏时代中外文化交流的情况，参见马雍：《北魏封和突墓及其出土的波斯银盘》，《西域史地文物丛考》，文物出版社，1990 年，页 138～146。

[343] 山西省考古研究所、大同市博物馆：《大同南郊北魏墓群发掘简报》，《文物》1992 年第 8 期，页 1～11。

[344] 张增光：《大同市城南发现北魏墓群》，《北朝研究》1989 年第 1 期，页 114，图见本期页 66。

[345] 大同市博物馆、胡平：《山西大同南郊出土北魏鎏金铜器》，《考古》1983 年第 11 期，页 997～999；山西省考古研究所、大同市博物馆：《大同南郊北魏墓群发掘简报》，《文物》1992 年第 8 期，页 1～11。

 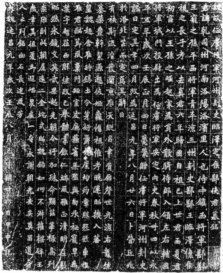

图七九
洛阳邙山出土北魏正始二年
（505年）鄯善内徙胡人、
车师前部王车伯生息妻鄯月
光墓志

图八〇
洛阳邙山出土北魏延昌元年
（512年）鄯善内徙胡人鄯
乾墓志

往者洛阳邙山出土交河、鄯善内徙胡人墓志，载北魏正始二年（505年）十一月二十七日"前部王车伯生息妻鄯月光"卒葬于洛阳（图七九）。嗣后当地出土的鄯乾墓志，则更为详细地记载了这一西域移民落籍中原的情形，"君讳乾，司州河南洛阳洛滨里人也。侍中镇西将军鄯善王宠之孙，平西将军青、平、凉三州刺史鄯善王临泽怀侯视之长子。考以去真君六年（445年）归国。自祖已上，世君西夏。君初宦，以王孙之望，起家为员外散骑侍郎，入领左右辅国将军、城门校尉，出为征虏将军、安定内史。春秋四十四，以永平五年（512年）岁次壬辰正月四日薨。蒙赠征虏将军、河州刺史，谥曰定……延昌元年（512年）八月二十六日卜营丘兆，于洛北邙而窆焉"（图八〇）。

墓志如此之记事，透露了北魏统一河西以来西域民族递有移籍中原的事实。

此外，史籍记载北魏时期高昌一带汉胡文化交融世态有云：车师"文字亦同华夏，兼用胡书。有《毛诗》《论语》《孝经》、历代子史。集学官弟子，以相教授。虽习读之，而皆为胡语……俗事天神，兼信佛法……孝明帝正光（520～524年）中，（高昌王麴）嘉遣使求借五经、诸史，并请国子助教刘燮为博士。"[346] 从中透露出中原文明西渐碛西的史例。

[346]　杜佑：《通典·边防·七·车师》，中华书局，1988年，页5204、5205。

敦煌遗书 S.996《杂阿毗昙心经》卷六题记有云："《杂
阿毗昙心经》者,法盛大士之所说,以法相理玄,籍浩博欢……
名曰毗昙。是以使持节侍中驸马都尉羽真太师中书监领秘书
事车骑大将军都督诸军事启府洛州刺史昌黎王冯晋国,仰感
恩遇,撰写十一切经,一经一千四百六十纸,用答皇施。
愿皇帝陛下、太皇太后……大代太和三年(479 年)岁次己
未十月己巳二十八日丙申,于洛州所书写成讫。"[347]

图八一
1990 年洛阳偃师杏园村北魏孝昌二年
(526 年)染华墓出土的一尊蹲伏状粉
彩陶驼

又敦煌遗书 P.2189《东都发愿文》残卷有尾题文云："大
统三年(537 年)五月一日,中京广平王大觉寺涅盘法师智
严供养东都发愿文一卷。仰奉明王殿下,在州施化,齐于称
之世,流润与姬文同等。十方众生,口同含生,同于上愿。"[348]

按此"广平王大觉寺"者,本在北魏晚期的洛阳。《洛阳伽蓝记》卷四《城西》条:"大觉寺,
广平王怀舍宅也,在融觉寺西一里许。北瞻邙岭,南眺洛汭,东望宫阙,西顾旗亭,神皋显敞,
实为胜地。"[349]

敦煌遗书中的这等文物信息,实际透露了北魏时代洛阳与河西一线文化往来的畅通。

反映北魏时代洛阳地区与丝绸之路交通互动的历史文物,洛阳北朝考古遗迹中,尚有当
地发掘出土的染华墓、元邵墓和杨机墓几座时间相埒的墓葬,其中发现有不少与丝路文明有
关的文化信息。

1990 年,文物部门在洛阳偃师杏园村发掘了北魏孝昌二年(526 年)的染华墓。墓中出
土一尊高 16.5 厘米的蹲伏状粉彩陶驼。该驼前腿伏地,后腿撑起,似有卧姿转为行走的意气。
值得注意的是,这件陶驼背上鞍鞯的两侧,见有成捆的丝卷、胡式的扁壶和用于长途食用的
动物后臀的肉干,显然折射出胡商兴贩长途跋涉生计供需的信息(图八一)[350]。

[347] 图见黄永武:《敦煌宝藏》,第 8 册,(台北)新文丰出版公司,1981 年,页 183。

[348] 引文见孙晓林:《跋 P.2189〈东都发愿文〉残卷》,《敦煌吐鲁番研究》第二卷,北京大学出版社,
1997 年,页 331 ~ 335。

[349] 杨衒之:《洛阳伽蓝记》卷四《城西》条,上海古籍出版社,1982 年,页 234。

[350] 偃师商城博物馆:《河南偃师两座北魏墓发掘简报》,《考古》1993 年第 5 期,页 414 ~ 425。

图八二
1965 年洛阳邙山北魏建义元年（528 年）
元邵墓出土的一件虬髯、卷发胡俑

图八三
1965 年洛阳邙山北魏建义元年（528 年）
元邵墓出土的一件思乡幼童昆仑俑

图八四
今日南亚斯里兰卡当地土生土长的印度瘤牛

图八五
1965 年洛阳邙山北魏建义元年（528 年）元邵墓出
土的一尊曳车印度瘤牛

　　1965 年 7 月，洛阳邙山北魏建义元年（528 年）元邵墓出土胡俑三件。其中虬髯俑两件，皆高 15.3 厘米。俱卷发，虬髯，高鼻深目，着红色圆领大衣，下着长裤（图八二）。另一件幼童昆仑俑，高 9.6 厘米，卷发满头，上身穿窄袖紧身衫，下身着裤，深筒皮靴长可及膝。全身持屈膝蹲坐状，双臂抱面伏拢于膝盖上。观其通身之状摩造型、意象神态，明显刻画的是一个胡方游子悲戚思乡的画面（图八三）。

　　由元邵墓各式行色的胡俑形象，可以想象到公元 6 世纪中叶洛阳一带胡人部落的万象

图八六
2005 年洛阳马瑶村东魏天平二年（535 年）杨机墓出土的粉彩陶驼

图八七
1989 年洛阳汉魏故城大市遗址出土的一件仿玻璃黑釉陶盏

世态[351]。

不仅如此，元邵墓陪葬明器中，有彩绘陶牛车一套。从生物学特征的视觉考察，其驾辕的陶牛显然即为南亚次大陆国家常见的"印度瘤牛（Bos indicus）"的形象刻画（图八四、八五）。这反映出当年洛阳市井社会对这一南亚牲畜视觉形象的熟稔，进而折射出两地物产往来的存在。

2005 年，洛阳博物馆调查了位于洛阳丰李镇马瑶村的东魏天平二年（535 年）杨机墓，在此前后收集到百余件该墓遗物。在这些遗物中，有一件高 24.5、长 23 厘米的粉彩陶驼，美术视像中洋溢着浓郁的丝路文化的气息（图八六）[352]。

1989 年，洛阳汉魏故城大市遗址出土一件仿玻璃黑釉陶盏。陶盏外壁周身，各点缀以大、小两圈联珠纹图案（图八七）[353]，其美术风格颇有模仿萨珊玻璃同类器物堆塑磨琢工艺的意致。

1957 年，有西方学者报道了收藏于斯德哥尔摩而出土于洛阳的一件可能是"萨珊或后萨

[351]　参见洛阳博物馆：《洛阳北魏元邵墓》，《考古》1973 年第 4 期，页 218 ~ 224+5；张乃翥：《元邵墓明器陶俑的文化形态》，《洛阳大学学报》1992 年第 2 期，页 37 ~ 42；氏著：《北魏元邵墓出土文物的民族学研究》，《北朝研究》1992 年第 3 期，页 43 ~ 50。

[352]　洛阳博物馆：《洛阳北魏杨机墓出土文物》，《文物》2007 年第 11 期，页 56 ~ 69。

[353]　中国社会科学院考古研究所洛阳汉魏城队：《北魏洛阳城内出土的瓷器与釉陶器》，《考古》1991 年第 12 期，页 1090 ~ 1095；彩图引中国社会科学院考古研究所：《中国社会科学院考古研究所考古博物馆洛阳分馆》，文化艺术出版社，1998 年，页 74。

珊期"的银碗，这件银碗"有并列的自口沿至器底的十二瓣，但曲洼很浅，每瓣平直，不作圆弧形，口沿曲处亦未形成小弯"[354]。虽然另有学者认为这件器物"既不是萨珊的，也不是粟特的"[355]。但这件银器来源于西域诸胡民族却是没有疑义的。

可以给人们提供参考思路的是，20 世纪初叶英籍探险家斯坦因（A. Stein）在新疆楼兰 l.k 遗址一座五至六世纪的墓葬中发现了一件萨珊玻璃碗。这件玻璃碗，高 5.6、口径 6.9、底径 2.4 厘米。侈口平底，透明浅绿色，腹部有三排圆形凹面纹饰，靠近底部的一排为七个圆形凹饰[356]。由此可见，萨珊生活用品之东传中国内地，并非没有管道的可能，这从《洛阳伽蓝记》等历史文献关于西域器物大量传入中国内地的生活叙事中亦可获得相应的印证。

孝昌元年（525 年）东阳王元荣出任瓜州刺史，于敦煌传写佛经、开窟造像，复将中原佛教文化的影响传至于河西[357]。

2013 年，文物部门发掘了位于洛阳北郊红山乡张岭村东南的一座北魏晚期的陵墓。该墓平面整体呈"甲"字形，南北通长 58.9、深 8.1 米。其中墓道长 39.7、宽 2.9 米。墓室长 19.2、宽 12 米。其规格之宏大，在洛阳北魏陵墓群体中，属于北魏皇室的等级。发掘者倾向于认为，这座陵墓应该就是北魏晚期的节闵帝元恭的陵寝

这座陵墓曾多次被盗，在此次发掘出土的 120 多件遗物中，值得注意的是一件残破而有西域风格的青瓷龙柄鸡首壶和一枚拜占庭帝国（The Byzantine Empire）阿纳斯塔修斯一世（英语 Anastasius；希腊语 Αναστάσιος Α›，491 ~ 518 年在位）发行的金币（图八八、八九）[358]。

---

[354] 翟连斯瓦尔德（Bo Gyllensvard：《唐代金银器》（T'ang Gold and Silver），插图 216 及页 31 解说，瑞典远东古物博物馆通报第 29 号，1957 年；转引自孙培良：《略谈大同市南郊出土的几件银器和铜器》，《文物》1977 年第 9 期，页 70。

[355] 阿萨都拉·索连（Assadulah Souren）、麦立坚·齐尔万尼（Melikian ~ Chirvani）：《伊朗银器及其对中国的影响》，刊威廉·瓦岑（W.Watzen）编：《唐代中国的陶瓷和金属器》（Pottery and Metal in T'ang China,London,1971.）

[356] A.Stein,Innermost Asia,Oxford,1928.

[357] 参见荣新江：《敦煌学十八讲》，北京大学出版社，2001 年，页 40；相关论述亦见宿白：《东阳王与建平公》（二稿），《中国石窟寺研究》，文物出版社，1996 年，页 244 ~ 259。

[358] 内容参见大河网 2013 年 10 月 25 日题为《洛阳衡山路北魏大墓疑为帝陵，出土拜占庭帝国金币》及同网 2014 年 3 月 12 日题为《洛阳衡山路北魏大墓很可能是帝王陵，曾遭多次盗掘》的报道，该网记着王亚鸽、《河南商报》记者李雅静著文，图版提供：河南省文物管理局；摄影：高虎、王亚鸽。

　　揆诸这枚金币发行年代的下限与节闵帝当政之年（531 年）
相去未远，是以可知北魏晚期中原地区与东罗马帝国的社会往来
并未因为天路遥远、关山难度而阻隔，这势必与中古一代丝绸之
路在东西方政治往来、经济贸易领域发挥着强大的资源沟通的职
能有着必然的联系。这由前引《洛阳伽蓝记》所载中外交通盛事
之奇闻异趣可以窥见其端的。

　　南北朝时期诸胡文化浸染中夏的情况，文字学方面亦有若干
史料记载可见一斑。

　　如萧绎《简文帝法宝联璧序》"大秦之籍，非符八体；康居
之篆，有异六爻"[359]之骈举，应该透露了梁朝文士对西域内传文
献的起码了解。

　　至于庾信《哀江南赋》"新野有生祠之庙，河南有胡书之碣"[360]
的倾诉，似乎于哀思先祖之行间，兼有感伤中原凌乱、洙泗膻腥
的文意。

　　史载天兴"六年（403 年）冬，诏太乐、总章、鼓吹增修杂技，
造五兵、角抵、麒麟、凤皇、仙人、长蛇、白象、白虎及诸畏兽、
鱼龙、辟邪、鹿马仙车、高絙百尺、长趫、缘橦、跳丸、五案以
备百戏。大飨设之于殿庭，如汉晋之旧也"[361]。可见这种渊源于
西方胡风民俗中的文艺题材，随着丝绸之路沿线社会各界文化交
流的畅开，已为北魏上层社会所击赏并纳入宫廷礼乐的范畴。

　　"畏兽""辟邪"作为宫廷"杂技"载及上述音乐史志的文献，可知这类艺术题材因其具
有充满个性化视听寓意的舞台角色而赋有极高的演艺价值——这就很有必要让我们将其置于动
态化艺术视域，给予其形象背景的考察。

图八八
2013 年洛阳邙山北魏节闵帝
陵墓出土的一件有西域风格的
青瓷龙柄鸡首壶

图八九
2013 年洛阳邙山北魏节闵帝
陵墓出土的一枚阿纳斯塔修斯
一世发行的金币

[359]　道宣：《广弘明集》卷二〇《梁简文帝法宝联璧序》，上海古籍出版社，1991 年，页 250。

[360]　庾信：《庾子山集》卷二，《四库全书》·集部三《别集类》第 1064 册，上海古籍出版社，1987 年，
　　　　页 1064 ~ 372。

[361]　魏收：《魏书》卷一百九《乐志》，中华书局，1974 年，页 2828。

图九〇
洛阳邙山出土正光三年（522年）冯邕妻元氏墓志盖

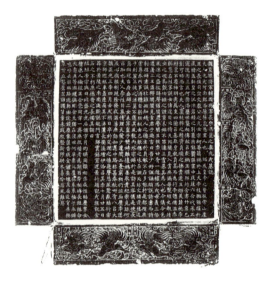

图九一
洛阳邙山出土正光三年（522年）冯邕妻元氏墓志

　　1969年，日本学者长广敏雄研究了洛阳北魏墓志中的"畏兽"装饰雕刻。作者注意到这些美术题材中含有东、西方文化元素相互融合的现象——包括若干畏兽图像的榜题命名，可能属于汉地传统文化有意移植域外词语概念的范畴。

　　如正光三年（522年）冯邕妻元氏墓志盖，中央为一莲花图案，其周围双龙交蟠，四隅各一神兽，且有榜题曰"拓远""蛤蟆""拓仰""攫天"。四侧上层为莲花盘托摩尼珠、神兽异禽，下层为二方连续装饰云纹图案。志石四侧亦刊刻神兽异禽。榜题前侧为"挟石""发走""获天""啮石"，后侧为"挠撮""掣电""欢憘""寿福"，左侧为"回光""捔远""长舌"，右侧为"乌获""礔电""攫撮"（图九〇、九一）。这是中原北魏石刻遗迹中，一组附有详细榜题标识的美术样本[362]。

　　北魏石刻文物中与元氏墓志美术形制仿佛、雷同的作品，另有正光五年（524年）元昭墓志（图九二）、孝昌二年（526年）侯刚墓志（图九三）、永安二年（529年）笋景墓志（图九四、九五）及尔朱袭墓志（图九六、九七）等一批北朝大族墓志。

　　其中笋景墓志，盖石顶面有浮雕神兽异禽及莲花和摩尼珠形象。尔朱袭墓志，盖石顶面

---

[362]　[日]长广敏雄：《六朝时代美术研究》，（东京）美术出版社，1969年。

图九二
洛阳邙山出土正光五年（524年）元昭墓志

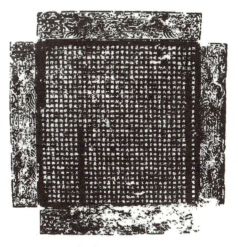

图九三
洛阳邙山出土孝昌二年（526年）侯刚墓志

图九四
洛阳邙山出土永安二年（529年）笱景墓志盖

图九五
洛阳邙山出土永安二年（529年）笱景墓志

图九六
洛阳邙山出土永安二年（529年）尔朱袭墓志盖

图九七
洛阳邙山出土永安二年（529年）尔朱袭墓志

图九八
巩县石窟第 1 窟北壁壁基所见
的北魏 "畏兽" 雕刻

图九九
巩县石窟第 3 窟北壁壁基的
"畏兽" 雕刻

四隅各镌一朵莲花图案，每两朵莲花之间有守四方、辟不祥的四神形象，盖石四侧为形若如意的云气纹饰。志石四侧共有十二个人立的神兽形象。

元昭墓志，志盖除四隅有四朵莲花图案外，莲花之间有神兽和异禽形象，中央主题线雕是二龙争璧，空间填饰云气，整个志盖画面产生出强烈的飞动气质。

王悦墓志，志盖中央和四隅各镌莲花一朵，中央莲朵两侧为二龙交蟠，四隅莲朵之间为神兽奔驰[363]。

这种肩头生发火焰的神异美术形象，洛阳近畿的巩县石窟窟龛装饰雕刻中亦有一再的显现。如该窟第 1 窟北壁壁基 "畏兽" 雕刻（图九八）、第 3 窟北壁壁基 "畏兽" 雕刻（图九九）、第 4 窟南壁壁基 "畏兽" 雕刻（图一〇〇）及中心柱平座北面壁基所见 "畏兽" 雕刻（图一〇一），无一不传达着这种具有域外美术情调的审美意致。

不过，如果联系到上述乐志史料对 "畏兽" "辟邪" 演艺角色的认定，则以上列举的诸多文物例证，似不若洛阳近年出土的一例石棺床雕塑更加具有情态造形的审美意趣与解读生活的史料职能。

洛阳出土的这一北朝石刻构件，系一石棺床平座的壶门立面。其周身以分档布白、减底剃地的密体雕刻技巧，塑造了包括各类神异动物形象和诸多装饰纹样的美术题材。在这些美术造型遗存中，其构图最富于表演意趣的画面，是壶门左右两端处于对称格局的 "畏兽戏辟邪" 的一对艺术构图——图中肩后生焰、颈戴项圈、手足环钏、腰束护铠、披帛绕身的畏兽，以马步跳跃的体态，与一膊间生翼的辟邪呈现出对应博弈的情节。其画面单元之充满表演意境，

---

[363] 宫大中：《洛都美术史迹》，湖北美术出版社，1991 年，页 338。

图一〇〇
巩县石窟第 4 窟南壁壁基的"畏兽"雕刻

图一〇一
巩县石窟第 4 窟中心柱平座北面壁基的"畏兽"雕刻

图一〇二
洛阳出土北魏石棺床壶门左右两端处于对称格局的"畏兽戏辟邪"雕塑

使我们情不自禁而联想起时至今日仍活跃于神州大地的"舞狮"——西域表演艺术之深入华府
世界，史记、文物乃至现实生活，总能够启迪人们感受文化延续之博大精深（图一〇二）。

洛阳地区以上石刻数据中的美术图案，从构图风格角度审查，在画面意境和技法运用上
与中国新石器时代以来造型美术的传统格调有着明显的差别。

艺术史研究表明，中国造型美术自史前时代迄至
于秦汉，其构图布局及其视象传达形成的是一种注重画
面主题形象的意境传写而省略装饰题材的氛围配置的创
作范式。以我国彩陶文化美术造型中最具情节表现意致
的青海省大通县上孙家寨马家窑文化遗址出土的舞蹈纹
彩陶盆构图为例，画面中虽然有成组的主体人物栩栩如
生的动态刻画，但人物形象的周围，却留下了大量空间
而不作主体背景的装饰烘托（图一〇三）。这类以画
面题材省略而突出主体绘象的美术创作方法，构成了中

图一〇三
青海省大通县上孙家寨马家窑文化遗址出土
的舞蹈纹彩陶盆

图一〇四
洛阳汉墓壁画以"疏体意致"为特征的艺术构图

国传统美术图画演绎的根本理路。我国两汉以降以画像石、墓葬壁画及绢帛绘画为代表的传统
美术作品，无一不是秉承着这样的创作模式（图一〇四、一〇五）。

　　然而，当西方佛教文化东渐我国以来，原在印度及中亚地区流行已久的佛教石刻造
像艺术遂又沿着丝绸之路传播于中原一带。此后，以秣菟罗艺术和犍陀罗艺术为代表的一
种西域美术时尚——尤其是其中以"密体"造型为题材表现程序的装饰技巧（图一〇六、
一〇七），开始移植于内地的美术创作中——这类带有强烈密集装饰意味的美术作品，其造
型板块上运用精心布局、合理搭配的"分档布白"手法，将每一构图单元的空间分布组织得
周密无间、和谐有序，从而与西方美术中那些传誉悠久的装饰风尚保持着极大的情调一致性。

图一〇五
1987年徐州铜山出土"纺织图"汉画
像石所见的"疏体意致"美术风格

图一〇六
印度秣菟罗艺术中以"密体"
造型为特征的装饰风格

图一〇七
犍陀罗艺术中以"密体"造型为特征的
石刻作品

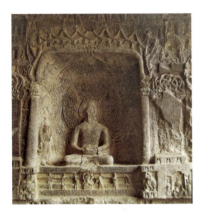

图一〇八
龙门石窟古阳洞北魏佛教造像龛所见密
体繁缛装饰风尚的石刻作品

图一〇九
龙门石窟莲花洞北魏佛教造像龛所见密
体繁缛装饰风尚的石刻作品

图一一〇
洛阳邙山出土唐泉男生墓志盖所见富
丽繁缛装饰风尚的线刻画

图一一一
洛阳龙门地区出土唐阳玄基墓志所见富丽繁
缛装饰风尚的线刻画

图一一二
洛阳龙门地区出土唐徐恽墓志所见富丽繁缛装
饰风尚的线刻画

质而言之，这类具有典型"密体"造型艺术风尚的美术作品，其文化渊源与古代西方美术有
着不容割舍的内在联系。包括洛阳龙门石窟在内的北魏佛教造像艺术和上述同一时期的世俗
石刻艺术，展示给我们正是这样的一种美术情调。这种极具繁缛视觉意致的造型风尚，甚至
影响到我国盛唐以前的一些美术实践中——两京地区出土的为数众多的宗教、墓葬石刻，其
装饰刻画中就继承了这种富丽繁缛的风尚（图一〇八～一一二）。

根植于西域祆教信仰，中原石刻艺术品中的"畏兽"，从美术创作角度体现了北魏社会吸纳域外文化元素的审美需求。这种不同民风习俗的相互熏染，促进了内地文化生活的多元建构。

洛阳北魏故城中20世纪出土有铸铜带翼童子形象两尊，童子皆圆雕，男性，裸体，跣足，双手合什，颈部系一串珠项链，身高不及5厘米。这种带翼人物形象的出现，我国尚有塔克拉玛干沙漠东南缘古米兰佛寺遗址同类遗迹的先例[364]。

虽然如此，但洛阳美术遗迹中的这些创作案例，其中包含的若干文化信息，仍然值得我们对其人文内涵作出具体的分析。

近年以来，随着学术界对祆教文化遗产研究的重视，国内外一批学者对东西方文物遗迹中的祆教美术元素进行了广泛地搜索。中外学者们着重对这些石刻作品的美术题材及其突出的文化背景——粟特人的祆教情结——作了深入地研究。在这一研究系列中，一批富有影响的学术成果相继问世。

与此同时的一批学术论文，亦就与祆教相关的美术实例进行了深入地探讨。其中引人注目的作品如下。

俄罗斯学者马尔夏克（B.I.Marshak）：《La thématique sogdienne dans l'art de la Chine de la seconde moitié du Ⅵ +e Siècle》[365]。格瑞纳称"此为迄今为止最全面的研究"[366]。

李零：《论中国的有翼神兽》[367]。

郑岩：《青州北齐画像石与入华粟特人美术》[368]。

[364] 段鹏琦：《从北魏通西域说到北魏洛阳城——五～六世纪丝绸之路浅议》，《洛阳——丝绸之路的起点》，中州古籍出版社，页352、353；奥莱尔·斯坦因著，肖小勇、巫新华译：《西域考古图记·路经楼兰》，广西师范大学出版社，2000年，页249～261，图100；奥莱尔·斯坦因著、向达译：《斯坦因西域考古记》，新疆人民出版社，2010年，页104～106；舒英：《新疆出土双翼天使壁画》，《中国文物报》1990年1月18日。

[365] B.I.Marshak, La thématique sogdienne dans l'art de la Chine de la seconde moitié du Ⅵ +e Siècle, *Comptes rendus de l'Académie des Inscriptions & Belles ～ lettres,*2001,pp.227-264 .

[366] 格瑞纳：《粟特人的自画像》，《粟特人在中国——历史、考古、语言的新探索》，中华书局，2005年，第317页。

[367] 李零：《论中国的有翼神兽》，《中国学术》总第5辑，商务印书馆，2001年，页62～134。

[368] 郑岩：《青州北齐画像石与入华粟特人美术》，《汉唐之间文化艺术的互动与交融》，文物出版社，2001年，页73～109。

张庆捷：《太原隋代虞弘墓石椁浮雕的初步考查》[369]。

荣新江：《Miho 美术馆粟特石棺屏风的图像及其组合》[370]。

张庆捷：《入乡随俗与难忘故土——入华粟特人石葬具概观》[371]。

格瑞纳（F.Grenet），《Mithra,dieu iranien:nouvelles données》[372]。

杨军凯：《西安北周史君墓石椁图像初探》[373]。

盛余韵：《从石到丝：公元 475 ～ 650 年前后粟特、鲜卑、汉、朝鲜与日本等民族间葬具的文化转换》[374]。

黎北岚：《祆神崇拜：中国境内的中亚聚落信仰何种宗教？》[375]。

西安市文物保护考古所：《西安北周凉州萨保史君墓发掘简报》[376]。

在这一学术领域中，施安昌《火坛与祭司鸟神》[377]一书，更从图像学角度，对箔景墓志、冯邕妻元氏墓志等的图案内涵，作了带有题材针对意义地分析和解说——施氏与学者们倾向认为，这类肩头散发火焰辉光的形态怪异的动物形象，是祆教美术样本的采撷与移植。

如果人们从中国美术史的整体系列中加以客观地考察，上述美术作品的域外风尚自然有着无可否认的真实定性。但是，当我们参考这些美术样本的连带信息时，我们却对这等艺术

---

[369] 张庆捷：《太原隋代虞弘墓石椁浮雕的初步考查》，《汉唐之间文化艺术的互动与交融》，文物出版社，2001 年，页 3 ～ 28。

[370] 荣新江：《Miho 美术馆粟特石棺屏风的图像及其组合》，《艺术史研究》第 4 辑，2003 年，页 207 ～ 210。

[371] 荣新江、张志清：《从撒马尔干到长安：粟特人在中国的文化遗迹》，北京图书馆出版社,2004 年，页 9 ～ 16。

[372] F.Grenet，《Mithra,dieu iranien:nouvelles données》，Topoi, 11, 2004, pp.6-7, fig.10; 转引自《粟特人在中国——历史、考古、语言的新探索》，中华书局，2005 年，页 317。

[373] 杨军凯：《西安北周史君墓石椁图像初探》，《粟特人在中国——历史、考古、语言的新探索》，中华书局，2005 年，页 3 ～ 17。

[374] 盛余韵：《从石到丝：公元 475 ～ 650 年前后粟特、鲜卑、汉、朝鲜与日本等民族间葬具的文化转换》，《粟特人在中国——历史、考古、语言的新探索》，中华书局，2005 年，页 324 ～ 364。

[375] 黎北岚：《祆神崇拜：中国境内的中亚聚落信仰何种宗教？》，《粟特人在中国——历史、考古、语言的新探索》，中华书局，2005 年，页 416 ～ 429。

[376] 西安市文物保护考古所：《西安北周凉州萨保史君墓发掘简报》，《文物》2005 年第 3 期，页 4 ～ 33。

[377] 施安昌：《火坛与祭司鸟神》，紫禁城出版社，2004 年。

样品的文化内涵有着更为复杂的甄别性考虑。

以冯邕妻元氏墓志盖雕刻图案为例，其神兽异禽榜题中"拓远""蛉螭""拓仰""攫天""挟石""发走""获天""啮石""挠撮""掣电""欢憘""寿福""回光""捅远""长舌""乌获""礔电""攫撮"之给名，竟在此前中国古典文献中可以检阅其出处。今检择若干，略陈浅析。

回光——光顾无遗也。陈寿《三国志·魏志·陈思王传》："葵藿之倾叶，太阳虽不为回光，然向之者诚也。"沈约《宋书·谢灵运传》："元诞德以膺纬，肇回光于阳宅。"

捅远——谓掎角，相扑格斗貌也。《左传·襄十四年》注："角者当其头也，掎者蹈其足也。"张衡《西京赋》："叉蔟之所挽捅。"注："挽捅，贯刺之也。"

乌获——古之神力猛士也。《孟子·告子下》："然则举乌获之任，是亦为乌获而已矣。"《史记·秦本纪》："武王有力好戏，力士任鄙、乌获、孟说皆至大官。"[378]《韩非子·观行篇》："乌获轻千钧而重其身。"

攫撮——鸢枭俯袭之貌也。《后汉书·舆服志》注："冠插两鹖，鹖鸟之暴疏者也。每所攫撮，应爪摧衄。天子武骑故以冠焉。"

凡此中国传统文献之遣辞，大率说明上述文言固有汉地乡土概念的成分。

此外，美术刻画中出现各种形象诡异的艺术题材，这在中国早期生活实际中亦有现成的先例。

《楚辞·天问》王逸序云：屈原"见楚有先王之庙及公卿祠堂，图画天地、山川、神灵，琦玮僪佹及古贤圣、怪物行事"[379]。这说明上古时代至少我国江汉地区已有图绘灵异物象的传统。

《山海经·西山经》亦谓："三危之山，三青鸟居之……其上有兽，其状如牛，白身四角，其毫如披蓑，其名曰徼狦。"[380]

今由洛阳北朝文物石刻造型、文字榜题之同出，无疑反映出当年这类美术作品的创作，

[378] 司马迁：《史记》卷五《秦本纪》，中华书局，1982年，页209。

[379] 王逸：《楚辞补注》卷三《天问章句·第三·离骚》，《四库全书》·集部一《楚辞类》第1062册，上海古籍出版社，1987年，页1062～162。

[380] 郭璞：《山海经》卷二《西山经》，《四库全书》·子部三四八《小说家类》第1042册，（台北）商务印书馆，1986年，页1042～17。

兼有融会、捏合东西方文化元素的情状。这是洛阳古代社会人文格局的客观现实，它折射的正是当时中外文化交流带有细节意义的真实与客观。

北魏时代中原地区如此光华四溢的域外世象，无疑使人们直接感受到西域文明流播洛阳的历史现实。

除此之外，在一般不易被人们透过视象观察感受域外文明影响内地的信息领域内，学者们的研究也为人们认识古代洛阳与西域之间的文明交流，提供了令人耳目一新的考古学数据与论述。

我国考古工作者通过考察发现，北魏时代的洛阳城市建制，率先突破了三代以降"面朝后市"的都城空间布局。这种呈方形平面的城市轮廓及里坊"配置形制横竖成排，大小基本划一，排列比较整齐，大体成棋盘格式"[381]的都城规划形态，实际上正是北魏时期随着中西交通的日益拓展，中原王朝效仿包括锡尔开普（Sirkap，前 2 世纪至贵霜时期）古城、锡尔苏克（Sirsukh，1 世纪末至 3 世纪初）古城、詹帕斯卡尔拉（Dzhanbas-kala，前 4 世纪至公元 1 世纪）古城、木鹿（Merv，约 3 世纪）古城、托普拉克卡拉（Toprak-kala，前 1 世纪至6 世纪）古城及塔利——巴尔祖（Тали-барзу，约建于 4 世纪，毁于阿拉伯人入侵之时）古城等中亚都城建制模式的结果。古代城际之间建筑领域内的这些文明传播与资源渗透，自然是经由丝绸之路上络绎往来的各国使节及兴胡商贩、弘法僧团的沟通与传摹[382]！因此，北魏洛阳都城的建制模式，在丝路沿线的文明传播史上，享有不可替代的一页。

在回顾以上北魏时期中外人文交流一系列史料的同时，我们还希冀回归到"丝路本真"的历史视域来考察与丝绸有关的一些信息素材——北魏佛教寺院故实透露的与植桑养蚕事业相关联的若干文献。

《洛阳伽蓝记》记事有谓："景乐寺，太傅清河文献王怿所立也。怿是孝文皇帝之子，宣武皇帝之弟。阊阖南御道东，西望永宁寺正相当。寺西有司徒府，东有大将军高肇宅，北连义井里。义井里北门外有桑树数株，枝条繁茂。"[383]

[381]　宿白：《北魏洛阳城和北邙陵墓》，《文物》1978 年第 7 期，页 42 ~ 52。

[382]　孟凡人：《试论北魏洛阳城的形制与中亚古城形制的关系——兼谈丝路沿线城市的重要性》，《汉魏洛阳城遗址研究》，科学出版社，2007 年，页 211 ~ 225。

[383]　杨衒之：《洛阳伽蓝记》卷一《景乐寺》条，《洛阳伽蓝记校注》，上海古籍出版社，1982 年，页 52。

图一一三
洛阳白马寺存活至今的一棵周径 5 米的北魏古桑

同书同卷："昭仪尼寺，阉官等所立也。在东阳门内一里御道南。东阳门内道北太仓、导官二署。东南治粟里，仓司官属住其内……昭仪寺有池，京师学徒谓之翟泉也……后隐士赵逸云：'此地是晋侍中石崇家池，池南有绿珠楼。'于是学徒始寤，经过者想见绿珠之容。池西南有愿会寺，中书舍人王翊舍宅所立也。佛堂前生桑树一株，直上五尺，枝条横绕，柯叶傍布，形如羽盖。复高五尺，又然。凡为五重，每重叶椹各异，京师道俗谓之神桑。观者成市，施者甚众。帝闻而恶之，以为惑众。命给事中黄门侍郎元纪伐杀之。" [384]

而洛阳白马寺存活至今的一棵周径 5 米的北魏古桑，可为当时寺院经营桑蚕生产的文物孑遗（图一一三）。凡此足见元魏时期洛京桑丝产业的蛛丝马迹、人情所向。

除此之外，北魏时代洛阳地区涉及东西方人文交流的文物遗迹，尚有龙门石窟北魏迁都洛阳之际的一批早期的佛教造像题记。

如龙门石窟古阳洞北壁丘穆陵亮夫人于阗王族裔女尉迟氏造像记文曰：

"太和十九年（495 年）十一月，使持节、司空公、长乐王丘穆陵亮夫人尉迟，为亡息牛橛请工镂石，造此弥勒像一区。愿牛橛舍于分段之乡，腾游无碍之境。若存托生，生于天上诸佛之所；若生世界，妙乐自在之处。若有苦累，即令解脱。三涂恶道，永绝因趣。一切众生，咸蒙斯福。"（图一一四）

有关尉迟氏族望、资历的情况，洛阳出土该氏墓志更有细节的记述：

"故太尉公穆妻尉太妃墓志铭。太妃河南洛阳人也……祖侍中、散骑常侍、建义将军、四部尚书、西阳公，建明略于皇家，有大功于帝室。父博陵府君，聿遵前功，克绍鸿构。太妃篡累代之英模，体弈世之熏烈，志业通华，机识端爽，义光九族，礼穆二门，道训柔嘉，

---

[384] 杨衒之：《洛阳伽蓝记》卷一《景乐寺》条，《洛阳伽蓝记校注》，上海古籍出版社，1982 年，页 54、55。

图一一四
龙门石窟古阳洞北魏丘
穆陵亮夫人于阗王族尉
迟氏造像记

图一一五
洛阳出土北魏太尉公丘
穆陵亮夫人尉太妃墓志

德容温谧，严同夏景，仁协春辉……春秋六十六，神龟二年（520年）十一月十日薨于洛阳
之安贵里第。大魏神龟三年（520年）岁次庚子六月癸卯朔卅日壬申附葬于景山之旧茔。乃
作铭曰……贞规独秀，秉心塞渊；玉明琨岫，珠曜随川……"（图一一五）

北魏上层社会联姻西域茂族的时况，龙门石窟并有相应的遗迹。

如同窟同壁有永平四年（511年）北魏安定王元燮为女夫柔然王族间散骑故入法敬造观
世音像题记文曰：

"安定王为女夫间散骑故入法敬造观世音像二躯，圣教□津，真相景发，妙极天华，含
生仰化。愿使间散骑缘此入法之功，当令永离尘躯，即真无碍，开明玄门，常为龙华唱首。
又愿缘眷万善归佑，吉利征集，一切群生，咸同兹愿。"（图一一六）

造像题记所见的"间散骑"者，应是北魏定都洛阳时代柔然王族郁久间氏受封于拓拔王朝
的贵族。其与安定王一门的联姻，反映了中原王朝对柔怀北方民族上层人士的重视。这是北朝
晚期黄河流域时常出现的政治问题，反映出草原丝绸之路人际往来、政治互动的时态。

同窟同壁北魏外戚于氏为女安乐郡君下嫁西域贵种耶奢难陀氏造释迦像题记，更有持踵
念悲、情真意彻的人际记事：

"比丘尼法隆感庆往因，得育天戚。故竭单诚，为女安乐郡君于氏嫁耶奢难陀，造释迦
像一区。愿女体妊多康，众恼永息，天算遐纪，亡灵加助。正光四年（523年）正月廿六日。"
（图一一七）

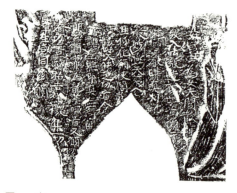

图一一六
龙门石窟古阳洞北壁永平四年（511年）安定王元
燮为女夫柔然王族闾散骑故入法敬造观世音像题记

图一一七
龙门石窟古阳洞正光四年（523年）北魏外戚于氏为女
安乐郡君下嫁西域豪族耶奢难陀氏造释迦像题记

按此法隆息女安乐郡君于氏，应即北魏宣武皇帝后族于姓的千金，其所远嫁他乡的夫主"耶奢难陀"其人，或即魏时西域白山部族中"野咥"一姓的贵族。这一婚姻事实的再现，应与郁久闾王室联姻元氏有着相同的历史背景[385]。

西域望族结聘中原的故实，洛阳出土墓志遗物中别有他例可资申叙。

如前引近代洛阳邙山出土车师前部王车伯生息妻鄯善王族鄯月光墓志及同地出土鄯善王宠之孙鄯乾墓志，即属中原仕人联姻西域豪门的实例。

（三）内典纪事与北魏中外佛教之往来

南北朝时代，佛教畅化，朝野信奉。尤其北魏享国两京期间，佛教文化之昌盛，与西域来华僧徒的弘扬有着不可分割的联系。从中可以看出当年中外意识形态的沟通，殆因丝绸之路的人际通化而形成。

北魏中印佛教的人际往来，内典多有详仍的披载。谨以唐初道宣法师《续高僧传》一书的载籍，即可管见全豹之一抹。

"释昙曜，未详何许人也。少出家，摄行坚贞，风鉴闲约。以元魏和平年（460～465年），住北台昭玄统。绥缉僧众，妙得其心。住恒安石窟通乐寺，即魏帝之所造也。去恒安西北三十里，

---

[385] 龙门所见"闾散骑"及"耶奢难陀"题记的探讨，参见张乃翥：《从龙门石窟造像遗迹看北魏民族关系中的几个问题》，《民族研究》1989年第2期，页32～40。

武周山谷北面石崖，就而镌之。建立佛寺，名曰'灵岩'。龛之大者，举高二十余丈，可受三千许人。面别镌像，穷诸巧丽。龛别异状，骇动人神。栉比相连，三十余里。东头僧寺，恒共千人。碑碣见存，未卒陈委。先是太武皇帝太平真君七年（446年），司徒崔皓邪佞谀词，令帝崇重道士寇谦之。拜为天师，弥敬老氏。虐刘释种，焚毁寺塔。至庚寅年（450年），太武感致疠疾，方始开悟。兼有白足禅师，来相启发。帝既心悔，诛夷崔氏，事列诸传。至壬辰年（452年），太武云崩，子文成立。即起塔寺，搜访经典。毁法七载，三宝还兴。曜慨前凌废，欣今重复。故于北台石窟，集诸德僧。对天竺沙门，译《付法藏传》并《净土经》。流通后贤，意存无绝"[386]。

"菩提流支，魏言道希，北天竺人也。遍通三藏，妙入总持。志在弘法，广流视听。遂挟道宵征，远莅葱左。以魏永平之初（508年），来游东夏。宣武皇帝，下敕引劳，供拟殷华。处之永宁大寺，四事将给七百梵僧。敕以留支为译经之元匠也。其寺本孝明皇帝熙平元年（516年）灵太后胡氏所立，在宫前阊阖门南御道之东。中有九层浮图，架木为之，举高九十余丈。上有金刹，复高十丈。出地千尺，去台百里已遥见。初营基日，掘至黄泉，获金像三十二躯。太后以为嘉瑞，奉信法之征也。是以饰制瑰奇，穷世华美。刹表置金宝瓶，容二十五斛。承露金盘，一十一重。铁锁角张，盘及锁上，皆有金铎，如一石瓮。九级诸角，皆悬大铎，上下凡有一百三十枚。其塔四面九间，六窗三户。皆朱漆扉扇，垂诸金铃，层有五千四百枚，复施金铎铺首。佛事精妙，殚土木之工。绣柱金铺，惊骇心目。高风永夜，铃铎和鸣。铿锵之音，闻十余里。北有正殿，形拟太极（殿）。中诸像设，金玉珠绣，作工巧奇，冠绝当世。僧房周接，千有余间。台观星罗，参差间出。雕饰朱紫，缋以丹青。栝柏桢松，异草丛集。院墙周匝，皆施椽瓦。正南三门楼，开三道三重。去地二百余尺，状若天门，赫奕华丽。夹门列四力士、四师子。饰以金玉，庄严焕烂。东西两门，例皆如此。所可异者，唯楼两重。北门通道，坦路而置。其四门外，树以青槐，亘以渌水。京师行旅，多庇其下。路断飞尘，不由浍云之润；清风送凉，岂藉合欢之发。乃诏中书舍人常景制寺碑。景，河内人。敏学博通，知名海内。太和十九年（495年），高祖擢为修律博士。有诏令刊定条格，永成通式。景乃商搉今古，条贯科牍，即《魏律》二十篇是也。历官中书舍人、黄门侍郎、秘书监、幽州刺史。居室贫俭，事若农家。唯有经史盈车，所著文集百余篇。给事中封晖伯，作序行世。寺既初成，明帝及太后共登浮图，视宫中

---

[386] 道宣：《续高僧传》卷一《释昙曜传》，《大正藏》卷五〇，（台北）新文丰出版公司，1983年，页427、428。

如掌内。下临云雨，上天清朗。以见宫内事故，禁人不听登之。自西夏东华，游历诸国者。皆曰：'如此塔庙，阎浮所无。'孝昌二年（526年），大风拔屋拔树，刹上宝瓶，随风而堕，入地丈余，复命工人更安新者。至永熙三年（518年）二月，为天所震。帝登凌云台望火，遣南阳王宝炬、录尚书长孙稚，将羽林一千来救。于斯时也，雷雨晦冥，霰雪交注。第八级中，平旦火起。有二道人，不忍焚烬，投火而死。其焰相续经余三月；入地刹柱，乃至周年，犹有烟气。其年五月，有人从东莱郡至，云见浮图在于海中，光明俨然，同睹非一。俄而云雾乱起，失其所在。至七月，平阳王为侍中斛斯椿所挟，西奔长安。至十月，而洛京迁于漳邺。先时流支奉敕，创翻《十地》。宣武皇帝命章一日，亲对笔受。然后方付沙门僧辩等，讫尽论文。佛法隆盛，英俊蔚然，相从传授，孜孜如也。帝又敕清信士李廓撰《众经录》。廓学通玄，条贯经论。雅有标拟，故其录云。三藏流支自洛及邺，爰至天平，二十余年。凡所出经三十九部，一百二十七卷。即《佛名》《楞伽》《法集》《深密》等经。《胜思惟》《大宝积》《法华》《涅盘》等论是也。并沙门僧朗、道湛及侍中崔光等笔受，具列唐贞观《内典录》。

廓又云。三藏法师流支房内经论梵本，可有万筴。所翻新文笔受槁本，满一间屋。然其慧解与勒那相亚，而神悟聪敏、洞善方言、兼工咒术，则无抗衡矣。尝坐井口，澡罐内空。弟子未来，无人汲水。流支乃操柳枝聊搅井中，密加诵咒才始数遍，泉水上涌平及井栏，即以钵酌用之盥洗。傍僧具见，莫测其神，咸共嘉叹大圣人也。流支曰：'勿妄褒赏，斯乃术法。外国共行，此方不习。谓为圣耳，惧惑世网。'遂秘不宣。

于时又有中天竺僧勒那摩提，魏云宝意。博瞻之富，理事兼通。诵一亿偈，偈有三十二字。尤明禅法，意存游化。以正始五年（508年）初届洛邑。译十地宝积论等大部二十四卷。又有北天竺僧佛陀扇多。魏言觉定。从正光元年（520年）至元象二年（539年）于洛阳白马寺及邺都金华寺，译出《金刚》《上味》等经十部。当翻经日，于洛阳内殿，流支传本，余僧参助。其后三德，乃徇流言。各传师习，不相询访。帝以弘法之盛，略叙曲烦，敕三处各翻，讫乃参校。其间隐没，互有不同；致有文旨，时兼异缀。后人合之，共成通部。见宝唱等录。

初，宝意沙门神理标异，领牒魏词，偏尽隅陬。帝每令讲《华严经》，披释开悟，精义每发。一日正处高座，忽有持笏执名者，形如大官，云奉天帝命，来请法师讲《华严经》意曰：'今此法席，尚未停止。待讫经文，当从来命。虽然法事所资，独不能建。都讲、香火、维那、梵呗，咸亦须之。可请令定。'使者即如所请，见讲诸僧。既而法事将了，又见前使云：'奉天帝命，故来下迎。'意乃含笑熙怡，告众辞诀。奄然卒于法座。都讲等僧，亦同时殒。魏境闻见，无不嗟美。

　　时又有沙门法场，于洛阳译《辩意长者问经》一卷。虽阙传对，而是正文，见法上录。又熙平元年（516 年），有南天竺波罗柰城婆罗门，姓瞿昙氏，名般若流支，魏言智希。

　　从元年（516 年）至兴和末（542 年）于邺城译《正法念》《圣善住》《回诤》《唯识》等经论，凡一十四部，八十五卷。沙门昙林、僧昉等笔受。当时有沙门菩提流支与般若流支前后出经，而众录传写，率多轻略。各去上字，但云流支，而不知是何流支。迄今群录，译目相涉，难得详定"[387]。

　　"佛陀禅师，此云觉者，本天竺人。学务静摄，志在观方。结友六人，相随业道。五僧证果，惟佛陀无获。遂勤苦励节，如救身衣。进退惟谷，莫知投厝。时得道友曰：'修道借机，时来便克。非可斯须，徒为虚死。卿于震旦，特是别缘。度二弟子，深有大益也。'因从之游历诸国，遂至魏北台之恒安焉。时值孝文，敬隆诚至，别设禅林。凿石为龛，结徒定念。国家资供，倍架余部。而征应潜着，皆异之非常人也。恒安城内康家，赀财百万，崇重佛法。为佛陀造别院，常居室内，自静遵业。有小儿见门隙内炎火赫然，惊告院主。合家总萃，都无所见。其通征玄，观斯例众也。识者验以为得道矣。后随帝南迁，定都伊洛。复设静院，敕以处之。而性爱幽栖，林谷是托。屡往嵩岳，高谢人世。有敕就少室山为之造寺，今之少林是也。帝用居处，四海息心之俦。闻风响会者，众恒数百。笃课出要，成济极焉。时或告众曰：'此少林精舍，别有灵祇卫护。一立已后，终无事乏。'由使造者弥山，而僧廪丰溢，沿彼至今，将二百载。虽荒荐频繁而寺业充实，远用比之佛陀，无谬传矣。时又入洛，将度有缘。沙门慧光，年立十二。在天门街井栏上，反踢蹀䲹，一连五百。众人諠竞，异而观之。佛陀因见，惟曰：'此小儿世戏有工，道业亦应无昧。'意欲引度，权以杖打头，声响清澈。既善声论，知堪法器。乃问：'能出家不？'光曰：'固其本怀耳。'遂度之。解冠终古，具如别传。又令弟子道房度沙门僧稠，教其定业。自化行东夏，惟此两贤，得道记之，谅有深疑。年渐迟暮，不预僧伦。委诸学徒，自相成业。躬移寺外，别处零房。感一善神，常随影护。亦令设食，而祠飨之。后报欲终，在房门之壁，手画神像。于今尚存。"[388]

---

[387]　道宣：《续高僧传》卷一《菩提流支传》，《大正藏》卷五〇，（台北）新文丰出版公司，1983 年，页 428、429。

[388]　道宣：《续高僧传》卷一六《佛陀禅师传》，《大正藏》卷五〇，（台北）新文丰出版公司，1983 年，页 551。

162

"菩提达摩，南天竺婆罗门种。神慧疏朗，闻皆晓悟。志存大乘，冥心虚寂。通微彻数，定学高之。悲此边隅，以法相导。初达宋境南越，末又北度至魏。随其所止，诲以禅教。于时合国，盛弘讲授。乍闻定法，多生讥谤。有道育、慧可，此二沙门。年虽在后，而锐志高远。初逢法将，知道有归。寻亲事之，经四五载。给供咨接，感其精诚。诲以真法，如是安心，谓壁观也。如是发行，谓四法也。如是顺物，教护讥嫌。如是方便，教令不着。然则入道多途，要唯二种，谓理行也。藉教悟宗，深信含生。同一真性，客尘障故。令舍伪归真，疑住壁观。无自无他，凡圣等一。坚住不移，不随他教。与道冥符，寂然无为，名理入也。行入四行，万行同摄。

初报怨行者，修道苦至，当念往劫。舍本逐末，多起爱憎。今虽无犯，是我宿作。甘心受之，都无怨对。经云：'逢苦不忧，识达故也。'此心生时，与道无违，体怨进道故也。

二随缘行者，众生无我，苦乐随缘。纵得荣誉等事，宿因所构，今方得之。缘尽还无，何喜之有。得失随缘，心无增减。违顺风静，冥顺于法也。

三名无所求行，世人长迷，处处贪着。名之为求，道士悟真，理与俗反。安心无为，形随运转。三界皆苦，谁而得安。经曰：'有求皆苦。无求乃乐也。'

四名称法行，即性净之理也。摩以此法，开化魏土。识真之士，从奉归悟。录其言诰，卷流于世。自言年一百五十余岁。游化为务，不测于终。"[389]

"释僧可，一名慧可，俗姓姬氏，虎牢人。外览坟素，内通藏典。末怀道京华，默观时尚。独蕴大照，解悟绝群。虽成道非新，而物贵师受。一时令望，咸共非之。但权道无谋，显会非远。自结斯要，谁能系之。年登四十，遇天竺沙门菩提达摩游化嵩洛。可怀宝知道，一见悦之。奉以为师，毕命承旨。从学六载，精究一乘。理事兼融，苦乐无滞。而解非方便，慧出神心。可乃就境，陶研净秽，埏埴方知。力用坚固，不为缘陵。达摩灭化洛滨，可亦埋形河涘。"[390]

"释僧达，俗姓李，上谷人。十五出家，游学北代，听习为业。及受具后，宗轨毗尼。进止沉审，非先祖习。年登二夏，为魏孝文所重。邀延庙寺，阐弘四分。而形器异伦，见者惊奉。虎头长耳，双齿过寸。机论适变，时其高美。与徐州龙达，各题称谓。寻复振锡洛都，因遇勒那。三岁，奉其新诲。不久值那迁化，覆述《地论》，声骇伊谷。令望归信，相次称谒。后听光师《十

---

[389] 道宣：《续高僧传》卷一六《菩提达摩传》，《大正藏》卷五○，（台北）新文丰出版公司，1983 年，页 551。

[390] 道宣：《续高僧传》卷一六《释僧可传》，《大正藏》卷五○，（台北）新文丰出版公司，1983 年，页 551、552。

地》，发明幽旨，遂从受菩萨戒焉。因从请业，有名学众。

又南会徐部，随通《地论》。梁武皇帝拨乱弘道，衔闻欣然。遂即济江，造宫请见。敕驸马殷均，引入重云殿。自昼通夜，传所未闻。连席七宵，帝叹嘉瑞。因从受戒，誓为弟子。下敕住同泰寺，降礼供奉。旬别入殿，开示弘理。年移一纪，道怀有据。请辞还魏，乃经七启，方许背梁。

时兖州行台侯景为造二寺，山名天观。治曰：'丈六'。达念身为苦器，难可维持。乃试履裁约，饵苓断粒。自此终报，资用通生。末为魏废帝中王敕仆射高隆之召入邺都，受菩萨戒。暨齐文宣特加殊礼，前后六度，归崇十善。达性爱林泉，居闲济业。帝为达于林虑山黄华岭下立洪谷寺。又舍神武旧庙，造定寇寺。两以居之……"[391]

"勒那漫提，天竺僧也。住元魏洛京永宁寺，善五明，工道术。时信州刺史綦母怀文，巧思多知，天情博识。每国家营宫室器械，无所不关。利益公私，一时之最。又敕令修理永宁寺，见提有异术。常送饷只承，冀有闻见。而提视之平平，初无叙接。文心恨之。时洛南玄武馆，有一蠕蠕客，曾与提西域旧交。乘马衣皮，时来造寺。二人相得，言笑抵掌，弥日不懈。文旁见夷言，不晓往复。乃谓提曰：'弟子好事人也。比来供承，望师降意。而全不赐一言。此北狄耳，兽心人面，杀生血食，何足可尚。不期对面，遂成彼此。'提曰：'尔勿轻他。纵使读万卷书，用未必相过也。'怀文曰：'此所知，当与捔技赌马。'提曰：'尔有何耶？'曰：'算术之能，无问望山临水，县测高深。围圆蹋窖，不舛升合。'提笑而言曰：'此小儿戏耳。'庭前有一枣树极大，子实繁满。时七月初，悉已成就。提仰视树曰：'尔知其上可有几许子乎？'文怪而笑曰：'算者所知，必依钩股标候。则天文地理，亦可推测。草木繁耗，有何形兆？计斯寔漫言也。'提指蠕蠕曰：'此即知之。'文愤气不信，即立契赌马。寺僧老宿，咸来同看，其立旁证。提具告蠕蠕，彼笑而承之。文复要云：'必能知者，几许成核、几许烟死无核。'断许既了。蠕蠕腰间皮袋里出一物，似今秤衡。穿五色线，线别贯白珠。以此约树，或上或下，或旁或侧。抽线映眼，周回良久。向提撼头而笑，述其数焉。乃遣人扑子实下尽，一一看阅。疑者文自剖看，校量子数成不。卒无欠剩。因获马而归。提每见洛下人，远向嵩高、少室取薪者。自云：'百姓如许地，担负辛苦。我欲暂牵取二山，枕洛水头。待人伐足，乃还放去。不以为难，此但数术耳。但无知者，诬我为圣，所以不敢。'提临欲终，语弟子曰：'我更停五三日，往一处行。汝等念修正道，勿怀眷恋。'便寝疾、

---

[391] 道宣：《续高僧传》卷一六《释僧达传》，《大正藏》卷五〇，（台北）新文丰出版公司，1983 年，页 552、553。

闭户卧。弟子窃于门隙视之，见提身不着床，在虚仰卧，相告同视。一僧忽欵，提还床如旧。遥谓曰：'门外是谁，何不来入。我以床热故取凉，尔勿怪也。'是后数日，便舍命矣。"[392]

"释慧达，姓刘，名窣（苏骨反）和。本咸阳东北。三城定阳稽胡也。先不事佛，目不识字。为人凶顽，勇健多力。乐行猎射，为梁城突骑，守于襄阳。父母兄弟，三人并存。居家大富，豪侈乡间，纵横不理。后因酒会遇疾，命终备，睹地狱众苦之相，广有别传，具详圣迹。达后出家，住于文成郡。今慈州东南高平原，即其生地矣。见有庙像，戎夏礼敬，处于治下安民寺中。曾往吴越，备如前传。至元魏太武太延元年（436年），流化将讫，便事西返。行及凉州番禾郡东北望御谷，而遥礼之。人莫有晓者，乃问其故。达云：'此崖当有像现，若灵相圆备，则世乐时康；如其有阙，则世乱民苦。'达行至肃州酒泉县城西七里石涧中死。其骨并碎，如葵子大，可穿之。今在城西古寺中，塑像手上。寺有碑云：'吾非大圣，游化为业。'文不具矣。尔后八十七年至正光（520～524年）初，忽大风雨，雷震山裂，挺出石像。举身丈八，形相端严，惟无有首登。即选石命工，雕镌别头。安讫还落，因遂任之。魏道陵迟，其言验矣。逮周元年（557年），治凉州城东七里涧，忽有光现，彻照幽显。观者异之，乃像首也。便奉至山岩安之，宛然符会。仪容雕缺，四十余年。身首异所，二百余里。相好还备，太平斯在。保定元年（561年），置为瑞像寺焉。乃有灯光流照，钟声飞向，相续不断，莫测其由。建德初年（572年），像首频落。大蒙宰及齐王，躬往看之。乃令安处，夜落如故，乃经数十。更以余物为头，终坠于地。后周灭佛法。，仅得四年，邻国殄丧。识者察之，方知先鉴。虽遭废除，像犹特立。开皇之始（581年），经像大弘。庄饰尊仪，更崇寺宇。大业五年（609年）。炀帝躬往，礼敬厚施。重增荣丽，因改旧额为感通寺焉。故令模写传形，量不可测。约指丈八，临度终异。致令发信，弥增日新。余以贞观之初（627年）历游关表，故谒达之本庙。图像俨肃，日有隆敬。自石、隰、慈、丹、延、绥、威、岚等州，并图写其形，所在供养，号为刘师佛焉。因之惩革胡性，奉行戒约者殷矣。见姚道安制像碑。"[393]

由内典文献记载北魏洛阳永宁寺曾有"七百梵僧"的"四事将给"，可见当年游方中夏

[392] 道宣：《续高僧传》卷二五《勒那漫提传》，《大正藏》卷五〇，（台北）新文丰出版公司，1983年，页644、645。

[393] 道宣：《续高僧传》卷二五《释慧达传》，《大正藏》卷五〇，（台北）新文丰出版公司，1983年，页644、645。

的西方僧众为数的繁颢。频繁稠密如此的人际行止，足以反映当时中外交流、社会往来的畅通。

不仅如此，对于西方世界络绎款塞、频示友好的行径，北魏王庭亦有不失时机的响应，从中可以窥见有魏一代丝绸之路沿线各国人事互访之丛仍。

《魏书·西域传》记载："熙平（516～517年）中，肃宗遣王伏子统宋云、沙门法力等使西域访求佛经，时有沙门慧生者亦与俱行，正光中还。"[394]

神龟元年（518年）宋云与崇立寺比丘惠生西行取经的史事，《洛阳伽蓝记》曾有详细的转述。人们由此知道，宋云一行寻访沿途，远至中亚，于正光三年（522年）二月返回洛阳，凡得佛经"一百七十部，皆是大乘妙典"[395]。此乃中外佛教文化交流史上一段值得流芳后世的佳话。惠生此行有《行记》一篇，详细记载了经历诸国的道里物产、风土人情，对中原社会了解西域风俗有着珍贵的文献价值。

（四）小结

南北朝时代，一统黄河流域的拓跋王朝，宁以秦岭、淮河分域而治的疆土守成，亦不惜军旅压境远袭五凉与高昌。这内中俯蕴的政治取向，显然在于优先控制丝绸之路日益高涨的资源收益。

元魏时期在都城南侧伊洛河畔专门设置的"四夷馆"，无疑是充分认识到丝路经略带来巨大收益而特意与此对接的都城建制。

不仅如此，自然与人文地理学考察告诉我们，汉魏洛阳故城以南、以东的伊洛河平原，直至巩县南河渡的洛水黄河入口，地形平缓、水流匀速，是洛阳通往豫东、江淮的天然孔道。

以此经由鸿沟、邗江的南行，显然可以抵达盛产丝绸的江淮一带。

如此看来，都城滨河一带"四夷馆"的设立，"天下难得之货，咸悉在焉"的市场定格，的确从国家意识角度透露出北魏王朝经营丝绸之路国际贸易收益巨大的客观存在。

[394]　魏收：《魏书》卷一〇二《西域传》，中华书局，1974年，页2278、2279。
[395]　杨衒之：《洛阳伽蓝记》卷五《城北》条，上海古籍出版社，1978年，页251～342。

第五章
Chapter V

杨隋时代中外经济交往对
丝路构建的国家突破

——大运河的开凿，隋炀帝对东都财赋
价值的开发

（一）中国早期漕运之回溯

众所周知，有隋一代最为重大的一项水利交通建设，即是大运河的开凿与经营。

史载大业元年（605年）三月，"徙天下富商大贾数万家于东京。辛亥，发河南诸郡男女百余万开通济渠，自西苑引谷、洛水达于河，自板渚引河通于淮"[396]。这一沟通河、淮的国家水文工程的出现，根本原因即在于一统六朝的杨隋帝国，对南方丝绸资源的运输开发有着突出的交通需求。

隋炀帝发起的这一国家水利工程，实际上也是对中国早期运河工程的继承和发展。这从以下史籍纪事中可以看出二者的历史渊源。

"禹堙洪水十三年……九川既疏，九泽既陂，诸夏义安，功施乎三代。自是之后，荥阳下引河东南为鸿沟，以通宋、郑、陈、蔡、曹、卫，与济、汝、淮、泗会。于楚，西方则通渠汉川、云梦之际，东方则通沟江淮之间。于吴，则通渠三江、五湖。于齐，则通淄、济之间。于蜀，则蜀守李冰凿离锥，避沫水之害，穿二江成都中。此渠皆可行舟，有余则用溉，百姓飨其利。"[397]

这其中最为著名的邗江与鸿沟的构建，实为中国运河史上具有开创意义的事件。

公元前5世纪的春秋末期，吴王夫差为了与北方齐国抗衡，从今扬州市西长江边向东北开凿航道，沿途拓沟穿泊至射阳湖，经淮安旧城北五里与淮河连接，是为邗沟。这条水运航道开辟后，不仅向北可由泗水直抵齐鲁，而且避免了以往江船入淮必冒泛海航行的波涛风险。

其二，战国时期魏惠王十年（前360年）所兴建的鸿沟，是中国古代最早沟通黄、淮二河的人工水道。其位于古代荥阳的成皋一带（今河南省郑州市荥阳县）。这条航道修通后，经过秦代（前221～前206年）、汉代（前206～23年）、魏、晋、南北朝（220～581年）的后续经营，一直是中原地区贯通黄、淮之间的最为主要的水运交通线路之一。

除此之外，西汉武帝时期，"郑当时为大司农，言'异时关东漕粟从渭上，度六月罢，而渭水道九百余里，时有难处。引渭穿渠起长安，旁南山下，至河三百余里，径，易漕，度

---

[396]　魏征等：《隋书》卷三《炀帝纪》，中华书局，1973年，页63。

[397]　班固：《汉书》卷二九《沟洫志》，中华书局，1962年，页1675～1677。

可令三月罢，而渠下民田万余顷又可得以溉，此损漕省卒，而益肥关中之地，得穀。'上以为然，令齐人水工徐伯表，发卒数万人穿漕渠，三岁而通。以漕，大便利。其后漕稍多，而渠下之民颇得以溉矣"[398]。

又两晋时代，洛阳已有漕运交通的旧事。《晋书》卷五六《孙处附孙绰传》载：孙绰，"字兴公。博学善属文，少与高阳许询俱有高尚之志……时大司马桓温欲经纬中国，以河南粗平，将移都洛阳。朝廷畏温，不敢为异，而北土萧条，人情疑惧，虽并知不可，莫敢先谏。绰乃上疏曰：'伏见征西大将军臣温表"便当躬率三军，讨除二寇，荡涤河渭，清洒旧京。然后神旗电舒，朝服济江，反皇居于中土，正玉衡于天极。" 斯超世之弘图，千载之盛事。然臣之所怀，窃有未安……臣之愚计，以为且可更遣一将有威名资实者，先镇洛阳，于陵所筑二垒以奉卫山陵，扫平梁许，清一河南，运漕之路既通，然后尽力于开垦，广田积谷，渐为徙者之资……'"[399] 这一史传记事业已表明，至迟在两晋之际，洛阳已有针对"梁、许"屯田而开辟的"运漕"设施。建康时代孙绰如此之设想，无疑希冀恢复洛京旧章以图便宜。

史书传之有序的这等记载，为我们认识隋唐时代运河交通，提供了一个可资参考的历史背景。而所有这些纵贯江、河之间的水上动脉，极大的方便了中原地区与南方桑稻之乡物流的沟通。这势必启迪着后代运河首通江南的工程取向。

大业元年（605 年）隋炀帝敕修通济渠，从洛阳西苑沿洛水经黄河入鸿沟直通淮河边上的山阳（今江苏淮安）。同年疏通扩大了邗沟旧道，使中原水运直抵于长江。

（二）一项贯通中国南北而汇织东都的大运河，开启了东西方丝绸贸易的新时代

有隋之前中国水运史上这种南北走向的漕运工程，其实包含着国人对自然地理学（physical geography）和人文地理学（human geography）的生态伦理的利用与开发。

从前者的视野考察，人类早已知道，地球的温度分布，自南北两极向赤道呈现出逐渐上升的趋势，这决定了地球植物"热值产量（heat-determined vegetation growth）"自两极到赤道逐渐增加的趋势。

---

[398] 班固：《汉书》卷二九《沟洫志》，中华书局，1962 年，页 1679。

[399] 房玄龄等：《晋书》卷五六《孙楚附孙绰传》，中华书局，1974 年，页 1546。

日本真人元开撰《唐大和上东征传》，对唐代我国岭南——尤其是海南——物产即有如下的纪事。

"大和尚讳鉴真，扬州江阳县人也。俗姓淳于，齐辩士髡之后也……夜发，经三日，乃到振州江口泊舟。其经纪人往报郡，其别驾凭崇债，遣兵四百余人来迎。引至州城，别驾来迎乃云：'弟子早知大和上来，昨夜梦有僧姓丰田，当是债舅。此间若有姓丰田者否？'众僧皆云无也。债曰：'此间虽无姓丰田人，而今大和上即将当弟子之舅。'即迎入宅内，设斋供养。又于大守厅内，设会授戒，仍入州大云寺安置。其寺佛殿坏废，众僧各舍衣物造佛殿，住一年造了。别驾凭崇债自备甲兵八百余人，送经四十余日，至万安州。州大首领凭若芳请住其家，三日供养。若芳每年常劫取波斯舶三二艘，取物为己货。掠人为奴婢。其奴婢居处南北三日行，东西五日行。村村相次，总是若芳奴婢之住处也。若芳会客，常用乳头香为灯烛，一烧一百余斤。其宅后苏芳木，露积如山。其余财物，亦称此焉。行到岸州界，无贼，别驾乃回去。荣睿、普照师从海路经四十余日到岸州。州游弈大使张云出迎拜谒，引入令住开元寺。官寮参省，设斋施物，盈满一屋。彼处珍异口味，乃有益知子、槟榔子、荔支子、龙眼、甘蔗。拘莚楼头，大如钵盂，甘甜于蜜，花如七宝色。胆唐香树，丛生成林。风至，香闻五里之外。又有波罗捺树，果大如冬瓜，树似楂植。毕钵、草子同。今见叶如水葱，其根味似干柿。十月作田，正月收粟。养蚕八度，收稻再度……

三日三夜便达雷州、罗州、辨州、象州、白州、佣州、藤州、梧州、桂州等，官人僧道父老，迎送礼拜，供养承事。其事无量，不可言记……时南海郡太都督五府经略采访大使摄御史中丞广州大守卢焕，牒下诸州，迎大和上向广府。时凭都督来，亲送大和上，自扶上船，口云：'古璞与大和上，终至弥勒天宫相见。'而悲泣别去。下桂江七日至梧州。次至端州龙兴寺，荣睿师奄然迁化。大和上哀恸悲切，送丧而去。端州太守迎引，送至广州。卢都督率诸道俗，出迎城外。恭敬承事，其事无量。引入大云寺。四事供养，登坛受戒。此寺有呵梨勒树二株，子如大枣（橄榄树也，油橄榄拉丁文学名 olive/ 阿勒布，即是西方对橄榄的原始称呼。东汉晚期以来洛阳和邺城一带迭有橄榄树的引进和种植，惜气温偏低，率少成活至今——张成渝、张乃翥按）……是岁天宝九载（750 年）也。"[400]

---

[400]　[日] 真人元开：《唐大和上东征传》，《大正藏》第 51 册，（台北）新文丰出版公司，1983 年，
　　　页 988 ~ 991。

图一一八
洛阳唐代含嘉仓窖藏中出土的一些
南方贡粮铭刻

史籍有关我国岭南地区"养蚕八度，收稻再度"的记事，从资源赋存视域显示出中国南方一带丝绸、粮产的地理优势。联系到同年洛阳含嘉仓国家仓储设施的建立，显然可以看出隋炀帝之敕修通济渠，是与储备江淮物资供应统一部署的。隋唐东都城东回洛仓国家粮食仓储设施的建设及其含嘉仓唐代窖藏中一些南方贡粮铭刻的出土（图一一八）[401]，无疑可以让人们想象到隋代运河首先沟通南方的水系，原本有着尽早开发南方物产北运东都能力的战略决策的意义。

由此可见，隋代东都财经之富庶，大运河起到了举足轻重的推动作用。

（三）从河西走廊到东都，络绎不绝的招徕胡人的"国家"集市，形成了一道靓丽于东方的人文风景线

有隋一代丝绸之路的繁荣，与一位山西籍历史人物有着密切的联系。此人便是以谙悉西域民情著称于当时的黄门侍郎裴矩。

"裴矩，字弘大，河东闻喜人也。祖他，魏都官尚书。父讷之，齐太子舍人。矩襁褓而孤，及长好学，颇爱文藻，有智数。世父让之谓矩曰：'观汝神识，足成才士，欲求宦达，当资干世之务。'矩始留情世事。……以功拜开府，赐爵闻喜县公，赉物二千段。除民部侍郎，寻迁内史侍郎……炀帝即位，营建东都，矩职修府省，九旬而就。时西域诸蕃，多至张掖，与中国交市。帝令矩掌其事。矩知帝方勤远略，诸商胡至者，矩诱令言其国俗山川险易，撰《西域图记》三卷，入朝奏之。其序曰：

'臣闻禹定九州岛，导河不逾积石；秦兼六国，设防止及临洮。故知西胡杂种，僻居遐裔，礼教之所不及，书典之所罕传。自汉氏兴基，开拓河右，始称名号者，有三十六国，其后分立，乃五十五王。仍置校尉、都护，以存招抚。然叛服不恒，屡经征战，后汉之世，频废此

[401] 余扶危、贺官保：《洛阳东都隋唐含嘉仓》，文物出版社，1982年。

官。虽大宛以来，略知户数，而诸国山川，未有名目。至如姓氏风土，服章物产，全无纂录，世所弗闻。复以春秋递谢，年代久远，兼并诛讨，互有兴亡。或地是故邦，改从今号，或人非旧类，因袭昔名。兼复部民交错，封疆移改，戎狄音殊，事难穷验。于阗之北，葱岭以东，考于前史，三十余国。其后更相屠灭，仅有十存。自余沦没，扫地俱尽，空有丘墟，不可记识。皇上膺天育物，无隔华夷，率土黔黎，莫不慕化。风行所及，日入以来，职贡皆通，无远不至。臣既因抚纳，监知关市，寻讨书传，访采胡人，或有所疑，即详众口。依其本国服饰仪形，王及庶人，各显容止，即丹青模写，为《西域图记》，共成三卷，合四十四国。仍别造地图，穷其要害。从西顷以去，北海之南，纵横所亘，将二万里。谅由富商大贾，周游经涉，故诸国之事，罔不遍知。复有幽荒远地，卒访难晓，不可凭虚，是以致阙。而二汉相踵，西域为传，户民数十，即称国王，徒有名号，乃乖其实。今者所编，皆余千户，利尽西海，多产珍异。其山居之属，非有国名，及部落小者，多亦不载。发自敦煌，至于西海，凡为三道，各有襟带。北道从伊吾，经蒲类海铁勒部突厥可汗庭，度北流河水，至拂菻国，达于西海。其中道从高昌、焉耆、龟兹、疏勒、度葱岭，又经钹汗、苏对沙那国、康国、曹国、何国、大小安国、穆国，至波斯，达于西海。其南道从鄯善，于阗、朱俱波、喝盘陀，度葱岭，又经护密、吐火罗、挹怛、忛延、漕国，至北婆罗门，达于西海。其三道诸国，亦各自有路，南北交通。其东女国、南婆罗门国等，并随其所往，诸处得达。故知伊吾、高昌、鄯善，并西域之门户也。总凑敦煌，是其咽喉之地。以国家威德，将士骁雄，泛蒙汜而扬旌，越昆仑而跃马，易如反掌，何往不至！但突厥、吐浑分领羌胡之国，为其拥遏，故朝贡不通。今并因商人密送诚款，引领翘首，愿为臣妾。圣情含养，泽及普天，服而抚之，务存安辑。故皇华遣使，弗动兵车，诸蕃即从，浑、厥可灭。混一戎夏，其在兹乎！不有所记，无以表威化之远也。'帝大悦，赐物五百段，每日引矩至御坐，亲问西方之事。矩盛言胡中多诸宝物，吐谷浑易可并吞。帝由是甘心，将通西域，四夷经略，咸以委之。转民部侍郎，未视事，迁黄门侍郎。帝复令矩往张掖，引致西蕃，至者十余国。大业三年（607年），帝有事于恒岳，咸来助祭。帝将巡河右，复令矩往敦煌。矩遣使说高昌王麹伯雅及伊吾吐屯设等，啗以厚利，导使入朝。及帝西巡，次燕支山，高昌王、伊吾设等及西蕃胡二十七国，谒于道左。皆令佩金玉，被锦罽，焚香奏乐，歌儛喧噪。复令武威、张掖士女盛饰纵观，骑乘填咽，周亘数十里，以示中国之盛。帝见而大悦。竟破吐谷浑，拓地数千里，并遣兵戍之。每岁委输巨亿万计，诸蕃慑惧，朝贡相续。帝谓矩有绥怀之略，进位银青光禄大夫。其冬，帝至东都，矩以蛮夷朝贡者多，讽帝令都下大戏。征四方奇技异艺，陈于端门街，衣锦绮、珥金翠者以十数万。又勒百官及民士女列坐棚阁而纵观焉。皆被服鲜丽，终月乃罢。又令三市店肆皆设帷帐，盛列酒食，遣掌蕃率蛮夷与民贸易，所至之处，悉令邀延就坐，醉饱而散。蛮夷嗟叹，谓中国为神仙。帝称其至诚，顾谓宇文述、牛弘曰：'裴矩大识朕意，凡所陈奏，皆朕之成算。未发之顷，矩辄以闻。自非奉国用心，孰能若是！'帝遣将军薛世雄城伊吾，令矩共往经略。矩讽谕西域诸国曰：'天子为蕃人交易悬远，所以城伊吾耳。'咸以为然，不复来竞。及还，赐钱四十万。矩又白状，令反间射匮，潜攻处罗，语在《突厥传》。后处罗为射匮所迫，竟随使者入朝。帝大悦，赐矩以貂裘及西域珍器。

从帝巡于塞北，幸启民帐。时高丽遣使先通于突厥，启民不敢隐，引之见帝。矩因奏状曰：'高丽之地，本孤竹国也。周代以之封于箕子，汉世分为三郡，晋氏亦统辽东。今乃不臣，别为外域，故先帝疾焉，欲征之久矣。但以杨谅不肖，师出无功。当陛下之时，安得不事，使此冠带之境，仍为蛮貊之乡乎？今其使者朝于突厥，亲见启民，合国从化，必惧皇灵之远畅，虑后伏之先亡。胁令入朝，当可致也。'帝曰：'如何？'矩曰：'请面诏其使，放还本国，遣语其王，令速朝观。不然者，当率突厥，即日诛之。'帝纳焉。高元不用命，始建征辽之策。王师临辽，以本官领武贲郎将。明年，复从至辽东。兵部侍郎斛斯政亡入高丽，帝令矩兼掌兵事。以前后渡辽之役，进位右光禄大夫。于时皇纲不振，人皆变节，左翊卫大将军宇文述、内史侍郎虞世基等用事，文武多以贿闻。唯矩守常，无赃秽之响，以是为世所称。

还至涿郡，帝以杨玄感初平，令矩安集陇右。因之会宁，存问曷萨那部落，遣阙达度设寇吐谷浑，频有虏获，部落致富。还而奏状，帝大赏之。后从师至怀远镇，诏护北蕃军事。矩以始毕可汗部众渐盛，献策分其势，将以宗女嫁其弟叱吉设，拜为南面可汗。叱吉不敢受，始毕闻而渐怨。矩又言于帝曰：'突厥本淳，易可离间，但由其内多有群胡，尽皆桀黠，教导之耳。臣闻史蜀胡悉尤多奸计，幸于始毕，请诱杀之。'帝曰：'善。'矩因遣人告胡悉曰：'天子大出珍物，今在马邑，欲共蕃内多作交关。若前来者，即得好物。'胡悉贪而信之，不告始毕，率其部落，尽驱六畜，星驰争进，冀先互市。矩伏兵马邑下，诱而斩之。诏报始毕曰：'史蜀胡悉忽领部落走来至此，云背可汗，请我容纳。突厥既是我臣，彼有背叛，我当共杀。今已斩之，故令往报。'始毕亦知其状，由是不朝。十一年，帝北巡狩，始毕率骑数十万，围帝于雁门。诏令矩与虞世基每宿朝堂，以待顾问。及围解，从至东都。属射匮可汗遣其犹子，率西蕃诸胡朝贡，诏矩宴接之。"

故"史臣曰……裴矩学涉经史，颇有干局，……承望风旨，与时消息，使高昌入朝，伊吾献地，聚粮且末，师出玉门，关右骚然，颇亦矩之由也。"[402]

---

[402] 魏征等：《隋书》卷六七《裴矩传》，中华书局，1973 年，页 1577 ~ 1584。

《裴矩传》的纪事，至少告诉我们两个重要的信息。

其一，高昌、伊吾、且末、玉门一线丝路的沟通，招徕了西域胡商的络绎东来。以致大业三年（607年）冬炀帝再至东都，"矩以蛮夷朝贡者多，讽帝令都下大戏。征四方奇技异艺，陈于端门街，衣锦绮、珥金翠者以十数万。又勒百官及民士女列坐棚阁而纵观焉。皆被服鲜丽，终月乃罢。又令三市店肆皆设帷帐，盛列酒食，遣掌蕃率蛮夷与民贸易，所至之处，悉令邀延就坐，醉饱而散。蛮夷嗟叹，谓中国为神仙"。从而形成兴生胡商对东都洛阳商贸地位的亲身感受。

东都城下的胡人盛会，剥去史料人事张扬的夸饰成分，从政治层面来考虑，隋炀帝锐意招徕西域商贩的举措，无疑透视出当年中原王朝培育丝绸之路中外社会往来的国家意图。这一事实的本身，与大运河的修建，实质上都是中华民族有意扩大中外社会沟通和文化交流的事业建树。

其二，突厥"其内多有群胡"。且其曾有"率其部落，尽驱六畜，星驰争进，冀先互市"的趋利动态。这就刺激了杨隋王朝通过华北草原丝绸之路积极接与西域诸胡的政治敏感。中国江淮以南数以倍增的桑丝幅员规模化的贸易转输，已经提到了中原王朝的国家议事日程上来。继通济渠南抵江淮之后，永济渠越三年又直趋于涿郡。凡此连贯不辍之用工，质而言之，恰是有隋帝国意识到幽燕地区在沟通"草原丝绸之路"的转输贸易中，有着不可替代的人文地理的价值。

史料表明，燕山以南、黄河以北自魏晋十六国以来，即为西域商胡兴贩华夏的广袤地带。

有隋一代中国北方因草原丝绸之路的开辟而聚居大量兴生胡人的时态，出土石刻史料即有不乏的纪事信息。

如近年磁县滏阳出土开皇九年（589年）王孝深墓志，载开皇年间其曾受命"检相、卫二州商胡事"（图一一九）。由此可见河北一带自来便是兴胡争商趋利的热点地区，这已引起隋初国家的正视，于是便有炀帝拓展运河入冀的筹划。

图一一九
近年磁县滏阳出土的开皇九年（589年）王孝深墓志

174

与相、卫二州毗近的恒州，隋唐时代亦多有粟特胡人的居住。近代当地出土武周时期《史善法墓志》序曰："君讳善法，字丑仁，济北郡人。祖、父咸任昭武校尉，并雄才拔众。君皇朝版授恒州中□（山）□（县）令。春秋七拾有五，长安二年（702年）十二月三日终于私第。"[403]

由于史善法"祖、父咸任昭武校尉"这一隋唐时代胡人时常担任的武职官衔，所以我们认为其民族出身应即来自西域的粟特之裔。又从史氏墓志铭中有着"托姓夷远"的说法，故学界有人认为其即粟特胡人殆无疑问。加之他的夫人姓康，与粟特人族内通婚的传统习俗颇相吻合。中山县本即恒州府治，所以史善法正是安史之乱以前已在恒州任职的粟特人。

另在恒州以北的定州地区，至少在北周灭佛后，即有信仰祆教的粟特胡人聚落的存在。如著名的石刻《惠郁造像记》记事有谓："故魏七帝旧寺，后周建德六年（577年）破灭大像，僧尼还俗。天元承帝，改为宣政（578年），前定州赞治、并州总管府户曹参军博陵人崔子石，萨甫下司录商人何永康二人，同赎得七帝寺。"[404] 值得注意的是，以资财参与赎回"七帝寺"的"萨甫下司录"何永康载明身份乃是一位"商人"，可见当年这一带粟特胡商的众多，否则不至于这里需要有"萨甫"这类管理祆教信众的人事实体的出现。又从主事者汉人崔子石"前定州赞治、并州总管府户曹参军"身份沿革来考察，显然可以看出其与定州、并州一带的胡商有着密切的人事联系。考虑到传统的"鄂尔多斯沙漠丝绸之路"自北魏削平河西以来的畅通，定州一带必为这一通商孔道上一处胡商贩客人口云聚的地区。

1964年12月，河北定县一处北魏遗址中出土了一件太和五年（481年）的石函。函中埋藏了货币、金、银、铜、琉璃、玉、玛瑙、水晶、珍珠、贝、珊瑚等5657件文物。货币中含波斯萨珊朝银币41枚，其中标本"7∶3"号银币，系耶斯提泽德二世（438～457年）时之物，其边沿左边有一"S"符号，下边有一行打印上去的嚈哒文字——表示此币可以在其国境内作为法币使用。"这枚银币是我国境内第一次发现的和嚈哒国有关的实物史料"，反映出北魏时期定州与西域地区有着密切的交通联系，对于研究中古时期中国与中亚地区的社会

---

[403]　图版见北京图书馆金石组：《北京图书馆藏中国历代石刻拓本汇编·隋》第19册，中州古籍出版社，
　　　　1989年，页69。

[404]　王仲荦：《北周六典》卷四，中华书局，1979年，页163。

交往有珍贵的文物价值[405]。

此外,洛阳出土贞观二十一年(647年)《大唐故洛阳康大农墓铭》有谓:"君讳婆,字季大,博陵人也。本康国王之裔也。高祖罗,以魏孝文世举国内附,朝于洛阳,因而家焉,故为洛阳人也。祖陀,齐相府常侍。父和,隋定州萨宝,又迁奉御。"可见有隋一代定州的确为胡人部落密集的地区。

又以范阳为例,安史之乱前唐廷之所以任命粟特胡酋安禄山为范阳节度使,根本原因就在于这里自前朝以来即有大量的粟特胡人沿着草原丝绸之路在这一带形成了规模可称的移民聚落。这从西安出土天宝四载(745年)范阳节度副使康令恽墓志的民族史纪事[406]。和安史之乱中留下记载的幽州叛将史思明、何千年、何思德、史定方、安守忠、安太清、安忠顺、安武臣、安思义、安神威、安雄俊、康阿义屈达干、康杰、康文景、康谦之婿、康没野波、石帝廷、石神福、曹闰国等粟特胡将,在在透露出幽州一带粟特胡人的众多[407]。

实际上,还在北魏建都平城的时代,雁北、冀北地区即是沟通草原丝绸之路的重要地带。今云冈石窟第18号窟门西壁所见"大茹茹""可敦"之刻词,即是北魏时期柔然民族通过云冈川交通平城及内地留下的文化遗迹。这折射出以平城为代表的雁北地区,与冀北一带正是"草原丝绸之路"的必由孔道之一[408]。

大业四年(608年)春正月,"诏发河北诸郡男女百余万开永济渠,引沁水南达于河,北通涿郡"[409]。这无疑折射出炀帝对涿郡一带与商胡从事丝绸贸易将有巨大利益的认知。北凿运河于涿郡,显然旨在加促北方草原丝绸之路物流转输的升级,为杨隋帝国赢得丰厚的丝绸贸易的利益。

---

[405] 河北省文化局文物工作队:《河北定县出土北魏石函》,《考古》1966年第5期,页269、270。

[406] 王育龙:《唐长安城东出土的康令恽等墓志跋》,《唐研究》第6卷,北京大学出版社,2000年,页396、397。

[407] 荣新江:《安禄山的种族与宗教信仰》,《第三届中国唐代文化学术研讨会论文集》,(台北)中国唐代学会,1997年,页231~241。

[408] 周伟洲:《关于云冈石窟的<茹茹造像铭记>——兼谈柔然的名号问题》,《西北大学学报》1983年第1期,页70~74。

[409] 魏征等:《隋书》卷三《炀帝纪》,中华书局,1973年,页70。

（四）历史文献与隋代的中外文化交流

杨隋开皇，海内一统，故尔封建国家卓有能力拓疆封土、从化八荒。史载当时"西域诸蕃，多至张掖，与中国交市。"[410]

又如前引大业元年（605年）三月，"徙天下富商大贾数万家于东京"，这无疑为洛京的城市发展注入了带有储备意义的经济活力。嗣后隋唐东都城市实力的增长，应该与这一行政措施有着密切的关系。

让我们从文献纪事视域考察东都时代以洛阳为政治中心的华夏，与西域各地都有过怎样的文化交流。

大业六年（610年）正月"丁丑（十五日），角抵大戏于（东都）端门街，天下奇伎异艺毕集，终月而罢。帝数微服往观之。己丑，倭国遣使贡方物"[411]。

此事《通鉴》更有详细之记载：六年正月，"以诸蕃酋长毕集洛阳，丁丑，于端门街盛陈百戏，戏场周围五千步，执丝竹者万八千人，声闻数十里，自昏至旦，灯火光烛天地；终月而罢，所费巨万。自是岁以为常。诸蕃请入丰都市交易，帝许之。先命整饰店肆，檐宇如一，盛设帷帐，珍货充积，人物华盛，卖菜者亦藉以龙须席。胡客或过酒食店，悉令邀延就坐，醉饱而散，不取其直，绐之曰：'中国丰饶，酒食例不取直。'胡客皆惊叹。其黠者颇觉之，见以缯帛缠树，曰：'中国亦有贫者，衣不盖形，何如以此物与之，缠树何为？'市人惭不能答。"[412] 这与河西行事可谓故意而重演。

又大业"十一年（615年）春正月甲午朔，大宴百僚。突厥、新罗、靺鞨、毕大辞、诃咄、传越、乌那曷、波腊、吐火罗、俱虑建、忽论、诃多、沛汗、龟兹、疏勒、于阗、安国、曹国、何国、穆国、毕（国）、衣密、失范延、伽折、契丹等国并遣使朝贡……乙卯（二十二日），大会蛮夷，设鱼龙蔓延之乐，颁赐各有差。"[413]

至于西域诸胡，有隋一代亦多遣使通好、互致问望。如史载：

"炀帝时，遣侍御史韦节、司隶从事杜行满使于西蕃诸国。至罽宾，得玛瑙杯；王舍城，

---

[410]　魏征等：《隋书》卷六七《裴矩传》，中华书局，1973年，页1578。

[411]　魏征等：《隋书》卷三《炀帝纪上》，中华书局，1973年，页74。

[412]　司马光：《资治通鉴》卷一八一《隋纪五》，中华书局，1956年，页5649。

[413]　魏征等：《隋书》卷四《炀帝纪》，中华书局，1973年，页88。

得佛经；史国，得十舞女、狮子皮、火鼠毛而还。帝复令闻喜公裴矩于武威、张掖间往来以引致之。其有君长者四十四国，矩因其使者入朝，啖以厚利，令其转相讽谕。大业（605～617年）年中，相率而来朝者三十余国，帝因置西域校尉以应接之。"[414]

杨隋时代锐意经营西域、羁縻蕃部的意图，洛阳墓志文物中亦有文献信息略事透露。如早年邙山出土大业七年（611年）刘则墓志，载其开皇"十二年（592年）又授都督，仍迁掖庭局令。十六年（596年）诏授兼内给事，其年奉敕送光化公主适于西域。十九年（599年），文官并加戎秩，转授帅都督。朔方内款，锡以和亲。使乎不易，寔归懿德"[415]。墓志中显示杨隋王庭频频"和亲"之事态，从近代以来武威一带古吐谷浑王族墓地出土诸多汉室公主墓志可窥其端倪。

正是由于开通西域的需要，长期往来河西一带的裴矩，始于交接诸方蕃胡、探明通驿路途之余间，撰著了记录域外风物的地理著作《隋西域图》三卷、《西域道里记》三卷[416]。

"高昌国者，则汉车师前王庭也……炀帝嗣位，引致诸蕃。大业四年（608年），遣使贡献，帝待其使甚厚。明年（609年），（麴）伯雅来朝。因从击高丽，还尚宗女华容公主，八年（612年）冬归蕃。"[417]

"康国者……人皆深目高鼻，多须髯。善于商贾，诸夷交易多凑其国……俗奉佛，为胡书。气候温，宜五谷，勤修园蔬，树木滋茂……多葡萄酒，富家或致千石，连年不败。大业中，始遣使贡方物。"[418]

"安国，汉时安息国也……炀帝即位之后，遣司隶从事杜行满使于西域，至其国，得五色盐而返。国之西百余里有毕国，可千余家。其国无君长，安国统之。大业五年（609年），遣使贡献。"[419]

[414] 魏征等：《隋书》卷八三《西域传》，中华书局，1973年，页1841。
[415] 图版引自北京图书馆金石组：《北京图书馆藏中国历代石刻拓本汇编·隋》第10册，中州古籍出版社，1989年，页48。
[416] 魏征等：《隋书》卷三三《经籍志》，中华书局，1973年，页987。
[417] 魏征等：《隋书》卷八三《西域传》，中华书局，1973年，页1846、1847。
[418] 魏征等：《隋书》卷八三《西域传》，中华书局，1973年，页1848、1849。
[419] 魏征等：《隋书》卷八三《西域传》，中华书局，1973年，页1849。

"焉耆国，都白山之南七十里，汉时旧国也……大业中，遣使贡方物。"[420]

"挹怛国，都乌浒水南二百余里，大月氏之种类也……大业中，遣使贡方物。"[421]

"米国，都那密水西，旧康居之地也……大业中，频贡方物。"[422]

"史国，都独莫水南十里，旧康居之地也……大业中，遣使贡方物。"[423]

"波斯国，都达曷水之西苏蔺城，即条支之故地也。其王字库萨和……王着金花冠，坐金狮子座，傅金屑于须上以为饰。衣锦袍，加璎珞于其上……炀帝遣云骑尉李昱使通波斯，寻遣使随昱贡方物。"[424]

至于杨隋时代西方文明播撒汉地的史例，古籍另有一二之记载。

如粟特后裔何稠，"开皇初授都督，累迁御府监，历太府丞。稠博览古图，多识旧物。波斯尝献金帛锦袍，组织殊丽，上命稠为之。稠锦既成，逾所献者，上甚悦。时中国久绝琉璃之作，匠人无敢厝意，稠以绿瓷为之，与真不异"[425]。

至于西域玛瑙辗转流行于中国，名士辞赋更有赏心悦目的涉及。江总《玛瑙碗赋》有曰：

"翠羽流霞之杯，谅无闻于玮丽，岂匹此之奇瓖。爰觇殊特，臻自西国。状惊鹤之点溃，似游龙之割刻。士衡譬之云采，中郎羞其马勒。于时北园清夏，东阁浮凉。山交枝而影杂，水沉叶而流香。蝉无风而吲短，鹭出回而飞长。副君海淳岳峙，纸落金锵，获阿宗之美宝，命河朔之名觞。宝出昆仑之仙阜，觞及玄洲之玉酒。酒既醉而年还，碗稍酌而延寿。仰天纵之体物，铭歆器兮何有。"[426]

文人书翰既有如此绘声绘色、动听耳目的铺陈，可见有隋一代两京地区对西方珍宝的热衷。

此外，《隋书经籍志》于外来数学、医学文献亦多所留意。前者如《婆罗门算法》三卷、《婆罗门算经》三卷等是。后者则有《龙树菩萨药方》四卷，《西域诸仙所说药方》二十三卷，《西

[420] 魏征等：《隋书》卷八三《西域传》，中华书局，1973 年，页 1851。

[421] 魏征等：《隋书》卷八三《西域传》，中华书局，1973 年，页 1854。

[422] 魏征等：《隋书》卷八三《西域传》，中华书局，1973 年，页 1854。

[423] 魏征等：《隋书》卷八三《西域传》，中华书局，1973 年，页 1855。

[424] 魏征等：《隋书》卷八三《西域传》，中华书局，1973 年，页 1856、1857。

[425] 魏征等：《隋书》卷六八《何稠传》，中华书局，1973 年，页 1596。

[426] 欧阳询：《艺文类聚》卷七三，上海古籍出版社，1982 年，页 1263。

域婆罗仙人方》三卷,《西域名医所集要方》四卷,《婆罗门诸仙药方》二十卷,《婆罗门药方》
五卷,《龙树菩萨养性方》一卷,等等[427]。从中可以概见有隋一代中印之间文化交往之深邃。

不仅如此,随着中外人文交流的日逾敞开,有隋一代的梵僧来华已有络绎不绝于丝路者。
这等游方僧人的沿途经历与记述,便有可能成为当时中原王朝以文献载籍记叙西域数据的作
品,从而为当年的中外交流提供宝贵的史学档案。如《续高僧传》载印度来华达摩笈多法师
传记有谓:"达摩笈多,隋言法密。本南贤豆罗啰国人也……寻蒙帝旨,延入京城。处之名寺,
供给丰渥。即开皇十年(590年)冬十月也……炀帝定鼎东都,敬重隆厚。至于佛法,弥增崇树。
乃下敕于洛水南滨上林园内。置翻经馆。搜举翘秀。永镇传法……始于开皇中岁,终于大业末年。
二十八载,所翻经论七部,合三十二卷……至武德二年(619年),终于洛汭……有沙门彦琮,
内外通照,华梵并闻。预参传译,偏承提诱。以笈多游履,具历名邦。见闻陈述,事逾前传。
因着《大隋西国传》一部,凡十篇。本传一,方物二,时候三,居处四,国政五,学教六,
礼仪七,饮食八,服章九,宝货十。盛列山河、国邑、人物。斯即五天之良史,亦乃三圣之
宏图。"[428]可见有隋一代国家纂述西域文献一事,亦得力于来华梵僧的襄赞。

(五)考古遗迹所反映的隋代中外文化交流

杨隋初叶,中、西两地之间的人事交往,考古遗存中亦有相关信息。

1956年秋,黄河水库考古队在河南陕县会兴镇刘家渠隋开皇三年闰十二月(584年)刘
伟夫妇墓遗物中,发掘出两枚波斯萨珊朝库思老一世(Chosroes Ⅰ或Khusrau Ⅰ,531~579
年)的银币。其中1号重4.0克,2号重3.9克,直径均为3.0厘米[429]。

由历史考察得知,波斯萨珊王库思老一世为了抗衡嚈哒(Die Ephthaliten;亦称白匈奴,
Die Weissen Hunnen)对波斯的侵扰,曾与威临中亚的西突厥汗庭联盟,于567年攻灭嚈哒,
使波斯帝国达到空前的强盛。据学者研究,库思老一世在位48年,时波斯经济繁荣,贸易发达,

[427] 魏征等:《隋书》卷三四《经籍志》,中华书局,1973年,页1026~1048。

[428] 道宣:《续高僧传》卷二,《大正藏》第50册,(台北)新文丰出版有限公司,1983年,页
434、435。

[429] 黄河水库考古工作队:《刘家渠汉唐墓葬发掘简报》,《考古通讯》1957年第4期,页14~16。

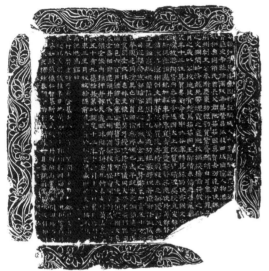

图一二〇
1999 年太原市发掘出土的开皇十二年（592 年）虞弘墓志

货币发行急剧增加。当时波斯一地的铸币地点，竟达 82 处至 98 处之多 [430]。其间波斯、中原互有使臣通好之史记："魏废帝二年（553 年），其王遣使来献方物。" [431] 此必为两地经贸沟通、人际往来提供良好契机。1970 年长安附近耀县隋代舍利塔基出土同期银币多枚 [432]。即从一个侧面反映了上述人际往来的存在。如此看来，此间洛阳地区刘伟夫妇墓中出土的波斯银币，正从文物实例中透露出 6 世纪下半叶中原、西域之间文化往来的信息。

1986 年，西安东郊隋清禅寺塔基出土了一件萨珊玻璃瓶。瓶高 4.6 厘米，绿色透明。球形瓶体上贴有四枚三角形和四枚圆形装饰。据考，这种贴花玻璃多流行于地中海沿岸。清禅寺为隋文帝敕建，塔基埋藏于开皇九年（589 年），同时埋入的还有用掐丝技术制作的金饰 [433]。

1999 年，山西省太原市发掘了隋开皇十二年（592 年）虞弘墓。墓志叙虞氏生平有谓：

---

[430] J．de Morgan Manuel de Numismatique Orientale，Tome 1，巴黎，1936 年，页 323；又 A．U．Pope：Survey of Persian Ast，卷 1，伦敦，1938 年，页 826、829；参见夏鼐：《中国最近发现的波斯萨珊朝银币》，《考古学报》1957 年第 2 期，页 49 ～ 60。

[431] 令狐德棻等：《周书》卷五〇《异域传》下，中华书局，1971 年，页 920；又马尔柯姆（Malcolm）《波斯史》（History of Persia i，144 ～ 5）载当时中国皇帝遣使献假豹一只、锦袍一袭、美人图一幅于波斯。此事又见 10 世纪阿拉伯人麻素地（Mas'udi）之《黄金牧地》（Prairies d'Or，ii，201.）；转引自张星烺：《中西交通史料汇编》第三册，中华书局，1977 年，页 100、101。

[432] 朱捷元、秦波：《陕西长安和耀县发现的波斯萨珊朝银币》，《考古》1974 年第 2 期，页 126 ～ 132。

[433] 郑洪春：《西安东郊隋舍利墓清理简报》，《考古与文物》1988 年第 1 期，页 61。

"公讳弘，字莫潘，鱼国尉纥驎城人也……弈叶繁昌，派枝西域……祖……奴栖，鱼国领民酋长。父君陀，茹茹国莫贺去汾，达官使魏……公承斯庆裔，幼怀劲质。……年十三，任莫贺弗，衔命波斯、吐谷浑……诏充可比大使，兼领乡团。大象末，左丞相府迁领并、代、介三州乡团，检校萨保府。"（图一二〇）[434] 由虞弘墓志"检校萨保府"的叙事，从中可以窥见当时关中、并州一带多有信仰祆教的东来诸胡的存在。至于虞弘墓葬石椁浮雕中之有"仿波斯风格的图像"，亦与虞氏家族宗奉西域旧邦祆教信仰的传统，保持着文化取向的一致性。

图一二一
1965 年洛阳隋唐宫城含元殿遗址隋代地层中出土的一件圆雕石狮

隋时于阗画家尉迟跋质那、尉迟乙僧父子，擅长佛像、鬼神及西域风光的绘画创作。他们采用天竺"凹凸法"的美术技法，所绘作品在隋唐之际负有盛名。两人于长安慈恩寺塔下所绘的"千钵文殊"及洛阳大云寺内的"鬼神菩萨""净土经变"，一时之间称盛两京。

1965 年，洛阳隋唐宫城遗址考古发掘中，于含元殿遗址隋代地层中，出土了一件高达96 厘米的圆雕石狮。这件建筑石刻的美术造型，其菱形的眼睛刻画，眉际间折附头顶的双角，骨节暴突的爪蹄，均含有浓郁的西域石狮的艺术风范（图一二一），从中透露出杨隋时代洛阳艺术领域与西域美术沟通的存在。

次者近代以来，洛阳地区发掘、出土了数以千记的隋唐墓葬。这些墓葬遗存中，包含了一些珍贵的胡人来华信息。如前引洛阳邙山出土《隋奋武尉内承奉刘公（则）之墓志铭并序》文曰：

"公讳则，字处仁，长乐下博人也……（开皇）十六年（596 年），诏授兼内给事。其年，奉敕送光化公主适于西域……十九年（599 年）……朔方内款，锡以和亲。使乎不易，实归懿德。廿年（600 年），又敕送义城公主达于启民可汗。受使阃外，蕃民取则。杨天休，雅有伦序……以（大业）六年（610 年）九月六日从驾幸江都宫。泛舟入荥阳界，遂遘气疾。其月廿二日，薨于浚仪县治，春秋六十有二……以十月十五日，归于河南郡河南县崇业里……即以七年（611

[434]　山西省考古研究所等：《太原隋代虞弘墓清理简报》，《文物》2001 年第 1 期，页 27 ~ 52。

图一二二
洛阳邙山出土隋代历次敕送
和亲的刘则墓志

年）四月六日，葬于洛阳县常平乡仙游里北邙山下"（图一二二）。

刘则墓志以地下遗物原真记事的确凿信息，揭示出隋文时代中原王朝连续结好西域诸蕃的政治措置。这为人们了解 6 世纪末叶东西方民族之间的友好往来提供了绝佳的遗产文本。

又如往者洛阳邙山出土有隋大业十一年（615 年）翟突娑墓志一方，志文有云：

"君讳突娑，字薄贺比多，并州太原人也。父娑，摩诃大萨宝，薄贺比多。日月以见勋效，右改宣惠尉。不出其年，右可除奋武尉，拟通守。祖，晋上卿之苗裔。翟雄，汉献帝尚书令、司徒公，文海之胤禀。公姓元于灵绪，诞山岳之英精。擢泽崇峰，（似失一字）含溺珠。怀六（或失一"艺"字）于龆年，着芳风于早日。蕴性文苑，悬今绝古。凝然澹泊，怖目逸于放郊；（似失一字）志翾翔，腾九宵以舒翰。重忧，哀毁泣血。王沆之操，神爽了俊；雅德高奇，如金如玉。宝璧摧衰，移风易俗。兰叶枯枝，改变霜凝。春秋七十，大业十一年（615 年）岁次乙亥正月十八日疾寝，卒于河南郡雒阳县崇业乡嘉善里。葬在芒山北之翟村东南一里。"[435]

---

[435] 赵万里：《汉魏南北朝墓志集释》，科学出版社，1956 年，图版 484。

图一二三
1981 年洛阳洛阳马坡出土
的一件隋代胡人行走俑

图一二四
1991 年洛阳邙山送庄乡唐墓出土明器中
所见的粉彩牵驼胡俑

图版采自俞凉亘、周立主编：《洛阳陶俑》，
北京图书馆出版社，2005 年，页 243

图一二五
洛阳隋唐墓出土载丝三彩驼上所见
胡人及用来赛神、祭祀的祆神道具

翟突娑志载其父曾任"摩诃大萨宝"一语，说明其家资雄厚遂为中亚东迁部落承奉为祆教之首领。这一记事的本身，即已透露出中亚胡人移民东夏者殆因人烟众多、怀乡日久，遂至发展成为一种宗教势力的情势。从而折射出并州、洛阳一带由于西域胡人的众多，故有祆教神职人员"摩诃大萨宝"的设置[436]。

洛阳出土杨隋之际的一些墓葬明器文物中，有一件头戴卷檐虚帽，身穿交领胡服、手执长颈胡瓶、高鼻深目、络腮胡须的胡人行者釉陶俑的出土（图一二三）。其衣帽形象、人物气质的艺术定型，将有隋一代胡人东渐华夏时期的精神面貌，刻画得行止依然、惟妙惟肖。

洛阳隋唐墓葬中另有数量可观的粉彩骆驼（图一二四）和三彩骆驼。一些明器骆驼的双峰间并且负有丝绸和祆教徒用来赛神、祭祀的祆神道具头像（图一二五）。所有这一切洋溢着艺术情趣的形象数据，无一不透露出当年东来胡人生活景致的细节，具有极高的文化人类学研究的价值。

值得人们细心思量的是，上述墓葬明器艺术造型之形象逼真、生动传神，可以反映出当年内地艺术家对域外内徙胡人体格特征、精神境界、社会场景、人文生计的熟悉，从而折射出内地胡汉人民生活交往的频仍与密切。

---

[436]　张乃翥：《中原出土文物与中古祆教之东浸》，《世界宗教研究》1992 年第 3 期，页 29 ~ 39。

（六）隋代中西交通史上一个典型案例的研究

有隋一代中外人文交通的频仍，洛阳地区另有文物史例可以作一典型个案来研究。

往者洛阳出土隋代文物中，有大业十二年（616年）突厥裔绪名"彻"者墓志一品流散于世间。早年向达先生述及波斯诸国胡人流寓中原之实例，曾有先足之援引："君讳彻，字娇旺，塞北突厥人也……侠侄之苗胄，波斯之别族。"[437] 先生引文简短扼要，盖以宏著立意取舍为止尔。

2004年秋，我们偶然于北京古籍书店目遇此志之拓本。浏览之间，则知向氏引文偶有疑误，想必先生目及拓本品相未佳所致也[438]。念及学界利用此志史料未臻于完备，触物生情遂有乡稔自珍贻酳同贤的随想。

该墓志拓本广37、阔38厘米，内中楷书志文15行，行满15字。今据行文次第迻录如下：

> 君讳彻，字娇注，塞北突厥人也。侠侄之苗胄，波斯之别族。祖各志，任阿临河上开府。父若多志，摩何仪通。身早逢迷晓，叛慕大隋。勤奋赤诚，恒常供奉，任右屯卫通议大夫。其人乃威神雄猛，性爱武文。接事长幼，恒不失节。至于弓马兴用，玄空走步，追生勿过三五。乃于丙子之年，丁亥之朔，丁亥之日，忽然丧没，埋在东都城北老子之乡大翟村东三百余步。东临古汉，西至缠（瀍）原，北懿邙山，南瞻洛邑。能使亲知躄踊，眷属烦惋，五内崩催，莫不悲噎。呜呼哀哉，乃为铭曰：

> 曾为塞土，早悷风门；忽然一谢，永绝长分；生爱弓马，性念追空；一朝丧没，永去无公。

> 大业十二年（616年）三月十日。

以志文语意之函盖，志主名讳故妄称为"突厥彻"者似尚顺理。而观摩墓主行状之记事，以下数端拟应引起人们的措意。

---

[437]　向达：《唐代长安与西域文明》，生活·读书·新知三联书店，1979年，页25。

[438]　吴树平、吴宁欧：《隋唐五代墓志汇编·洛阳卷》，天津古籍出版社，1991年，页158；该志拓片影印本，即复模糊虚幻，不易辨识；嗣后北京图书馆金石组：《北京图书馆藏中国历代石刻拓本汇编·唐》第10册，中州古籍出版社，1989年，页114，则图像颇佳。

第一，志主族望的人文渊源。

第二，志主入仕隋朝的历史背景。

第三，志主落葬东都的文化地理学意义。

以一般历史情势而言，志主既以"塞北突厥人"自称其为"侠侄之苗胄，波斯之别族"，则此中大抵含有两种人文史态之可能：

其一，志主在广义民族身份上，以波斯外流部族羁属于"侠侄"帐下而称贯为"突厥人"，这在 6 世纪中叶以来突厥称雄漠北、中亚之际羁縻诸部款附宗主的时代，尤其有着明显的可能性。

如史载突厥"木杆（可汗）勇而多智，遂击茹茹，灭之。西破挹怛，东走契丹，北方戎狄悉归之，抗衡中夏"[439]。

由于西突厥自来有着驰骑弯弓、鹘集云飞的武功传统，以致毗邻诸国多有迫于威慑而相继依附者。

"西突厥者，木杆可汗之子大逻便也……东拒都斤，西至龟兹，铁勒、伊吾及西域诸胡悉附之……处罗可汗居无恒处，然多在乌孙故地。复立二小可汗分统所部。一在石国北，以制诸胡国。"[440]

而有隋时代之波斯，虽"突厥不能至其国，亦羁縻之，波斯每遣使贡献"[441]。

又"铁勒之先，匈奴之苗裔也……（诸部）虽姓氏各别，总谓为铁勒。并无君长，分属东、西两突厥……自突厥有国，东西征讨，皆资其用，以制北荒。"[442]

次"疏勒国……土多稻、粟、麻、麦、铜、铁、锦、雌黄，每岁常供送于突厥。"[443]

志主流寓中原之前后，正是突厥雄踞中亚的盛期。其以突厥属部而称贯，自有当时民族政治必然之背景。

[439]　魏征等：《隋书》卷八四《北狄传》，中华书局，1973 年，页 1864。

[440]　李延寿：《北史》卷九九《突厥传》，中华书局，1974 年，页 3299、3300。

[441]　魏征等：《隋书》卷八三《西域传》，中华书局，1973 年，页 1857。

[442]　魏征等：《隋书》卷八四《北狄传》，中华书局，1973 年，页 1880。

[443]　魏征等：《隋书》卷八三《西域传》，中华书局，1973 年，页 1852。

其二，从血缘成分角度审视，志主极有可能属于突厥、波斯民族之间互通婚姻的后代，这在当时亦为习习常见的人文事象。

考世界文化史上，国家、部落之间出于政治生态的需要，上层社会相与联姻本乃屡见不鲜之佚事。仅以中国为例，"昭君出塞""解忧和蕃"无乃遗响千古的绝唱。与突厥彻行事相近的北朝晚期，东、西魏及北周争相通婚于北蕃强邻柔然与突厥，则尤为中古民族史迹熠熠生辉之漪涟[444]。

又史载柔然晚期，其主阿那瑰伯父婆罗门姊妹三人妻于嚈哒王[445]，以致《魏书》始有"嚈哒国，大月氏之种类也，亦曰高车之别种，其原出于塞北。自金山而南，在于阗之西，都乌许水南二百余里……西域康居、于阗、沙勒、安息及诸小国三十许皆役属之，号为大国。与蠕蠕婚姻"[446] 的记事。

泊 6 世纪中叶突厥勃兴，室点密可汗率十部荡平西域诸胡，蠕蠕破灭，嚈哒失援。波斯王 Khosrou Anouschirwan 欲雪其祖 Pirouz 破灭之国耻，乃以突厥可汗女为妻，而与结盟，共图嚈哒。室点密遂统军攻嚈哒，杀其王[447]。此为突厥、波斯之间以地缘政治直接通婚的史实。

"康国者，康居之后也……其王姓温，月氏人也……王字世夫毕（《隋书》卷八三记为"代失毕"），为人宽厚，甚得众心。其妻突厥达度可汗女也。婚姻丧制与突厥同。"[448] 这是昭武九姓以中亚群落联姻突厥的一例。

《隋书》："高昌国者……俗事天神，兼信佛法……开皇十年（590 年），突厥破其四城，有二千人来归中国。（曲）坚死，子伯雅立。其大母本突厥可汗女，其父死，突厥令依其俗，伯雅不从者久之。突厥逼之，不得已而从。"[449] 此则西域汉族王庭重蹈同辙之运筹。

中亚史上民族之间这种频频互为婚姻的社会生态，反映着游牧部落间在交通活跃条件下人际关系的密切。如此看来，纵或志主兼有波斯、突厥两族之血统，亦不为中古时代百态世相之离奇。

---

[444] 李延寿：《北史》卷九八《蠕蠕传》，中华书局，1974 年，页 3263 ～ 3266。

[445] 李延寿：《北史》卷九八《蠕蠕传》，中华书局，1974 年，页 3262。

[446] 魏收：《魏书》卷一〇二《西域传》，中华书局，1974 年，页 2278、2279。

[447] 沙畹：《西突厥史料》，中华书局，2004 年，页 199、200。

[448] 魏收：《魏书》卷一〇二《西域传》，中华书局，1974 年，页 2281。

[449] 魏征等：《隋书》卷八三《西域传》，中华书局，1973 年，页 1846、1847。

此后西域各国之商使职贡、移民雁来，亦为丝路沿线一道靓丽的景观。

如史载北周时代"安息国，在葱岭之西，治蔚搜城，北与康居，西与波斯相接……天和二年（567年）其王遣使来献。"[450]

"嚈哒国……大统十二年（546年），遣使献其方物。魏废帝二年（553年）、（周）明帝二年（558年），并遣使来献。"[451]

"天保三年（552年），阿那瑰为突厥所破，自杀……是时，蠕蠕既累为突厥所破，以西魏恭帝二年（555年）遂率部千余家奔关中。"[452]

"粟特国……保定四年（564年），其王遣使献方物。"[453]

至于波斯地区交通于中国，则尤络绎继踵，史乘迭载。

"波斯国，都宿利城，在忸密西，古条支国也……神龟（518～519年）中，其国遣使上书贡物，云：'大国天子，天之所生，愿日出处常为汉中天子。波斯国王居和多，千万敬拜。'朝廷嘉纳之。自此每使朝献。"[454]

北魏洛阳"永宁寺，熙平元年（516年）灵太后胡氏所立也……外国所献经像，皆在此寺……时有西域沙门菩提达摩者，波斯国胡人也。起自荒裔，来游中土，见金盘炫日，光照云表，宝铎含风，响出天外。歌咏赞叹，实是神功。自云：'年一百五十岁，历涉诸国，靡不周遍。而此寺精丽，阎浮所无也。极佛境界，亦未有此。'口唱南无，合掌连日。"[455]

又"永桥南道东有白象、狮子二坊。……狮子者，波斯国胡王所献也，为逆贼万俟丑奴所获，留于寇中。永安（528～529年）末，丑奴破，始达京师。"[456]

与西域诸胡东来汉地相共耦，中原社会亦有杖策西迈者。

洛阳"闻义里有敦煌人宋云宅，云与惠生俱使西域也。神龟元年（518年）十一月冬，

---

[450] 令狐德棻等：《周书》卷五〇《异域传》下，中华书局，1971年，页919。

[451] 令狐德棻等：《周书》卷五〇《异域传》下，中华书局，1971年，页918。

[452] 李延寿：《北史》卷九八《蠕蠕传》，中华书局，1974年，页3266、3267。

[453] 令狐德棻等：《周书》卷五〇《异域传》下，中华书局，1971年，页918。

[454] 魏收：《魏书》卷一〇二《西域传》，中华书局，1974年，页2271、2272。

[455] 杨衒之：《洛阳伽蓝记》卷一《城内》条，上海古籍出版社，1982年，页1～5。

[456] 杨衒之：《洛阳伽蓝记》卷三《城南》条，上海古籍出版社，1982年，页161。

太后遣崇立寺比丘惠生向西域取经,凡得一百七十部,皆是大乘妙典。"[457]

时云等"从末城西行二十二里至捍摩城,南十五里有一大寺,三百余众僧。有金像一躯,举高六丈……后人于像边造丈六像者,及诸宫塔,乃至数千;悬彩幡盖,亦有万计。魏国之幡过半矣。幡上隶书云太和十九年(495年)、景明二年(501年)、延昌二年(513年)。唯有一幅,观其年号,是姚秦时幡。"[458] 从中可以窥见北魏迁都洛阳以来,中原交通西域之频繁。

北朝前后中外交通史上如此频仍的社会往来,对隋唐时代的夷夏融会,势必有着深远的影响。

史载有隋"炀帝时,遣侍御史韦节、司隶从事杜行满使于西蕃诸国。至罽宾,得玛瑙杯;王舍城,得佛经;史国,得十舞女、狮子皮、火鼠毛而还。帝复令闻喜公裴矩于武威、张掖间往来以引致之。其有君长者四十四国,矩因其使者入朝,啖以厚利,令其转相讽谕。大业年中,相率而来朝者三十余国,帝因置西域校尉以应接之。"[459] 至于安国,炀帝即位之后,所"遣司隶从事杜行满使于西域,至其国,得五色盐而返"[460]。

炀帝既锐意招徕异域,则四夷各国必风追影从络绎于征途。

大业十一年(615年)正月甲午朔,炀帝大宴百僚。"突厥、新罗、靺鞨、毕大辞、讹咄、传越、乌那曷、波腊、吐火罗、俱虑建、忽论、沛汗、龟兹、疏勒、于阗、安国、曹国、何国、穆国、毕、衣密、失范延、伽折、契丹等国并遣使朝贡。"[461]

当时的"石国……其俗善战,曾贰于突厥,射匮可汗兴兵灭之,令特勤甸职摄其国事……甸职以大业五年(609年)遣使朝贡。"[462]

尤其值得人们注意的是,当此之际的波斯国,更与中原王朝保持着互通信使的交往。对此,史传乃有"波斯国……其王字库萨和……突厥不能至其国,亦羁縻之,波斯每遣使贡献。……

---

[457] 杨衒之:《洛阳伽蓝记》卷五《城北》条,上海古籍出版社,1982年,页251、252。

[458] 杨衒之:《洛阳伽蓝记》卷五《城北》条,上海古籍出版社,1982年,页265、266。

[459] 魏征等:《隋书》卷八三《西域传》,中华书局,1973年,页1841。

[460] 魏征等:《隋书》卷八三《西域传》,中华书局,1973年,页1849。

[461] 魏征等:《隋书》卷四《炀帝纪下》,中华书局,1973年,页88。

[462] 魏征等:《隋书》卷八三《西域传》,中华书局,1973年,页1850。

东去瓜州万一千七百里。炀帝遣云骑尉李昱使通波斯，寻遣使随昱贡方物"[463] 的记事。

这一史传数据的突出价值，在于它透露出有隋时代的波斯，与突厥、中原王朝同时保持贡使关系的情势。这在一定层面上反映着当时中亚诸胡与中原国家政治斡旋的锐意。

由此可以想见，作为一个与突厥保有从属身份的波斯裔民，突厥彻于杨隋时期入仕于中原，无疑有其时代宏观条件的可能性。这一点，从洛阳同期出土的另一波斯人——阿罗憾——墓志记事中，尤其可以获得一例贴切的旁证。

阿罗憾墓志叙其行状梗概有谓："大唐故波斯国大酋长右屯卫将军上柱国金城郡开国公波斯丘之铭 君讳阿罗憾，族望波斯国人也。显庆年（656～660 年）中，高宗天皇大帝以功绩有称、名闻□□（西域），出使召来至此……又差充拂菻国诸蕃招慰大使，并于拂菻西界立碑，峨峨尚在。宣传圣教，实称蕃心。"[464] 可见中古时期中原王朝与波斯上层社会联系之丛仍[465]。

突厥彻于杨隋朝廷出任一般胡人习常任职的左右"屯卫"之武职，必与阿罗憾及当时诸胡侨民一样，出于中原王廷的曳引与信任。

自魏晋以降，四夷胡人流寓中原者日渐增多，这势所必然导致了中原各族人民之间的相互融合有增无已。逮至元魏，锐意汉化的孝文帝终于颁布各式诏敕，敦促内迁胡人改变其旧风。史载太和十九年（495 年）"六月己亥，诏不得以北俗之语言于朝廷。若有违者，免所居官……丙辰，诏迁洛之民，死葬河南，不得还北。于是代人南迁者，悉为河南洛阳人"[466]。

尽管孝文诏敕从政令推行上看，不能有效于北齐、北周以还的中原，但行之日久的汉化风气作为一种地域文化生态，毫无疑问已对南下、东来诸胡部落产生过深远的影响。这从洛阳出土的大量胡人墓志透露的诸多文化信息中可以略见其端倪。

向达早已指出"中国志墓立碑之风，在来华之西域人中亦甚通行，出土各西域人墓志即其明证"[467]。这实际上折射了内徙胡人向慕华风、逐渐汉化的历史进程。

[463] 魏征等：《隋书》卷八三《西域传》，中华书局，1973 年，页 1856、1857。
[464] 端方：《匋斋藏石记》卷二一，宣统元年（1909 年），页 9～11。
[465] 阿罗憾墓志所反映的微观史学信息，见林梅村：《洛阳出土唐代犹太侨民阿罗憾墓志跋》，《西域文明》，东方出版社，1995 年，页 94～110。
[466] 魏收：《魏书》卷七下《高祖纪》，中华书局，1974 年，页 177、178。
[467] 向达：《唐代长安与西域文明》，河北教育出版社，2001 年，页 94。

今从突厥彻墓志"君讳彻，字姞注……祖各志，任阿临河上开府；父若多志，摩何仪通"的世系叙述，就其整个家资沿替来说，可见其祖孙三代正由"以音取名"的胡风特征，而向其本人"名、字兼有"这一汉地传统逐渐转移的人文情节。墓志中的门第信息，反映了这一侨民家庭的整个汉化过程，曾经存在着一种不断深化的趋势，这与上引诸胡墓志传达的整体信息保持有显然的一致性。

至于志文叙其"早逢迷晓，皈募大隋。勤奋赤诚，恒常供奉……其人乃威神雄猛，性爱武文。接事长幼，恒不失节"的记事，的确从文化语境层面显示着这一内徙胡人"文质彬彬，居然君子"的情态——西来胡人之日渐濡染汉地世风情愫，突厥彻墓志的遣辞颂美，庶几可谓一管窥豹矣。

突厥彻墓志的记事，自然使人们感觉到公元七世纪以前突厥称雄漠北、中亚之期间，北方游牧强族与波斯等西域胡国血缘融合的存在。富于旨趣的更是，这种极具地缘意义的石刻史料在洛阳的出土，无疑反映出中古时代西域胡人流布中原意境的深远。

众所周知，自6世纪中叶室点密可汗率"十姓部落"勃兴于漠北，西突厥汗国率以南扰周隋李唐、西荡中亚七河称雄于西域。值西突厥铁骑驰骋、浩风长卷之期间，柔然、嚈哒、波斯等一时强国相继沦囚丧首臣服于阿史那一族。当此之际的中原王朝，或远结近交以自固，或离散诸部而待机。马上哀怨和亲于漠北，万乘警跸羁縻于中亚。斥使首途连绵款诚于异域，络绎商旅极尽经略之能事。中古一代的丝路沿线，演绎的正是这种五彩斑驳、引人回溯的历史长歌。

这件融会了古代波斯、突厥和华夏人文情采的石刻文献，其极具魅力意义的史料价值，正根植于那段日渐远去的历史风景中。

当人们饮味于这些往日陈迹意欲开拓于未来的时候，我们不该忘记作为丝路故都的洛阳，其封尘千年的历史文物中，这件饱蘸了中外人文情结的旷世遗珍带给人们的启迪！

有关6～7世纪之际中原地区与西域及突厥王庭的形势关联，古籍文献中亦有若干史料可以参照。

如僧传披露，北朝晚期，有北天竺沙门阇那崛多，"犍陀罗国人也……师徒结志，游方弘法。初有十人，同契出境。路由迦臂施国，淹留岁序……将事巡历，便逾大雪山西足，固是天险之峻极也……又达吐谷浑国，便至鄯州，于时即西魏后元年也……以周明帝武成年初（559年）届长安，止草堂寺……建德嶂运，像教不弘，五众一期，同斯俗服。武帝下敕，追入京辇，重加爵禄，逼从儒礼。秉操铿然，守死无惧。帝愍其贞亮，哀而放归。路出甘州，北由突厥。

阇黎智贤，还西灭度。崛多及以和尚，乃为突厥所留。未久之间，和尚仙化，只影孤寄，莫知所安。赖以北狄君民，颇弘福利。因斯飘寓，随方利物。有齐僧宝暹、道邃、僧昙等十人。以武平六年（575年）相结同行，采经西域，往返七载，将事东归，凡获梵本二百六十部，回至突厥……至开皇五年（585年），大兴善寺沙门昙延等三十余人，以躬当翻译，音义乖越。承崛多在北，乃奏请还。帝乃别敕追延，崛多西归已绝，流滞十年，深思明世，重遇三宝。忽蒙远访，欣愿交并，即与使乎同来入国。于时文帝巡幸洛阳，于彼奉谒。天子大悦，赐问频仍。未还京阙，寻敕敷译。新至梵本，众部弥多，或经或书，且内且外，诸有翻传，必以崛多为主。"[468]

由此可见，6世纪末叶的突厥汗国，对东西方佛教交流曾做出过有益的贡献，这从此后洛阳籍僧人玄奘西迈印度过程中，突厥汗庭曾予协助可以再次得到有力的证明。

（七）小结

当北魏迁都洛阳以来，史传载波斯交通中国之事有谓："神龟（518～520年）中，其国遣使上书贡物，云：'大国天子，天之所生，愿日出处常为汉中天子。波斯国王居和多千万敬拜。'朝廷嘉纳之。自此，每使朝献。恭帝二年（555年），其王又遣使献方物。隋炀帝时，遣云骑尉李昱使通波斯，寻使随昱贡方物。"[469] 从此揭开隋唐交通西域的华章。

有隋一代的中外社会交流和文化往来，从一般的史料内涵的层面上考察，与汉晋以降的历史传统无疑保持着相对一律的连续性。

但是如果从隋炀帝锐意拓展域外及河西、雁北、东夷地区的民族交往和大运河的开辟这一系列视点上来审察，我们不难看出，有隋一代的中外往来，显然由于大运河的开通，更向着丝绸贸易的规模化提升，跨出了带有战略意义的一步，这为后来中外之间的丝路贸易和人际往来，提供了广阔的发展空间。

---

[468] 道宣：《续高僧传》卷二《隋西京大兴善寺北贤豆沙门阇那崛多传》，《大正藏》第50册，（台北）新文丰出版公司，1983年，页433、434。

[469] 李延寿：《北史》卷九七《西域传》，中华书局，1974年，页3223。

第六章
Chapter VI

唐代洛阳地区胡人部落
的人文地理学分布，印
证了大运河输丝贸易国
家职能的确立

（一）文献纪事和文物遗产的历史信息，折射了唐代中外人际往来及文化交流的高涨

1. 汉籍文献中的唐代中外文化交流史料

由于李唐帝国远拓疆域的时代因果，史籍记载西域风情、异邦人文之文献，更形传达出当时中外民事交往之从仍、信息往来之纷繁。

如唐初记载西方风物之撰著，即有："王玄策《中天竺国行记》十卷……《西域国志》六十卷，高宗遣使分往康国、吐火罗，访其风俗物产，画图以闻。诏史官撰次，许敬宗领之，显庆三年（658 年）上……裴矩又撰《西域图记》三卷"[470]，从中可以看出古人采访西域掌故之用心。

次如："天竺国，即汉之身毒国或云婆罗门地也。……当武德中，其国大乱。其嗣王尸罗逸多练兵聚众，所向无敌，象不解鞍，人不释甲，居六载而四天竺之君皆北面以臣之。威势远振，刑政甚肃。贞观十五年（641 年），尸罗逸多自称摩伽陀王，遣使朝贡。太宗降玺书慰问，尸罗逸多大惊，问诸国人曰：'自古曾有摩诃震旦使人至吾国乎？'皆曰：'未之有也。'乃膜拜而受诏书，因遣使朝贡。太宗以其地远，礼之甚厚，复遣卫尉丞李义表报使。尸罗逸多遣大臣郊迎，倾城邑以纵观，焚香夹道，逸多率其臣下东面拜受敕书，复遣使献火珠及郁金香、菩提树。贞观十年（636 年），沙门玄奘至其国，将梵本经论六百部而归。先是，遣右率府长史王玄策使天竺，其四天竺国王咸遣使朝贡。会中天竺王尸罗逸多死，国中大乱，其臣那伏帝阿罗那顺篡立，乃尽发胡兵以拒玄策。玄策从骑三十人与胡御战，不敌，矢尽，悉被擒。胡并掠诸国贡献之物。玄策乃挺身宵遁，走至吐蕃，发精锐一千二百人，并泥婆罗国七千余骑，以从玄策。玄策与副使蒋师仁率二国兵进至中天竺国城，连战三日，大破之，斩首三千余级，赴水溺死者且万人。阿罗那顺弃城而遁，师仁进擒获之。虏男女万二千人，牛马三万余头匹。于是天竺震惧，俘阿罗那顺以归。二十二年（648 年）至京师，太宗大悦……太宗之葬昭陵也，刻石像阿罗那顺之形，列于玄阙之下。五天竺所属之国数十，风俗物产略同。有伽没路国，其俗开东门以向日。王玄策至，其王发使贡以奇珍异物及地图，因请老子像及《道德经》。

---

[470] 欧阳修、宋祁：《新唐书》卷五八《艺文志二》，中华书局，1975 年，页 1505 ~ 1507。

那揭陀国，有醯罗城，中有重阁，藏佛顶骨及锡杖。贞观二十年（646年），遣使贡方物。天授二年（691年），东天竺王摩罗枝摩、西天竺王尸罗逸多、南天竺王遮娄其拔罗婆、北天竺王娄其那那、中天竺王地婆西那，并来朝献。景龙四年（710年），南天竺国复遣使来朝。景云元年（710年），复遣使贡方物。开元二年（714年），西天竺复遣使贡方物。

八年（720年），南天竺国遣使献五色能言鹦鹉。其年（720年），南天竺国王尸利那罗僧伽请以战象及兵马讨大食及吐蕃等，仍求有及名其军，玄宗甚嘉之，名军为怀德军。九月，南天竺王尸利那罗僧伽宝多枝摩为国造寺，上表乞寺额，敕以归化为名赐之。十一月，遣使册利那罗伽宝多为南天竺国王，遣使来朝。十七年（729年）六月，北天竺国三藏沙门僧密多献质汗等药。十九年（731年）十月，中天竺国王伊沙伏摩遣其大德僧来朝贡。二十九年（741年）三月，中天竺王子李承恩来朝，授游击将军，放还。天宝（742～756年）中，累遣使来。"[471]

至于对"利之所在，无远弗届（for the sake of profit they reach any place, no matter the distance）"的西域绿洲国家的粟特氏，国史载之有曰："康国，即汉康居之国也。其王姓温，月氏人。先居张掖祁连山北昭武城，为突厥所破，南依葱岭，遂有其地。枝庶皆以昭武为姓氏，不忘本也。其人皆深目高鼻，多须髯。丈夫翦发或辫发。其王冠毡帽，饰以金宝。夫人盘髻，蒙以皂巾，饰以金花。人多嗜酒，好歌舞于道路……俗习胡书，善商贾，争分铢之利。男子年二十，即远之旁国，来适中夏。利之所在，无所不到。以十二月为岁首，有婆罗门为之占星候气，以定吉凶。颇有佛法。至十一月，鼓舞乞寒，以水相泼，盛为戏乐。"[472]

至其西域大国波斯，汉籍载之则云：波斯国，"在京师西一万五千三百里，东与吐火罗、康国接，北邻突厥之可萨部，西北拒拂菻，正西及南俱临大海……其王冠金花冠，坐狮子床，服锦袍，加以璎珞。俗事天地日月水火诸神，西域诸胡事火祆者，皆诣波斯受法焉……男女皆徒跣，丈夫翦发，戴白皮帽，衣不开襟，并有巾帔，多用苏方青白色为之，两边缘以织成锦。夫人亦巾帔裙衫，辫发垂后，饰以金银……气候暑热，土地宽平，知耕种，多畜牧。有鸟，形如骆驼，飞不能高，食草及肉，亦能啖犬攫羊，土人极以为患。又多白马、骏犬，或赤日行七百里者，骏犬，今所谓波斯犬也。出（马洛）及大驴、师子、白象、珊瑚树高一二尺、琥珀、车渠、玛瑙、火珠、玻璨、琉璃、无食子、香附子、诃黎勒、胡椒、荜拨、石蜜、千年枣、甘露桃……（其王）卑路斯龙朔元年（661年）奏言频被大食侵扰，请兵救援。诏遣

---

[471] 刘昫：《旧唐书》卷一九八《西戎传》，中华书局，1975年，页5306～5309。

[472] 刘昫：《旧唐书》卷一九八《西戎传》，中华书局，1975年，页5310。

陇州南由县令王名远充使西域，分置州县，因列其地疾陵城为波斯都督府，授卑路斯为都督。是后数遣使贡献。咸亨中，卑路斯自来入朝，高宗甚加恩赐，拜右武卫将军。仪凤三年（678年）令吏部侍郎裴行俭将兵册送卑路斯为波斯王，行俭以其路远，至安西碎叶而还，卑路斯独返，不得入其国，渐为大食所侵，客于吐火罗国二十余年，有部落数千人，后渐离散。至景龙二年（708年），又来入朝，拜为左威卫将军，无何病卒，其国遂灭，而部众犹存。自开元十年（722年）至天宝六载（747年），凡十遣使来朝并献方物。四月，遣使献玛瑙床。九年（750年）四月，献火毛绣舞筵、长毛绣舞筵、无孔珍珠。乾元元年（758年），波斯与大食同寇广州，劫仓库，焚庐舍，浮海而去。大历六年（771年），遣使来朝，献珍珠等。"[473]

中古时期中原与西域交通往来之频繁，中原王朝已有明确的认识。唐初太宗用兵高昌，起因肇于高昌扼东西方孔道之便攫取地方利益的驰张。这从当年唐庭兵檄行文中可见其端倪："（时人）途经彼境，皆被囚系，加之重役。""伊吾之右，波斯以东，职贡不绝，商旅相继，琛赆遭其寇攘，道路由其壅塞。"[474]

至于李唐初年西域诸国之朝献、往来，史籍更有婵媛连绵、不绝如缕的纪实。

史载贞观三年（629年）"户部奏言：中国人自塞外来归及突厥前后内附、开四夷为州县者，男女一百二十余万口。"[475]

贞观九年（635年）"夏四月壬寅，康国献狮子。"[476]

"大秦国有上德曰阿罗本……贞观九祀（635年），至于长安……贞观十有二年（638年）七月，诏曰：'……大秦国大德阿罗本远将经像，来献上京……所司即于京义宁坊造大秦寺一所。'"（图一二六）[477]

贞观十三年（639年），"高丽、新罗、西突厥、吐火罗、康国、安国、波斯、疏勒、于阗、焉耆、高昌、林邑、昆明及荒服蛮酋，相次遣使朝献。"[478]

---

[473] 刘昫：《旧唐书》卷一九八《西戎传》，中华书局，1975年，页5311～5313。

[474] 贞观十三年（639年）《讨高昌诏》。宋敏求：《唐大诏令集》卷一三〇，商务印书馆，1959年，页702、703。

[475] 刘昫：《旧唐书》卷二《太宗纪上》，中华书局，1975年，页37。

[476] 刘昫：《旧唐书》卷三《太宗纪下》，中华书局，1975年，页45。

[477] 《大秦景教流行中国碑》图版引自《北京图书馆藏中国历代石刻拓本汇编·唐》第28册，中州古籍出版社，1989年，页11。

[478] 刘昫：《旧唐书》卷三《太宗纪下》，中华书局，1975年，页51。

196

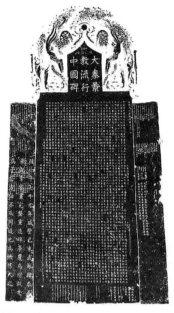

图一二六
西安碑林博物馆藏《大秦景教流行
中国碑》

"拂菻国一名大秦……贞观十七年（643 年）拂菻王波多力遣使献赤玻璃、绿金、水精等物，太宗降玺书答慰，赐以绫绮焉……大足元年（701 年），复遣使来朝。开元七年（719 年）正月，其主遣吐火罗大首领献狮子、羚羊各二。不数月，又遣大德僧来朝贡。"[479]

永徽元年（650 年）五月，"吐火罗遣使献大鸟如驼，食铜铁，上遣献于昭陵"[480]。

永徽二年（651 年）"八月乙丑，大食国始遣使朝献"[481]。

永徽六年（655 年）"六月，大食国遣使朝贡"[482]。

显庆三年（658 年）二月"苏定方攻破西突厥沙钵罗可汗贺鲁及咥运、阙啜。贺鲁走石国，副将萧嗣业追擒之，收其人畜前后四十余万。甲寅，西域平，以其地置蒙池、昆陵二都护府。复于龟兹国置安西都护府，以高昌故地为西州。"[483]。

上元元年（674 年）高宗在东都，十二月"戊子，于阗王伏阇雄来朝。辛卯，波斯王卑路斯来朝"[484]。

上元二年（675 年）正月"庚午，龟兹王白素稽献银颇罗"[485]。

开耀元年（681 年）"十二月，吐火罗献金衣一领，上不受"[486]。

武周万岁通天元年（696 年），大食国使人请以狮子来贡中国，据云即拟取"远从碎叶，以至神都"的行程路线[487]。

[479]　刘昫：《旧唐书》卷一九八《西戎传》，中华书局，1975 年，页 5314、5315。

[480]　刘昫：《旧唐书》卷四《高宗纪上》，中华书局，1975 年，页 68。

[481]　刘昫：《旧唐书》卷四《高宗纪上》，中华书局，1975 年，页 69。

[482]　刘昫：《旧唐书》卷四《高宗纪上》，中华书局，1975 年，页 74。

[483]　刘昫：《旧唐书》卷四《高宗纪上》，中华书局，1975 年，页 78。

[484]　刘昫：《旧唐书》卷五《高宗纪下》，中华书局，1975 年，页 99。

[485]　刘昫：《旧唐书》卷五《高宗纪下》，中华书局，1975 年，页 100。

[486]　刘昫：《旧唐书》卷五《高宗纪下》，中华书局，1975 年，页 108。

[487]　刘昫：《旧唐书》卷八九《姚璹传》，中华书局，1975 年，页 2903。

长安元年（701 年）“冬十月，日本国遣使贡方物”[488]。

开元二年（714 年）“八月戊午，西天竺国遣使献方物”[489]。

开元七年（719 年）“六月，大食国、吐火罗国、康国、南天竺国遣使朝贡。其吐火罗国支汗那王帝赊上表，献解天文人大慕阇。其人智慧幽深，问无不知。伏乞天恩，唤取慕阇，亲问臣等事意及诸教法，知其人有如此之艺能，望请令其供奉，并置一法堂，依本教供养”[490]。

开元十年（722 年）十月十六日玄宗“幸寿安之故兴泰宫，畋猎于上宜川。庚申（二十二日），至自兴泰宫。波斯国遣使献狮子”[491]。

不徒西域掌故络绎于文献，随着帝国声威的远迈，李唐国家更有西方图舆的编制。史载太子司议郎敬播，“永徽（650 ~ 655 年）初拜著作郎，与许敬宗等撰《西域图》”[492]。

有关大食国通好唐朝的的记载，出土文物也提供了绝佳的例证。

20 世纪 60 年代，西安市西窑头村一处晚唐墓葬中，曾出土三枚阿拉伯金币。据研究，其中最早的一枚铸造于大食魏玛亚王朝第五位哈里发阿卜德·马立克在位时期，年代约当 702 年。其余两枚的年代，分别相当于 718 年与 746 年。这些金币的随葬约当 8 世纪后半期和 9 世纪前半期，这是目前我们所知中国——阿拉伯两地往来最早的实物遗存[493]。

此外，唐人杜环因随高仙芝西征失利，于天宝十年（751 年）至宝应初年（762 年）流寓大食。其所著《经行记》描述当时大食都城亚俱罗（库法，今伊拉克 Meshrd-Ali）有云：“其大食王号暮门都此处。其士女瑰伟长大，衣裳鲜洁，容止闲丽。女子出门，必拥蔽其面……郛郭之内，廛闬之中，土地所生，天物不有。四方辐辏，万货丰贱，锦绣珠贝，满于市肆。驼马驴骡，充于街巷……绫绢机杼，金银匠、画匠、汉匠起作画者，京兆人樊淑、刘泚，织络者河东人乐阫、吕礼。又以骆驼驾车。”[494] 这一宝贵的文献数据，说明盛唐时代我国的传统纺织工具业已传抵大食世界为当地人民所使用。由此可见，随着丝路贸易的进行，西域和

---

[488] 刘昫：《旧唐书》卷六《则天本纪》，中华书局，1975 年，页 131。

[489] 刘昫：《旧唐书》卷八《玄宗纪》，中华书局，1975 年，页 173。

[490] 王钦若等：《册府元龟》卷九七一《外臣部》一六，朝贡四，中华书局，1960 年，页 11406。

[491] 刘昫：《旧唐书》卷八《玄宗纪》，中华书局，1975 年，页 184。

[492] 刘昫：《旧唐书》卷一八九上《敬播传》，中华书局，1975 年，页 4855。

[493] 夏鼐：《西安唐墓出土阿拉伯金币》，《考古》1965 年第 8 期，页 420 ~ 423，图版 I 之 1 ~ 16；何汉南：《西安市西窑头村唐墓清理记》，《考古》1965 年第 8 期，页 383 ~ 388。

[494] 杜佑：《通典·边防·九·西戎总序》引杜环：《经行记》，中华书局，1988 年，页 5279、5280。

中原之间物质往来和技术交流已有长足地拓展。进而可知，我国包括纺织手工业在内的技艺工人，远在盛唐时期以前，已于丝绸之路的西部一带，为阿拉伯人民服务了。

又唐人杂史记载："开元初，上励精理道，铲革讹弊，不六七年，天下大治，河清海晏，物殷俗阜。安息诸国，悉平为郡县。自开远门西行，亘地万余里，入河、隍之赋税，满右藏；东纳河北诸道租庸，充满左藏。财物山积，不可胜较。四方丰稔，百姓殷富，管户一千余万，米一斗三四文。丁壮之人，不识兵器。路不拾遗，行者不囊粮。奇瑞叠应，重译麇至，人情欣欣然。"[495] 这种太平盛世之下的社会环境，无疑将便利中外人际交流的展开。

正是有唐一代诸蕃部落来华的频繁，所以史籍致有开元（713～741年）以来，"从驾宫人骑马者，皆着胡帽，靓妆露面，无复障蔽。士庶之家，又相仿效，帷帽之制，绝不行用。俄又露髻驰骋，或有着丈夫衣服靴衫，而尊卑内外，斯一贯矣……太常乐尚胡曲，贵人御馔尽供胡食，士女皆竞衣胡服。故有范阳羯胡之乱，兆于好尚远矣"[496] 的感叹。

而西域地区行之已久的文化技艺，也曾因诸西风东渐的潮流，传输于我国。史籍记载"僧金刚三藏，狮子国人。善西域佛像，运笔持重，非常画可拟。东京广福寺木塔下素像，皆三藏起样"[497]。可谓往逝史迹之一例。

"天宝末，康居国献胡旋女，盖左旋右转之舞也。"[498]

西域舞蹈传播东方的实例，唐代士人笔下亦有惟妙惟肖的状摩叙事，从中可以窥见唐人对西域文化发自由衷的审美愉悦。这本身即是中外社会往来在汉地落下的文化印记。如张说《苏摩遮五首》诗曰："摩遮本出海西胡，琉璃宝服紫髯胡；闻道皇恩遍宇宙，来将歌舞助欢娱。绣装帕额宝花冠，夷歌骑舞借人看；自能激水成阴气，不虑今年寒不寒。腊月凝阴积帝台，豪歌急鼓送寒来；油囊取得天河水，将添上寿万年杯。寒气宜人最可怜，故将寒水散庭前；惟愿圣君无限寿，长取新年续旧年。昭成皇后帝家亲，荣乐诸人不比伦；往日霜前花委地，今年雪后树逢春。"[499]

有唐一代丝绸之路上的丝物往来，除了商贾兴胡们的贸易贩运之外，尚有封建国家调拨

---

[495] 郑綮：《开天传信记》，《教坊记（外三种）》，中华书局，2012年，页79。

[496] 刘昫：《旧唐书》卷四五《舆服志》，中华书局，1975年，页1957、1958。

[497] 张彦远：《历代名画记》卷九《叙历代能画人名》，人民美术出版社，1963年，页185。

[498] 钱易：《南部新书》卷己，中华书局，2002年，页90。

[499] 《全唐诗》卷八九，中华书局，1960年，第3册，页982。

支配的存在。洛阳往年出土天宝二年（743年）明俊墓志，披露开、天之际"国家居安虑危，在理思乱，虽边丑[500]贡款而防闲每殷。远惟折围之劳，思分府库之积，乃以库帛十万两支送安西府焉"（图一二七）[501]。这与唐代四夷传记中透露的玉帛往还可以互相印证了。

图一二七
洛阳往年出土天宝二年（743年）明俊墓志

与上述史料载籍相表里，有唐一代集轴于文人笔下的诗文遗墨，更寄托着有识阶层结缘西域异邦时难以释怀的一抔乡关情结。这种种形诸文字的历史珍籍，从精神视域透露出丝路文化给东方社会带来的思维冲击，从而铸造了人们对那段历史往事的观念记忆。

如初唐诗人乔备《出塞》歌曰："沙场三万里，猛将五千兵；旌断冰溪戍，笳吹铁关城；阴云暮下雪，寒日昼无晶；直为怀恩苦，谁知边塞情。"[502]

又如著名边塞诗人岑参《北庭西郊候封大夫受降回军献上》诗云："胡地苜蓿美，轮台征马肥；大夫讨匈奴，前月西出师；甲兵未得战，降虏来如归；橐驼何连连，穹帐亦累累；阴山烽火灭，剑水羽书稀；却笑霍嫖姚，区区徒尔为；西郊候中军，平沙悬落晖；驿马从西来，双节夹路驰；喜鹊捧金印，蛟龙盘画旗；如公未四十，富贵能及时；直上排青云，傍看疾若飞；前年斩楼兰，去岁平月支；天子日殊宠，朝廷方见推；何幸一书生，忽蒙国士知；侧身佐戎幕，敛衽事边陲；自逐定远侯，亦著短后衣；近来能走马，不弱并州儿。"[503]

同人《登北庭北楼，呈幕中诸公》诗："尝读西域传，汉家得轮台；古塞千年空，阴山

[500]　对古史文献中这种带有民族歧视意味的用语，我们应该持以批判的态度。

[501]　图版引见洛阳市文物工作队：《洛阳出土历代墓志辑绳》，中国社会科学出版社，1991年，页526。

[502]　《全唐诗》卷八一，中华书局，1960年，第3册，页878、879。

[503]　《全唐诗》卷一九八，中华书局，1960年，第6册，页2023。

独崔嵬；二庭近西海，六月秋风来；日暮上北楼，杀气凝不开；大荒无鸟飞，但见白龙堆；旧国眇天末，归心日悠哉；上将新破胡，西郊绝烟埃；边城寂无事，抚剑空徘徊；幸得趋幕中，托身厕群才；早知安边计，未尽平生怀。"[504]

次如李白《关山月》诗："明月出天山，苍茫云海间；长风几万里，吹度玉门关；汉下白登道，胡窥青海湾；由来征战地，不见有人还；戍客望边色，思归多苦颜；高楼当此夜，叹息未应闲。"[505]

孙叔向《送咸安公主》诗："卤簿迟迟出国门，汉家公主嫁乌孙。玉颜便向穹庐去，卫霍空承明主恩。"[506]

而描述洛阳人事涉及西域的诗文，亦时时见录于文献中。

郑愔《奉和幸望春宫送朔方大总管张仁亶》诗："御跸下都门，军麾出塞垣；长杨跨武骑，细柳接戎轩；睿曲风云动，边威鼓吹喧；坐帷将阃外，俱是报明恩。"[507]

卢崇道《新都南亭别郭大元振》诗："竹径女萝蹊，莲洲文石堤；静深人俗断，寻玩往还迷；碧潭秀初月，素林惊夕栖；褰幌纳鸟侣，罢琴听猿啼；佳辰改宿昔，胜寄在暌携；长怀赏心爱，如玉复如珪。"[508]

除此之外，有关唐代东都人文旧事结缘西域文化元素的情态，含有地志意义的一些历史文献更有别见心裁的记事。

史载开元七年（719年）"冬十月，于东都来庭县廨置义宗庙"[509]。

《新唐书》又谓："（天授）三年，析洛阳、永昌置来庭县，长安二年（702年）省。"[510]

按"来庭"这一具有怀柔寓意的县名，出于武则天这一政治思维极具外向魅力的封建女主的构想。这与武周国家当时优游东都流移众多四夷胡人有着重大的关系。

对此，元人著述者释东都"从善坊"遗事有曰："唐长寿中（692～694年）以蕃胡慕义，请立天枢。武太后析洛阳、永昌二县，置来庭县廨于此坊，以领四方蕃客……神龙元年（705

[504] 《全唐诗》卷一九八，中华书局，1960年，第6册，页2024。

[505] 《全唐诗》卷一六三，中华书局，1960年，第5册，页1689。

[506] 《全唐诗》卷四七二，中华书局，1960年，第14册，页5358。

[507] 《全唐诗》卷一〇六，中华书局，1960年，第4册，页1106。

[508] 《全唐诗》卷一一三，中华书局，1960年，第4册，页1152。

[509] 刘昫：《旧唐书》卷八《玄宗纪上》，中华书局，1975年，页180。

[510] 欧阳修、宋祁等：《新唐书》卷三八《地理志二》，中华书局，1975年，页982。

年）省。"[511] 而当时洛城东郊"感德乡""崇义乡"的设置，殆为此种历史逻辑的重演[512]。

不仅如此，此前数年当地另一"合宫县"的设立，无疑更含有引用西方梵经概念创置东都行政区划的意味。

《旧唐书》载曰："河南府，隋河南郡……（天授）三年（692年），置来庭县……永昌元年（689年），改河南（县）为合宫县。神龙元年（705年），复为河南县，废永昌县。三年（707年）复为合宫县。景龙元年（707年），复为河南县。"[513]

唐志所载的合宫县，其有采用当年汉地流行佛典概念的用意。北凉县无谶汉译马鸣菩萨《佛所行赞》卷二《合宫忧悲品》，叙佛母瞿昙弥等悲悼太子出家入道的情节，有着如下感人肺腑的描绘："大爱瞿昙弥，闻太子不还，竦身自投地，四体悉伤坏，犹如狂风摧，金色芭蕉树。又闻子出家，长叹增悲感……念子心悲痛，闷绝而躄地；侍人扶令起，为拭其目泪。其余诸夫人，忧苦四体垂，内感心惨结，不动如画人。时耶输陀罗，深责车匿言：'生往我所钦，今为在何所？人马三共行，今唯二来归。我心极惶怖，战栗不自安；终是不正人，不昵非善友……汝今应大喜，作恶已果成……假名为良朋，内实怀怨结。今此胜王家，一旦悉破坏！'……父王失太子，昼夜心悲恋，斋戒求天神，愿令子速还。"[514]

武后晚季之所以于东都设置以"合宫"为县名的行政区划，实际含有借诸佛经信仰、唤起"母子情深"伦理观念社会化效应的政治目的。因为在即将建鼎神州的武则天看来，这对消弭以李显为代表的李唐王族敌视武后称制的社会时态将会起到一定的润滑作用——封建政治斗争之利用西域宗教信仰捏揄社会舆论于掌股，合宫县治的生灭消长，可谓一例耐人寻思的历史故实。西域文化之延入东方政治社会的上层建筑或意识形态，由此一县行政区划之设置，可以管窥纤毫于一豹。

文献史籍这些内涵丰富的纪事，从各个领域显示出李唐初叶中外文化交流的广泛。

---

[511] 徐松辑、高敏点校：《河南志》，中华书局，1994年，页20。

[512] 有关当时入附东都的胡人部落设置侨乡的事迹，参见张乃翥：《"感德乡"景教社团与隋唐东都人文地理之因缘——以新出土唐元琰、刘谈经墓志纪事为缘起》，《石河子大学学报》2017年第5期，页73～85。

[513] 刘昫：《旧唐书》卷三八《地理志一》，中华书局，1975年，页1422。

[514] 马鸣菩萨撰、昙无谶译：《佛所行赞》卷二《合宫忧悲品》，《频伽精舍校刊大藏经》，藏帙，第7册，1913年，页53。

图一二八
洛阳出土的初唐负载行走胡俑

2. 洛阳文物遗迹与中亚文化东渐中原的互证

除此之外，以地下文物称著东方的洛阳，考古遗存亦从视觉史料为我们感受、了解有唐一代中外社会的往来，提供了颇为鲜活的认知依据。

（1）初唐负载行走胡俑一件，高鼻深目，络腮胡须。头戴尖顶卷檐虚帽，上着窄袖交领长袍，下束裤褶，足履尖头勒靴。肩负背囊，手执长颈鸡首壶。弯腰弓背，行色匆匆，生动地传达着丝路古道上一幅胡商贩客络绎往来、驰命不息的逆旅图画（图一二八）。有唐一代同类的胡商负载俑，中原出土品中尚有流散国外者，如法国吉美国立东方美术馆即藏有一件形制与此相类的作品，可见中古时期这类世俗人物为社会各界所熟视[515]。

（2）1981 年龙门东山发掘的景龙三年（709 年）安菩萨墓葬，圹内出土一批造型精美的三彩胡人牵马、牵驼俑。其中一件高鼻深目，虬髯络腮。头戴尖顶卷檐虚帽。上身着窄袖束腰长袍，垂落过膝，外罩交口翻领半臂。下身裤褶内束于深筒皮靴中。持此种装束的胡俑，该墓另有多尊出土，或束发，或幞头，然其高鼻深目之形貌造型，则传达出一致的中亚地区粟特人种的血统特征（图一二九～一三二）。

希腊上古历史学家希罗多德《历史》一书曾经记载，当时往来西域的塞人，即"萨凯人，或者说斯基泰人，下身穿着裤子，头戴一种尖顶而直挺的高帽。他们带着他们本地自制的弓和短剑，还带着被他们称为萨伽利斯的战斧。说实话，这些人是属于阿米尔吉伊的斯基泰人，但是波斯人却称他们为萨凯人，因为波斯人把所有的斯基泰人都称为萨凯人"[516]。

另有研究者认为，这类来自西方的胡人形象中，其"尖帽胡俑、剪发束带胡俑、骑马豹猎俑多为粟特人形象"[517]。

总而言之，这种头戴尖顶虚帽的胡俑，无论其民族身份来自于粟特还是依属于塞种，但

---

[515]　图版参见林树中主编：《海外藏中国历代雕塑》（中卷），江西美术出版社，2006 年，页 472。

[516]　希罗多德著、徐松岩译：《历史》，上海三联书店，2008 年，页 370。

[517]　任江：《初论西安唐墓出土的粟特人胡俑》，《考古与文物》2004 年第 5 期，页 65～73。

图一二九～一三二
1981 年龙门东山景龙三年（709 年）安菩萨墓出土的胡俑
图版采自洛阳市文物工作队编：《洛阳出土文物集粹》，朝华出版社，1990 年，页 88、89

他们一概从属于西域地区这一印欧人种血缘群体则是毫无异议的。

在洛阳出土的唐代胡俑中，另有一类题材样本同样显示着特定的人文风貌。

（3）如偃师杏园唐墓出土的赋彩陶俑中，见有头戴帷帽、外罩幂䍥、身着窄袖长衫、外披对领半臂的女俑形象。这种具有中亚干旱地域生态的民族装束，折射出当时西亚胡人及大食部落东来中原的情节（图一三三、一三四）。

图一三三
洛阳市偃师县杏园村唐墓出土粉彩俑
图版采自中国社会科学院考古研究所编：
《考古博物馆洛阳分馆》，文化艺术出版
社，1998 年，页 102

图一三四
洛阳市偃师县杏园村唐墓出土粉彩俑
图版采自中国社会科学院考古研究所编：
《考古博物馆洛阳分馆》，文化艺术出版
社，1998 年，页 101

图一三五
洛阳市偃师县唐墓出土粉彩胡骑俑
图版采自中国社会科学院考古研究所
编：《考古博物馆洛阳分馆》，文化艺
术出版社，1998年，页100

（4）另洛阳偃师出土一件粉彩骑马俑，高鼻深目，络
腮胡须。头戴仆头冠，身着窄袖翻领外套，下束裤褶，足履
尖头皮靴。昂首执辔，端坐于马上。传达出西来胡人驰骋于
丝绸之路的生活场景（图一三五）。

（5）东来胡人以丝路征程之持久，故尔早有偕眷骑乘
迁徙的传统。洛阳唐墓中每有男女骑马俑同时出现的实例，
大抵反映了当年域外部落举家骑乘转徙对汉地社会民风日渐
熏陶的情势——中原女子游走于骑乘行伍，折射出胡人风习
落植中原的时态（图一三六、一三七）。

（6）在洛阳唐墓出土的冥器陶俑中，最能传达当时中
外丝路交通的文物实例，当属这类遗存中最为常见的牵驼胡
俑。这类驼骑题材的美术作品，驼背褡裢上往往见有扁壶、
长颈鹰首壶、成卷的丝束及"盛于皮袋"
内的祆神形象。从而传达出中亚祆教信徒
远徙中原且祀奉故乡宗教神祇的人文背景
（图一三八～一四一）。

中原唐三彩骆驼造型中这种特定画面
的典型美术程序，集中反映了中古时代粟
特部落东渐华夏过程中，缘于征途生计的
必须而装配首要设备的最低限度——因始
终处于"随遇平衡（Neutral equilibrium）"
状态而便于携带液体饮料的长颈扁壶，对
于往来千里荒漠而倍感干渴的行人来说，
其功能价值已远远超出日常使用范畴而赋
有随时"救生"的特殊意义！"盛于皮袋"
内的祆神形象，则体现出漫漫征程中宗教
信仰对羁旅生活不可或缺的精神支撑作用。
至于成束成卷的丝绸，毫无疑问，那正是
东西方往来行旅舍生忘死追逐经济利益的

图一三六
1998年洛阳市唐恭陵出土
粉彩骈骑俑
图版采自俞凉亘、周立主编：
《洛阳陶俑》，北京图书馆出
版社，2005年，页203

图一三七
1998年洛阳市唐恭陵出土
粉彩骈骑俑
图版采自俞凉亘、周立主编：
《洛阳陶俑》，北京图书馆出
版社，2005年，页182

图一三八
洛阳唐墓出土牵驼胡俑
图版采自洛阳博物馆编：《洛阳唐三彩》，
文物出版社，1980 年，图版 48

图一三九
1991 年洛阳邙山送庄乡唐墓出土粉
彩牵驼胡俑

图一四〇
1966 年洛阳关林唐墓出土三彩骆驼
图版采自洛阳博物馆编：《洛阳唐三彩》，
河南美术出版社，1985 年，图版 48

图一四一
1973 年洛阳关林唐墓出土三彩骆驼
图版采自洛阳市文物工作队编：《洛阳
出土文物集粹》，朝华出版社，1990 年，
页 84

首选目标！由此看来，一种随葬于唐人冥间世界而有传模意致的艺术品，其文化含蕴中竟浸透着古人源自现实生活的文化生态结构——文化遗产承载往日历史信息之意趣隽永，令人刮目，洛阳唐三彩骆驼的美术造型可谓昭然燎亮之一例。

不仅如此，在洛阳地区盛唐前后的墓葬陶俑中，曾经出现过数量可观的胡装仕女俑。她们或椎髻奇异而高峨，或披帛环绕于窄袖，其仪态之雍容华贵，神情之昂然自得，在在洋溢着东来胡人享受生活的精神境界。唐代内地盛行域外胡装的风气，反映了西域文明流播中原的生动时态[518]。

有唐一代西域蕃胡如此规模流寓于中原，势必随之曳来故国日常生活之习俗，这在唐墓明器陶塑中更有众多的文物实例可资揭示。

20 世纪初叶，洛阳邙山开元二年（714 年）戴令言墓出土明器中，有红陶粉彩骆驼两件。

---

[518] 有关两京地区盛行胡装的风习，参见向达：《唐代长安与西域文明》，生活·读书·新知三联书店，
1979 年，页 41 ~ 47。

图一四二、一四三
洛阳邙山开元二年（714年）戴令言墓出土的单峰粉彩骆驼

图一四四
早年故宫收藏中原出土唐三彩
明器文物中所见的一件"胡人
背猴骑驼俑"

图一四五
2013年洛阳邙山发掘北魏节
愍帝墓出土的一件彩绘载猴骆
驼残片

其中一件单峰，高103.5厘米；一件双峰，高104厘米。后者脊背椭圆形鞍韀上，装盛"刻毡为形，盛于皮袋"的祆神造像及成捆的丝卷与水壶，从中折射出盛唐时代洛阳地区中亚胡人络绎丝路东来中原的生活情节。此件单峰骆驼的出现，至少反映出当时这一托载动物的流行地区印度、北非及阿拉伯世界与洛阳一带陆运交通的存在（图一四二、一四三）[519]。

有关单峰骆驼的产地之一，中国古典文献早有相应的披露："大月氏国，治监氏城，去长安万一千六百里……土地风气，物类所有，民俗钱货，与安息同。出一封（峰）骆驼。"[520]可见两汉时期中原对于一峰骆驼已有好奇的视觉感受。

此外，故宫收藏中原出土唐墓明器中，有"三彩胡人背猴骑驼俑"一件（图一四四），此中透露的西域胡人饲养猕猴以为宠物的信息，洛阳同期文物遗迹中亦有典型案例可资参照。

2013年洛阳邙山南麓发掘北魏节愍帝墓葬，出土遗物中有彩绘载猴骆驼残片一件，从中透露出北朝晚季洛阳一带流行胡人豢养宠物的习俗（图一四五）[521]。

洛阳近年出土的垂拱四年（688年）韦师墓志，志盖四周十二相动物装饰纹样雕刻中，

[519] 图版转引自故宫博物院编：《雕饰如生——故宫藏隋唐陶俑》，紫金城出版社，2006年，页158。

[520] 班固：《汉书》卷九六《西域传》，中华书局，1962年，页3890。

[521] 资料来源：光明网《光明日报》2013年10月29日报道，摄影：高虎。

图一四六
洛阳垂拱四年（688 年）韦师墓志盖十二相动物装饰纹样 "申猴" 一相所见系有锁链的猕猴

其 "申猴" 一相所刻之猕猴，项部见有一条斜向垂落的锁链（图一四六）。石刻文物中的这一美术形象，无疑显示了唐代中原现实生活中流淌着西域蕃客动物娱人的时尚。

在此值得一提的是，在域外流入中国的人员中，常有肤色偏黑的 "昆仑" 人种的出现。唐人张籍《昆仑儿诗》对此尝有贴切地描述："昆仑家住海中州，蛮客将来汉地游；言语解教秦吉了，波涛初过郁林洲；金环欲落曾穿耳，螺髻长卷不裹头；自爱肌肤黑如漆，行时半脱木棉裘。"[522] 往年洛阳古墓出土胡俑中，曾有这类人物形象的显示（图一四七），从中应该透露出当年中原一带南海人士的行踪。

图一四七
往年洛阳古墓出土胡俑中所见肤色偏黑的 "昆仑" 人种

上述安菩萨墓葬出土遗物中，曾有三彩胡装俑八件（M27:61、62，M27:63、64，M27:69、70，M27:73、74），金质东罗马帝福克斯铸币一枚（M27:1）（图一四八），从中透露出这一粟特家族与西域文明渊源有素的历史情节[523]。

与此同时，洛阳唐墓遗址中出土的另外一类带有生活器物寓意的明器，亦从生活视域折射出当年域外风俗流布中原的痕迹。

1965 年，洛阳东郊塔湾村唐墓中出土了一件曲柄、鹰首三彩胡瓶；1981 年，洛阳北郊葛家岭村唐墓中出土了一件曲柄、兽头

图一四八
洛阳龙门东山唐安菩萨墓葬出土的一枚东罗马金币

图版采自洛阳市文物工作队编：《洛阳出土文物集粹》，朝华出版社，1990 年，页 111

[522] 张籍：《昆仑儿》，《全唐诗》卷三八五，中华书局，1960 年，第 12 册，页 4339。

[523] 洛阳市文物工作队：《洛阳龙门唐安菩夫妇墓》，《中原文物》1982 年第 3 期，页 21 ～ 26。

图一四九
1965 年洛阳东郊塔湾村唐墓中出土的一件鹰首三彩胡瓶
图版采自洛阳市文物工作队编：《洛阳出土文物集粹》，朝华
出版社，1990 年，页 102

图一五〇
1981 年洛阳北郊葛家岭村唐墓中出土的一件兽头三彩胡瓶
图版采自洛阳市文物工作队编：《洛阳出土文物集粹》，朝华
出版社，1990 年，页 101

三彩胡瓶（图一四九、一五〇）[524]。从器物的外观形制上考察，这类三彩制品明显含有模仿
西域同类银器制品的风尚。

古代西域社会中之所以流行这类长颈、曲柄、敛口的生活用瓶，这与当时胡人部落普遍
的马上迁徙生态传统有着内在的联系——从物理学上说，只有这种重心偏下而便于悬挂的"随
遇"型器物，才能适应颠簸游荡的驼马征程的饮品承载——生活形态的选择与取舍，是任何
一种实用工具的存在前提！正是由于两京一带胡人部落的丛仍，东来胡人遂以丝路传乘播植
乡风于中原。此类生活用具及其仿制产品在汉地的流播，折射出此类域外器物实已引起华夏
旧邦的赏怡。

另在唐史记事中，贞观元年（627 年）太宗赐书李大亮有曰："今赐卿胡瓶一枚，虽无
千镒之重，是朕自用之物。"[525] 可见当时颇有域外胡瓶流布中原而为高端社会阶层所钟爱的
事实。而两京地区频频出土的模仿西域风尚的三彩胡瓶制品，则透露出中原当地匠作行业对
域外传入器物形态风尚的熟稔，这也从一个侧面反映出异俗东擅、胡风独大的汉地时态。

1970 年，洛阳隋唐城南郊关林 118 号唐墓中出土了一件细颈玻璃瓶（图一五一）。这件
器物，细颈球腹，圜底略微内凹，高 11、最大腹径 11.5 厘米，整体呈透明翠绿色，外表附着
一层锈蚀的金黄色的风化层。研究者认为，这件生活用品"就是地中海沿岸以及伊朗高原普

[524]　图版引自洛阳文物工作队：《洛阳出土文物集粹》，朝华出版社，1990 年，页 101、102。
[525]　刘昫：《旧唐书》卷六二《李大亮传》，中华书局，1975 年，页 2388；司马光：《资治通鉴》卷
　　　　一九三《唐纪》九，记事在贞观三年（629 年），中华书局，1956 年，页 6066。

图一五一
1970 年洛阳隋唐城南郊关林 118 号唐
墓出土的细颈玻璃瓶
图版采自洛阳文物工作队编：《洛阳出土
文物集粹》，朝华出版社，1990 年，页 106

图一五二
1982 年洛阳隋唐城南郊煤炭地质勘
探队出土的圜底三彩钵
图版采自洛阳市文物工作队编：《洛阳
出土文物集粹》，朝华出版社，1990 年，
页 99

图一五三
1955 年洛阳邙山唐墓（M30）
出土的一组波斯萨珊王朝银币
图版采自洛阳市文物工作队编：
《洛阳出土文物集粹》，朝华出
版社，1990 年，页 111

遍使用的香水瓶"[526]。"是罗马后期至伊斯兰初期在叙利亚海岸流行的"生活器物。经化验，
这件器物属于钠钙玻璃，含镁、钾较高，品色上属于萨珊玻璃[527]。

1982 年，洛阳隋唐城南郊龙门煤炭地质勘探队出土圜底三彩钵一件，钵体外壁通体堆饰
联珠纹一周（图一五二）[528]。从这件器物的工艺追求看，显然含有模仿西方同类玻璃制品的
用意，这与前引洛阳北魏大市遗址出土的仿玻璃黑釉陶盏一样，都是中原居民随着中外文化
交流的发达，追求西域生活时尚的显示。

与上述美术作品的形象寓意更趋经济往来意义的文物遗迹，洛阳唐代墓葬中出土的西域
钱币文物无疑更值得我们加以学术的关注。

1955 年，洛阳北郊邙山唐墓（M30）出土波斯萨珊王朝银币十六枚（图一五三）[529]，
其中有两枚为卑路斯（Peroz，459 ~ 484 年）时代所造，这是迄今所知在流入数量上仅次
于库斯老二世（Chosroes Ⅱ，590 ~ 628 年）银币的一种货币，估计当时它们在中国内地

[526] 安家瑶：《莫高窟壁画上的玻璃器皿》，《敦煌吐鲁番文献研究论集》第二辑，北京大学出版社，1983 年，
       页 440；图版引自洛阳市文物工作队：《洛阳出土文物集粹》，朝华出版社，1990 年，页 106。

[527] 参见安家瑶：《中国的早期玻璃器皿》，《考古学报》1984 年第 4 期，页 413。

[528] 图版引自洛阳市文物工作队：《洛阳出土文物集粹》，朝华出版社，1990 年，页 99。

[529] 赵国壁：《洛阳发现的波斯萨珊王朝银币》，《文物》1960 年第 8、9 期，第 94 页；洛阳市文物工作队：
       《洛阳出土文物集粹》，朝华出版社，1990 年，页 111。

图一五四
2013年洛阳邙山北魏晚期大墓出土的拜占庭阿纳斯塔修斯一世金币（正面）

图一五五
2013年洛阳邙山北魏晚期大墓出土的拜占庭阿纳斯塔修斯一世金币（背面）

具有"硬通货币"的价值。从中显示出魏、唐时代中原与萨珊王朝等中亚国家社会经济丛仍往来的事实[530]。

2013年，洛阳邙山南麓北魏墓出土拜占庭阿纳斯塔修斯一世（Anastasius，希腊语 Αναστάσιος Α›，430～518年）金币一枚，其铸造时间为491～518年（图一五四、一五五）[531]，这反映出中古时期洛阳以丝路交通之畅达，在经济领域与西方保持着友好的往来。

关于中原地区与西域异邦发生货币往来的史实，可由洛阳一带出土的域外钱币一窥全豹。此将这一文物案例列表展示，以期看出其间透露的历史信息。

序号	名称	时代	出土时间	出土地点	尺寸大小	钱币重量	出土数量
1	波斯萨珊朝卑路斯时期银币	457～484年	1955年5月	洛阳邙山南麓岳家村	径2.7～2.8厘米	3.7～4克	16枚
2	波斯萨珊朝卑路斯时期银币	457～484年	1991年4月	伊川县水寨镇司马沟村	最大径2.53～2.94厘米	3.55～4.1克	314枚
3	波斯萨珊朝卑路斯时期银币	457～484年	1994年5月	洛阳老城区邙山南麓砖厂	未详	未详	（残）
4	阿纳斯塔修斯一世金币	491～518年	未详	洛阳北郊马坡村	径1.68、厚0.13厘米	2.7克	1枚
5	波斯萨珊朝卡瓦德一世银币	499～531年	1955年5月	洛阳邙山南麓岳家村	最大径2.7厘米	3.85克	1枚
6	波斯萨珊朝卡瓦德一世银币	499～531年	1991年4月	伊川县水寨镇司马沟村	最大径2.81厘米	4克	1枚
7	高昌吉利铜币	499～640年	1992年	洛阳东郊金村一带	径2.61、穿阔0.55厘米	10.1克	1枚

[530]　参见夏鼐：《综述中国出土的波斯萨珊朝银币》，《考古学报》1974年第1期，页2、91～110。
[531]　资料来源：光明网《光明日报》2013年10月29日报道，摄影：高虎。

续表

序号	名称	时代	出土时间	出土地点	尺寸大小	钱币重量	出土数量
8	查士丁尼一世金币	527～565 年	未详	洛阳市郊区	径 2.09、厚 0.1 厘米	4.2 克	1 枚
9	波斯萨珊朝库思老二世银币	590～628 年	1990 年7 月	洛阳东郊马沟村	径 3 厘米	3.45 克	1 枚
10	福克斯金币	603～610 年	1981 年4 月	洛阳龙门东山北麓安菩萨墓	径 2.2 厘米	4.3 克	1 枚
11	赫拉克留斯金币	610～641 年	未详	洛阳市郊区	径 2.3、厚 0.07 厘米	3.2 克	1 枚
12	突骑施铜币	718～739 年	1993 年	洛阳市东郊金村	径 2.4、穿阔 0.75 厘米	5 克	1 枚
13	尼泊尔银币	16～18 世纪	1998 年	洛阳市北郊40 千米	最大径 2.54、厚 0.14 厘米	4.9 克	1 枚

由上表可知，洛阳地区与域外诸国的货币交流，发生在 5 世纪中叶至 18 世纪的 1 千多年间。其中最为集中的年代，则出现在 5 世纪中叶至 8 世纪中叶这一历史时期内，这与中古时期丝绸之路畅化贯通的峰值年代有着内在的一致性。

有关唐代丝绸之路沿线社会往来、文化传播的史况，中亚地区的文物遗存亦为我们提供了具有对偶意义的历史信息。

往者玄奘译经和《大唐西域记》写本在吐峪沟石窟寺的出土折射出丝绸西渐的过程中，佛教亦有自东向西传播的事实。

1972 年新疆吉木萨尔县北庭故城西北隅出土唐"蒲类州之印"铜印。该印桥纽，通高 3.8 厘米，正方形印面边长 5.6 厘米（图一五六）[532]。这无疑从行政视域透露出李唐国家对西域葱东地区有效管辖的事实。

图一五六
1972 年新疆吉木萨尔县北庭故城出土的唐"蒲类州之印"

[532] 图版引自祁小山、王博：《丝绸之路·新疆古代文化》，新疆人民出版社，2008 年，页 196。该印出土、征集时间及尺寸，承新疆博物馆贾应逸先生赐告，特此致谢。

（二）阿罗憾墓地：一位大唐帝国请迎而来的波斯贵族
与东都胡人的政治建树

武周时代立于东都端门之外的"万国颂德天枢"，与一位波斯使者的丝路行踪，引起了我们研究唐代丝绸之路人文往来的重视。

史称延载元年（694 年）秋八月"梁王武三思劝率诸蕃酋长奏请大征敛东都铜铁，造天枢于端门之外，立颂以纪上之功业"[533]。

此事《资治通鉴》卷二〇五延载元年（694 年）八月条记："武三思帅四夷酋长请铸铜铁为天枢，立于端门之外，铭记功德，黜唐颂周。以姚璹为督作使，诸胡聚钱百万亿，买铜铁不能足，赋民间农器以足之。"[534]

同书同卷天册万岁元年（695 年）续记："夏四月，天枢成，高一百五尺，径十二尺，八面，各径五尺。下为铁山，周百七十尺，以铜为蟠龙、麒麟萦绕之；上为腾云承露盘，径三丈，四龙人立捧火珠，高一丈。工人毛婆罗造模，武三思为文，刻百官及四夷酋长名，太后自书其榜曰'大周万国颂德天枢'。"[535]

《旧唐书》卷八九《姚璹传》："时武三思率蕃夷酋长，请造天枢于端门外，刻字纪功，以颂周德，璹为督作使。"[536]

唐人笔记叙天枢事迹更详："长寿三年（694 年），则天征天下铜五十万余斤，铁三百三十余万，钱两万七千贯，于定鼎门内铸八棱铜柱，高九十尺，径一丈二尺，题曰'大周万国述德天枢'。纪革命之功，贬皇家之德。天枢下置铁山，铜龙负载，狮子、麒麟围绕。上有云盖，盖上施盘龙以托火珠，珠高一丈，围三丈，金彩荧煌，光侔日月。武三思为其文，朝士献诗者不可胜纪。唯（李）峤诗冠绝当时，其诗曰：'辙迹光西崿，勋名纪北燕；何如万国会，讽德九门前；灼灼临黄道，迢迢入紫烟；仙盘正下露，高柱欲承天；山类丛云起，珠疑大火悬；流声尘作劫，业固海成田；圣泽倾尧酒，熏风入舜弦；欣逢下生日，还偶上皇

[533]　刘昫：《旧唐书》卷六《则天本纪》，中华书局，1975 年，页 124。

[534]　司马光：《资治通鉴》卷二〇五《唐纪》二一，中华书局，1956 年，页 6496。

[535]　司马光：《资治通鉴》卷二〇五《唐纪》二一，中华书局，1956 年，页 6502、6503。

[536]　刘昫：《旧唐书》卷八九《姚璹传》，中华书局，1975 年，页 2902、2903。

年。'……开元初，诏毁天枢，发卒销烁，弥月不尽。"[537]

这座周身刻有"百官及四夷酋长名"字而耸立于皇城"端门之外"的巍峨建筑，其实还与一位波斯侨民有着一段富有传奇色彩的因缘。

晚清时洛阳出土《大唐故波斯国大酋长右屯卫将军上柱国金城郡开国公波斯君（阿罗憾/Abraham）丘之铭》，序其行状有谓：

> 大唐故波斯国大酋长、右屯卫将军、上柱国、
> 金城郡开国公波斯君丘之铭。
> 君讳阿罗憾，族望波斯国人也。显庆（656～660年）年中，
> 高宗天皇大帝以功绩可称，名闻西域，出使
> 召来至此，即授将军北门□领使，侍卫驱驰。
> 又差充拂菻国诸蕃招慰大使，并于拂菻西界
> 立碑，峨峨尚在。宣传圣教，实称蕃心。
> 诸国肃清，于今无事。岂不由将军善导者为
> 功之大矣。又为则天大圣皇后召诸
> 蕃王，建造天枢，及诸军功，非其一也。此则
> 永题麟阁，其于识终。方画云台，没而须录。以
> 景云元年（710年）四月一日，暴憎过隙。春秋九十有
> 五，终于东都之私第也。风悲垄首，日惨云帽，
> 声哀鸟集，泪落松干。恨泉扃之寂寂，嗟去路
> 之长叹。呜呼哀哉！以其年□月□日，有子俱
> 罗等，号天罔极，扣地无从。惊雷绕坟，衔泪刊石，
> 四序增慕，无辍于春秋；二《礼》克修，不忘于生死。
> 卜君宅兆，葬于建春门外，造丘安之，礼也[538]。

---

[537] 刘肃：《大唐新语》卷八《文章》条，中华书局，1984年，页126。

[538] 阿罗憾墓志的录文与拓本，始见端方：《匋斋藏石记》卷二一，页9；又刊《北京图书馆藏中国历代石刻拓本汇编》·唐·020册，中州古籍出版社，1989年，页110；录文详周绍良编：《唐代墓志汇编》，上海古籍出版社，1992年，页1116。

我们知道，萨珊波斯末代君主伊嗣侯（Yezdigird Ⅲ）于651年失国于阿拉伯人的逐杀。其子卑路斯三世（Peroz Ⅲ）挟旧部出奔于吐火罗建立过短期的流亡政府。阿罗憾墓志既称自己"族望波斯国人也"，则其必为波斯萨珊王朝的臣民。

显庆二年（657年）十二月，唐伊丽道行军总管苏定方率部将萧嗣业等平定西突厥阿史那贺鲁的叛乱，中亚诸部尽归唐庭羁縻而享有。于是翌年唐朝派出以光禄卿卢承庆为首的使团远赴十姓旧地册封西突厥降将并在原西突厥属部设置羁縻都督府政权。墓志"显庆（656～660年）年中，高宗天皇大帝以功绩可称，名闻西域，出使召来至此"之记事，大体说明此时阿罗憾始为唐庭接款于中原，并于"北门"军使帐下担任侍卫将军。

丘铭所谓"又差充拂菻国诸蕃招慰大使，并于拂菻西界立碑，峨峨尚在。宣传圣教，实称蕃心。诸国肃清，于今无事。岂不由将军善导者为功之大矣"。指的是龙朔元年（661年）至乾封二年（667年）之间唐庭遣使在西域羁縻州府设立界碑的行为。

《旧唐书》卷一九八《西戎传》："卑路斯龙朔元年奏言频被大食侵扰，请兵救援。诏遣陇州南由县令王名远充使西域，分置州县。因列其地疾陵城为波斯都督府，授卑路斯为都督。是后数遣使贡献。"[539]《通典》记此则谓："龙朔元年（661年），吐火罗置州县使王名远进《西域图记》，并请于阗已西、波斯已东十六国分置都督府及州八十、县一百、军府一百三十六，仍于吐火罗国立碑，以记圣德。诏从之。"[540]阿罗憾既然以波斯旧部充任于使团，是故必然因熟悉泰西风情专任"拂菻国诸蕃招慰大使，并于拂菻西界立碑"宣传唐化。

又按古代习称的"拂菻"，史界一般指为罗马帝国（前27年～474年）。至于阿罗憾宣化西域时的"拂菻"，实则为东罗马帝国君士坦兹二世（Constans Ⅱ, 641～668年）执政地中海东北时期的"大秦"。当时大食频频侵扰罗马东境，故唐朝政府有意安排阿罗憾等充使拂菻与之接援。史载乾封二年（667年）拂菻"遣使献底也伽"，识者或谓正是对阿罗憾出使大秦的回访[541]。

墓志记载阿罗憾"又为则天大圣皇后召诸蕃王，建造天枢，及诸军功，非其一也。此则

---

[539]　刘昫：《旧唐书》卷一九八《西戎传》，中华书局，1975年，页5312、5313。

[540]　杜佑：《通典》卷一九三《边防》九，浙江古籍出版社，1988年，页5277。

[541]　说见林梅村：《洛阳出土唐代犹太侨民阿罗憾墓志》，《西域文明——考古、民族、语言和宗教新论》，东方出版社，1995年，页103。

永题麟阁，其于识终。方画云台，没而须录"一段，表明武周年间阿罗憾曾以一位波斯侨民的身份，凭借其在诸部蕃客中的政治影响，为天枢建造募集资金、筹划声援。以致获得武周政权"永题麟阁""方画云台"的殊荣。

当人们回顾历史上洛阳与丝绸之路一代缤纷往事的时候，应该记住还有一位波斯侨民曾为中原、西域之间的文化交流作出了自己的贡献。

则天皇后"召诸蕃王建造天枢"的史事，洛阳地区出土高丽移民高足酉墓志亦有相关的披露："君讳足酉，字足酉，辽东平壤人也。乃效款而住，遂家于洛州永昌县焉……大周天授元年（690年），拜公为镇军大将军、行豹韬卫大将军……证圣元年（695年）造天枢成，悦豫子来，雕刻乃就，干青霄而直上，表皇王而自得。明珠吐耀，将日月而连辉；祥龙下游，凭烟云而矫首。壮矣哉邈乎！斯时也，即封高丽蕃长、渔阳郡开国公，食邑二千户。"（图一五七）[542] 武周天枢的制造，既然"并蕃客胡商聚钱百万亿所成就"[543]，则胡商蕃客东来经商自然在中原一带拥有足可观量的经济能力和经营时段。

凡此种种之史料，足已透露出武周时代中原地区四方蕃客的众多和社会影响的重大。

有唐一代两京地区入附蕃客的繁多，文物遗迹亦有层复地反映。依据荣新江的研究，长安延寿里、普宁坊、金城坊、醴泉坊、怀远里、居德里、兴宁里、崇化里、道政坊、亲仁坊、金光里、修德坊、胜叶坊、通化里、光德里、开化里、群贤里、永乐里、崇仁里、义宁里、靖恭里、崇贤坊；洛阳惠和坊、章善里、弘敬里、嘉善里、敦厚里、思顺里、利仁坊、陶化里、

图一五七
洛阳地区出土的唐代高丽移民高足
酉墓志（局部）

[542] 图版转引自洛阳市第二文物工作队：《洛阳新获墓志》，文物出版社，1996年，图版34。

[543] 刘肃：《大唐新语》·辑佚，引《太平广记》卷二三六《唐人说荟》第3册，中华书局，1984年，页204。

河南里、履信坊、温柔里、福善坊等，均有粟特移民的居住[544]。

洛都十二余坊中的胡人居住信息，是学界对 20 世纪之前有关历史纪事的统计。继此之后的文物发现，实际又拓展了我们对东都胡人聚落的深层认识——以"人文地理学（human geography）"为导入理念的学术发掘，则证实东都伊洛河两岸的"崇义乡""感德乡"两个胡人侨乡，曾经形成了一处以衔接"运河输丝"为主题的胡人部落。这是本书以下几节我们将要重点讨论的问题。

（三）伊水之畔的安菩萨墓葬：唐代"六胡州大首领" 墓地选择的人文背景

1981 年，文物部门在龙门石窟东山北麓发掘了景龙三年（709 年）的唐故陆胡州大首领安菩萨墓葬。这是洛阳数以千计的唐代墓葬中，一座罕见的没有被盗掘过的考古遗存[545]。

墓志记载，安菩萨父子两辈尝以粟特部落首领参与李唐和突厥的战事立下军功而于贞观四年（630 年）后移籍于唐境。安氏本人则又受唐羁縻引领部落六胡活跃于中原一带。墓主之子安金藏，两《唐书》有传[546]，加之墓中出土有为数众多的显示西域文明色彩的文物，因而这一粟特家庭的内部情况，无疑值得我们给予更多的关注。

为了研究的方便，现将墓志序文迻录如下：

唐故陆胡州大首领安君墓志

君讳菩，字萨，其先安国大首领。破凶奴，衔帐百姓归中国。首领同京官五品，封定远将军，首领如故。曾祖讳钵达干，祖讳系利。君时逢北狄南下，奉敕遄征。一以当千，独扫蜂飞之众。领衔帐部落，献馘西京。不谓石火电挥，风烛难住。粤以麟德元年（664年）十一月七日，卒于长安金城坊之私第，春秋六十有四。以其年十二月十一日，旋窆于龙首原南平郊，礼也。夫人何氏，其先何大将军之长女，封金山郡太夫人。以长安四年（704

---

[544] 唐代两京粟特移民的居住情况，详见荣新江：《北朝隋唐粟特人之迁徙及其聚落》所列两表，《中古中国与外来文明》，生活·读书·新知三联书店，2001 年，页 83、84、86、87。

[545] 发掘简报见洛阳市文物工作队：《洛阳龙门唐安菩夫妇墓》，《中原文物》1982 年第 3 期，页 21～26。

[546] 刘昫：《旧唐书》卷一八七上《忠义传上》，中华书局，1975 年，页 4885、4886。

图一五八
1981 年龙门石窟东山北麓发掘出土的景龙三年
（709 年）唐故陆胡州大首领安菩萨墓志盖

图一五九
1981 年龙门石窟东山北麓发掘出土的景龙三年
（709 年）唐故陆胡州大首领安菩萨墓志

年）正月二十日寝疾卒于惠和坊之私第，春秋八十有三。以其年二月一日殡于洛城南敬善寺东，去伊水二里山麓，礼也。孤子金藏，痛贯深慈，膝下难舍，毁不自灭，独守母坟。爱尽生前，敬移殁后。天玄地厚，感动明祇。敕赐孝门，以标今古。嘉祥福甸，瑞草灵原，乡曲荫其风，川途茂其景。粤以景龙三年（709 年）九月十四日，于长安龙首原南启发先灵。以其年十月二十六日于洛州大葬，礼也。嗣子游骑将军胡子金刚等，罔极难追，屺岵兴恋。日弥远而可知，月弥深而不见；与一生而长隔，悲复悲而肠断。鸣呼哀哉……"（图一五八、一五九）。

安菩萨墓志纪事中有两点值得我们特别注意。

1. 安氏麟德元年（664 年）十一月七日卒于长安金城坊私第，其年十二月十一日窆于龙首原。其夫人何氏，长安四年（704 年）正月二十日卒于洛阳惠和坊私第，以其年二月一日殡于洛城南敬善寺东去伊水二里山麓。景龙三年（709 年）九月十四日于长安龙首原南启发安氏先灵，其年十月二十六日于洛州与夫人何氏大葬。如此长达四十余日的京、洛移葬，究竟蕴含着何种事理的必要性？

2. 安氏"孤子金藏，痛贯深慈，膝下难舍，毁不自灭，独守母坟。爱尽生前，敬移殁后。天玄地厚，感动明祇。敕赐孝门，以标今古。嘉祥福甸，瑞草灵原，乡曲荫其风，川途茂其景。"

据《唐书》本传记事，安金藏曾在父母葬地茔域内"庐于墓侧，躬造石坟石塔，昼夜不息" [547]。这种墓地仪式在当地的社会习俗中含有何种特殊的人文寓意？

文化史研究表明，洛阳地区近代以来发现的西域胡人墓葬至少有 80 余座。这在中国内地是一个不容忽视的人文学现象，它透视出中古时期以洛阳为中心的中原地区与西方各族人民人事往来的密集。

在众多西域胡人以部落移民的方式留寓中原的情况下，内地的社会生活，无疑会受到这些域外人文因素的冲击和影响。这种融汇了西方文化色彩的人文生态，除了见诸中古一代文人墨客的诗文记叙外，当地出土的诸多历史文物亦曾透露着昔日胡汉交揉时态背景下中原地区胡风扇扬的情节。

实际上，在洛阳地区保存最佳而未经盗扰的隋唐胡人墓葬中，龙门东山这座经过考古发掘的安菩萨墓葬，是一座尤其值得人们深入考察的历史遗存。

首先，在安菩萨墓葬出土的众多文物中，一件唐三彩骆驼的美术刻画引起了人们的注意。

这件光色绚丽的丝路典型载乘驼畜，其双峰周围的鞍鞯，有着明显的联珠纹边饰。其上悬缀长颈执壶和双耳扁壶各一具，从而透露出鲜明的西域地区波斯与粟特移民部落审美意识及生活取向的内在情节。

引人瞩目的还有，这一骆驼两峰之间的皮囊上，有一体量硕大而面庞丰冗、双目暴突的"神兽形神像"（见前图一三八），揭示出当年粟特东来人民对故乡信仰传统的继承与传延的情势。

形制类同的三彩骆驼，洛阳唐墓中——尤其是濒临伊河沿岸的唐代"感德乡"一带的唐墓中——另有众多的实例。如 1963 年关林盛唐墓出土的一件三彩骆驼（见前图一三九）、1966 年关林盛唐墓出土的一件三彩载人骆驼（见前图一四〇）、1973 年关林车圪垱唐墓出土的一件嘶鸣骆驼及牵驼俑（见前图一四一）等。

学者们据唐人笔记"突厥事祆神，无祠庙，刻毡为形，盛于皮袋，行动之处，以脂苏涂之。或系之竿上，四时祀之" [548] 的记载，指出上述载有"神兽形神像"的美术样本，即为突厥化粟特移民祭祀祆神的状模，它实际上从一个侧面反映了中原一带内徙粟特部落宗教生活的一

---

[547] 刘昫：《旧唐书》卷一八七上《忠义传上》，中华书局，1975 年，页 4885。

[548] 段成式：《酉阳杂俎》卷四《境异》，中华书局，1981 年，页 45。

个场面[549]。

除此之外，安氏墓葬石刻墓门的拱形门
楣，有一幅雕刻精美的"含绶鸟"线刻画（图
一六〇）。

这也是久行波斯和粟特地区祆教信仰中的
一个带有传统意义的审美艺术品[550]。这种被汉
地上层社会曾经称之为"鸡踏莲花"的美术视
像，实际上折射出粟特人传统演艺节目在中原
的落籍。此情此状可见张说诗曰："花萼楼前
雨露新，长安城里太平人；龙衔火树千重焰，
鸡踏莲花万岁春。帝宫三五戏春台，行雨流风

1. 门楣线刻

2. 门额线刻

图一六〇
1981年龙门石窟东山北麓唐安菩萨墓石刻墓门拱形
门楣间所见的"含绶鸟"线刻画
图版采自洛阳市文物工作队：《洛阳龙门唐安菩夫妇墓》，
《中原文物》1982年第3期，页24～29

莫妒来；西域灯轮千影合，东华金阙万重开。"[551] 显然，这种与"西域灯轮千影合"融为一体
的宫廷胡风文艺演示，正是当年胡风世象延入中原社会高端文化阶层的一个缩影。

正是这些粟特移民的居住及其信仰活动的需要，适此之间的长安、洛阳率有多处供西域
胡人从事故国宗教祭祀的祆祠的出现[552]。而围绕着祆祠所在地段发生的富有西风胡韵的人文
情节，则尤其传达出域外文明落植中原社会的精彩细节。

唐人张鷟《朝野佥载》记东都洛阳遗事有："河南府立德坊及南市西坊皆有胡祆神庙。
每岁商胡祈福，烹猪羊，琵琶鼓笛，酹歌醉舞。酹神之后，募一胡为祆主，看者施钱并与之。
其祆主取一横刀，利同霜雪，吹毛不过，以刀刺腹，刃出于背，仍乱扰肠肚流血。食顷，喷
水咒之，平复如故。此盖西域之幻法也。"[553]

[549] 洛阳三彩骆驼承载祆神图像及其有关问题，参见姜伯勤：《唐安菩墓所出三彩骆驼所见"盛于皮袋"
的祆神》，《唐研究》第七卷，北京大学出版社，2001年，页55～70。

[550] 参见张乃翥：《洛阳历史文物中含绶鸟美术遗迹的文化学考察》，《形象史学研究》第5辑，人
民出版社，2015年，页107～143。

[551] 张说：《十五日夜御前口号踏歌词二首》，《全唐诗》卷八九，中华书局，1960年，第3册，
页982。

[552] 有关长安、洛阳两地祆祠宗教活动的细节，参见林悟殊：《波斯拜火教与古代中国》相关章节，（台
北）新文丰出版公司，1995年。

[553] 张鷟：《朝野佥载》卷三，中华书局，1979年，页64、65。

清徐松《两京城坊考》卷五，引宋敏求《河南志》记事亦谓：东都"会节坊，祆祠。""立德坊，胡祆祠"[554]。

西域移民携故国风俗于内地的情势，文人笔下亦有脍炙人口的描述。

王建《赛神曲》："男抱琵琶女作舞，主人再拜听神语。新妇上酒勿辞勤，使尔舅姑无所苦。椒浆湛湛桂座新，一双长箭系红巾。但愿牛羊满家宅，十月报赛南山神。青天无风水复碧，龙马上鞍牛服轭。纷纷醉舞踏衣裳，把酒路旁劝行客。"[555] 则绘声绘色再现了一幅胡人赛神行酒的图画。

凡此诗文各有侧重的记事，足已透露出当年洛阳地区社会人文行为的斑斓纷织、别样光彩！这不仅折射出当年中原胡人的众多，更亦彰显出诸胡风习在中原地区的独树一帜、引人注目。

有唐一代东来胡人的众多，导致唐朝政府效仿前朝设置胡人部落的专门管理制度。《新唐书》卷四六《百官志一》"两京及碛西诸州火祆，岁再祀，而禁民祈祭。"[556] 从中亦可看出封建国家对东来胡人沿袭故国风俗的重视和优礼。

洛阳地区域外胡人聚落的丛仍繁颐及故风依旧，可由五代中叶当地粟特大族石敬瑭一门盘根错节的内部联姻得到映射——葬于洛阳西郊石陵村的后晋皇帝石敬瑭，其曾祖母安氏、祖母米氏、母何氏、妃安氏，已从家族世第角度再三透露出中原胡人部落的充斥[557]。

回顾以上的人文背景，我们可以明了，安氏墓葬文物的诸胡视像和文化取向，至少反映了粟特上层对故国生计习俗的眷念与热爱。毫无疑问，作为六州粟特胡人大首领的这位西方豪酋的文化标识身份，在中原胡人聚落中有着示范性质的意义。

如上所述，我们可以看出安氏原本信仰着故乡"七河流域（Semirech'e）"的祆教。但安菩萨墓志的记事，从出土文献角度透露了这位移籍中原的六胡州"大首领"，已经一门两代改信了佛教，这由安氏及其二子取了带有佛教意味的名字"菩萨""金刚""金藏"可以

---

[554] 徐松：《两京城坊考》卷五，中华书局，1985 年，页 164、170。

[555] 《全唐诗》卷二九八，中华书局，1960 年，第 9 册，页 3377。

[556] 欧阳修、宋祁：《新唐书》卷四六《百官志》，中华书局，1975 年，页 1195。

[557] 参见芮传明：《五代时期中原地区粟特人活动探讨》，《史林》1992 年第 3 期，页 9；徐庭云：《沙陀与昭武九姓》，《庆祝王仲翰先生八十寿辰学术论文集》，辽宁大学出版社，1993 年，页 335～346；注引荣新江：《敦煌归义军曹氏统治者为粟特后裔说》，《中古中国与外来文明》，生活·读书·新知三联书店，2001 年，页 267。

略见其端底。龙门石窟魏唐造像遗迹中见有诸多西域胡人——如尉迟氏、郁久闾氏、耶奢氏、康静智氏、史玄策氏、康惠登氏、何难迪氏、安僧达氏及吐火罗僧宝隆等等——的碑刻题名，更从石窟遗产的视域透露出内徙诸胡信仰佛教的宗教意识。尤其是，安氏墓志载其夫人长安四年（704年）"二月一日殡于洛城南敬善寺东，去伊水二里山麓"的人文地理学（human geography）选址，亦明显含有依托佛教信仰的取向寓意。龙门地区此前发现有安思泰、康法藏刊刻佛经的墓地幢塔，不仅说明内徙胡人多有崇信佛教者，更能反映出若等内徙胡人在龙门地区聚族安葬的人事选择。

而安氏夫妇以佛教信仰为念不远千里自长安迁葬龙门的过程，着实从一个侧面反映出粟特诸胡曾以东来部落热恋着龙门佛教胜地的宗教氛围。结合前引粟特移民在龙门地区的造像、置塔、刊经、修墓之行为，人们不难看出，龙门地区佛教文化之熠熠昌明，与东来粟特人的推波助澜有着密切的关联。

由此可见，墓志关于安菩萨"以景龙三年（709年）九月十四日于长安龙首原南启发先灵，以其年十月二十六日于洛州大葬"的记载，其实包含有更具民族时态意义的文化学背景。

如此看来，本课题的学论取向，便有待于从更广阔的人文环境视域作出进一步的考察，以便于我们从更为接近本真意义上的历史逻辑，来看待安菩萨远自长安迁葬龙门地区伊水之畔的人事周章。

在本书下一节的史料群里，我们可以发现，安氏自长安迁葬龙门的根本原因，正在于李唐国家认识到，随着当时龙门东山北麓伊河两岸胡人聚落的规模化发展，国家需要一位德高望重、朝野钦敬的粟特豪酋在当地发挥其文化标识意义的价值。

（四）洛都城东两处胡人侨乡的设立，体现了唐廷对漕河两岸胡人聚落的国家认可

众所周知，在人类文明发展史上，以底格里斯河与幼发拉底河水系（Tigris-Euphrates river system）冲蚀形成的美索不达米亚（Mesopotamia）平原，曾经孕育了灿烂的苏美尔文明（Sumerian Civilization）、阿卡德文明（Agade Civilization）、巴比伦文明（Babylon civilization）及亚述文明（Assyria Civilization）等一系列享誉世界的文化遗产。河泽平原对人类生存资源的赋予，两河流域的文化史演绎，为世界文明演进提供了一个典型的范式性例证。

其实，在华夏大地的人类生活史上，因河流滋养而产生的文化事象，还有诸多的历史实

例可供人们作为研究的对象。今天，我们选择发生于伊、洛河平原上的一段中古往事，借以阐释地理条件催生丝绸之路文明业绩的一个真实的文化过程。

有关历史上洛阳地区纷繁多织的民族视像，《洛阳伽蓝记》的如下一段记事值得我们分外地注意。

是书记载北魏迁都洛阳以来，京城"宣阳门外四里至洛水上作浮桥，所谓永桥也……永桥以南，圜丘以北，伊、洛之间，夹御道有四夷馆。道东有四馆：一名金陵，二名燕然，三名扶桑，四名崦嵫。道西有四里：一曰归正，二曰归德，三曰慕化，四曰慕义。吴人投国者处金陵馆，三年已后赐宅归正里……北夷来附者处燕然馆，三年已后赐宅归德里……东夷来附者处扶桑馆，赐宅慕化里。西夷来附者处崦嵫馆，赐宅慕义里。自葱岭已西，至于大秦，百国千城，莫不欢附，商胡贩客，日奔塞下，所谓尽天地之区已。乐中国土风因而宅者，不可胜数。是以附化之民，万有余家。门巷修整，阗阓填列，青槐荫柏，绿树垂庭，天下难得之货，咸悉在焉"[558]。

这段历史文献的叙事，不仅显示了北魏迁都后洛阳四夷入附人士的众多，并且透露了封建王朝在城南伊、洛水之间专门设置了"四夷馆"来延揽内徙中原的四方上层人士。

这种设置专属地址安置夷胡人士的方式，此后遂成为中古历朝在丝绸之路沿线城市安顿胡人聚落的循例。

如史籍记载，盛唐时代的中原王朝，亦有于九姓聚居旧地设置宥州及"延恩""怀德""归仁"三县而招徕、安抚六州杂胡的事实[559]。这种含有怀柔夷部性质的行政规划，体现出中国封建王朝高度重视内徙胡部的国家意识。

又由敦煌、吐鲁番学研究得知，中古时期丝绸之路沿线的绿洲城邦，曾有胡人侨民聚落的形成。如唐代敦煌城东的"从化乡"，即有大量的粟特胡人的聚居[560]。

吐鲁番阿斯塔那 35 号墓出土《唐景龙三年（707 年）高昌县崇化乡点籍样》遗卷透露，

---

[558]　杨衒之：《洛阳伽蓝记》卷三《城南》条，上海古籍出版社，1982 年，页 159～161。

[559]　欧阳修、宋祁：《新唐书》卷三七《地理志》一，中华书局，1975 年，页 975。

[560]　池田温：《8 世纪中叶における敦煌のソグド人聚落》，《ユーラシア文化研究》第 1 号，1965 年，页 49～92；汉译见辛德勇：《8 世纪中叶敦煌的粟特人聚落》，文载刘俊文主编：《日本学者研究中国史论著选译》，第 9 卷，中华书局，1993 年，页 140～220。

这一碛西绿州专门为入籍胡人设立的"崇化乡"，亦有同类人文现象的存在[561]。

众所周知，洛阳地区尤其是邙山一带出土的胡人墓志，自20世纪初叶已为中外学界所瞩目。

与上述胡人遗迹形成对比的是，此后的一系列出土文物显示，位于洛阳隋唐故城建春门（北）、永通门（南）之外的伊洛河河畔，隋唐以来亦有一个规模可观的胡人部落遗迹的存在。

例如，前引清季末叶建春门以东楼村一带的田野里，即出土了那方波斯侨民阿罗憾的墓志。墓志载其"以景云元年（710年）四月一日，暴憎过隙。春秋九十有五，终于东都之私第也……以其年□月□日，有子俱罗等，号天罔极，扣地无从……卜君宅兆，葬于建春门外，造丘安之，礼也"[562]。

由此人们终于意识到，除了隋唐东都北郊的邙山地区，位于洛水南岸建春门之外的城东郊甸，亦有西域胡人人文行为的存在，从而丰富了人们对洛阳胡人遗迹地域分布的认识。

阿罗憾墓志的出土，引起了当地学人对洛阳中古一代胡人部落地理方舆的全新思考，进而推动了隋唐两京中外人际交往学术研究的深化。

此后当地一系列唐代墓志的出土，证实唐代建春门以东的洛河南畔，当年有着一个名为"崇义乡"胡人侨乡行政区划。

2009年夏初，洛阳隋唐故城东郊李楼村一带，出土了一方刊于天宝七年（748年）的元琰墓志。志石青石质，长60.6、宽60.6、厚10.6厘米，四周以减底剔地手法阳刻卷草纹样浮雕，具有盛唐墓志石刻装饰富丽的典型风范。志石略曰：

唐故朝议大夫使持节历阳郡诸军事守历阳郡太守上骑都尉袭常山郡开国公河南元府君（琰）墓志铭并序

从侄临汝郡鲁山县令德秀文。

公讳琰，字允殖，生河南……皇考行冲，太子宾客、弘文馆学士、丽正修书、上柱国、常山郡公致仕，赠礼部尚书，谥曰献……君为长胄，弱岁经明，解巾薛府参军……恩旨迁拜

[561] 国家文物局古文献研究室等：《吐鲁番出土文书》，文物出版社，1986年，第3册，页533、544；第7册，页386～390、468～485。

[562] 阿罗憾墓志的录文与拓本，始见端方：《匋斋藏石记》卷二一，页9；又刊北京图书馆金石组：《北京图书馆藏中国历代石刻拓本汇编·唐》第20册，中州古籍出版社，1989年，页110；录文详周绍良编《唐代墓志汇编》，上海古籍出版社，1992年，页1116。

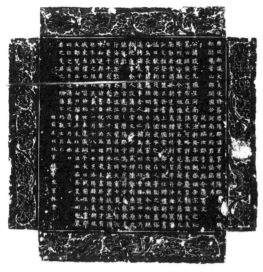

图一六一
2009 年洛阳隋唐故城东郊李楼村一带出土天宝七年
（748 年）的元琰墓志

历阳郡守。呜呼……时天宝七载（748 年）八月六日薨于平原官舍，春秋六十六……以其载十一月十八日安窆河南县崇义乡故城东原，礼也。涂刍俭约，世奉遗仪。

侄前左羽林军录事参军辐书（图一六一）。 [563]

元琰墓志的纪事表明，唐代以建春门为坐标的东都城郊一带，另有"崇义乡"行政区划的存在。这与此前已经大体考订的、位于永通门外伊水两岸的"感德乡"一样，在揭示洛阳城东的胡人聚落方面，有着特别重要的学术价值。

崇义乡地当洛阳隋唐故城东郊濒临洛水的南岸一带，近年当地的出土文物亦可提供可靠的连接。

2001 年 9 月，洛阳隋唐故城东郊石桥村出土贞元二十年（804 年）刘谈经墓志一合。志石广 49、阔 49.5 厘米，前秘书省校书郎张仲素撰，前汝州龙兴县尉张仲连书。志载刘谈经是年"七月三十日归葬于洛阳县崇义乡石桥之故里"（图一六二）。

近年洛阳隋唐故城东郊石桥村出土显庆元年（656 年）八月十一日葬于城东"石桥"的梁世积夫妇墓志，证明至迟在初唐时期，作为大运河起点河段的漕河，已出现了石构桥梁（图一六三）。这无疑极大地方便了洛阳东郊漕河两岸人事的往来。

按洛阳今日之石桥村，位于唐东都建春门遗址东北 7 公里的洛河南岸，隔河与著名的白马寺遥遥相望，是知这一村落自唐迄今一仍其旧称，这与洛阳隋唐迄今的村落沿革有着相当的一致性。而唐代富有胡人聚落意义的"崇义乡"地理坐落之显示，殆因此志面世更有确切的再证。

嗣后，2003 年夏，洛阳东郊偃师县东大郊村南地，又出土了开元二十四年（736 年）

---

[563] 志主之父元行冲，刘昫：《旧唐书》卷一〇二有传，传载行冲"博学多通，尤善音律及诂训之书"。本志撰文者元德秀，同书卷一九〇《文苑传下》有传。元德秀墓志 1959 年出土于嵩县陆浑库区，现藏伊川县文管所。报道见《洛阳市志》第七章·第二节《墓志》第四一，中州古籍出版社，1995 年，页 255、256。

图一六二
2001 年洛阳隋唐故城东郊石桥村出土贞元二十年（804
年）的刘谈经墓志

图一六三
近年洛阳隋唐故城东郊石桥村出土显庆元年（656 年）
葬于城东"石桥"的梁世积夫妇墓志

葬于"凤凰山南崇义乡"的卢悦墓志（图
一六四）。其中所谓的"凤凰山"殆即今日洛
河北侧邙山顶部天皇岭村一带东西走向的一
段高兀的山岭，这里至今还有偃师县特设的一
处"凤凰山纪念园"，可见自古及今这一岭阜
即为当地一座带有地标意义的文化景观。

由此可见，波斯侨民阿罗憾在楼村东地
的埋葬，实质上折射出这一西域移民在社会整
体机制运作下特意选择胡人侨乡作为人生归
宿的生态意识。六胡州大首领安菩萨此前的迁
葬伊水侧畔藏地归宿，本质上亦是适应唐廷羁
縻胡人政策的需要。

不过，学界对洛阳隋唐城东胡人部落内部

图一六四
2003 年夏洛阳东郊偃师县东大郊村南地出土开元二十四
年（736 年）葬于"凤凰山南崇义乡"的卢悦墓志

结构的深层理解，则缘于当地一件景教文物的发现和诸多显示"侨乡"地名的墓志石刻的出土。

2006 年 5 月，河南洛阳隋唐故城永通门外东郊今李楼乡齐村出土了一件珍贵的唐代景教
石刻，这是继明天启五年（1625 年）陕西出土《大秦景教流行中国碑》及近代敦煌石窟、吐

鲁番古城遗址等出土景教经典写卷以来，中国境内又一具有世界文化史意义的文物发现。

洛阳出土的这件景教遗物，在形制上系一模仿佛教陀罗尼经幢的同类石刻。其整体为一面宽 14 厘米的八面体石灰岩棱柱，残高 84 厘米，水平截面外接圆直径 40 厘米。经幢之中段，为一明显受到激烈撞击的断面，据此推断这件石刻曾经受到人为的破坏。

这一石刻经幢顶端的立面上，分别影雕着两组极富装饰效果的十字架符号及其左右配置的"天神"形象。而其幢身之中段，则每面刊刻汉文楷书文字 2 ~ 6 行。

第一面至第五面第一行，刻祝文与《大秦景教宣元至本经》一部。第五面第二行至第八面，刻《大秦景教宣元至本经幢记》一篇。因涉及当年社会历史的主要内容在于这座经幢的《幢记》，故此仅录幢记内容如次：

> 大秦景教宣元至本经幢记」
>
> 夫至圣应现，利洽无方。我无元真主匠帝□……」
>
> 海而畜众类，日月辉照，五星运行，即··□……」
>
> 散，有终亡者，通灵伏识，子会无遗，咸超净□……」
>
> 海，宵宵冥冥。道不名，子不语，世莫得而也。善□……」
>
> 无始未来之境，则我匠帝阿罗诃也。……」
>
> 有能讽持者，皆获景福，况书写于幢铭□……」
>
> 承家嗣嫡。恨未展孝诚，奄违庭训。高堂□□……」
>
> 森沉感因，卑情蓬心，建兹幢记，镌经刻石，用□……」
>
> 慰·亡妣安国安氏太夫人神道及·亡师伯和□……」
>
> 愿景日长悬，朗明闇府，真姓不迷，即景性也。夫求□……」
>
> 幽魂见在，支属亦愿无诸障难，命等松筠，长幼□……」
>
> 次叙立茔买兆之由，所管即洛阳县感德乡柏仁（里）……」
>
> 之始，即元和九年（814 年）十二月八日，于崔行本处买，保人……」
>
> 戚，岁时奠酹，天地志同。买南山之石，磨龚莹澈，刻勒书经，……」
>
> 于陵文翼，自惭猥拙，抽毫述文，将来君子，无见哂焉。时……」
>
> 敕东都右羽林军押衙陪戎校尉守左威卫汝州梁川府……」
>
> 中外亲族，题字如后：··弟景僧清素，·从兄少诚，舅安少连……」
>
> 义叔上都左龙武军散将兼押衙宁远将军守左武卫大将军置同政（正）（员）」
>
> 大秦寺·寺主法和玄应，俗姓米；·威仪大德玄庆，俗姓米；·九阶大德志通，

俗姓康；……」

检校莹及庄家人昌儿。·故题记之。」

其大和三年（829 年）二月十六日壬寅迁举大事[564]。

洛阳唐感德乡出土景教经幢所刊诸胡人士的乡土定位，值得我们给予充分重视。

从该幢史学价值上审查，我们认为幢记以明确的文献纪实，显示了唐代洛阳城东濒临伊水的感德乡，曾是东来粟特胡人的一个民族聚落区。其中见于题记所载的西域胡人，有"大秦寺主法和玄应，俗姓米；威仪大德玄庆，俗姓米；九□大德玄通，俗姓康"等，从而折射出唐代东都地区景教信士粟特民族身份的确切。

进而可以看出，这件景教经幢以确凿的石刻文献叙事，告诉我们唐代的洛阳城东的伊洛河夹河地带，曾有粟特胡人由"中外亲族"组成的移民部落，在这一漕运地段形成了一个景教崇拜的文化社团。

嗣后，继上述洛阳景教经幢的出土，中唐时代的感德乡又有胡人景教信众石刻遗物的发现，由此人们可以看出当年东都一带西来胡人的众多。

2010 年岁末，洛阳隋唐故城东郊出土圣善寺沙门文简撰花献夫人安氏墓志一合，墓志长、宽均 30 厘米，内楷书志文 22 行，行满 23 字。志盖楷书额题文曰："大唐故」夫人安」氏墓志"。志文略曰：

唐故安氏夫人墓志铭

夫人安氏苗裔，安定郡人也。世祖讳晟之女也……夫人幼而韶□，长而婉穆……适花氏之门，实秦晋之好。如琴如瑟，若埙若篪。和鸣锵锵，有偕老之誉……岂期素无乖违之疾，奄倾西泉之驾。时长庆元年（821 年）四月五日终于修善之里，春秋

---

[564] 有关唐代洛阳城东的胡人聚落及其景教信仰的学术研究，最早的报导及研究见张乃翥：《一件唐代景教石刻》，《中国文物报》2006 年 10 月 11 日；又张乃翥：《跋河南洛阳新出土的一件唐代景教石刻》，《西域研究》2007 年第 1 期，页 65～73；该文录文《补正说明》，刊《西域研究》2007 年第 2 期，页 132；次有张乃翥：《洛阳出土景教经幢与唐代东都"感德乡"的胡人聚落》，《中原文物》2009 年第 2 期，页 98～106；英译本 "THE LUOYANG NESTORIAN PILLAR AND THE GANDE TOWNSHIP" 刊于 2009 年 6 月奥地利萨尔茨堡"第三次国际讨论会对中国和中亚的东方教堂的研究"（3rd International Conference on "The Church of the East in China and Central Asia"）论文集。Li Tang & Dietmar W. Winkler（Eds.）From the Oxus River to thf Chinese Shores（《从阿姆河到中国海岸》），*Studies on East Syriac Christianity in China and Central Asia*, pp.177-202, Lit, 2013.

五十八……夫哭气填其胸，男哭血洒其地。古之常制，不可久留。卜兆川原，以为窀穸
之所。用其年十月廿二日葬于洛阳县感德乡柏仁村，不祔先茔，别立松柏……长子应元、
次子满师，皆幼而不禄，苗而不秀。幼子齐雅，克己复礼，乡党称善，友朋敬之。徒跣
茹蓼，折肝殒心。扶杖侍棺，叫绝道路……邀余志之，刊石作纪。文简不方者，沐恩颇深，
敢不课愚。抽毫叙事，乃为铭云：

　　安氏之女，花氏之妻……伊洛之郊，土地丰饶。周姬之□，宇宙之标。神归其下，
德音不遥……"（图一六五）。

与花献夫人安氏墓志同时、同地出土的花献夫妇合葬志，长、宽均53厘米。志文楷书27行，
行满29字。志文略曰：

唐故左武卫兵曹参军上骑都尉灵武郡花府君公神道志铭

　　洛阳圣善寺沙门文简撰。

　　君讳献，字献灵，（灵）武郡人也。祖讳移悆，考讳苏邻，咸嗜道偃仰，浪心清闲。
以荣召为祛风之花，逍遥为绀霜之竹。而乃高尚，无屈仕焉。延及府君，纂延素风，有
位而不登，弃禄养和，不争名于朝。澄心履道，尝隐逸于市，布人信于戚属者。公不顾
崄艰，迎孀姊于砂塞之外。侍之中堂，聚食欢笑。累岁倾殁，祔葬先茔……常洗心事景尊，

图一六五

2010年洛阳隋唐故城东郊"感德乡"出土的长庆元年
（821年）花献夫人安氏墓志

图一六六

2010年洛阳隋唐故城东郊"感德乡"出土的大和二年
（828年）花献神道志铭

竭奉教理。为法中之柱础，作徒侣之笙簧。而内修八景，外备三常，将证无元，永祛万虑……忽遘微疾，未越一旬，有加无瘳，色沮神淬……以宝历三年（827 年）正月八日，终于河南县修善里之私第，享年七十一。

夫人安定郡安氏，明洁宣慈，酌仁怡愉，好音韵，为丝竹，宫唱商和，礼翔乐优……以长庆元年（821 年）夏四月五日终于旧里。孕子三人，长曰应元，次曰满师。皆为人杰，不及时禄。芳而不荣，具在前志。季子齐雅，行操松筠，为帝之珍……即以大和二年（828 年）二月十六日，归葬于洛阳县感德乡柏仁村。启夫人故坟，礼及合祔……南顾万安，北背洛涘。左瞻少室孤峰，右占土圭之墅。文简久承顾眄，卷抚情逾，邀志之。性多拙直，恐叙事不精。握管抽毫，记刻贞石，用虞陵谷之变。其词曰：

灵武之氏，代不乏贤……剑合重泉，琴瑟初掩；永殄笙簧，廿殁余念；景寺遗声，芳尘罢亡……安氏夫人，祔葬终也……"（图一六六）。

花献墓志载其"祖讳移恕，考讳苏邻"，具有明显的胡语音义的内涵性特征，而"公不顾崄艰，迎媚姊于砂塞之外。侍之中堂，聚食欢笑"的叙事，显然表明花氏系出漠北的胡人部落。（燾按：龙门西山出土大历十四年杜鈒墓志，载其葬于"柏仁原"）。

据林梅村研究，花献及夫人安氏，实乃塞北滑国嚈哒氏与西域粟特安氏之联姻[565]。

至于花氏夫妇墓志铭中有关"伊洛之郊，土地丰饶""常洗心事景尊，竭奉教理。为法中之柱础，作徒侣之笙簧。而内修八景，外备三常""景寺遗声，芳尘罢亡"的循词，不但透露出中唐时代域外胡人对洛城东郊伊洛河两岸的地理情感，而且也可以看出感德乡这一胡人家族崇信景教的文化背景，从而让我们领悟到景教教寺设立于洛阳城东伊洛河一带的内在成因[566]。

唐代洛都感德乡一带著籍中原的粟特胡人，另有近年隋唐城东南"城角村"出土的开成二年（837 年）唐故秀士史乔如墓志铭再添一证。志文载曰：

---

[565] 马丽亚·艾海提、林梅村：《塞北嚈哒人牧地考——兼论花木兰的民族归属》，《中原文物》2017 年第 5 期，页 84 ~ 93。

[566] 张乃翥、郑瑶峰：《文化人类学视域下伊洛河沿岸的唐代胡人部落——以龙门石窟新发现的景教瘗窟为缘起》（上、下）（The Community of Central Asians on the Banks of the Yi and Luo Rivers from the Perspective of Cultural Anthropology: The Case of the newly Discovered Nestorian Buryal Niche in the Longmen Grottoes），《石窟寺研究》第 5 辑，文物出版社，2014 年，页 154 ~ 174；《石窟寺研究》第 6 辑，科学出版社，2016 年，页 255 ~ 299。

府君讳乔如，其先起自大隋，享金碑之宠盛，弈世为我唐臣有石奋之令称。尝着勋力，布在史册。食鼎华榖，二百余载。史臣名儒皆熟之，故不重书。四代祖元庆，隋特进安西大都护。高祖献，皇司农卿关内都支度使肃国公。曾祖震，左监门大将军。祖寂，皇太子家令，赠秘书监。监生二人，长供，次备。供不仕早终；备进士擢第，自畿佐，登柏台，践粉署，累从国相，军领光、濠、曹、濮四郡。皆考殊绩，时谓良二千石。有二子，府君即濮州鲤庭之长也。令显之后，人皆目之。方蹑长途、绍懿绪，不幸短命萦宿疾，卒于洛阳县延福里，年廿。幼弟在侧，恂然哀号，邻里为之泣下。以开成二年（837年）二月廿日，权葬于河南县感德乡孙村原礼也。温如以兄第之堂也，故得以志之。温如少孤，季父育之。及长，俾与府君等同问安。当季父易箦之际，府君尚未及冠，顾命温如主丧、抚二子。于是与二子同疾共□途十年。呜呼丧缺！手足零落，痛销骨髓，乃衔泣为铭，词曰：

吾家积善，俟汝后庆；天不与诚，噫嘻乃命；洛阳南路，新成封树；不骞不崩，贞石在下。

堂兄进士温如撰并书，镌字人李元楚（图一六七）。

史乔如墓志有关坟茔所在地"河南县感德乡孙村"的记载，证实长安年间（701～705年）安思泰、康法藏的家族坟茔，亦在龙门东山北麓伊水岸畔的胡人聚居区内的孙村一带。只不过当时孙村隶属于龙门乡，及至中唐时代，此地已划归感德乡而已。

由此可见，正是由于唐代洛城东郊存在着一个数量可观的归化胡人的人文聚落，所以唐朝政府才将这一地区专门设置为"崇义乡"和"感德乡"——一种带有鲜明附化意义的小区建制——以便重点安置留寓此地的外来胡民（图一六八）。

实际上，此前移居洛中的域外胡人，因宗教信仰显迹与洛城东南伊水沿岸的例子在在多有，不胜枚举。

如20世纪70年代，龙门东北原出土的粟特人安思泰《大周浮图铭并序》石刻，记录了这位粟特移民于长安

图一六七
洛阳隋唐故城东南城角"感德乡"出土的开成二年（837年）
史乔如墓志

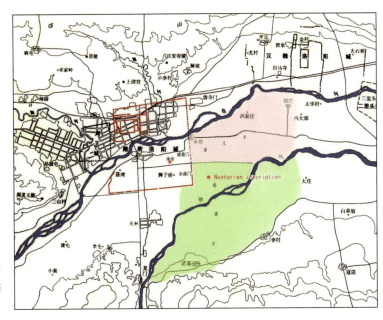

图一六八
唐代洛阳城东郊伊洛河两岸专门
安置归化胡人的"崇义乡""感
德乡"地理图示

三年（703年）九月廿日为七世先亡敬造"浮图一所"并刊刻佛经的史迹。

其《大周浮图铭并序》文曰：

> 若夫业终运化，上哲不能移；丹徒水迁，中才莫由晓。遂使埋魂蒿里，委骨泉门，缄憾松楸，抱怨丘陇。思泰罪积，早丧慈亲，风树惊庭，蓼莪凄野。敬造灵塔，式报先亡，永谢三途，长归八正。其词曰：

> 悲哉埏埴，痛矣阴阳，生我父母，窆之丘荒。其一。风树神销，陔兰气绝，堂宇寂静，薤露歇灭。其二。敬造灵塔，饰像浮图，挚贝而应祐，尽丹青而倚珠。其三。

> 长安三年（703年）岁次癸卯九月庚寅朔二十日安思泰造浮图一所，为七世先亡敬造。

塔基左面，刊《佛说续命经》一篇，全文乃云：

> 娑婆世界，重□睹婆，着涅槃解脱地，唯愿千百世众海，供养诸佛，□一切如影随身。观世音愿恒受持，不舍西方阿弥陀佛、观世音菩萨、得大势至。有能诵此一佛二菩萨名者，得离生死苦，永不入地狱，恒遇善知识；有疑有难者，诵经千遍，即得解脱。

> 一愿三宝恒存立，二愿风雨顺时行，三愿国王寿万岁，四愿边地无刀兵，五愿三途离苦难，六愿百病尽除平，七愿众生行慈孝，八愿屠儿不杀生，九愿牢囚欣得脱，十愿法界普安宁。眼愿不见刀光刃，耳愿不闻怨枉声，口愿不用违心语，手愿不杀一众生。总愿当来值弥勒，连臂相将入化城。

按此塔功德主人安思泰其人，应即粟特安姓东来中原的移民。其于龙门造此石塔并施刊经之行为，无疑说明当时洛阳一带东迁粟特多有皈依佛教者，这与石窟内部所见诸多粟特造像实例事理吻合，亦与当地其他粟特文化遗迹传达出共同的信息脉络 [567]。

又安思泰浮图的背面，另有法藏祖坟记文曰：

> "次西边坟，祖婆康氏，右麟德二年（665年）八月亡；祖父俱子，右上元二年（675年）五月亡，其年八月葬于洛州河南县龙门乡孙村西一里。父□（德）政合葬记。孙男法藏、阿仵、□□、惠琳；孙男崇基、万岁。父德政，右去垂拱三年（687年）七月七日亡。母尹氏，右去长安元年（701年）十一月廿九日亡"。

坟记中所见之"法藏"其人，从其"祖父俱子"的名讳富有胡人的意味及"祖婆康氏"显而易见的民族出身，我们判断其与安思泰一样，均为东来华夏的粟特胡人。

这一组塔铭纪事表明，安思泰、法藏两个粟特家庭，俱以东来粟特移民的身份，保持着信仰佛教的情势 [568]。而他们选择在伊水沿岸建立墓葬并修塔刊记的行为，与如下的一类唐人遗迹，其实均透露出当年来臻东都的胡人，热衷于在伊洛河沿岸宗教氛围浓郁的胡人聚居区生存落脚的心理趋势。

如龙门石窟东山万佛沟北崖上方，有吐火罗僧宝隆造像一铺，这是迄今为止洛阳发现的唯一一处吐火罗人士留下的历史遗存。

宝隆，吐火罗弘法三藏，大约初唐时代自北天竺游方于中夏。景云元年（710年）宝隆于龙门东山看经寺上方造像一龛，龛侧有造像题记略云："盖闻百空者诸佛……旋资粮，所以慧观穷于二边，□□破其四德。今有北天竺三藏弟子宝隆，上奉诸佛，中报四恩，下求群□……敬造释迦牟尼一铺……为赞曰：大悲大愿，是救是依，灭恶生善，不枉不欺。景云元年玖月一日吐火罗僧宝隆造"（图一六九）。

由宝隆造像题记汉语遣词之声韵排达、契合得体，可以想见这位客籍僧人对于中夏语言文化的熟稔，这无疑反映出古代印度佛教文化的传播者，对东方世界的传统文明有着兼容百川的融汇意识和身体力行的实践精神。从而可知，中外一切优秀文明成就的交融，正是在这些饱蕴献身精神的志士仁人的推动下，才得到了不断地发扬。

---

[567]　浮图铭文及刊经，见张乃翥：《跋龙门石窟近藏长安三年、大中六年之幢塔刻石》，《敦煌研究》1998年第1期，页24、25。

[568]　温玉成：《华严宗三祖法藏身世的新资料——兼述龙门石窟中的外国人造像》，《法音》1984年第2期，页35、36。

人所悉知，古代的吐火罗国，地当跨越葱岭的罽宾故道上，这里是南亚、中亚通往中国的一处必由之路，向为秣菟罗佛教、犍陀罗佛教汇通中国的重要地带。因此僧宝隆于唐代抵达于洛阳，并于龙门石窟镌龛造像，题写铭记，实乃西域胡人沿着丝绸之路弘扬佛法的献鼎之作。不仅如此，我们从宝隆题记遣词用韵之排达合辙、富于音声，端的可以感受到这位葱西大德对汉语修辞的熟稔。这无疑透视出当年中外人事往来的络绎丛仍，富于建树。

实际上，田野考察显示，魏唐时代的龙门石窟。除了吐火罗僧宝隆的造像史迹外，另有诸多的域外人士在这一文化宝库留下了宗教崇拜的遗迹，从中足以让我们感受到东来胡人在伊洛河沿岸文化寄托的密集。

图一六九
龙门东山看经寺上方
景云元年（710 年）
吐火罗弘法三藏宝隆
造像题记

如前述龙门石窟古阳洞北壁列龛中，有永平四年（511 年）安定王元燮造像一龛。该龛下段供养人行列西侧，有造像题记文曰："安定王为女夫闾散骑故入法敬造观世音像二躯，圣教口津，真相景发，妙极天华，含生仰化。愿使闾散骑缘此入法之功，当令永离尘躯，即真无碍，开明玄门，常为龙华唱首。又愿缘眷万善归祐，吉利徵集，一切群生，咸同兹愿"（见前图一一六）。

石窟造像题记所见的"闾散骑"其人，应是北魏时代柔然王族郁久闾氏受封拓拔王朝的贵族。其与北魏显贵安定王一门的联姻，反映了中原王朝对柔怀北方民族上层人士的重视。

同窟同壁之下层，前引于氏造像记文曰："比丘尼法隆感庆往因，得育天戚。故竭单诚，为女安乐郡君于氏嫁耶奢难陀，造释迦像一区。愿女体妊多康，众恼永息，天算遐纪，亡灵加助。正光四年（523 年）正月廿六日"（见前图一一七）。

按此法隆息女安乐郡君之于氏，应即北魏宣武皇帝后族于姓的千金，其所远嫁他乡的夫主"耶奢难陀"其人，或即魏时西域白山部族中"野咥"一姓的贵族。这一婚姻事实的再现，应与郁久闾王室联姻元氏有着相同的政治背景[569]。

另在龙门石窟敬善寺北崖，有唐初突厥人阿史那忠造像记一品，"右骁卫大将军薛国公

---

[569]　龙门所见"闾散骑"及"耶奢难陀"题记的探讨，参见张乃翥：《从龙门石窟造像遗迹看北魏民族关系中的几个问题》，《民族研究》1989 年第 2 期，页 32 ～ 40。

图一七〇
龙门石窟敬善寺北崖
上元二年（675年）
五月之前突厥内附豪
酋阿史那忠造像记

图一七一
龙门石窟火烧洞南崖垂
拱二年（686年）阿史
那忠之子史暕夫人李氏
造像题记

阿史那忠造"（图一七〇）。此后，阿史那忠之子史暕亦于火烧洞外南崖造像一铺，题记文曰，"左玉钤卫将军薛国公史、夫人李氏，垂拱二年（686年）十二月八日敬造"（图一七一）[570]。

次龙门西山南段净土堂北崖，有铁勒豪酋浑元庆造弥勒像一龛，龛楣造像题记文曰："维大唐载初元年（689年）二月十日，右玉钤卫大将军行皋兰州都督兼□（使）持节左□□军上下□（灵）丘县开国□（公）浑元庆并夫人京兆史，敬佛龛一所。"[571]

至于唐代"阿史那忠"父子及"浑元庆"其人的史况，两《唐书》已有相关的披露。就龙门碑刻文献的个案价值来衡量，其所代表的西域人事结缘内地的历史信息，已足以让人们意识到这些民族因素对西域文明落殖中原有着多么重要的意义。

此外，根据我们几十年来对石窟遗迹的田野考察，龙门石窟西山魏唐窟龛的各期造像中，尚有一些普通胡人的造像遗迹，同样值得我们足够留意。

如石牛溪北壁有北魏晚期"安碎叶造"像题记。

汴州洞窟外有"永昌元年（689年）三月七日安多富敬造"佛像一铺的题记。

南市香行像龛西壁有该行24名胡汉社众的造像题名，其文曰：

南市香行社　社官安僧达，录事孙香表、史玄策、常行师、康惠澄、张才辩、孙元楷、陶善意、宫孝敬、郭弘济、王思泰、柏玄泰、刘元佑、赵思言、赵待客、李智绪、兰敬宾、何难迪、房玄哲、□守约、单雅、康静智、张玄福、卫善庆。右件社人等一心供养。永昌元年（689年）三月八日起手。

[570] 阿史那忠及子暕，唐史有传。有关该家族的事迹，详见刘昫：《旧唐书》卷一〇九《阿史那社尔传·附苏尼失传》，中华书局，1975年，页3290。

[571] 铁勒豪酋浑元庆其人，唐史传记有及，乃中唐名臣浑瑊之曾祖。事见刘昫：《旧唐书》卷一三四《浑瑊传》，中华书局，1975年，页3290；浑氏世系，岑仲勉《唐史余审》卷四《杂述》有考，可参阅，上海古籍出版社，1979年，页227～229。

唐代东都的南市，以诸胡群聚、商肆林立誉满于中外。当丝路贸易畅通之岁月，东、西香料交易亦追逐商潮，盛极一时。今由南市香行粟特商侣安僧达、史玄策、康惠澄、何难迪、康静智与汉人结社、造像的行为，可以考见当年西域商胡以信仰为纽带、以商业利益为目标深入东都社会的生计运筹。

与此同时，龙门石窟这一佛教遗迹的碑刻记事，尚给我们提供了一条丝路贸易物流科目的宝贵信息——香料市场隔永通门与胡人聚居区感德乡的逼近，反映出胡人的香料运入，有赖于内地汉人的中介推销——洛阳汉人遗迹中一件涉及"香料普及"的信息，值得留意。

往者龙门地区摩崖瘞窟出土《大周润州刺史王美畅夫人长孙氏墓志铭并序》一石，刊文有曰：

夫人长孙氏，□（河）南郡人也……曾祖敞，随金紫光禄大夫宗正卿平原郡开国公。祖义崇，唐通议大夫华容郡公……父朝散大夫怀州河内令兼州司马……夫人兰畹传芳，琼田沩润，禀三灵纯粹，挺四德之英姿。敬慎礼仪，允恭□训。授弄之年，适于太原王氏……通闺仰其柔范，列阃挹其清猷。圣□敕拜成安郡君，寻除怀德郡君……圣历元年（698年）王府君止坐极灾，奠楹俄及。夫人□舟靡托，葛蔂无依，志殒形存，□景心哲。既而浮休回薄，□运摧迁。与美徒欺，俄婴沉疴。琼田灵草，重遇无期；西域胡香，再逢无日。呜呼哀哉！大足元年（701年）六月廿六日薨于汝州私第，春秋五十有四。夫人宿植德本，深悟法门；捨离盖缠，超出爱纲。以为合葬非古，何必同坟。乃遗令于洛州合宫县界龙门山寺侧，为空以安神。从子昕等，孝穷地义，礼极天经，思切风枝，哀缠霜露。从命则情所未忍，违教则心用荒然。乃询访通人，敬遵遗训。遂以长安三年（703年）梯山鑿道，架险竛空，构石崇基，塞研絮陈。斯隙□天地而长固，等灵光而巍然。"[572]

由此可见，洛阳地区这种布在人口的"西域胡香"之为上层仕人所传唱，势必因当地香料贸易深入朝野而使然。

此外，由田野考古调查得知，龙门石窟初唐以降另有多处的粟特胡人的造像遗迹。说明由于李唐国家的对外开放，龙门地区聚集了为数众多的西域信仰佛教的胡人。

如龙门石窟西山北段的敬善寺区有造像题记文曰："□佛弟子安期母李、安四娘供养。龙朔元年（663年）三月十五日成。"这一家庭有可能是安国胡人与李唐家族成员联姻的结果。

老龙窝北崖底层一初唐佛龛有"安洅藏愿平安造"佛像一铺的题记。前龛附近又有"弟

---

[572] 图版参见北京图书馆金石组：《北京图书馆藏中国历代石刻拓本汇编·唐》第19册，中州古籍出版社，1989年，页93。

子史玄景为父母造"像的题记。

老龙洞北壁中层有初唐"清信女可敦敬造弥陀像"一铺的题记。

同窟南壁有唐初"何万安敬造佛一区",其邻龛为"史三娘造佛一区"。判断其应为一个粟特家庭的夫妇造像。"阿康婆造"像一区,"安爱为父母造"像一区诸遗迹。

这有可能属于几户住洛胡人结伴而来龙门石窟从事功德造像的结果。

龙门石窟如此连绵不跌的胡人造像遗迹,无疑从文化语境角度折射出当年伊洛河沿岸有着胡人生计土壤的软件信息。

又近年龙门东山北原杨村一带出土了一盒中唐大历十四年(779年)十一月十六日的胡人夫妇墓志,志石拓本长40、宽40.5厘米。系前恒王府参军张文哲撰并书丹。志文略曰:

唐石公故夫人康氏墓志铭并序

夫人字媛,本族西国;后因输质,枝叶相传;飘寄年多,今为洛阳人也。曾祖□,祖□,父演,皆立性柔洁,志好清闲,乐道自怡,人所推望。夫人即演公之长女也……自天宝(742～755年)末,贼臣挥剑涂洛阳,万姓姓(翥按:多一"姓"字)波逃,士庶失业。夫人以忠孝为节,贞操立身,妇礼女仪,彰于邦族……呜呼,天不永(翥按:此句当少一字),兰桂先凋。以大历十四年(779年)夏四月廿二日,因孕遘疾,药饵不从,终于思顺里之私第,享年廿有八……即以其年己未岁仲冬月十六日壬午,卜宅于河南府洛阳县伊川乡之原,礼也。夫人淑德素积而荣寿不增,偕老空传空(翥按:此句多一"空"

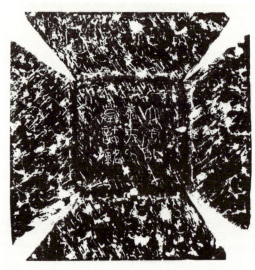

图一七二
近年龙门东山北原杨村一带出土的大历十四年(779年)
胡人石公故夫人康媛墓志盖

图一七三
近年龙门东山北原杨村一带出土的大历十四年(779年)胡人石公故夫人康媛墓志

字），飘零何遽。恐陵谷迁变，遂刻为铭（图一七二、一七三）。

志文"自天宝末贼臣挥剑涂洛阳，万姓波逃，士庶失业。夫人以忠孝为节，贞操立身，妇礼女仪，彰于邦族"的叙事，折射出安史之乱中，这一胡人家庭对范阳兵燹、羯士发难的不满。这种来自特定人文场域下的胡人心境舆论，值得学界给予深入的探讨。

次如2008年洛阳隋唐故城东南"伊川村"（今李村镇西白塔村、东白塔村一带）出土的何澄妻庐江郡夫人墓志，系元和八年（812年）洛阳"大圣善寺沙门文皎"所撰文，从而折射出这一粟特胡人家庭信仰佛教的背景。墓志文略曰：

唐故庐江郡夫人墓志铭并序

　　大圣善寺沙门文皎述

　　夫人庐江人也，祖考胄绪，载于谱牒，此不繁述。夫人令懿端穆，矜庄丽饰……修苹藻于中柜，持礼容于内则。奉先人之命，将事君子，归其有家。遂适浔阳何氏……无何，小瘵沉痼，大渐弥留。医药徒施，膏肓无救。以元和七年（812年）三月廿日奄终于嘉善里之私第，享年六十九。有子男一人，名绾，婚康氏。公仁孝不资，温恭性得。敬养也过于曾闵，居丧也比于颜丁。自雁葡凶，茹荼泣血，柴毁骨立，殆不胜哀。卜明年（813年）二月廿五日，合祔于洛阳县伊川乡伊川村先茔之礼也。以余从事于文，见命纪述。

　　恐陵谷之迁变，冀斯文之未泯，铭曰：

　　二仪运行，四序迁谢；春荣秋落，物皆随化；人者一气，禀灵在兹；休劳同辙，孰免于斯（图一七四）。

窥诸何澄、何绾父子的姓氏出身及其婚聘康氏的事迹，我们可以看出这一粟特部落内部通婚的情势。他们选择龙门东山北麓这一胡人聚落作为本姓的"先茔"，亦能看出其与洛阳隋唐城东胡人部落存在着乡土情感的联系。

通过以上辑录的这些来臻华夏的胡人史料，可以看出，由于生活环境因素的造就，他们每每选择了洛都城东的崇义乡、感德乡作为他们人生归宿的落脚点，以此实现他们在"国颁"侨乡的民族心灵慰藉。

2013年11月，龙门石窟研究院考古人员在龙门西山北段的红石沟北崖一处小型窟龛群中，

图一七四
2008年洛阳隋唐故城东南"伊川村"出土的元和八年（812年）何澄妻庐江郡夫人墓志

图一七五
2013 年龙门石窟西山北段红石沟北崖发现的一座景教
瘗窟遗迹

发现一座瘗窟的上方，阴刻一个高 26、宽 24 厘米的十字架图像。在十字架图像右侧约 46 厘米处，刊刻一个字径约 7 厘米的汉文"石"字。上述遗迹表明，这一瘗窟与昭武九姓入华的"石国（Chach）"粟特人（Sogdian）有着内在的关联。经过对现场进行仔细地考古勘察，确定这一石窟为中唐初期龙门地区一处珍贵的景教瘗葬遗迹（图一七五）[573]。

往者洛阳出土内徙粟特人康达墓志，载其乡贯籍里有谓："……君讳达，□文则，河南伊阙人也。十六代祖，西华国君，东汉永平中遣子仰入侍，求为属国。□以□为并州刺史，因家并□（州）焉。"[574] 可见伊阙一带的确有着住籍胡人的存在，这或许正是龙门石窟内景教瘗窟的人际基础。

这样看来，龙门地区这类因山开窟、瘗葬尸骨的作法，不仅受到当地佛门信众于佛国道场采用天竺"寒林葬法"文化背景的熏染[575]，更与西域夷教宗教传统和内地民俗文化接触（culture contact）形成的人文生态有着密切的关联。

另据近期学界的报道，2010 年底，洛阳隋唐故城"感德乡"又有景士花献及其夫人安氏墓志的出土。这一文物信息无疑再次折射出唐代洛阳地区与域外宗教文化广博交流的事实。其中尤为值得寓意的是，花献墓志乃"洛阳圣善寺沙门文简"所撰写，从中可以看到中唐时代东都景教社会接缘佛门的情势。这与此前洛阳景教经幢糅合佛教文化元素及龙门景教瘗窟孳濡佛法瘗窟的现实情势，有其明显的一致性。

实际上，对于内徙粟特胡人在汉地采用山崖瘗窟窆葬遗身的事象，学界前贤业已做过精辟的论说。

如对于六胡州地区唐代胡人因山开龛或洞穴安葬遗身的习俗，张广达先生认为，"粟特

[573] 相关报道参见焦建辉：《龙门石窟红石沟唐代景教遗迹调查及相关问题探讨》，《石窟寺研究》第 4 卷，文物出版社，2013 年，页 17～22。

[574] 洛阳市文物工作队：《洛阳出土历代墓志辑绳》，中国社会科学出版社，1991 年，图版 309。

[575] 张乃翥：《龙门石窟唐代瘗窟的新发现及其文化意义的探讨》，《考古》1991 年第 2 期，页 160～169+1。

移民的这种丧葬方式保留了伊朗世界的一种遗风，应该与人们今天在伊朗本土发现的石龛葬放在一起进行比较研究"[576]。

而已有的研究表明，在伊斯兰化以前的伊朗本土，一些琐罗亚斯德教信徒中曾经流行于当地山崖开凿瘞窟或壁龛收纳遗骨的风俗。如马夫达什特（Marvdasht）地区的纳克什·鲁斯塔姆（Naqshi Rustam）及伊斯塔克尔（Istakhr）地区，即存在有这种称为"达克玛（dakhma）"式的小型洞穴[577]，且此类洞穴往往刻有"（此达克玛）由某人为某人而建造，其灵魂必将因此而升入天堂"的铭文[578]。

凡此田野遗迹之回顾，无疑从国际视域折射出有唐时期洛阳域外文化风习的斑斓与丛仍。

不仅如此，如果回顾此前隋唐洛阳故城东郊伊洛河平原上景教经幢的出土及随之揭示出来的一系列令人刮目相看的人文事象[579]，则当地与西域胡人部落的内在因缘，理应成为人们考察古代东西方社会通过丝路传输演绎人际交流的一个上佳选题。

---

[576] 参见W.Ball, "Some Rock-cut Monuments in Southern Iran"（《伊朗南部的石碑》）, Iran, ⅩⅩⅨ, 1986, pp.95-115; D.Huff, "'Feueraltäre' und Astodane:Untersuchungen zur Zoroastrischen Grabarchitektur", Proceedings of the Second European Conference of Iranian Studies, held in Bamberg, 30th Sept.to 4th Oct. 1991（《第二届欧洲伊朗研讨会论文集，班贝格，1991年9月30日～10月4日》）, Roma, 1995, pp.297-303, planches, ⅩⅩⅪ～ⅩⅩⅩⅣ; D.Huff, "'Fire Altars' and Astodan", The Art and Archaeology of Ancient Persia（《古代波斯的艺术与考古》0, edt.by V.S.Curtis, R.Hillenbrand and J.M.Rogers, London, New York, 1998, pp.74-83; 转引自张广达《评魏义天、童丕合编：《粟特人在中国》，《文本、图像与文化流传》，广西师范大学出版社，2008年，页362。

[577] Dietrich Huff, "Archaeological Evidence of Zoroastrian Funerary Practices", in Michael Stausberg ed., Zoroastrian Rituals in Context, Leiden·Boston: Brill, 2004, p.596.

[578] G.Gropp & S.Nadjmabadi, "Eine Reise in West-und Südiran", Archäologische Mitteihungen aus Iran NS3, 1970, pp.173-230. A.Hassuri, "Two Unpublished Pahlavi Inscriptions", Zeitschrift der Deutschen Morgenländischen Gesellschaft 134, 1984, pp.92-97; 以上转引自张小贵：《祆教史考论与述评》，兰州大学出版社，2013年，页121、122。

[579] 有关这件景教经幢的发现与研究，参见张乃翥：《跋洛阳新出土的一件唐代景教石刻》，《西域研究》2007年第1期，页65～73；英译本刊《景教遗珍——洛阳新出唐代景教经幢研究》，文物出版社，2009年，页17～33；林悟殊、殷小平：《经幢版<大秦景教宣元至本经>考释——唐代洛阳景教经幢研究之一》，《中华文史论丛》2008年第1辑，页325～352；殷小平、林悟殊：《幢记若干问题考释——唐代洛阳景教经幢研究之二》，《中华文史论丛》2008年第2辑，页269～292；林悟殊：《经幢版"三位一体"考释——唐代洛阳景教经幢研究之三》，《中华文史论丛》2009年第1辑，页257～276。

图一七六～一七八
2017 年洛阳隋唐城东
南原发现唐代景士使用
的石砚（正面、背面、
侧面）

众所周知，洛阳地区尤其是邙山一带出土的胡人墓志，自20世纪初叶已为中外学界所瞩目。

与上述胡人遗迹形成对比的是，此后的一系列出土文物显示，位于洛阳隋唐故城建春门、永通门之外的伊洛河原野一带，隋唐以来曾为中原地区一处人事密集的胡人聚落。

2017 年夏，洛阳城角村南原发现唐代景教珍贵石砚文物一件。石砚青石质，材质细腻，做工考究，实属历代文房四宝中一件文化含量极高的国粹。砚高 16、上宽 12.5、下宽 13.5、厚均约 3.3 厘米。

此砚虽微有残损，但其整体形状与常见的唐代箕形砚式同，考其年代当在中唐后期的穆、武时代。该砚砚池上部，深刻一景教"十字"图案做为墨池，表徵明确，构思巧妙，赋有明确的宗教器物的定格化烙印。此外，该砚四边环刻装饰性线条一周，手法简洁，视感明快，具有颇高的艺术审美价值（图一七六～一七八）[580]。

现在看来，这件石刻艺术品在隋唐洛阳故城东南原野的出土，至少说明洛阳唐代感德乡的景教信众，业已开始融入汉字文化体系。这与当地出土的上述景教经幢幢记中"中外亲族，题字如后"的记事，无疑有着文化语境的一致性。它的出土显然表明，当时洛阳地区的景教信众，已将毛笔的使用，纳入到教内文化生活的日程中来。这实际上正是他们与汉人从事社会交流的一个必然文化过程。

所以，这件文物的问世，不但为洛都城外的景教遗产平添了珍贵的文化实例，更从信息多元的维度，将胡人景士们面对融入华夏社会的人生取向，从无意识变迁（involuntary change）到有意识变迁（voluntary change）的生计演变路径或多或少地暴露在我们的面前，

---

[580]　这件石砚藏洛阳九朝石刻文字博物馆。图版样本及要素说明，系学友、该馆馆长齐渊先生割爱提供，获允刊布。特此致谢。

为我们认识唐代丝绸之路的人文内涵增添了一种具有软信息意义的理论依据。

相对于洛城内外文物遗产中的胡人聚落史料，中古历史文献中亦有更多胡人驻足洛城的事例记载，可供我们作出直接的参考。仅以事涉有唐一代的洛中故实，我们可以列举活动于龙门山前水后的几位来华佛教大师的历史行迹以窥一斑。

释阿你真那，华言宝思惟，北印度迦湿蜜罗国人。"长寿二年（693 年）届于洛都，敕于天宫寺安置。即以其年创译，至中宗神龙景午，于佛授记、天宫、福先等寺，出《不空罥索陀罗尼经》等七部。睿宗太极元年（712 年）四月，太子洗马张齐贤等缮写进内。其年六月，敕令礼部尚书晋国公薛稷、右常侍高平侯徐彦伯等详定入目施行……后于龙门山请置一寺，制度皆依西域，因名天竺焉……以开元九年（721 年）终于寺，构塔旌表焉。"[581]

史载开元"十年（722 年）二月四日，伊水泛涨，毁都城南龙门天竺、奉先寺，坏罗郭东南角，平地水深六尺以上，入漕河，水次屋舍树木荡尽。"[582] 但龙门出土文物中另有史料可以证实天竺寺又被唐人改建于伊阙的西山，从而可知中唐时代龙门西山又有天竺寺香火的余绪[583]。由此不难看出，洛阳佛教社会对于恢复一座"制度皆依西域"的寺院建筑，抱有多么热忱的心态。

释菩提流志，南天竺国人，姓迦叶氏。"初依耶舍瞿沙三藏学诸经论，其后游历五天，遍亲讲肆。高宗大帝闻其远誉，挹彼高风，永淳二年（683 年）遣使迎接。天后复加郑重，令住东洛福先寺，译《佛境界》《宝雨》《华严》等经凡十一部……志开元十二年（724 年）随驾居洛京长寿寺。十五年（727 年）十一月四日……奄然而卒，春秋一百五十六。帝闻轸悼，敕试鸿胪卿，谥曰'开元一切遍知三藏'。遣内侍杜怀信监护丧事，出内库物，务令优赡。用卤簿羽仪，幡幢花盖，填塞衢路。十二月一日，迁窆于洛南龙门西北原，起塔，勒石志之。"[584]

在龙门起塔安葬的梵僧中，菩提流志是唐朝遣使请迎的第一人，这与高宗初年西域边陲的开拓和武后锐意接缘梵僧大德有着密切的关系。而菩提流志法葬仪式的隆重，反映出盛唐时代龙门佛事活动的鼎盛。

[581] 赞宁：《宋高僧传》卷三《唐洛京天竺寺宝思惟传》，中华书局，1987 年，页 42、43。

[582] 刘昫：《旧唐书》卷三七《五行志》，中华书局，1875 年，页 1357。

[583] 有关龙门地区唐代天竺寺的源绪，详见张乃翥：《龙门天竺寺事辑》，《石窟寺研究》第四辑，文物出版社，2013 年，页 151～181；氏著：《龙门地区佛教寺院史料辑绎》，国家图书馆出版社，2013 年，页 17～35。

[584] 赞宁：《宋高僧传》卷三《唐洛京长寿寺菩提流志传》，中华书局，1987 年，页 43、44。

菩提流志法身立塔的遗址，田野调查得知位于龙门西山北端今花园村南岭的岗巅上，其遗址与周围包括义净、义福、善无畏诸大师身塔在内的一组盛唐墓塔，形成了自洛城南望伊阙一道耸人眼目的人文性景观。

释跋日罗菩提，汉译金刚智，南印度摩赖耶国人也。"开元己未岁（七年/719年），达于广府，敕迎就慈恩寺，寻徙荐福寺。所住之刹，必建大曼拏罗灌顶道场，度于四众……后随驾洛阳……二十年（732年）壬申八月既望，于洛阳广福寺命门人曰：'白月圆时，吾当去矣。'遂礼毗卢遮那佛，旋绕七币，退归本院，焚香发愿，顶戴梵夹并新译教法，付嘱讫，寂然而化。寿七十一，腊五十一。其年十一月七日，葬于龙门南伊川之右，建塔旌表……灌顶弟子中书侍郎杜鸿渐素所归奉，述碑纪德焉。"[585]

金刚智墓塔之处所，在今龙门西山南麓奉先寺遗址之塔院正中，1984年文物普查时，笔者曾经参与过对它的调查。由调查得知，该塔塔院夯筑，今存六边形遗址一所，墙基残高约3.5米。塔基实心，夯筑，残高约8米。至今仍为伊阙南麓一座突兀高显的标志性建筑遗迹。

另由考古调查所获资料中得知，当开元二十年（732年）来华高僧金刚智建塔于龙门奉先寺之后，与崔琳一并显赫于玄宗朝廷的吏部尚书卢从愿，其夫人郑德曜氏生前曾"遗命"祔葬于"河南县伊川乡龙门山西灵塔之右"，这与郑氏墓地和金刚智塔址的位移关系保持着完全的一致性。它反映的正是中古一代从法士女祔葬高僧的风习。郑氏追随名僧如此之挚着，与其当年崇信佛法必有联系，这由郑氏墓志书丹者为一沙门可以想见其不虚[586]。

释戍婆揭罗僧诃，华言善无畏，中印度人也。"开元四年（716年）丙辰，赍梵夹始届长安……十二年（724年）随驾入洛，复奉诏于福先寺译《大毗卢遮那经》……二十三年（735年）乙亥十月七日，右胁累足，奄然而化，享龄九十九，僧腊八十。法侣凄凉，皇心震悼，赠鸿胪卿。遣鸿胪丞李现具威仪，宾律师护丧事。二十八年（740年）十月三日，葬于龙门西山广化寺之庭焉……会葬之日，涕泗倾都，山川变色，僧俗弟子宝畏禅师、明畏禅师、荥阳郑氏、琅琊王氏，痛其安仰，如丧考妣焉。乾元之初，唐风再振，二禅师刻偈，诸信士营龛，弟子舍于旁，有同孔墓之恋。"[587]

---

[585] 赞宁：《宋高僧传》卷一《唐洛阳广福寺金刚智传》，中华书局，1987年，页4～6。

[586] 张乃翥：《跋龙门地区新发现的三件唐代石刻》，《文献》1991年第2期，页245～255+1。

[587] 赞宁：《宋高僧传》卷二《唐洛京圣善寺善无畏传》，中华书局，1987年，页17～22。

自开元末叶善无畏法葬广化寺之日起，该寺便以龙门一座灵感道场享饮于洛中。据历史文献之记载，后唐庄宗同光二年（924年）、三年（925年）两赴广化寺祈雪、请雨[588]。末帝从珂亦于清泰元年（934年）、三年（936年）三临当寺祈祷雨雪[589]。有宋一代，太祖于开宝八年（975年）三月、真宗于大中祥符四年（1011年）三月先后移跸同寺，祈雨、行香[590]。

龙门以西来梵僧献身弘法曳引了寺院崇拜，这对龙门地区宗教信仰的形式转换起到了巨大的推动作用。盛唐以降石窟造像的急剧衰落，大量的人力、物力移向了寺院崇拜的方向。这从中唐以来历史文献的连篇记载、当地文物遗迹的不断出土中可以得到反复地印证。通过几十年来对内典文献的辑录和对龙门地区田野遗迹及出土文物的收集，我们已经揭示出有唐一代龙门地区佛教寺院至少已达25座之多。可见当年这里佛教香火的炽盛[591]。

通过以上对隋唐洛阳故城城东、城南一带人文史踪的回顾与发掘，可以看出当年这一伊洛河夹河地带由于胡人侨乡的设置，密集地出现了生死两界的胡人聚落。

面对洛阳隋唐城东"感德乡"和"崇义乡"这类胡人侨乡的国家设置，一个更值得跟踪思考的问题是，这类胡人侨乡何以会坐落于洛阳城东而不是城市其他的方位呢？

（五）定鼎门遗址内的晚唐密集驼印，揭示了东都胡人商贩的逶迤喧嚷、鹘飞云集

1. 东都胡人信教社团在伊洛河两岸的集聚

1999～2000、2007～2008年，中国考古部门对隋唐洛阳城定鼎门遗址进行了两次大规模的考古发掘。考古发掘揭示了隋唐至五代、北宋时期该城址各期的建筑结构和沿革变化，

[588] 薛居正等：《旧五代史》卷三二《庄宗纪》六，中华书局，1976年，页444、448。

[589] 薛居正等：《旧五代史》卷四六《末帝纪》上，中华书局，1976年，页638、641；同书卷四八《末帝纪》下，中华书局，1976年，页657。

[590] 志磬：《佛祖统纪》卷四三，《大正藏》第49册，（台北）新文丰出版公司，1983年，页396；《佛祖统纪》卷四四，《大正藏》第49册，（台北）新文丰出版公司，1983年，页404、405。

[591] 参见张乃翥：《龙门地区佛教寺院史料辑绎》，国家图书馆出版社，2013年；又张乃翥、张成渝：《王维书幢的发现及其与龙门地区佛教文化的因缘（The discovery of a Buddhist pillar inscribed by Wang Wei and its connections with Buddhism in the Longmen area）》，2019 Aug 20–21_Oxford epigraphy conference papers.

为我们了解隋唐以降洛都这一重要城市建筑的历史作用，提供了遗产学依据。

不仅如此，由于这次考古发掘扩大了遗址的发掘面积，以致对城门外侧的道路状况有了带有典型交通背景的考古收获，从而为复原中古洛阳城市的地理职能，提供了绝佳的论据。

发掘显示，定鼎门遗址建筑可分为 5 期至 6 期，最早建筑为隋代，最晚的为北宋末年，说明自隋至北宋的 530 年间，定鼎门一直在连续使用。

这次考古报告告诉人们，在定鼎门门址南侧南北向道路晚唐时期的路面上，不仅清理出密匝的车辙痕迹、密集的人脚印痕迹和动物蹄印，特别是清理出了大片密集的骆驼蹄印的痕迹（图一七九）[592]。这一大遗址考古业已揭示的这些与丝绸之路交通运输有直接关联的地层现象，是迄今为止国内外考古项目中所罕见的。这至少说明，直至晚唐时期的洛阳，仍是丝绸之路物流往来的著名都会，这无疑与大运河的便捷输丝有着难以割裂的内在联系。

与此考古遗迹揭露的文化时态相表里，文献记事中的隋唐东都岁月，亦有让人眼景大开的论域。

大业六年（610 年）正月"丁丑，角抵大戏于（东都）端门街，天下奇伎异艺毕集，终月而罢。帝数微服往观之。己丑，倭国遣使贡方物"[593]。

此事《通鉴》更有详细之记载：六年正月，"以诸蕃酋长毕集洛阳，丁丑（十五日），于端门街盛陈百戏，戏场周围五千步，执丝竹者万八千人，声闻数十里，自昏至旦，灯火光烛天地；终月而罢，所费巨万。自是岁以为常。诸蕃请入丰都市交易，帝许之。先命整饰店肆，檐宇如一，盛设帷帐，珍货充积，人物华盛，卖菜者亦藉以

图一七九
洛阳隋唐城定鼎门遗址南侧的南北向道路晚唐时期的路面上留下的大面积骆驼蹄印痕迹

[592] 中国社会科学院考古研究所洛阳唐城队：《隋唐洛阳城定鼎门遗址的考古新收获》，文刊《中国考古网》2008 年 2 月 12 日。有关定鼎门遗址的早期发掘，参见中国社会科学院考古研究所：《隋唐洛阳城：1959～2001 年考古发掘报告》，文物出版社，2014 年。

[593] 魏征等：《隋书》卷三《炀帝纪上》，中华书局，1973 年，页 74。

龙须席。胡客或过酒食店，悉令邀延就坐，醉饱而散，不取其直，绐之曰：'中国丰饶，酒食例不取直。'胡客皆惊叹。其黠者颇觉之，见以缯帛缠树，曰：'中国亦有贫者，衣不盖形，何如以此物与之，缠树何为？'市人惭不能答。"[594] 这与河西行事可谓故意而重演。

史载大业"十一年（615年）春正月甲午朔，大宴百僚。突厥、新罗、靺鞨、毕大辞、诃咄、传越、乌那曷、波腊、吐火罗、俱虑建、忽论、诃多、沛汗、龟兹、疏勒、于阗、安国、曹国、何国、穆国、毕（国）、衣密、失范延、伽折、契丹等国并遣使朝贡……乙卯，大会蛮夷，设鱼龙蔓延之乐，颁赐各有差"[595]。作为杨隋东都的洛阳，俨然一座万邦交流的国际都会。

值得人们分外关注的是，炀帝于大业元年（605年）对运河的开发，实际包含有对江淮以南地区丝绸经略的设意——南方一年四季俱产桑叶，那里自有取之不尽的丝绸资源。这较黄河流域一年仅有一季产丝的资源赋存，显然更有国家规模化生业的价值。

如史载刘宋时代，南方即以丝绸的生产纳入国家的运筹："元凶劭，字休远，文帝长子也。帝即位后生劭，时上犹在谅闇，故秘之。三年闰正月，方云劭生。自前代以来，未有人君即位后皇后生太子，唯殷帝乙既践阼，正妃生纣，至是又有劭焉。体元居正，上甚喜说……二十七年（450年），上将北伐，劭与萧思话固谏，不从。索虏至瓜步，京邑震骇。劭出镇石头，总统水军。善于抚御。上登石头城，有忧色，劭曰：'不斩江湛、徐湛之，无以谢天下。'上曰：'北伐自我意，不关二人也。'上时务在本业，劝课耕桑，使宫内皆蚕，欲以讽厉天下。"[596]

可见还在南北朝时代，南方统治者业已充分认识到桑丝产业对国家财赋的重大价值。

逮及炀帝运河告竣，南丝北运已成通途，故国家贸丝，远袭域外。由是西域胡人络绎东来，不绝如缕。对此古籍有着实录性记载传贻于后人。其中冒以绿洲国家"奉使"通好中国的人际友谊，多被官家史书所记载。

这由前引贞观三年（629年）户部奏言"中国人自塞外来归及突厥前后内附、开四夷为州县者男女一百二十余万口"的史籍记事可以窥见其不虚。

不仅如此，武周、中宗时代洛阳地方县治的变更，也从行政区划设置的角度，让我们感受到中原政治与胡人生计东都坐大有着密切的联系。

---

[594] 司马光：《资治通鉴》卷一八一《隋纪五》，中华书局，1956年，页5649。

[595] 魏征等：《隋书》卷四《炀帝纪》，中华书局，1973年，页88。

[596] 沈约：《宋书》卷九九《二凶传》，中华书局，1974年，页2423、2424。

对此《新唐书》有谓：天授"三年（692年），析洛阳、永昌置来庭县，长安二年（702年）省。"[597]

按"来庭"这一具有怀柔寓意的县名，出于武则天这一政治思维极具外向魅力的封建女主的构想。这与武周国家当时优游东都流移众多四夷胡人有着重大的关系。

对此，元人著述者释东都"从善坊"遗事有曰："唐长寿中（692～694年）以蕃胡慕义，请立天枢。武太后析洛阳、永昌二县，置来庭县廨于此坊，以领四方蕃客。"[598]

由此可见当时洛城东郊"感德乡""崇义乡"的设置，殆为此种历史逻辑的延伸[599]。

那么，此前数年当地另一"合宫县"的设立，无疑更含有引用西方梵经概念创置东都行政区划的意味。

《旧唐书》载曰："河南府，隋河南郡……（天授）三年（692年），置来庭县……永昌元年（689年），改河南（县）为合宫县。神龙元年（705年），复为河南县，废永昌县。三年（707年）复为合宫县。景龙元年（707年），复为河南县。"[600]

唐志所载的合宫县，其有采用当年汉地流行佛典概念的用意。北凉县无谶汉译马鸣菩萨《佛所行赞》卷二《合宫忧悲品》，叙佛母瞿昙弥等悲悼太子出家入道的情节，有着如下感人肺腑的描绘："大爱瞿昙弥，闻太子不还，竦身自投地，四体悉伤坏，犹如狂风摧，金色芭蕉树。又闻子出家，长叹增悲感……念子心悲痛，闷绝而躄地；侍人扶令起，为拭其目泪。其余诸夫人，忧苦四体垂，内感心惨结，不动如画人。时耶输陀罗，深责车匿言：'生往我所钦，今为在何所？人马三共行，今唯二来归。我心极惶怖，战慄不自安；终是不正人，不昵非善友……汝今应大喜，作恶已果成，……假名为良朋，内实怀怨结。今此胜王家，一旦悉破坏！'……父王失太子，昼夜心悲恋，斋戒求天神，愿令子速还。"[601]

---

[597] 欧阳修、宋祁等：《新唐书》卷三八《地理志二》，中华书局，1975年，页982。

[598] 徐松辑，高敏点校：《河南志》，中华书局，1994年，页20。

[599] 有关当时入附东都的胡人部落设置侨乡的事迹，参见张乃翥：《"感德乡"景教社团与隋唐东都人文地理之因缘——以新出土唐元琰、刘谈经墓志纪事为缘起》，《石河子大学学报》2017年第5期，页73～85。

[600] 刘昫：《旧唐书》卷三八《地理志一》，中华书局，1975年，页1422。

[601] 马鸣菩萨撰、昙无谶译：《佛所行赞》卷二《合宫忧悲品》，《频伽精舍校刊大藏经》，藏帙，第7册，1913年，页53。

武后晚季之所以于东都设置以"合宫"为县名的行政区划，实际含有借诸佛经信仰、唤起"母子情深"伦理观念社会化效应的政治目的。因为在即将建鼎神州的武则天看来，这对消弭以李显为代表的李唐王族敌视武后称制的社会时态将会起到一定的润滑作用——封建政治斗争之利用西域宗教信仰捏揄社会舆论于掌股，合宫县治的生灭消长，可谓一例耐人寻思的历史故实。西域文化之延入东方政治社会的上层建筑或意识形态，由此一县行政区划之设置，可以管窥纤毫于一豹。

源于经营西域胡人因缘的"合宫""来庭""崇义""感德"人文生态的政治制约与设定，其实它的背后依然折射出当年东都胡人数量与社会能量的不容漠视。文献视域中如此连篇如牍的史料纪实，从洛阳当地出土的数以万计的墓葬遗物中又可获一视觉读品的形象佐证。

2. 洛阳文物视域下的东都胡人生活形态

有唐一代洛阳西域胡人之联袂丛聚、充斥菁街，从当地出土的数以万计的同期胡人陶质明器人物形象中亦可窥见其端倪。这种与丝绸之路中外贸易息息相关的典型文化史资料，从形象史学视域为我们复原当年丝路起点都会的历史景观提供了珍贵的史学依据。

洛阳博物馆藏有隋末唐初柳凯墓出土黄釉胡人俑一件，形象塑造高鼻深目，八字胡须，络腮。头戴卷檐虚帽，身着窄袖束腰长袍及裤褶，足履扁头皮靴。手执长颈鸡首酒壶，一副中亚胡人沽酒自持的模样（图一八〇）。

又如前引洛阳博物馆收藏的当地早年出土的那件初唐胡人行走俑，其高鼻深目，络腮胡须。头戴尖顶卷檐虚帽，上着窄袖交领长袍，下束裤褶，足履尖头鞲靴。肩负背囊，手执长颈鸡首壶。弯腰弓背，行色匆匆，生动地传达着丝路古道上一幅胡商贩客络绎往来、驰命不息的逆旅图画（见前图一二八）。

有唐一代同类的胡商负载俑，中原出土品中尚有流散国外者，如法国吉美国立亚洲艺术博物馆（**Musée National des Arts**

图一八〇
1988 年洛阳偃师城关镇麟德元年（664 年）柳凯墓出土胡人行走俑
图版采自俞凉亘、周立主编：《洛阳陶俑》，北京图书馆出版社，2005 年，页 179

Asiatiques-Guimet）即藏有一件形制与此相类的作品，可见中古时期这类世俗人物的动态身影，广为社会各界所熟视[602]。

至于前述龙门石窟东山北麓唐六胡州大首领粟特人安菩萨墓葬出土的四躯高达60厘米左右的三彩牵马、牵驼俑，均高鼻深目，具有明显的西域胡人体格特征。他们或头戴卷檐虚帽，或冠以幞头，或卷发束带，或谢顶无毛，但身着翻领过膝束腰的窄袖长袍、足履深筒鞿靴，则是他们衣饰服装的共同样式（见前图一二九～一三二）[603]。这种明显具有西域胡人形貌特征的美术造像，实际上折射了汉地大量的胡人生活身影，给内地艺术家留下了强烈的创作印象。

而同墓出土的一件负载三彩驼，双峰间的鞍鞯上不但承载着"刻氍为形""系之竿上"的火祆神头像，而且悬挂着丝卷、长颈壶、扁壶等丝路用具。其周身洋溢着丝路驼队悠悠铃声的运载意境（图一八一）。

图一八一
龙门唐安菩萨墓出土的鞍鞯上负载"刻氍为形"祆神模型的三彩骆驼
图版采自洛阳市文物工作队编：《洛阳出土文物集粹》，朝华出版社，1990年，页85

在上述情趣各异、品色陆离的西域胡人的艺术形象中，洛阳唐代文物遗存内更有一类颇具个性化色彩的实例给人们留下了尤为深刻的印象——头戴尖顶虚帽、脚穿深筒毡靴的高鼻深目的人群。

希腊上古历史学家希罗多德（Herodotus，约前484～前425）《历史》（Ίστορίαι / The history of herodotus）一书曾经记载，当时往来西域的塞人，即"萨凯人，或者说斯基泰人，下身穿着裤子，头戴一种尖顶而直挺的高帽。他们带着他们本地自制的弓和短剑，还带着被他们称为萨伽利斯的战斧。说实话，这些人是属于阿米尔吉伊的斯基泰人，但是波斯人却称他们为萨凯人，因为波斯人把所有的斯基泰人都称为萨凯人"[604]。

另有研究者认为，这类来自西方的胡人形象中，其"尖帽胡俑、剪发束带胡俑、骑马豹猎俑多为粟特

[602]　图版参见林树中：《海外藏中国历代雕塑》（中卷），江西美术出版社，2006年，页472。

[603]　图版采自洛阳市文物工作队：《洛阳出土文物集粹》，朝华出版社，1990年，页88、89，图版75。

[604]　希罗多德著、徐松岩译：《历史》，上海三联书店，2008年，页370。

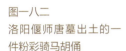
图一八二
洛阳偃师唐墓出土的一
件粉彩骑马胡俑

图一八三
2005 年洛阳新区翠云路
唐神龙二年（706 年）
安国相王孺人唐氏墓出
土的胡人牵驼载丝壁画

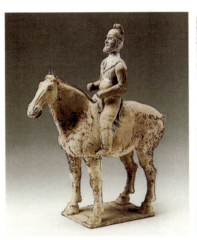

人形象"[605]。

　　总而言之，这种头戴尖顶虚帽的胡俑，无论其民族身份来自于粟特还是依属于塞种，但
他们一概从属于西域地区这一印欧人种血缘群体则是毫无异议的。

　　另洛阳偃师唐墓出土一件粉彩骑马俑，高鼻深目，络腮胡须。头戴幞头冠，身着窄袖翻
领外套，下束裤褶，足履尖头皮靴。昂首执辔，端坐于马上。传达出西来胡人驰骋于丝绸之
路的生活场景（图一八二）。

　　作为反映西域胡人来华过程中便于流动生活的日常用品，洛阳地区中古墓葬中出土的一
些驼马载具图像引起了我们的关注。因为它们从物理原理上揭示了丝绸之路上胡人运作的日
常惯习，丰富了我们对当年兴生胡人生活情节的认知。

　　如 2005 年 3 ～ 8 月，文物工作者在洛阳新区翠云路建设工地发掘了唐神龙二年（706 年）
安国相王孺人唐氏墓葬。在该墓出土的几幅描绘丝路胡人运输生计的壁画中，有一幅胡人牵
驼而行的画面。图中骆驼背负束状的丝梱奋蹄疾行，丝梱表层垂搭一个长颈、盘口的扁壶（图
一八三）。

　　器物形制与之类同的实例，1990 年洛阳偃师杏园村北魏染华墓出土的彩驼背部已有
一件[606]。

[605]　任江：《初论西安唐墓出土的粟特人胡俑》，《考古与文物》2004 年第 5 期，页 65 ～ 73。
[606]　图版参见谢虎军主编：《河洛文明》，中州古籍出版社，2012 年，页 285。

图一八四
2010 年洛阳唐张文俱墓出土粉彩骆驼
背部所见的扁壶造型

图一八五
1984 年洛阳孟津采集的一件北魏
绿釉扁壶

图一八六
早年洛阳出土的一件北魏黄釉扁壶

1965 年洛阳关林唐墓出土的三彩载人骆驼，背部亦有相同的器物 [607]。

1983 年洛阳徐村唐墓出土三彩载丝骆驼，背负仍有相同的扁壶 [608]。

2010 年洛阳唐代张文俱墓出土粉彩骆驼背部同有一件样式相同的扁壶（图一八四）。

文物领域见于完整实物的扁壶，则有 1984 年于洛阳孟津采集的一件北魏绿釉扁壶及早年洛阳出土的一件北魏黄釉扁壶（图一八五、一八六）[609]。

1971 年河南安阳洪河屯北齐范粹墓出土的一件黄釉扁壶，尤属同类器物中最为精美者（图一八七）[610]。

而 1996 年洛阳邙山杨文村 C5M1045 号唐墓出土的一件三彩驯兽纹扁壶（图一八八）[611]，则以更加富于胡人风俗情调的美术构图，显示出这类器物本乃来自西域的信息。

凡此种种的文物实例，人们从这类器物的几何结构上可以看出其最主要的功能取向，在于它们便于驮载运行时储存液态的饮品——这种偏于修长的壶颈及肩部每每穿有系孔的技

---

[607] 图版参见谢虎军同著，页 369。

[608] 图版参见谢虎军同著，页 367。

[609] 图版参见谢虎军同著，页 286、287。

[610] 图版参见孙英民主编：《河南博物院精品与陈列》，大象出版社，2000 年，页 73，图版 57。

[611] 洛阳市文物工作队：《洛阳杨文村唐墓 C5M1045 发掘简报》，《考古与文物》2002 年第 6 期，页 18～20。

图一八七
1971 年河南安阳北齐范粹墓
出土的一件黄釉扁壶

图一八八
1996 年洛阳邙山杨文村唐墓出土的
一件三彩驯兽纹扁壶

图一八九
北朝隋唐中原地区时常流行的"长颈鹰首
壶"三彩仿制品

术造型，说明它们能以"随遇平衡（Neutral equilibri-um）"的物理优势避免液态饮品在跌宕运途中的流失。这从北朝以来中原地区时常流行的"长颈鹰首壶"（图一八九）和驼载"皮囊"（图一九〇~一九三）的诸多文物实例中，可以判断出它们与胡人丝路交通有着密切的联系。

有关域外胡人使用皮囊储存饮料的风俗，元代初年《黑鞑事略》记蒙古制奶法有谓："马之初乳，日则听其驹之食，夜则聚之以沸，贮以革器，潊洞数宿，味微酸，始可饮，谓之马奶子。"[612] 这可以为此类风俗事象作一直感的注解。

文物视域中的这些具有特定寓意的生活器具，集中反映了中古时代粟特部落东渐华夏过程中，缘于征途生计的必须而装配首要设备的最低限度——因始终处于"随遇平衡"状态而便于携带液体饮料的长颈扁

图一九〇
北朝隋唐中原地区时常流行的驼载
"皮囊"三彩写真

图一九一
洛阳天平二年杨机墓出土的粉彩马驮背囊

图版采自谢虎军、张剑编著：《洛阳纪念墓
研究》，大象出版社，2013 年，页 161

---

[612] （南宋）彭大雅：《黑鞑事略》，国家图书馆出版社，2009 年。

图一九二
1963 年洛阳关林唐墓出土三彩骆驼所见饮具
图版采自洛阳博物馆编：《洛阳唐三彩》，文物出版社，1980 年，图版 55

图一九三
洛阳初唐墓出土的负载驮囊、饮壶和丝绸的彩釉骆驼
图版引自谢虎军主编：《河洛文明》，中州古籍出版社，2012 年，页 360

壶，对于往来千里荒漠而倍感干渴的行人来说，其功能价值已远远超出日常使用范畴而赋有随时"救生"的特殊意义！"盛于皮袋"内的祆神形象，则体现出漫漫征程中宗教信仰对羁旅生活不可或缺的精神支撑作用。至于成束成卷的丝绸，毫无疑问，那正是东西方往来行旅舍生忘死追逐经济利益的首选目标！由此看来，一种随葬于唐人冥间世界而有传模意致的艺术品，其文化含蕴中竟浸透着古人源自现实生活的文化生态结构——文化遗产承载往日历史信息之意趣隽永、令人刮目，洛阳唐三彩骆驼的美术造型可谓昭然燎亮之一例。

在洛阳唐墓出土的三彩冥器中，最能传达当时中外丝路交通的文物实例，即属这类遗存中最为常见的牵驼胡俑。这类驼骑题材的美术作品，驼背褡裢上往往见有扁壶、长颈鹰首壶、成卷的丝束及"盛于皮袋"内的祆神形象。从而传达出中亚祆教信徒远徙中原且祀奉故乡宗教神祇的人文背景。

不仅如此，在洛阳地区盛唐前后的墓葬陶俑中，曾经出现过数量可观的胡装仕女俑。她们或椎髻奇异而高峨，或披帛环绕于窄袖，其仪态之雍容华贵，神情之昂然自得，洋溢着东来胡人享受生活的精神境界。唐代内地盛行域外胡装的风气，反映了西域文明流播中原的生动时态 [613]。

另如上述龙门石窟东山安菩萨墓葬出土的一对均高 36 厘米的三彩女俑。其一头戴黑色绣花虚帽，身着酱色窄袖翻领长袍，足履黑色深筒胡靴。其二头戴白色绣花幞头，身着绿色窄袖翻领长袍，足履黄色深筒胡靴。这两躯三彩明器人物富于个性化的艺术造型，是其周身

[613]　有关两京地区盛行胡装的风习，参见向达：《唐代长安与西域文明》，生活·读书·新知三联书店，1979 年，页 41 ~ 47。

体态及面部刻画的女性化定型——一种近乎
天竺"三屈式（tribhanga）"写意的人物风
貌，显然昭示其"女扮男装（a woman dis-
guised as a man）"的意象折射（图一九四、
一九五）[614]。

毫无疑义，这为《唐书·舆服志》"或有
著丈夫衣服靴衫"的风俗纪实，提供了典型
的文物例证。

至于上述文物实例中所见仕女所披之帔
帛，亦为西域胡人日常装束所沿袭。如波斯
国，"丈夫翦发，戴白皮帽，衣不开襟，并
有巾帔，多用苏方青白色为之，两边缘以织
成锦。夫人亦巾帔裙衫，辫发垂后，饰以金
银"[615]。显示出这种服饰范式源自西域波斯
一带的情势。

如偃师杏园唐墓出土的赋彩陶俑中，
另有头戴帷帽、外罩幂䍦、身着窄袖长衫、
外披对领半臂的女俑形象。这种具有中亚干
旱地域生态的民族装束，折射出当时西亚胡
人及大食部落东来中原的情节（图一九六、
一九七）。

东来胡人以丝路征程之持久，故尔早有
偕眷迁徙的传统。洛阳唐墓出土胡俑中每有
男女骈骑的实例，大抵反映了当年域外部落
举家转徙的情状（图一九八、一九九）。

图一九四
龙门石窟东山唐安菩萨墓葬
出土的一对三彩女俑之一
图片采自洛阳市文物工作队
编：《洛阳出土文物集粹》，
朝华出版社，1990年，页99

图一九五
龙门石窟东山唐安菩萨墓葬
出土的一对三彩女俑之二
图片采自俞凉亘、周立主编：
《洛阳陶俑》，北京图书馆
出版社，2005年，页305

图一九六
洛阳市偃师县杏园唐墓出
土的粉彩女俑
图版采自中国社会科学院考
古研究所编：《考古博物馆
洛阳分馆》，文化艺术出版社，
1998年，页102

图一九七
洛阳市偃师县杏园村唐墓
出土粉彩女俑
图版采自中国社会科学院考
古研究所编：《考古博物馆
洛阳分馆》，文化艺术出版
社，1998年，页102

[614]　图版参见洛阳市文物工作队编《洛阳出土文物集粹》，朝华出版社，1990年，图版87；谢虎军主编：
　　　　《河洛文明》，中州古籍出版社，2012年，页338。

[615]　刘昫：《旧唐书》卷一九八《西戎传》，中华书局，1975年，页5311。

图一九八
1998 年洛阳市龙门东山北麓唐恭陵出土粉彩骈骑俑
图版采自俞凉亘、周立主编:《洛阳陶俑》,北京图书馆出版社,2005 年,页 181

图一九九
洛阳唐墓出土粉彩骈骑俑
图版采自中国社会科学院考古研究所编:《考古博物馆洛阳分馆》,文化艺术出版社,1998 年,页 101

图二〇〇
2012 年洛阳邙山垂拱三年(687 年)王雄诞夫人魏氏墓出土的三彩马球仕女俑

西域女性效仿男性的习俗,洛阳唐墓明器陶俑更有靓人眼目的写实形象重见于天日。从其人物群阵组合之壮观,足为洛中胡人声势繁盛的典型写照。

2012 年 8 月,洛阳邙山南麓垂拱三年(687 年)王雄诞夫人魏氏墓出土马球仕女三彩俑一组。其中仕女之个体,大约出于游戏规则的设定,着装有其统一的格式。这些女性驭手,俱束涡髻,右袒窄袖翻领通身风衣,内着绯色长袖汗衫,汗衫外挂厚质马甲。下身着纨绔,履裹足鞠靴。值得人们特别留意的是,这一组模拟现实生活中体育角色的明器陶塑,其装束仪式含有更为细腻的文化人类学信息元素——其风衣袖内缚有质地坚硬可以伸缩的护腕,折射出当年竞技驭手有于关键运动部位采取保护身体的措施,以免举撬击球之际意外伤及胳臂。而其所有击球者外著风衣区分为黄、绿两种色彩,大抵反映的是对垒双方各以运动服颜色便于区别队友的需要(图二〇〇)。

魏氏墓出土的这一组马球仕女三彩俑,人物刻画形神兼备,工艺造型仪态完美,其目视鞠场、全神贯注的形象定格,出神入化地再现了当年鞠场上銮辔腾骧、心神交互的运动场景。

部落女性如此有备而来、煞有介事之登场，足以透视出古代社
会文化高度开放、兼容吸收的一段风采乐章。

2003 年 9 月，洛阳伊川县城关镇大庄村一座中唐墓葬
（M3）出土了一枚菱花形马球纹铜镜（M3：9）。镜背浮雕
四躯马上挥撬击球的竞技图像（图二〇一）[616]。其活泼轻快的
图画效果，生动地再现了当年洛中一带马球运动的盛行。

人们通过文物遗迹得以窥见内地仕女的马上功夫，其实亦
有社会风气开放效仿西域胡风的缘由。洛中古籍记载北朝宋云、
惠生游方西域时，亲见"于阗国王头著金冠似鸡帻，头后垂二

图二〇一
2003 年洛阳伊川大庄村唐墓出土
的一枚马球纹铜镜

尺生绢，广五寸以为饰。威仪有鼓角、金钲、弓箭一具，戟二枝，槊五张。左右带刀不过百人。
其俗，妇人裤衫束带，乘马驰走，与丈夫无异"[617]。

向达先生前举史乘记叙"打球"之事有引："上（玄宗）好击球，由是风俗相尚。驸马
武崇训、杨慎交洒油以筑球场"[618]。

此后唐家诸帝，好球者多有：玄宗"初即位，为长枕大被与兄弟同寝。诸王每旦朝于侧门，
退则相从宴饮，斗鸡、击球。"[619]

"宣宗弧矢击鞠，皆尽其妙。所御马，衔勒之外，不加雕饰。而马尤矫捷，每持鞠杖，
乘势奔跃，运鞠于空中，连击至数百，而马驰不止，迅若流电。二军老手，咸服其能。"[620]

由此足见久行西域的"马球"运动，业已引起李唐王庭的热衷。

出土文物中这些再现当年社会文艺生活的实例，其实反映的正是丝路开放年代，西域演
艺节目畅化内地的一个缩影——中原上层社会热衷西来文艺的情势，端的缘起于丝路畅通年
代中外文化交流的贯通与审美意识的浸染。

[616] 洛阳市第二文物工作队：《洛阳伊川大庄唐墓（M3）发掘简报》，《文物》2005 年第 8 期，页
47～51，图版 228。

[617] 杨衒之：《洛阳伽蓝记》卷五《城北》条，上海古籍出版社，1982 年，页 271。

[618] 司马光：《资治通鉴》卷二〇九《唐纪二五》，中华书局，1956 年，页 6624；转引自向达：《唐
代长安与西域文明》，生活·读书·新知三联书店，1979 年，页 83。

[619] 司马光：《资治通鉴》卷二一一《唐纪二七》，中华书局，1956 年，页 6701。

[620] 司马光：《资治通鉴》卷二一一《唐纪二七》，中华书局，1956 年，页 6701。

图二〇二～二〇四
洛阳唐墓出土的具有西域风格而称之为"叵罗"的高脚杯

3. 诗文叙事里的东都胡人生活形态

与文物领域中所见西域胡人的生计形态相媲美，当年汉地历史文献更对内徙胡人生活情节有着绘声绘色的描写与状摩，从而为我们复原那一时段胡人落植华夏的人文事像，提供了感性认知的依据。

（3-1）"叵罗"随葡萄酒的东来盛行于汉地

近代以来，洛阳地区相继出土了一些带有浓郁西域风格的饮食用具，如金属、陶瓷之类的"高脚杯"，实乃西域称之为"叵罗"的一种日常器物（图二〇二～二〇四），从中折射出域外生活习俗的浸融汉地的情势。

从文物形态及其功用取向上考察，这类器物实为西域胡人日常饮用的酒杯，实际上它们流行中国的时间，至少可以上溯到南北朝时代。

《北史》卷四七《祖珽传》："神武（高欢）宴僚属，于座失金叵罗。窦泰令饮酒者皆脱帽，于珽髻上得之，神武不能罪也。"[621] 此为北朝晚期内地行用西域胡杯的例证。大抵由于这种西域异器深获汉地士人的青睐，以致祖珽敢于不避嫌疑掠美于当政者的宴会之间。至于中古时期这种可以遮掩于发髻中的小型叵罗，可于1991年龙门西山唐齐国太夫人吴氏墓出土的同类器物获得实物的印证。

初、盛唐之际，由于这种西方酒具的珍贵，丝路沿线遂有相继进奉的记载。

《新唐书》卷二一六上《吐蕃传》："显庆三年（658年），献金盎、金颇罗等。"[622]

---

[621] 李延寿：《北史》卷四七《祖珽传》，中华书局，1974年，页1737。

[622] 欧阳修、宋祁等：《新唐书》卷二一六上《吐蕃传》，中华书局，1975年，页6075。

《册府元龟》卷九六四载："上元二年（675 年）正月，右骁卫大将军龟兹王白素稽献银叵罗，赐帛以答之。"[623]

《唐语林》卷五："开元中，上（玄宗）与内臣作历日，令高力士挟大戴置黄幡绰口中，曰：'塞穴吉！'黄幡绰遽取上前叵罗内靴中，走下曰：'内财吉！'上欢甚，即赐之。"[624]

与这类宫廷逸事相比较，都城以外的丝路沿线，似乎这种胡风酒具更加的流行。这由唐人诗歌叙事可窥其一二。

盛唐著名边塞诗人岑参《酒泉太守席上醉后作》诗曰："琵琶长笛曲相和，羌儿胡雏齐唱歌。浑炙犁牛烹野驼，交河美酒金叵罗。三更醉后军中寝，无奈秦山归梦何。"[625]

李白《对酒》诗又谓："蒲萄酒，金叵罗，吴姬十五细马驮；青黛画眉红锦靴，道字不正娇唱歌；玳瑁筵中怀里醉，芙蓉帐底奈君何。"[626]

按中古汉译无定字，"叵""颇"乃一音之转借，据粟特学家研究，从语源学（etymoiogy）角度考察，"叵罗"一词源出伊朗语 padrōd，意指"碗""杯"之类盛饮器。以往出土有一件杯状银碗，上镌粟特文 Patrōδ，是为语证之一。在西方的希腊语中，其转写形式为 φάλη，即"碗""杯"之意；东方的突厥语称此物为 ПИЛà 或 фиалà；汉语"叵（破、颇）罗"即其音译[627]。

不仅如此，以上出土文物及文献史料的纪事，更从物质文化层面折射出中原一带因胡人徙带给当地餐饮文化的突变——东汉以降中国文学作品中大量描述"胡姬当垆"之类西风扇扬的情节，实际显示出这类域外人文情态早已形成丝路重镇汉地都城的一道靓丽的风景画卷。

如东汉辛延年《羽林郎》一诗尝云："昔有霍家奴，姓冯名子都；依倚将军势，调笑酒家胡；胡姬年十五，春日独当垆；长裾连理带，广袖合欢襦；头上蓝田玉，耳后大秦珠；两鬟何窈窕，一世良所无；一鬟五百万，两鬟千万余；不意金吾子，娉婷过我庐；银鞍何煜爚，翠盖空踟蹰；

[623] 王钦若等：《册府元龟》卷九七〇《外臣部部》，朝贡三，中华书局，1989 年，页 3846。

[624] 王谠：《唐语林》卷五，上海古籍出版社，1978 年，页 172。

[625] 《全唐诗》卷一九九，中华书局，1960 年，第 6 册，页 2055。

[626] 《全唐诗》卷一八四，中华书局，1960 年，第 6 册，页 1881。

[627] 里夫什茨为薛爱华（EdwardH.Shafer）著《康国金桃》俄译本（Э.Шефр,Золотые персики Самарканда, M, 1981）第 459～460 页加的注释；转引自蔡鸿生：《唐代九姓胡与突厥文化》，中华书局，1998 年，页 17。

就我求清酒，丝绳提玉壶；就我求珍肴，金盘脍鲤鱼；贻我青铜镜，结我红罗裾。"[628]

诗中借托霍光家奴仗势凌弱、调笑西域内徙酒家胡姬的故事，讽喻东汉洛阳地区内徙胡人从业异乡的生活境地。作者以视角独特、情理委婉的文学叙事手法，将洛阳地区这一市井图画刻画得生动逼真、入木三分，从而折射出西域开通以来汉地京城酒家胡姬的持业有故、辗转生存的人间生活。

此后西晋时代的洛阳，因有大量西域胡人的聚居，造成胡人生计画面跌入汉人文学创作的视野。刘琨《胡姬年十五》诗曰："虹梁照晓日，渌水泛香莲；如何十五少，含笑酒垆前；花将面自许，人共影相怜；回头堪百万，价重为时年。"[629] 描绘出了少年胡姬垆前售酒引人回眸的特写性画面。

唐人鲍防《杂感》诗又谓："汉家海内承平久，万国戎王皆稽首，天马常衔苜蓿草，胡人岁献葡萄酒。五月荔枝初破颜，朝离象郡夕函关；雁飞不到桂阳岭，马走先过林邑山。"[630] 此已生动道出当年域外风物流播中原的盛况。

葡萄酒之于中国内地光大性行化，大约始自初唐西州之建立。古籍记载"太宗破高昌，收马乳蒲桃种于苑，并得酒法。仍自损益之，造酒绿色，芳香酷烈，味兼醍醐，长安始识其味也"[631]。

刘禹锡《和令狐相公谢太原李侍中寄蒲桃》诗有云："珍果出西域，移根到北方；昔年随汉使，今日寄梁王；上相芳缄至，行台绮席张；鱼鳞含宿润，马乳带残霜；染指铅粉腻，满喉甘露香；酝成十日酒，味敌五云浆；咀嚼停金盏，称嗟响画堂；惭非末至客，不得一枝尝。"[632] 大抵道出葡萄酒为内地士人不能释怀的情节。这由当年流淌两京的其他诗歌可窥其一斑。

如王绩《过酒家五首》诗曰："洛阳无大宅，长安乏主人；黄金销未尽，只为酒家贫。此日长昏饮，非关养性灵；眼看人尽醉，何忍独为醒。竹叶连糟翠，蒲萄带曲红；相逢不令尽，别后为谁空。对酒但知饮，逢人莫强牵；倚炉便得睡，横瓮足堪眠。有客须教饮，无钱可别沽；

[628] 按此诗始见于《玉台新咏》，存郭茂倩编：《乐府诗集》卷六三《杂曲歌辞》，中华书局，1924年，页1。
[629] 此诗始见于《玉台新咏》，存郭茂倩编：《乐府诗集》卷六三《杂曲歌辞》，中华书局，1924年，页2。
[630] 《全唐诗》卷三〇七，中华书局，1960年，第10册，页3485。
[631] 钱易：《南部新书》卷丙，中华书局，2002年，页32。
[632] 《全唐诗》卷三六二，中华书局，1960年，第11册，页4090。

来时常道貰，惭愧酒家胡。"[633]

　　贺朝《赠酒店胡姬》："胡姬春酒店，弦管夜锵锵。红毾铺新月，貂裘坐薄霜。玉盘初鲙鲤，金鼎正烹羊。上客无劳散，听歌乐世娘。"[634]

　　王维《过崔驸马山池》："画楼吹笛妓，金碗酒家胡；锦石称贞女，青松学大夫；脱貂赏桂醑，射雁与山厨；闻道高阳会，愚公谷正愚。"[635]

　　李白《前有樽酒行》二首其一诗云："琴奏龙门之绿桐，玉壶美酒清若空；催弦拂柱与君饮，看朱成碧颜始红；胡姬貌如花，当垆笑春风；笑春风，舞罗衣，君今不醉将安归！"[636]

　　同人《少年行二首》其一诗曰："五陵年少金市东，银鞍白马度春风；落花踏尽游何处，笑入胡姬酒肆中。"[637]

　　同人《白鼻䯀》诗云："银鞍白鼻䯀，绿地障泥锦。细雨春风花落时，挥鞭直就胡姬饮。"[638]

　　杨巨源《胡姬词》诗云："妍艳照江头，春风好客留；当垆知妾惯，送酒为郎羞；香度传蕉扇，妆成上竹楼；数钱怜皓腕，非是不能愁。"[639]

　　姚合《白鼻䯀》诗曰："为底胡姬酒，长来白鼻䯀。摘莲抛水上，郎意在浮花。"[640]

　　唐代诗人如此琅琅上口、传唱不绝的吟咏，从诗学视域折射了当年内地胡家酒肆为人们津津乐道的异域遗风、市井景致。

　　又据文献记载，开元十五年（727年）西域胡人确有进献葡萄酒及胡旋女于中国的史事[641]，此虽中国史乘关于域外进献葡萄酒的唯一记事，然而由此可见，唐代京畿内外大凡当垆贾酒之市廛，必多胡姬摇曳妩媚之身影——盛唐京都充斥域外胡人风情万种之景致，盖以

[633]　《全唐诗》卷三七，中华书局，1960年，第2册，页484。

[634]　《全唐诗》卷一一七，中华书局，1960年，第4册，页1181。

[635]　《全唐诗》卷一二六，中华书局，1960年，第4册，页1274。

[636]　《李太白集》卷三，《全唐诗》卷一六二，中华书局，1960年，第5册，页1686。

[637]　《全唐诗》卷一六五，中华书局，1960年，第5册，页1708、1709。

[638]　《全唐诗》卷一六五，中华书局，1960年，第5册，页1709。

[639]　《全唐诗》卷三三三，中华书局，1960年，第10册，页3718。

[640]　《全唐诗》卷五〇二，中华书局，1960年，第15册，页5714。

[641]　王钦若等：《册府元龟》卷九七一《外臣部》朝贡四，中华书局，1960年，页11408。

图二〇五、二〇六
西安何家村唐代窖藏中出土的具有西域风格的饮酒器

图二〇七
1962年洛阳孟津周寨唐墓出土的见有胡人手捧"来通"造型动态
的角杯

极盛一时之中外往来所致也[642]。

中原地区葡萄酒消费的流行，两京一带出土文物中亦有迹象的显示。往者西安何家村唐代窖藏遗址中出土有胡风饮酒器数种（图二〇五、二〇六）[643]，从中透露出社会高端对胡人饮酒风尚的热衷。

与上述"叵罗"酒杯风行中原地区的另外一种葡萄酒饮具，是造型呈"兽角"形状而被称之为希腊式"来通（rhyton）"的宴饮用具。

1962年洛阳孟津周寨唐代墓葬出土冥器中，便有胡人手捧"来通"角杯的动态造型（图二〇七）[644]。形态与此相似的美术形象，内地别有两例胡风石刻显示于中古。

其一如波士顿藏早年安阳出土的北齐石刻造像碑中，即有"角杯之饮"

的胡人形象的描摹（图二〇八）[645]。这反映出胡风炽盛的邺下一带粟特习俗的流行。

其二如1982年天水地区发现的一座隋唐之际的墓葬石棺床屏风。该屏风间刻有内容丰富的事袄风俗的画面。画屏编号之一，考古报告中称："屏风1，高87、宽38厘米。位于石床右侧

[642] 有关内地酒家胡姬的人文景致，参见芮传明：《唐代"酒家胡"述考》，《上海社会科学院学术季刊》1993年第2期，页159~166；曾玲玲：《唐代"酒家胡"的身份和技艺》，林中泽主编：《华夏文明与西方世界》，（香港）博士苑出版社，2003年，页39~48；齐东方：《胡姬貌如花，当垆笑春风——唐代的胡姬俑与胡姬》，《艺术史研究》第5辑，中山大学出版社，2003年，页265~275。

[643] 图版采自齐东方：《唐代金银器研究》，中国社会科学出版社，1999年，彩图6、7。

[644] 图版采自王绣主编：《洛阳文物精粹》，河南美术出版社，2001年，页196。

[645] 图版采自姜伯勤：《中国袄教艺术史研究》，生活·读书·新知三联书店，2004年，页45。

第一合。此图以山涧浮桥、林谷村野为背景, 上首山崖
上站一身背背篓的男子……浮桥边一骑马男子仰着面向
山上……似在询问什麽。下首山林之侧一方形单层古塔
建筑, 砖石基座, 踏步台阶, 塔身象亭子, 顶上有覆钵
宝珠刹。塔内一挺胸凸腹、身着紧身衣的男子坐在束腰
圆凳上, 手执牛角杯正在饮酒, 脚下跪一小侍。"[646] 研
究者 D. Shepherd 认为, 这一图象中的绘事情节, 表达
的正是祆教世界"正在演礼"的场景[647]。可见美术作品
中同类器物之意象, 传达的正是西域胡人演绎故国风俗
的瞬间定格。

　　与安阳北齐时期石刻图像中生活情节极为接
近的美术形象, 考古实例见有中亚著名的片治肯特
(Panjikent) 萨赫利斯坦粟特遗址 P-86XXIV-28 号房址
南墙壁画所绘宴饮图像 (图二〇九) [648]。中外美术图
像中所见的这类酒具, 以附带动物头像的工艺造型, 显
示出浓郁的西域胡人在工艺制作领域贯穿着来源于故
国岁月的审美意识。由此人们不难发现, 这类胡风用具
在洛阳地区的出现, 足以折射出胡人饮酒之风对汉地饮
食文化极具魅力的影响。

　　与这种角杯工艺形态稍有变异的, 洛阳又有模
仿此类酒具而成形的另外一种附有动物形象的"来通

图二〇八
波士顿藏安阳出土见有胡人"角杯之饮"
的北齐石刻造像碑

图二〇九
中亚片治肯特 (Panjikent) 萨赫利斯坦粟
特遗址房址南墙壁画所绘的胡人宴饮图像

[646]　天水市博物馆:《天水市发现隋唐屏风石棺床墓》,《考
　　　　古》1992 年第 1 期, 页 46 ~ 54。

[647]　姜伯勤:《中国祆教艺术史研究》第九章《隋天水"酒
　　　　如绳"祆祭画像石图象研究》, 生活·读书·新知三联书店,
　　　　2004 年, 页 163。

[648]　B.I.Marshak,V.I.Raspopova, "Wall paintings from a House with
　　　　a Granary;Panjikent,lst Quarter of the Eighth Century A.D." Silk
　　　　Road Art and Archaeology (1).Kamakura,Japan,1990.

图二一〇、二一一
洛阳唐墓出土的模仿西域
风格的"来通（rhyton）"
式酒具

（rhyton）"（图二一〇、二一一）[649]。由此人们不但可以看出当年洛阳地区各式西域酒具的流行，而且从中可以感受到汉地各界崇尚西风胡俗的生活背景。

当我们以文化人类学（cultural anthropology）的文化整体观念（holistic view or holistic approach）来看待古籍诗文和文物遗迹中上述酒文化现象的时候，我们自然而然就会对这种人文生态的历史语境作出必要的回溯。

实际上，酒文化在西方如同东方一样，自来有其源远流长发展过程。

人们知道，早期希腊、罗马的宗教活动中，人们为酒神巴克斯（狄俄尼索斯）举行的一个节日就称之为酒神节（Bacchanalia），亦称狄俄尼索斯节（Dionysia）。它们最初可能就是为丰产之神举行的祭祀仪式。

文献记事表明，公元前 7 世纪，古希腊就有了"大酒神节"（Great Dionysia）。每年的 3 月，为了表示对酒神狄俄尼索斯的敬意，当地都要在雅典举行这样的活动。人们在筵席上为祭祝酒神狄俄尼索斯所唱的即兴歌，被称为"酒神赞歌"（Dithyramb）。与比较庄重的"太阳神赞歌"相比，它以即兴抒情合唱诗为特点，并有芦笛伴奏，款款起舞的酒神赞歌受到人们普遍的欢迎。

约公元前 6 世纪，酒神赞歌开始享誉希腊大地，并发展成由 50 名成年男子和男孩组成的合唱队、在科林斯的狄俄尼索斯大赛会上，逐渐演变成表演竞赛的综合艺术形式。

人们普遍认为，酒神赞歌的时代，也是伟大的希腊抒情合唱诗盛行的时代，并且导致了古希腊戏剧、音乐艺术的蓬勃发展。以致古希腊的悲剧、喜剧和羊人剧都一一源之于"大酒神节"。

这个节日从意大利南部传入罗马后，起初秘密举行，共 3 日，只有妇女参加。后来男子

---

[649]　图版采自洛阳博物馆、辽宁省博物馆：《大三彩》，（东京／神户）：汎亚细亚文化交流セソター·第一企画株式会社，1989 年，页 50、51。

也被允许参加，举行的次数多达一个月5次。这种成了狂欢酒宴的节日，使罗马元老院于西元前186年发布命令，在全意大利禁止酒神节。但多年来这一节日在意大利南部却没有被取缔，后来逐渐传播于地中海以东的诸多国家和地区，随着丝绸之路人文交流的繁盛，这一饮酒风俗遂又以"文化接触"（culture contact）的方式流播于东方。

由此可见，华夏大地上西域胡风世俗的出现，恰是东西方文化交流的产物。

然而，相对于西方饮用器皿传入于中国而言，金属物品中最富于经济学意义的文化"舶来品"，当属洛阳等内地城市不断发现的各式西域货币。

1955年，洛阳北郊邙山唐墓（M30）出土波斯萨珊王朝银币十六枚（见前图一五三）[650]。其中有两枚为卑路斯（Peroz, 459～484年）时代所造，这是迄今所知在流入数量上仅次于库斯老二世（Chosroes Ⅱ, 590～628年）银币的一种货币，估计当时它们在中国内地具有"硬通货币"的价值。从中显示出魏、唐时代中原与萨珊王朝等中亚国家社会经济丛仍往来的事实[651]。

2013年，洛阳邙山南麓北魏墓出土拜占庭阿纳斯塔修斯一世（Anastasius，希腊语 Αναστάσιος Aʹ，430～518年）金币一枚，其铸造时间为491～518年（见前图一五四、一五五）[652]，这反映出中古时期洛阳以丝路交通之畅达，在经济领域与西方保持着友好的往来。

这种西域货币行化内地的史踪，有唐一代洛阳仍有后续的案例。

1981年龙门东山北麓安菩萨墓葬出土遗物中，有金质东罗马帝福克斯（Phocas, 602～610年）铸币一枚（M27:1）（见前图一四八），从中可以折射出这一粟特家族与东西方社会往来及文化交流有着密切的关联[653]。

（3-2）狩猎、驯兽、豢养宠物等文体行为在中原

以文功武治垂名天下的大唐帝国，不仅有襟怀万方、胡汉一家的政治胸怀，更有接款异域、移风易俗的强烈的文化意识。这从唐人诗词的文学记叙和出土文物的形象描白可以窥见

---

[650] 赵国壁：《洛阳发现的波斯萨珊王朝银币》，《文物》1960年第8、9期，页94；洛阳市文物工作队：《洛阳出土文物集粹》，朝华出版社，1990年，页111。

[651] 夏鼐：《综述中国出土的波斯萨珊朝银币》，《考古学报》1974年第1期，页91～110+2。

[652] 光明网《光明日报》2013年10月29日报道，摄影：高虎。

[653] 洛阳市文物工作队：《洛阳龙门唐安菩夫妇墓》，《中原文物》1982年第3期，页21～26。

其信实。

据张广达先生的研究，西域一带行之久远一种名为"豹猎（Cheetah in Hunting Game）"的文体活动，曾因中外社会往来和文化交流传播于东方[654]。今下撇开张先生缕列的大量外地文史信息，谨以洛阳一带文物故实为史料，管窥当地域外风习之孑遗。

2004年8月，洛阳北郊邙山出土垂拱四年（688年）唐故博州刺史韦师墓志一合。志石长72.5、宽72.5、厚17厘米，志盖长72.5、宽72.5、厚14厘米，盖芯篆书"大唐故博｜州刺史京｜兆韦府君｜墓志之铭"。其墓志四周装饰美术线刻造型中，见有胡人斗虎、胡人斗狮（见前图七二、七三）及狮子追捕幼鹿、猞猁追捕狐狸的画面。而墓志盖左侧的装饰线刻中，则见有作为宠物的系索猕猴的出现（见前图一四六）[655]。

1984年夏至1985年秋，中国社会科学院考古研究所河南第二工作队在洛阳市偃师县杏园村发掘六座纪年唐墓。其中景龙三年（709年）李嗣本墓出土石刻墓志一合。志石长80、宽80、厚12厘米，志盖长80、宽80、厚10.5厘米。该墓志志盖盝顶四刹右侧的线刻造型中，见有一组胡人手执器械搏斗狮子的画面（图二一二）[656]。

1995年秋，山西省万荣县开元九年（721年）薛儆墓出土石椁一套。石椁内壁线刻装饰绘画中，见有一铺胡人骑异兽的画面（图二一三）[657]。

上述文物实例表明，域外胡人与各种野兽相与结缘的习俗，业已纳入内地美术创作的

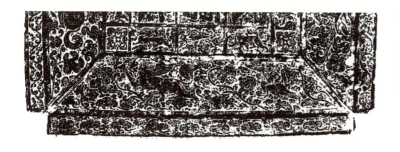

图二一二
1984年洛阳偃师杏园景龙三年（709年）李嗣本墓出土墓志盖所见胡人手执器械搏斗狮子的线刻画面

[654] 参见张广达：《唐代的豹猎——文化传播的一个实例》，《唐研究》第七卷，北京大学出版社，2001年，页177～204。

[655] 图版引自张乃翥：《龙门区系石刻文萃》，国家图书馆出版社，2011年，页77，图版77。

[656] 中国社会科学院考古研究所河南第二工作队：《河南偃师杏园村的六座纪年唐墓》，《考古》1986年第5期，页442，图21；中国社会科学院考古研究所：《偃师杏园唐墓》，科学出版社，2001年，页265。

[657] 图版引自山西省考古研究所编著：《唐代薛儆墓发掘报告》，科学出版社，2000年，图版46-2。

视野。从以上美术画面人物构图的写实意境来考察，洛
阳一带的现实生活中必然流淌过这类"胡人生计"的岁
月，以致人们始有经验将其纳入自己富有写实意义的创
作实践。

由此看来，梳理古代文化遗产中与之相关的美术史
料，从考古学视域发掘古人赖以依托的生存空间，从而
有助于人们对于古代社会人类生态伦理的深入思考。因
此，董厘这些不期面世的视觉读品，将会给我们带来超
乎审美之外的学术旨趣和收益。

如果说这类石刻图像因背景载体的局限尚且缺乏情
态化认知的感官价值，那么唐人视域下的文墨纪实，则
为这类美术样板勾画出了一个绘声绘色的真实世界。

图二—三
1995 年山西省万荣县开元九年（721 年）
薛儆墓出土石椁线刻画中所见的胡人骑异
兽画面

大历诗才卢纶（约 737 ～约 799 年）《腊日观咸宁王部曲娑勒擒豹歌》，对唐代上层社
会的铁勒胡酋浑瑊跟风胡俗、热衷畋猎的贵族生活有着声气逼真的描写："山头瞳瞳日将出，
山下猎围照初日；前林有兽未识名，将军促骑无人声；潜形跧伏草不动，双雕旋转群鸦鸣；
阴方质子才三十，译语受词蕃语揩；舍鞍解甲疾如风，人忽虎蹲兽人立；欻然扼颡批其颐，
爪牙委地涎淋漓；既苏复吼拗仍怒，果协英谋生致之；拖自深丛目如电，万夫失容千马战；
传呼贺拜声相连，杀气腾凌阴满川；始知缚虎如缚鼠，败虏降羌生眼前；祝尔嘉词尔无苦，
献尔将随犀象舞；苑中流水禁中山，期尔攫搏开天颜；非熊之兆庆无极，愿纪雄名传百蛮。"[658]。
由此为人们从意境层面体验唐代汉胡人际的文化交流提供了一种信息的载体。

诗歌以极富现场纪实色彩的画面叙事向人们透露，这位年"才三十"、名叫"娑勒"的"阴
方质子"，以其非凡的胆识与技能，参与了中唐名臣浑瑊的一次冬日的山林围猎。从当时"舍
鞍解甲疾如风，人忽虎蹲兽人立；欻然扼颡批其颐，爪牙委地涎淋漓；既苏复吼拗仍怒，果
协英谋生致之"这种令人惊心动魄、屏气胁息的场景来看，这位胡人勇士徒手"擒豹"的角
力格斗，无疑赢得了李唐上层社会对异域生活意境的青睐和赏识——域外人文风情之播扬汉
地，与前述之"豹猎"叙事一再折射了当年中原生活浸润天方异趣的现实。

---

[658]　《全唐诗》卷二七七，中华书局，1960 年，第 9 册，页 3150。

图二一四
1965 年洛阳伊川唐墓出土一件菱花形铜镜的装饰构图中所见含绶鸟、翼马、森穆鲁、格里芬这类西域常见的美术题材

以人和动物生态互动为题材的美术创作，与上述文艺作品绘声绘色、充满刺激意味的景深氛围相比较，同期的洛阳石刻中另有一类艺术画面则传达出一种诙谐娱乐的西人生活趣味。

如前引韦师墓志盖“十二生肖”的装饰图案中，即见有一只系索猕猴形象的出现。虽然这一石刻画面并无与之相关的人物形象的显示，但画面特有的道具性题材设置，毫无疑义地透露出这一动物形象与人类保持着宠物豢养的关系——唐代文化遗物之映射，再次折射出人与自然难以诉尽的生态关联。

反映唐人以猕猴为宠物的美术史例，唐代三彩遗存中另有文物实例可资参考。

北京故宫博物院旧藏一件高 74 厘米的唐代胡人载猴骑驼三彩俑，胡人高鼻深目，络腮胡须，冠戴尖顶虚帽，身着开襟窄袖长袍，足蹬深筒靿靴，脑后肩头披载一只似有惊恐之状的猕猴（见前图一四四）。据说日本馆藏唐佣中，亦有同类美术题材的再现[659]。

事实上，这种豢养宠物的习俗，考古材料可以上溯至北魏迁都洛阳的时代。

2013 年，上述洛阳邙山南麓一座北魏墓葬的考古发掘，出土文物中有一陶塑的骆驼残骸。在其驮囊的一侧，见有一例身躯伏着的猕猴（见前图一四五）[660]。这一出土实物的创作意境，显然透露出中古丝路畅通时代，域外某些生活传统曾经随着驼马游弋播迁于东方。

唐人在艺术创作中如此纤毫毕现的动物情结，可于 1965 年洛阳伊川出土的一件菱花形铜镜的造型设计中得到说明。在这件铜镜的三个圈层的艺术构图中，除了含绶鸟、翼马、森穆鲁、格里芬这类西域常见的美术题材外，另在各式植物纹样的间隔内，塑造有飞禽、蝴蝶和飞向花朵的蜜蜂（图二一四）[661]！美术产品虽系可视图形的物化劳作，但其超乎像外而萌发于精神层面的创作意识，则反映了一个时代文化思潮对艺术家创作灵感的熏陶——在这里，高度发展的唐代中外文化交流，驱动着此时此地文学艺术家对周围客观世界的讴歌。

[659] 故宫博物院：《雕饰如生——故宫藏隋唐陶俑》，紫禁城出版社，2006 年，页 159，图版 106。
[660] 光明网《光明日报》2013 年 10 月 29 日报道，摄影：高虎。
[661] 图版引自谢虎军：《河洛文明》，中州古籍出版社，2012 年，页 428。

　　在这类涉及人与动物相互关联的美术作品中，某种场合下还可能潜藏着一些鲜为人知的人文情节，这为人们从深层意义上体验历史提供了可能。

　　众所周知，以西域胡风奢靡一时的北齐末叶，曾经出现过为主流史家舆论诟病的声音艺人"封王开府"的记载。

　　史载当年邺都宫廷热衷西域胡乐之事有谓："乐人曹僧奴进二女，大者忤旨，剥面皮；少者弹琵琶，为昭仪。以僧奴为日南王。僧奴死后，又贵其兄弟妙达等二人，同日皆为郡王。为昭仪别起隆基堂，极为绮丽。陆媪诬以左道，遂杀之。"[662]

　　"甚哉齐末之嬖倖也，盖书契以降未之有焉。心利锥刀，居台鼎之任；智昏菽麦，当机衡之重。刑残阉官、苍头卢儿、西域丑胡、龟兹杂伎，封王者接武，开府者比肩。"[663]

　　"（北齐）杂乐有西凉鼙舞、清乐、龟兹等。然吹笛、弹琵琶、五弦及歌舞之伎，自文襄以来，皆所爱好。至河清以后，传习尤盛。后主唯赏胡戎乐，耽爱无已。于是繁手淫声，争新哀怨。故曹妙达、安未弱、安马驹之徒，至有封王开府者，遂服簪缨而为伶人之事。后主亦自能度曲，亲执乐器悦玩无惓，倚弦而歌。别采新声，为无愁曲，音韵窈窕，极于哀思，使胡儿阉官之辈，齐唱和之，曲终乐阕，莫不殒涕。虽行幸道路，或时马上奏之，乐往哀来，竟以亡国。"[664]

　　然而，北齐小朝廷"智昏菽麦"而至"乐往哀来，竟以亡国"的历史结局并未引起后人的警惕[665]。联缀于本文上述"豢养宠物"的经典后续，竟有以下一段甚于北齐的历史闹剧的上演。

　　晚唐诗人罗隐写道："十二三年就试期，五湖烟月奈相违。何如买取胡孙弄，一笑君王便著绯。"虽乃讥刺晚唐道消日甚之世风，然亦足资管窥当年西来杂艺流行中华之日甚。

　　与之相关的文史背景，《幕府燕闲录》尝云："唐昭宗播迁，随驾伎艺人止有弄猴者。猴颇驯，能随班起居。昭宗赐以绯袍，号'孙供奉'。故罗隐有诗云云。朱梁篡位，取此猴，令殿下起居。猴望殿陛，见全忠，径趣其所，跳跃奋击，遂令杀之。"[666]

　　以上文化实例的存在，说明唐代宠物的豢养，有着一个深厚的中外文化交流的社会背景而使然。西域文化之欣动东土，这类人与动物种种过节的文史信息可谓窥豹之一斑。

---

[662]　李延寿：《北史》卷一四《后妃传》，中华书局，1974年，页526、527。

[663]　李百药：《北齐书》卷五〇《恩倖传》，中华书局，1972年，页685。

[664]　魏徵等：《隋书》卷一四《音乐志》，中华书局，1973年，页331。

[665]　参见王小甫：《试论北齐之亡》，《学术集林》卷一六，远东出版社，1999年，页120～160。

[666]　罗隐：《感弄猴人赐朱绂》，《全唐诗》卷六六五，中华书局，1960年，第19册，页7623。

（3-3）西域文艺情趣在中原地区的释放

在西域文明浸染东夏的过程中，丝路沿线最能展现出域外胡人——尤其是粟特移民部落——信仰色彩的文化生活，莫过于这一社会群体不可忘怀的"赛祆"习俗了。

有关胡人赛祆的掌故，古籍文献尝有大略的记载。如唐人王建《赛神曲》描绘道："男抱琵琶女作舞，主人再拜听神语。新妇上酒勿辞勤，使尔舅姑无所苦。椒浆湛湛桂座新，一双长箭系红巾。但愿牛羊满家宅，十月报赛南山神。青天无风水复碧，龙马上鞍牛服轭。纷纷醉舞踏衣裳，把酒路旁劝行客。"[667] 从中给人们再现了一幅胡人歌舞行酒、鞍轭祈福的赛神图画。

次有张鷟《朝野佥载》卷三的记叙："河南府立德坊及南市西坊皆有胡祆神庙。每岁商胡祈福，烹猪羊，琵琶鼓笛，醥歌醉舞。酹神之后，募一胡为祆主，看者施钱并与之。其祆主取一横刀，利同霜雪，吹毛不过，以刀刺腹，刃出于背，仍乱扰肠肚流血。食顷，喷水咒之，平复如故。此盖西域之幻法也。"[668] 这从一定侧面展示出洛阳城中的祆教法会，尝有烹杀猪羊、酹酒祈福、音乐舞蹈、兼以幻术的文艺表演贯穿于祭祀祆神的集会中。

学者们依据唐人笔记"突厥事祆神，无祠庙，刻毡为形，盛于皮袋，行动之处，以脂苏涂之。或系之竿上，四时祀之"[669] 的记载，结合龙门地区粟特人六胡州大首领安菩萨墓葬出土的"神兽形神像"（见前图一八一）的美术样本，断定这类驾于骆驼鞍鞯上的怪异神兽头像，即为突厥化粟特移民所祭祀的祆教神祇的状模。它实际上从一个层位上反映了中原一带内徙粟特部落宗教生活的一个场面[670]。

与上述文献纪事相表里，洛阳地区的出土文物亦为西域胡人在当地的祭祆聚会提供了细节内容的信息。

2003 年，洛阳出土了一件北魏时期的石棺床。这一石刻葬具底座的正立面，通高 48、宽 202 厘米，系一三只支腿衔接起来的壶门。整个壶门的正面，以"减底剔地"及阴线刻两种方式，刻画出一幅内容充塞、构图繁丽的浮雕画面。参照中国中古时期能够见到的众多石

---

[667] 《全唐诗》卷二九八，中华书局，1960 年，第 9 册，页 3377。

[668] 张鷟：《朝野佥载》卷三，中华书局，1979 年，页 64、65。

[669] 段成式：《酉阳杂俎》卷四《境异》，中华书局，1981 年，页 45。

[670] 洛阳三彩骆驼承载祆神图象及其有关问题，参见姜伯勤：《唐安菩墓所出三彩骆驼所见"盛于皮袋"的祆神》，《唐研究》第七卷，北京大学出版社，2001 年，页 55～70。

图二一五
2003 年洛阳出土
北魏石棺床壸门
线刻中所见的胡
人"赛祆"演艺

刻美术样本，我们可以看出这件石刻作品的艺术风格，包涵了一种浓郁的西域"密体意致"的石刻艺术的构图风尚。仅仅因此，作为考察中古时期中外文化交流的文物资料，这件石刻作品就有着极其珍贵的科研价值。

这件壸门的三只立腿，居中的一只，外沿由莲瓣纹、忍冬卷草纹及绳纹围绕，内芯为一状若饕餮而长舌下垂的"祆神"填充其间。祆神口齿间有横柱一根，其两端分别由织物条带打结维系。

立腿左端的一只，外围亦由莲瓣纹、忍冬卷草纹及绳纹围绕。内芯上段，为一身著帔帛、颈部戴项圈、四肢戴镯、肩部生焰的祆教神祇形象；下段刻一面向中心的翼兽。

立腿右端的一只，外围亦由莲瓣纹、忍冬卷草纹及绳纹围绕。内芯上段，仍刻一身著帔帛、颈部戴项圈、四肢戴镯、肩部生焰的祆教神祇形象；下段同为一身面向中心的翼兽（图二一五）[671]。

暂且撇开这件石刻中其他构图题材而不论，我们首先就该棺床雕刻中的这种双臂伸展、两腿马步蹲跨而肩颈丛生火焰的"畏兽"作一图像的考察，从而为我们认识这件石刻文物的主题文化内涵作出性质的判断。

从美术源流上考察，这类动物图象因其突出的视象特征在于其肩头迎风缭绕的火焰，故而被人们称之为"焰肩神"。

与此可以形成参照的是，洛阳北魏墓葬石刻中恰有同类题名美术图象的存在——如前引 1926 年洛阳邙山出土北魏正光三年（522 年）冯邕妻元氏墓志，其志石四周刊刻有十八躯题名焰肩神影雕。题名中有："拓远""蛤蟆""拓仰""攫天""挟石""发走""获天""啮石""挠撮""掣电""懽憘""寿福""迴光""拥远""长舌""乌获""礔电""攫撮"。

[671] 有关这件石棺床构件的首次报道，见张乃翥：《洛阳新见北魏石棺床雕刻拓片述略》，《艺术史研究》第 10 辑，中山大学出版社，2008 年，页 131～137。

1997 年，格瑞纳（F.Grenet）就其中若干榜题给出了解析。第一，乌搜，"Waxsǔ"，即 "Oxus"，乌浒水神。第二，搜天，"Xwt'y"，即 "Seigneur"，天主、上帝。第三，攉撮，"Taxsic+˘"。而据亨宁（W.B.Henning）此前考释，此 "Taxsic+˘/Tištrya" 者，系汉籍所载具有人体造型而盛行于粟特地区的"得悉神"之谓也。此可见于《隋书》《酉阳杂俎》《新唐书》等汉籍的零散记载[672]。

其实，我们关注"畏兽"这种美术题材文化涵义的真正目的，并非热衷于对其概念义理的推敲。我们的主要学术视点，在于对这一美术题材极富运动姿态的形象定位所赖以依托的构图氛围有所发蒙——石棺床中心立腿上那一具有脸谱化造型的长舌兽头，便理所当然走进我们的视野。

在上文提及的安菩萨墓葬出土的那件光色绚丽的骆驼，其罩于双峰周围而见有联珠纹边饰的鞍鞯之上，悬缀有长颈执壶和双耳扁壶各一具，从而透视出西域及波斯美术式样的风格。骆驼两峰之间的皮囊上，有一体量硕大而面庞丰冗、双目暴突的"神兽形神像"。

形制类同的三彩骆驼，洛阳唐墓中另有众多的实例。此如前引 1963 年关林盛唐墓出土的一件三彩骆驼（见前图一三八）、1965 年关林 59 号盛唐墓出土的一件三彩载人骆驼（见前图一四〇）、1973 年关林车坭垱唐墓出土的一件嘶鸣骆驼（见前图一四一）等。

这种安置于驼马鞍具褡裢之上的形象道具，古代文献对其用途亦有相应的披露："突厥事祆神，无祠庙，刻毡为形，盛于皮袋，行动之处，以脂苏涂之。或系之竿上，四时祀之。"[673]。学者们的研究已经表明，当粟特商人部落进入中亚北方的阿尔泰草原地区之后，便将这种祆神信仰传播于突厥游牧部落[674]。姜伯勤据此研究后认为，洛阳安菩萨墓葬出土的这件唐代文物，正是西域胡人从事宗教祭祀时必须供奉的祆神[675]。

如果我们善于从美术要素的角度去看待中古艺术家的造型创作，那么应该说，表现在北魏石棺床中心立腿上的那一目光炯炯、长舌低垂、口中衔有两头结系纲索横杠的兽面形象，

[672] W.B.Henning, A Sogdian God, BSOAS, ⅩⅩⅤⅢ,2,1965,P.252-253；魏徵等：《隋书》卷八三《西域传》，中华书局，1973 年，页 1855；段成式：《酉阳杂俎》卷一〇，中华书局，1981 年，页 98、99；欧阳修等：《新唐书》卷二二一下《西域·曹国传》，中华书局，1975 年，页 6245；参见张小贵：《曹国"得悉神"考》，《祆教史考论与述评》，兰州大学出版社，2013 年，页 36 ~ 49。

[673] 段成式：《酉阳杂俎》卷四《境异篇》，中华书局，1981 年，页 45。

[674] 王小甫：《弓月部落考》，《唐、吐蕃、大食政治关系史》，北京大学出版社，1992 年，页 246、247。

[675] 姜伯勤：《唐安菩墓三彩骆驼所见"盛于皮袋"的祆神》，《中国祆教艺术史研究》，生活·读书·新知三联书店，2004 年，页 225 ~ 236。

正是唐代三彩骆驼背负上的那一被视为"刻甋为形""系之竿上"
的祆神图像。

至此我们可以恍然明了，北魏石棺床壸门上如此一组呈现对
称造型且又极富动态韵感的石刻图画，原来表现的正是一幅以畏
兽"跳神舞蹈"为场景的"赛祆"图腾！毫无疑问，这一极具文
体演艺风尚而原本流行于中亚地区的一种胡人习俗，已经延申到
东方社会的文化生活中。石刻、三彩美术样本之图载，实质上折
射了这类赛祆风俗在洛阳当地的蔓延。

史载北魏道武帝天兴"六年（403 年）冬，诏太乐、总章、
鼓吹增修杂伎，造五兵、角骶、麒麟、凤凰、仙人、长蛇、白象、
白虎及诸畏兽、鱼龙、辟邪、鹿马仙车、高絙百尺、长趫、缘橦、
跳丸、五案以备百戏。大飨设之于殿庭，如汉晋之旧也。太宗初，
又增修之，撰合大曲，更为钟鼓之节"[676]。原来，"畏兽"之成
为文艺角色，已经列入北魏王庭的国家百戏演出中——国史文献
之不失职序，为我们留下了千载难遇的注解。

图二一六
洛阳唐代墓葬遗存中出土的三
彩仿制品祆教祭祀用具火坛

图版采自洛阳市文物工作队编：
《洛阳出土文物集粹》，朝华
出版社，1990 年，页 98

由于西域胡人信奉的祆教有着崇拜火与光明的教旨，所以其在赛祆集会场合必有火祭之仪
式。是故，用于这种场合的火坛无不有焉。这由此前中亚片治肯特遗址 1 区 10 号点北墙粟特
壁画及莫拉——库尔干出土盛骨瓮所见火祭图样可以看出它们的粟特文化渊源[677]。至于近年长
安出土的北周安伽墓、史君墓和山西出土的隋代虞弘墓的石刻图像，亦有火祭图像的显示[678]。

洛阳唐代石刻遗迹中尚未见到祆教赛神场合的图像，但同期墓葬遗存中则有火祭用具火
坛的出土（图二一六）。这也从一定层面上折射出当地赛祆仪式的存在。

[676] 魏收：《魏书》卷一〇九《乐志》，中华书局，1974 年，页 2828。

[677] Живопись Древнеяо Пянджикента. М.1954.Таблица X X Ⅶ. Г.А.Пугаченкова.Мианкальские
оссуарии <Изхуудожественной сокровишни СреднегоВостока.>стр.107.

[678] 陕西省考古研究所：《西安发现的北周安伽墓》，《文物》2001 年第 1 期，页 4 ~ 26；杨军凯：《入
华粟特聚落首领墓葬的新发现——北周凉州萨保史君墓石椁图像初释》，《从撒马尔干到长安——
粟特人在中国的文化遗迹》，北京图书馆出版社，2004 年，页 17 ~ 26；山西省考古研究所等：《太
原隋代虞弘墓清理简报》，《文物》2001 年第 1 期，页 27 ~ 52。

与赛祆文体集会同时行化中原地区的域外文艺
节目，更有中古时期内地文化阶层唱绝文墨的"胡
旋""胡腾"两种舞蹈。洛阳文物遗迹中便有此类
场景的刻画。

往年洛阳北魏遗址中出土的彩釉扁壶中，已有
这类艺术形象的摹绘。如1984年于洛阳城北采集的
一件绿釉扁壶和早年当地出土的一件黄釉扁壶，其
腹面均有北朝时期流行内地的"胡腾"之类舞乐场
面的状摹[679]。这与安阳北齐范粹墓出土的黄釉扁壶
壶腹描绘胡腾乐舞有着异常接近的艺术风格，可见
当年中原一带胡人舞伎之为世人所热爱。

龙门石窟唐代万佛洞南、北两壁的壁基，有伎乐
装饰雕刻各一列。其北壁西端的舞者，束发，臂钏，
上身袒裸，下体著裙，项圈垂胸，帔帛绕臂。从其腰
肢曲折、右腿提伸、帔巾离心外张、裙褶飘然一律的
动态定位看，画面上刻画的应是一位旋转舞姿的身影。
又从舞者一身胡人装束来考察，这一艺术形象传达的
应即流行当时的"胡旋"（图二一七）。

同窟南壁西端的舞者，上身装扮同于前者，
唯下体著裤与前有别。图中舞者，双臂上举，撩
动帔帛，右腿屈提，跷于身后。由其巾帛撩动之
间跌荡翻腾之情状，这一画面动态似即状摹"胡
腾"之瞬间（图二一八）。

龙门石窟与此同时的其它唐窟中，相似的伎乐
造像多有精彩的别例，如奉先寺南壁东一窟后壁之
壁基，即有持练当空而舞者。其身段造型之优美，

图二一七
龙门石窟唐代万佛洞北壁壁基伎乐装饰雕刻中
的西域"胡旋"舞写真

图二一八
龙门石窟唐代万佛洞南壁壁基伎乐装饰雕刻中
的西域"胡腾"舞写真

图二一九
龙门石窟唐代大卢舍那像龛南壁东一窟所见持
练当空而舞的伎乐供养人

[679]　图版见前引谢虎军：《河洛文明》，中州古籍出版社，2012年，页286、287。

率为唐人写状之上乘（图二一九）。

按西域胡舞畅化东方其来尚矣，此由历史志传吭颂不辍及唐人诗词讽唱喋喋略见一斑：

"康国乐，工人皂丝布头巾，绯丝布袍，锦领。舞二人，绯袄，锦领袖，绿绫浑裆裤，赤皮靴，白裤帑。舞急转如风，俗谓之胡旋。乐用笛二，正鼓一，和鼓一，铜拔一。

安国乐，工人皂丝布头巾，锦褾领，紫袖裤。舞二人，紫袄，白裤帑，赤皮靴。乐用琵琶、五弦琵琶、竖箜篌、箫、横笛、筚篥、正鼓、和鼓、铜拔、箜篌……"[680]

唐人段安节《乐府杂录》记唐时舞蹈时说："舞者，乐之容也。有大垂手、小垂手。或象惊鸿，或如飞燕。婆娑，舞态也；蔓延，舞綴也。古之能者，不可胜记。即有健舞、软舞、字舞、花舞、马舞。健舞有《稜大》《阿连》《柘枝》《剑器》《胡旋》《胡腾》。软舞有《凉州》《绿腰》《苏合香》《屈柘》《团圆旋》《甘州》，等"[681] 从中不仅可以看出《柘枝》与《剑器》《胡旋》《胡腾》这些舞蹈共同属于西域胡人流行的刚健、挺拔一类的舞姿，更能让人们看到西域歌舞在中原一带广为流行的情势。

西方胡乐以异域新声、方外情调风驰于中夏，其意象妖娆、旋律百环之艺术魅力自必引来文人骚客的的讴歌与唱吟，从而形成我国文化史一段绝唱千古的人文景观。

李端《胡腾儿》诗："胡腾身是凉州儿，肌肤如玉鼻如锥；桐布轻衫前后卷，葡萄长带一边垂；帐前跪作本音语，拾襟搅袖为君舞；安西旧牧收泪看，洛下词人抄曲与；扬眉动目踏花毡，红汗交流珠帽偏；醉却东倾又西倒，双靴柔弱满灯前；环行急蹴皆应节，反手叉腰如却月；丝桐忽奏一曲终，呜呜画角城头发；胡腾儿，故乡路断知不知？"[682]

白居易《胡旋女》："胡旋女，胡旋女，心应弦，手应鼓。弦鼓一声双袖举，回雪飘飘转蓬舞。左旋右转不知疲，千匝万周无已时。人间物类无可比，奔车轮缓旋风迟。曲终再拜谢天子，天子为之微启齿。胡旋女，出康居，徒劳东来万里余。中原自有胡旋者，斗妙争能尔不如。天宝季年时欲变，臣妾人人学环转。中有太真外禄山，二人最道能胡旋。"[683]

元稹同题诗："天宝欲末胡欲乱，胡人献女能胡旋……胡旋之义世莫知，胡旋之容我能传。蓬断霜根羊角疾，杆戴朱盘火轮炫。骊珠迸珥遂飞星，虹晕轻巾掣流电。潜鲸暗嗡笪海

[680] 刘昫：《旧唐书》卷二九《音乐志》，中华书局，1975 年，页 1071。
[681] 段安节：《乐府杂录》，《丛书集成初编》，中华书局，1985 年，第 1659 册，页 19、20。
[682] 《全唐诗》卷二八四，中华书局，1960 年，第 9 册，页 3238。
[683] 白居易：《白氏长庆集》卷三《胡旋女》，文学古籍刊行社，1955 年，页 85。

波，回风乱舞当空霰。万过其谁辨终始，四座安能分背面。"[684]

刘言史《王中丞宅夜观舞胡腾》："石国胡儿人见少，蹲舞樽前急如鸟；织成蕃帽虚顶尖，细氎胡衫双袖小；手中抛下葡萄盏，西顾忽思乡路远；跳身转毂宝带鸣，弄脚缤纷锦靴软；四座无言皆瞪目，横笛琵琶遍头促；乱腾新毯雪朱毛，傍拂轻花下红烛；酒阑舞罢丝管绝，木槿花西见残月。"[685]

有关"石国胡儿"的人物形象，西安、洛阳唐墓出土文物中，即有鲜明的艺术塑造可以管窥其端倪。如西安开元十一年（723 年）鲜于庭诲墓出土的一尊驼载伎乐三彩俑和洛阳唐墓出土的一尊胡人牵马俑，即见有面部涂彩的中亚人形象（图二二〇、二二一）[686]。

图二二〇
西安开元十一年（723 年）鲜于庭诲墓出土的一尊驼载伎乐三彩俑

这种具有特殊符号性标识的人物样貌，中国古籍中已有相关的记事。

史载贞观（627～849 年）时代，太子承乾以奢慕胡风，尝"使户奴数十百人习音声，学胡人椎髻，剪綵为舞衣，寻橦跳剑，鼓鞞声通昼夜不绝"[687]。

正是这些粟特移民的居住及其信仰活动的需要，适此之间的长安、洛阳率有多处袄祠的出现[688]。而围绕着袄祠所在地段发生的富有西风胡韵的人文情节，则尤其传达出域外文明落植中原社会的精彩细节。

---

[684] 元稹：《元氏长庆集》卷二四《胡旋女》，《四库全书》集部一八《别集类》第 1079 册，上海古籍出版社，1987 年，页 1079～476～477。

[685] 《全唐诗》卷四六八，中华书局，1960 年，第 14 册，页 5323、5324。

[686] 鲜于庭诲墓位于西安三桥镇南何村，1957 年中国社会科学院考古研究所发掘。本书图版二二一，引自俞凉亘、周立主编：《洛阳陶俑》，北京图书馆出版社，2005 年，页 330。

[687] 欧阳修、宋祁等：《新唐书》卷八〇《太宗诸子》，中华书局，1975 年，页 3564。

[688] 有关长安、洛阳两地袄祠宗教活动的细节，参见林悟殊：《波斯拜火教与古代中国》相关章节，（台北）新文丰出版公司，1995 年。

此外，久行西域的舞马、斗鸡、马球、火树、灯轮、含绶鸟美术、雕蛋、苏摩遮等胡人风俗杂艺，也在中原地区流行开来。

在以上历史文物文化信息发掘的过程中，与洛阳有关的一位历史名人——张说——的一组诗词叙事引起了我们的注意。如他的《舞马千秋万岁乐府词三首》（选二）诗曰：

图二二一
洛阳唐墓出土的一尊胡人牵马俑见有面部涂彩的中亚胡人形象

"按唐《礼乐志》，明皇曾以马百匹，盛饰，分左右。施三重榻，舞《倾杯》数十曲。壮士举榻，马不动，乐工少年姿秀者十数人，衣黄衫，文玉带，立左右。每千秋节，舞于勤政楼下。千秋节者，明皇以八月五日生，因以其日名节云。

金天诞圣千秋节，玉醴还分万寿觞；试听紫骝歌乐府，何如骥骧舞华冈；连骞势出《鱼龙变》，蹀躞骄生《鸟兽行》；岁岁相传指树日，翩翩来伴庆云翔。

圣皇至德与天齐，天马来仪自海西。腕足徐行拜两膝，繁骄不进踏千蹄。鬉鬎奋鬣时蹲踏，鼓怒骧身忽上跻。更有《衔杯》终宴曲，垂头掉尾醉如泥。"[689]

同人《舞马词六首》：

"万玉朝宗凤扆，千金率领龙媒；晒鼓凝骄蹀躞，听歌弄影徘徊。

天鹿遥征卫叔，日龙上借羲和；将共两骖争舞，来随八骏齐歌。

彩旄《八佾》成行，时龙五色因方；屈膝衔杯赴节，倾心献寿无疆。

帝皂龙驹沛艾，星兰骥子权奇；腾倚骧洋应节，繁骄接迹不移。

二圣先天合德，群灵率土可封；击石骖驔紫燕，搅金顾步苍龙。

圣君出震应箓，神马浮河献图；足踏天庭鼓舞，心将帝乐踌躇。"[690]

这两首歌词以极富传情的文学笔触，将当年庆贺唐明皇生日献寿的乐府节目《舞马》，描绘得生动逼真、七情毕现——在驯马骑手的引导下，这些来自"海西"的名马"紫骝""骥骧"，

[689] 《全唐诗》卷八七，中华书局，1960年，第3册，页961、962。

[690] 《全唐诗》卷八九，中华书局，1960年，第3册，页981。

图二二二
1987 年洛阳唐墓明器彩绘陶塑中所见的胡人 "舞马" 形象
图版采自洛阳市文物工作队编：《洛阳出土文物集粹》，朝华出版社，
1990 年，页 80

承《鱼龙变》《鸟兽行》或《八佾》乐府音声的伴奏，在 "腕足徐行" "繁骄不进" 为主体的场地演艺中，时而 "奋鬣"，时而 "蹲踏"，在驯马 "壮士" 按节 "举撬" "乐工少年" 列队扮演的曲牌旋律下，以击石（磬）、撼金（钟）的器乐节奏为步点，表演了《倾杯》《八佾》等中外马戏剧目。具有压轴观赏意义的是，当节目进入阕尽曲终之时，这类极富灵性的西域驯马，竟以 "垂头掉尾醉如泥" 滑稽卖萌的神态定型，点出了那一名为 "醉杯" 的剧目主题，从而将观赏者引向超乎想象、不可思议的审美遐想。中古时代内地上层文艺生活之西风扇化，仅此文体之献艺，足以使我们感知那段丝路开放时代中外文化对接交流的繁荣。

同辈唐人韦元旦《奉和圣制春日幸望春宫应制》诗又谓： "九重楼阁半山霞，四望韶阳春未赊；侍跸妍歌临灞涘，留觞艳舞出京华；危竿竞捧中街日，戏马争衔上苑花；景色欢娱长若此，承恩不醉不还家。" [691] 再次展示了唐代京都宫廷社会 "舞马" 游戏的风行。

世间事物无独而有偶，1987 年洛阳唐墓明器彩绘陶塑中恰有这类演艺文本的出土（图二二二）[692]。而前引长安何家村唐代窖藏中出土的一具錾花银壶，亦为我们提供了回味上述诗境的可视性读本 [693]。这件不期而至的地下文物，以绝佳的画面构图和极具西域驼载 "革囊" 仿品的形体构造，将上述《舞马》节目的异域背景引入了我们的思维深层。唐代高端社会如此之饮誉西域文明，一代名士的诗词文献与宫廷御库的器皿储备，竟有这般不约而同的意象反映。这不能不引起我们对 "中国史料" 信息价值的重新认识与评价。

张说与此相类的另外几首诗歌，亦从庙堂文艺的层面，透露出唐代宫廷热衷域外文艺时尚的情节。

如其《奉和圣制寒食作应制》诗： "寒食春过半，花秾鸟复娇；从来禁火日，会接清明朝；斗敌鸡殊胜，争球马绝调；晴空数云点，香树百风摇；改木迎新燧，封田表旧烧；皇情爱嘉节，

---

[691] 《全唐诗》卷六九，中华书局，1960 年，第 3 册，页 773。

[692] 图版采自洛阳市文物工作队编：《洛阳出土文物集粹》，朝华出版社，1990 年，彩图 65。

[693] 图版参见齐东方：《唐代金银器研究》，中国社会科学出版社，1999 年，彩图 44。

传曲与箫韶。"[694]

诗中描绘的"斗鸡"与"马球"，作为创自西域的两种民间文体项目，随着丝绸之路的畅通，日渐行化于中原，成为唐代两京习习常见的贵族文娱活动。史籍记载，中宗女儿长宁公主，曾于洛阳长夏门内道德放宅邸近旁辟有球场[695]。又唐玄宗李隆基为亲王时，亦曾在洛都告成县百姓王利文居宅北坂辟有球场。此间李氏"自夏徂秋，往来游赏"[696]。李林甫"年二十尚未读书。在东都，好游猎打球，驰逐鹰狗。每于城下槐坛下，骑驴击，略无休日"[697]。

两京文物遗迹显示唐代马球之盛者，首推乾陵陪葬墓壁画此类美术景象的摹绘。在洛阳，如铜镜等当年的一些生活用品中，亦有表现这种域外体育运动的美术题材。

如前述 2003 年洛阳伊川县城关镇大庄村唐墓（M3）考古发掘中出土了一枚马球纹铜镜。这枚铜镜外廓呈八瓣菱花状，直径 18.8 厘米，镜背圆纽的外围，以浮雕形式刻画四躯手执撬棒的马球人物运动形象。其图形状摩之准确洗练，美术意象之生动传神，将这一运动场景生机活泼、炽情热烈的文化气氛表达得活灵活现、栩栩如生（见前图二〇一）[698]。从这一青铜图画极具写实意境的画面构图来审视，当年中原一带的工艺美术家无疑因熟悉马球运动而积淀出如此娴熟的创作技艺。

同人《十五日夜御前口号踏歌词二首》诗：

"花萼楼前雨露新，长安城里太平人；龙衔火树千重焰，鸡踏莲花万岁春。

帝宫三五戏春台，行雨流风莫妒来；西域灯轮千影合，东华金阙万重开。"[699]

这里的"火树""灯轮"，诗中已经直接指明为"西域"之所出，实际即为西人景教信徒"圣诞节"里每每装饰的"圣诞树"之类吉祥物。

至于诗中所谓"鸡踏莲花"者，则是对魏唐时代洛阳石刻中时常见到的"含绶鸟"（Hvarenah）美术题材的习称，其文化背景来源于西域祆教美术传统的渲染。由于北魏以

[694] 《全唐诗》卷八八，中华书局，1960 年，第 3 册，页 963。

[695] 徐松辑、高敏点校：《河南志》，中华书局，1994 年，页 10。

[696] 王钦若等：《册府元龟》卷二四《帝王部·符瑞三》，中华书局，1960 年，页 258、259。

[697] 李昉：《太平广记》卷一九《神仙部》，中华书局，1961 年，页 129。

[698] 洛阳市第二文物工作队：《洛阳伊川大庄唐墓（M3）发掘简报》，《文物》2005 年第 8 期，页 47～51；图版采自霍宏伟、史家珍编：《洛镜铜华》，科学出版社，2013 年，第 259 页图版 228，页 399 图 107。

[699] 《全唐诗》卷八九，中华书局，1960 年，第 3 册，页 982。

来这一美术题材时常以一身下雕刻莲花的
禽鸟来表现，以致被世人俗称为"鸡踏
莲花"而视为当时社会风俗的一种（图
二二三～二二五）。研究表明，这一美术题
材盛唐前后曾经流行于洛阳地区上层社会的
文化遗迹中，从中折射出西域祆教美术题材
对东方视觉艺术的影响。

如 1984～1993 年，洛阳偃师县杏园
村开元十年（722 年）卢氏墓（M1137）出
土一枚菱形青铜镜，镜纽外围即雕刻含绶
鸟各一躯。在这一对含绶鸟的正下方，刻
画有一株体形硕大的莲花图案，从而显示
出鸟与莲花的意境联系（图二二六）[700]。

张说时代表现"鸡踏莲花"的含绶鸟
美术作品，近年洛阳地区又有文物实例的
出土。如 2008 年洛阳邙山出土天宝十三年
（754 年）优婆夷无尽灯墓志一盒，志盖"四
神"图像中，即有足踏莲花的含绶鸟造型
（图二二七）。近年考古发掘的盛唐墓葬
中，亦有这一美术形象刻画于石质门楣内
（图二二八）。西安碑林旧藏唐代大智禅
师碑上别有此类装饰美术题材的再现（图
二二九、二三〇），可以想见这类美术题
材为两京上层社会所热衷[701]。

图二二三
洛阳龙门东山南麓唐开元十九年（731 年）卢正容墓葬石
刻中所见西域祆教美术传统的含绶鸟线刻画

图二二四
洛阳龙门西山开元二十七年（739 年）尼悟因墓葬石刻
中所见西域祆教美术传统的含绶鸟线刻画

图二二五
洛阳龙门西山北麓唐开元二十八年（740 年）贵妃豆卢
氏墓葬石刻所见西域祆教美术传统的含绶鸟线刻画

---

[700] 中国社会科学院考古研究所编：《偃师杏园唐墓》，科学出版社，2001 年，页 71，图 75。

[701] 有关洛阳地区古代造型艺术中的"含绶鸟"美术形象，参见张乃翥：《洛阳历史文物中含绶鸟美术
遗迹的文化学考察》（A CULTURAL INQUIRY ON ART SPECIMENS WITH THE SO～CALLED
RIBBON～BEARING BIRD MOTIF IN THE HISTORY OF LUOYANG CULTURAL RELICS），《形
象史学研究》第 5 辑，人民出版社，2015 年，页 107～143。

图二二六
洛阳偃师杏园村开元十年（722 年）卢氏墓出土的一枚
见有含绶鸟造型的青铜镜

图二二七
2008 年洛阳邙山出土天宝十三年（754 年）优婆夷无尽
灯墓志盖 "四神" 图像中所见 "鸡踏莲花" 的含绶鸟造型

图二二八
洛阳近年考古发掘的盛唐墓葬中见有含绶鸟造型的一件
石质门楣

图二二九
西安碑林旧藏唐代大智禅师碑装
饰线刻中所见的含绶鸟造型之一

图二三〇
西安碑林旧藏唐代大智禅师碑装
饰线刻中所见的含绶鸟造型之二

有关中原社会中浸染西域胡人生活风情的事例，这位盛唐文学名流更有观察入微的文学
作品流播于人口。如其《奉和圣制初入秦川路寒食应制》诗曰："上阳柳色唤春归，临渭桃
花拂水飞；总为朝廷巡幸去，顿教京洛少光辉；昨从分陕山南口，驰道依依渐花柳；入关正
投寒食前，还京遂落清明后；路上天心重豫游，御前恩赐特风流；便幕那能镂鸡子，行宫善
巧帖毛球；渭桥南渡花如扑，麦陇青青断人目；汉家行树直新丰，秦地骊山抱温谷；香池春

图二三一、二三二
匈牙利布达佩斯北郊
世界遗产地维谢格莱
德云堡所见匈奴裔艺
人"镂鸡子"之工艺

溜水初平，预欢浴日照京城；今岁随宜过寒食，明年陪宴作清明。"[702]

诗歌以记载两京征途寒食景色的白描文笔，透露出当年京洛之间曾有"镂鸡子""帖毛球"的人文故实。这两种带有手工技艺的朝堂旧事，实际上就是西方行之已久的马球制作和鸡蛋雕刻。马球，以皮革裹毛线缝合而呈球状，以为众人鞠蹴或者马上互击之，此盖西域传统体育之一种。这种击球体育盛行于唐代两京的豪贵阶层间，早为学界前哲所披析。

唐代的鸡蛋雕刻，以其质地脆弱难有可视形象流传于今日。然而历史研究亦有阴阳差错的意外机遇——2013 年秋季，笔者游访欧洲，7 月 30 日于匈牙利布达佩斯北郊名胜遗产维谢格莱德云堡（Weissgradyunburg）目遇匈奴裔艺人雕蛋之陈列（图二三一、二三二）。匈人如此湛熟之技艺，折服了现场观看的一帮方外游客。张说诗歌以如此对偶的文化叙事，绘声绘色地将如此享誉艺林的西域手工艺，嵌入盛唐高端社会生活的图景中，足见当年这一西域技艺给东方世界带来的拂面新风。

同人《苏摩遮五首》诗又谓："摩遮本出海西胡，琉璃宝服紫髯胡；闻道皇恩遍宇宙，来将歌舞助欢娱。绣装帕额宝花冠，夷歌骑舞借人看；自能激水成阴气，不虑今年寒不寒。腊月凝阴积帝台，豪歌急鼓送寒来；油囊取得天河水，将添上寿万年杯。寒气宜人最可怜，故将寒水散庭前；惟愿圣君无限寿，长取新年续旧年。昭成皇后帝家亲，荣乐诸人不比伦；往日霜前花委地，今年雪后树逢春。"[703]

诗意明白告诉我们，"苏摩遮"是一种西域胡人的歌舞。这种歌舞依照"海西胡"人的传统，往往在冬季腊月于"绣装帕额宝花冠"盛装之后进行"泼寒"游戏的节日活动中予以

---

[702] 《全唐诗》卷八六，中华书局，1960 年，第 3 册，页 938。

[703] 《全唐诗》卷八九，中华书局，1960 年，第 3 册，页 982。

展演。节目进行中，参与联动的所有人士，群情激扬，不避严寒，革囊击水，互相祝福，一派狂欢追逐、不拘细节的欢乐气氛。就连贵为"昭成皇后帝家亲"的外戚侯门，亦致荡入"荣乐诸人不比伦"这种难以抑止的节日氛围中。泱泱京都殿庭娱乐之时光，俨然西域胡乡番化昔日之重现！

张说其人这般留意西方人文习俗落植中原的心态，应该引起我们理性地思考。这是因为，一个长期担任唐朝宰相且又主掌丽正殿、集贤殿文事的高端命官，其阅历、涵养在某种意义上实际体现着这个国家文化价值的时代取向。而这种带有主流意识的认知修养，从根本上说，则折射出那一历史时代文化思潮的主体倾向——正是由于大量西域胡人的部落性存在，蔓延东方的番乡胡俗才能为中原社会各界所习见而熟稔。

具有思维认知意义的是，一代文宗若张说者辈，虽有机会参与李唐显贵胡风演艺的场合，但在诗歌行文中却对上述文艺节目的物语演绎不甚了了——将西域行之久远而传之华夏的"含绶鸟"美术图像称之谓"鸡踏莲花"者，足见盛唐名流亦因阅历有限障目于时林。

史载神龙元年（705 年）八月三十日中宗"御洛城南门观斗象"[704]。十一月十三日，"御洛城南门楼观泼寒胡戏"[705]。

景龙三年（709 年）十二月"乙酉，令诸司长官向醴泉坊看泼胡王乞寒戏"[706]。

先天二年（713 年）"上元日夜，上皇御安福门观灯，出内人联袂踏歌，纵百僚观之，一夜方罢"[707]。

同年二月"有僧婆陁请夜开门燃灯千百炬，三日三夜。皇帝御延喜门观灯纵乐，凡三日夜"[708]。

帝庭如此之取法异邦民俗，难怪当世名辈张说能有生花妙笔传神于篇章——封建国家对西域胡风的热衷，正是一代朱紫学士意识形态潜移默化、风从跟进的基本动因。龙门石窟东山南麓近年出土的张说墓志，其装饰雕刻中所见"卷草纹样（Anthemion）""格里芬（Griffen）"

[704]　刘昫：《旧唐书》卷七《中宗纪》，中华书局，1975 年，页 140。

[705]　刘昫：《旧唐书》卷七《中宗纪》，中华书局，1975 年，页 141。

[706]　刘昫：《旧唐书》卷七《中宗纪》，中华书局，1975 年，页 149。

[707]　刘昫：《旧唐书》卷七《睿宗纪》，中华书局，1975 年，页 161。

[708]　刘昫：《旧唐书》卷七《睿宗纪》，中华书局，1975 年，页 161。

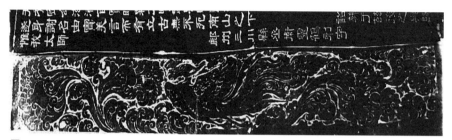

图二三三
龙门石窟东山南麓唐张説墓志装饰雕刻中所见的西域风格 "卷草纹样"

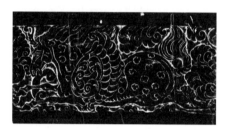

图二三四
龙门石窟东山南麓唐张説墓志装饰雕刻中所见的西域风格 "格里芬"

图二三五
龙门石窟东山南麓唐张説墓志装饰雕刻中所见的西域风格 "森穆鲁"

"森穆夫（Sermuv）"（图二三三～二三五）等美术题材及其极具西域 "密体意致（Appreciation of the Ornate Pattern）" 的胡风线刻装饰技法，无疑为我们的这种学理观念提供了文化动力学（Cultural Dynamics）视域的印证。

4. 洛阳宗教遗迹视域下东来胡人的信仰世界

通过对历史文献和文化遗迹的探索，我们可以发现，在洛阳地区这为数众多的西来胡人中，他们不仅注重着部落迁移过程中物质经济利益的追求，更有意识地追求着精神领域内的信仰寄托。在这一领域内，我们已经了解到这些兴生胡人曾经与祆教、佛教、景教、摩尼教等多种宗教崇拜，发生着与时俱进、各有侧重的信仰情结。我们认为，意识形态领域内的这些带有强烈文化烙印的历史现象，从软信息（Soft Information）层面折射出西域胡人对故乡岁月的怀念。

（4-1）西域故乡的祆教，在魏唐时代洛阳胡人部落中的信仰落根

按中古以降我国流行的祆教，盖即公元前 6 ～前 5 世纪时波斯人琐罗亚斯德（Zoroaster）所创之宗教。此教以提倡教徒崇拜火与光明之缘故，是亦俗称为 "拜火教"。又因该教崇拜光明兼及于日、月，故在中古亦为东方俗界目为胡天神祀之一种。

226 年，推翻了阿萨息王朝（Emperâturi Ashkâniân）的阿尔达希（Ardashir I）在伊朗建立了萨珊王朝（Sassanian）。为了标榜萨珊王朝对于古代波斯王朝的继承，创立于近千年之前的祆教遂被尊为国家信奉的宗教。由于萨珊波斯在欧亚社会交往中处于十分活跃的地位，因而祆教信仰遂又越过中亚渐浸于东方。中国境内被称为"胡天"的火祆教法的流布，即发生在这一广阔的历史背景下。

史载十六国时期，我国北方地区即有信仰祆教的事实："（时）龙骧孙伏都、刘铢等，结羯士三千，伏于胡天。"[709]

此为汉籍记载中国较早接与祆教的实例。

南北朝以还，火祆教法随着中西交流日渐转盛而加浸，故史籍记载此类宗教事迹亦日有递增，代不绝文。

《梁书》卷四五《滑国传》，载滑国"自魏晋以来不通中国，至天监十五年（516 年）其王厌带夷栗陀始遣使献方物。普通元年（520 年）又遣使献黄狮子、白貂裘、波斯锦等物。七年（526 年），又奉表贡献……（其国）事天神、火神"。

《魏书》卷一〇二《西域传》：波斯国"俗事火神、天神……神龟（518～519 年）中，其国遣使上书贡物。"

但从目前所能接触到的史料情况来看，当时祆教在中国的传播似以北方地区为最盛。

《魏书》卷一〇一：高昌国"俗事天神，兼信佛法。"

同书卷一〇二：焉耆国"俗事天神并兼信佛法。"

同书卷一三《皇后传》：灵太后"幸嵩高山，夫人、九嫔、公主以下从者数百人，升于顶中，废诸淫祀，而胡天神不在其列。"

《隋书》卷七《礼仪志》：北齐"后主末年，祭非其鬼，至于躬自鼓舞，以祀胡天。邺中遂多淫祀，兹风至今不绝。"

同书同卷："后周欲招徕西域，又有拜胡天制，皇帝亲焉。其礼并从夷俗，淫僻不可纪也。"

同书卷二七《百官志》："后齐制官，多循后魏……鸿胪寺掌蕃客朝会、吉凶吊祭，统典客、典寺、司仪等署、令、丞。典客署又有京邑萨甫二人，诸州萨甫一人。"

按隋志所言之"萨甫"，又译"萨保""萨宝""萨薄"等，一云系叙利亚文 Saba 之音

[709] 房玄龄等：《晋书》卷一〇七《石季龙载记》，中华书局，1974 年，页 2791。

译，意为"长老"；或云即梵文 Sarthavaho 之传译，原有"商队首领"的意义。由此不难看出，自祆教神职人员迤逦东来汉地的初期，不仅其意识形态中尚且含有域外文明的浓郁因素，而且其本身亦与盛行当时的中西商贸事务结有不解之因缘，这反映出这一西域宗教沿诸丝绸之路迤逦东来的过程中，结成与胡人商贸团体难以割舍的因缘纽带。

文化史研究发现，前述洛阳邙山出土有隋大业十一年（615 年）翟突娑墓志，志文涉及志主宗教行事有云：

> "君讳突娑，字薄贺比多，并州太原人也。父娑，摩诃大萨宝、薄贺比多。日月以见勋效，右改宣惠尉。不出其年，右可除奋武尉，拟通守……"[710]

据此墓志所载可知，约在北齐时代徙居中夏的西域移民即有充任祆教祀官"大萨宝"者。

关于该墓主人翟氏的名谓，沈福伟认为"突娑"乃是波斯文 tarsa 的汉译，本即用来称呼景教徒，因而断言"翟突娑是中原地区早期的景教徒"[711]。是说如确，则墓志本身足资说明，当时东来华夏的祆教之家族，其直系子弟亦有该从景教者，这是当时西来宗教表现在家庭结构方面的一个值得重视的现象。

至于墓主之父翟氏的名称，沈福伟率尔冗断为"娑摩诃"。此则失察，容为一析。

按翟氏墓志之文句，其父姓名盖宜读断为"翟娑"。其名下所书"摩诃"二字，本属所任祆教神职"大萨宝"形容修辞之复称，这由考古材料中所见《唐安万通砖志铭》记其高祖安但北魏初年曾官至"摩诃萨宝"一例[712]可以得到确切的旁证。洛阳所出另一西域胡人墓志同一词类所见之情况，尤足证明这一论说的成立（详后）。如是，则当时祆教神祝乃有"摩诃大萨宝"之习称。其所以如此，鄙意盖因当时祆教属于入华伊始，立足未固，为取悦社会听闻以利生存，故尔教士阶层率即采用梵文"摩诃"（Maha，汉意曰"大"）一词冠带于职称前。其借重中古佛教之心髓，此足了然。

古代史上域外宗教来华初期为求立足而借重中国故有意识形态的现象不止于此，如两汉之际法轮初转东土的佛教，即是尽力"依附于社会上盛行的黄老神仙方术"才赢得了统治阶级上层人物的信奉，而魏晋时代竺叔兰所译之《放光般若经》及竺法护所译之《光赞般若经》

---

[710]　赵万里：《汉魏南北朝墓志集释》，科学出版社，1956 年，图版 484。

[711]　沈福伟：《中西文化交流史》，上海人民出版社，1985 年，页 166。

[712]　贺梓城：《唐王朝与边疆民族和邻国的友好关系》引文，《文博》1984 年创刊号，页 56 ~ 60。

亦恰是“迎合玄学风尚”才得以“风靡一时”于洛京一带[713]。

中外文化交流史上诸如此类的事实，俱能说明西域宗教在东渐期间每有锐意接缘当地传统宗教的用心。由此可见，翟娑其人名讳及所任祆教官号之厘定，实际反映了我们对于中古时期中外宗教交往史上一个重大历史问题的认识，因此这一工作的意义即远已超出了一个墓志人物名讳读法的订正。

有关北朝末叶祆教在东土孳乳传播的情形，洛阳出土初唐时期的墓志材料中亦有重要的信息。如咸亨四年（673年）《唐故处士康君（元敬）墓志》有云：

> “君讳元敬，字留师，相州安阳人也。原夫吹律命氏，其先肇自康居毕万之后。因从孝文，遂居于邺。祖乐，魏骠骑大将军，又迁徐州诸军事。父仵相，齐九州摩诃大萨宝，寻改授龙骧将军。皆以忠勤奉主，操等松筠；委贽称臣，心贞琨玉。故得弈叶传芳，崇其遐远。缨绂递袭，详诸图史……君生于诚孝之门，幼闻仁义之训。不贪荣禄，怡然自安，放旷闾里，逍遥卒岁。然湹洛中都，地惟神壤。往逢丧乱，郛邑凋残。文明握图，一纮清谧。爰降纶旨，令实三川。君光应朝命，徙居河洛……偶斯嘉命，授君为公士……”（图二三六）[714]

按之康元敬墓志，知其先祖本为西域毕国之裔绪。《隋书》卷八三《西域传》：“（安）国之西百余里有毕国，可千余家，其国无君长，安国统之。”可见毕氏乃昭武九姓粟特部落之一种。

图二三六
洛阳出土咸亨四年（673年）粟特胡人康元敬墓志

墓志历叙康氏家族世籍乡望的变迁，使我们得以明了元敬一门在移贯东土过程中的一些历史线索：元敬一家本系毕国国姓，以安国所统隶于康居，因改康氏。迨其祖辈东渐，奉朔魏国，率随孝文南迁入贯于邺。及魏、齐易改，其父仵相以种族之选掌任高齐“九州摩诃大萨宝”绾摄祆教。

从其祖、父两辈出仕魏、齐期间“皆以忠

[713] 任继愈主编：《中国佛教史》第一卷之第二章第三节、第三章第三节，中国社会科学出版社，1981年。
[714] 志刊洛阳市文物工作队编：《洛阳出土历代墓志辑绳》，中国社会科学出版社，1991年，图版330。

勤奉主……故得弈叶传芳，崇其遐远。缨绂递袭，详诸图史"这一情况看，元敬祖、父数代必以拥戴封建朝廷而获世袭祆教神祝的资格。这一点，反映了北朝以降封建王朝在设置、授受祆教官职方面高度注重政治与民族这两个社会因素的倾向，我们认为这是当时封建王朝与东来祆教之间一个十分值得重视的现象。

其次，由康元敬墓志载其先世移贯安阳期间领摄北齐九州祆教事务这一点，结合前述安阳地区出土齐朝祆教文物这一文化现象，我们已可充分认识到，北齐时期的邺下一带，无疑已经成为中国内地一个主要的祆教信徒聚落区域，这从史籍有关北齐享国期间邺城地区充斥西域胡族文化的迭迭记载中可以得到侧面的证明 [715]。

至于墓志叙述元敬其人"生于诚孝之门，幼闻仁义之训"，则又说明康氏一门自西域移徙东华累积以数代，其意识形态中已经湮染有儒家"仁""孝"为本的家风。这可以反映当时入居中原的粟特移民，其文化面貌已呈现出相当浓郁的汉化风范。嗣后，唐朝政府"爰降纶旨，令实三川"。元敬则"光应朝命，徙居河洛"。至此，康氏一门殆以兼宗儒家伦理教化的祆祝世家驻籍于东都。

此外，洛阳邙山出土贞观二十一年（647 年）《大唐故洛阳康大农墓铭》，亦曾载有北朝以后祆教在中原地区迤逦流播的情况，志文乃云：

"君讳婆，字季大，博陵人也。本康国之裔也。高祖罗，以魏孝文世举国内附，朝于洛阳，因而家焉，故为洛阳人也。祖陁，齐相府常侍。父和，隋定州萨宝，又迁奉御。并英风秀出，器局沉明，率下有方，事君以礼……君少而英敏，气概不群……禀纵多能，博通才艺，逍遥自得，不干荣位。既而世袭衣缨，生资丰渥。家僮百数，藏镪巨万。招延宾邻，门多轩盖。锦衣珠服，入必珍馐；击钟鼎食，出便联骑。至山河东北，关洛西南，莫不钦揖高风，藉甚声问。群公朝士，七贵五侯，竞陈书牍，托款襟素。武德中，左仆射裴寂揖君名义，请署大农。君感知己之资，衔十顾之重，乃降情屈心，俦而从之……自裴侯下世，君亦辞位。高蹈闲居，养志而已……长子须达，泣血待晨……" [716]

据康婆墓志载其世籍源流，知康氏同与元敬出于西域康国之苗裔。其高祖康罗，孝文时

[715] 有关北齐时代邺都西域胡族风习之盛的情况，可参阅陈寅恪：《隋唐制度渊源略论稿》相关论述，中华书局，1963 年。

[716] 志刊洛阳市文物工作队：《洛阳出土历代墓志辑绳》，中国社会科学出版社，1991 年，图版 126。

代以王族之重"举国内附，朝于洛阳，因而家焉"。可见北魏迁都中原之后洛阳一带颇多粟特诸部的移民聚落，这一石刻史料足又证明《洛阳伽蓝记》关于当时洛京诸胡之盛的记载。嗣后随着东、西两魏的分蘖，康婆祖辈率又依附渤海高氏徙居于邺下，这自然增加了河北一带粟特聚落的人口。大约康氏出于西土王族而在粟特聚落中享有一定的声望，所以康婆之父康和又为杨隋王朝擢授为聚居之地——定州一带——的祆教神祝。

志中值得注重的是，康和受隋定州萨宝之后"又迁奉御"，这与上述康元敬墓志载康仵相任"齐九州摩诃大萨宝，寻改授龙骧将军"一样，都反映了当时封建王朝注意与萨宝这类祆教神职人员保持政治联系的姿态。我们认为这其中必然有它深层的社会原因。

志文关于康婆往者"逍遥自得，不干荣位；既而世袭衣缨，生资丰渥"的记叙，一方面反映出直至初唐时代祆祝之职仍然沿用世袭的方式，另一方面则又反映出当时的一些祆教领袖人物手中握有雄厚经济实力的事实。

由于康婆其人的生活有着"家僮百数，藏镪巨万。招延宾邻，门多轩盖。锦衣珠服，入必珍馐；击钟鼎食，出便联骑。至山河东北，关洛西南，莫不钦揖高风，藉甚声问。群公朝士，七贵五侯，竞陈书牍，托款襟素"的煊赫情节，所以作为唐室重臣的裴寂，武德年中竟至"揖君名义，请署大农"。这是李唐王朝从宗教事务与财政管理需要出发有意借重粟特上层移民的一个政治行为。

统观这等祆教文物遗迹的记事，我们足可看出当年入华胡人利用西域旧邦这一宗教信仰凝固部落信众的良苦用心，这就启发我们对汉地胡人的人文生态构架作出深入的研究。

（4-2）西域诸胡在洛阳的佛教业绩

西域胡人之与洛阳的佛教事业，可谓源远流长，生生不息。其中若汉明求法伊始的竺法兰、摄摩腾白马负经及《四十二章经》的翻译，要为文化学界耳熟能详的筚路蓝缕的盛举。嗣后，安息三藏安世高之译《迦叶结经》等，亦是人们悉知的内学功德。

仅就隋唐而言，内典僧传多有西域胡僧的记事。今择事涉东都者转录二三，以见当年胡人弘法汉地的一斑。

如高僧达摩笈多，隋言法密，本南贤豆罗啰国人也。后逾雪山西足，经渴罗槃陀国，留停一年。未多开导，又至沙勒国及龟兹国，亦停王寺。又住二年，笈多系心东夏，无志潜停。又经二年，渐至高昌。笈多远慕大国，跋涉积年。寻蒙帝旨，延入京城。处之名寺，供给丰渥。即开皇十年（590 年）冬十月也。

逮"炀帝定鼎东都，敬重隆厚。至于佛法，弥增崇树。乃下敕于洛水南滨上林园内，置翻经馆。搜举翘秀，永镇传法。登即下征笈多并诸学士，并预集焉。四事供承，复恒常度。致使译人不坠其绪，成简无替于时。及隋纲云颓，郊垒烟构。梵本新经，一时斯断。笈多蕴其深解，遂阙陈弘。始于开皇中岁，终于大业末年。二十八载，所翻经论七部，合三十二卷。即《起世》《缘生》《药师》《本愿》《摄大乘》《菩提》《资粮》等是也。并文义澄洁，华质显畅。具唐贞观内典录。至武德二年（619 年）终于洛汭。

初，笈多翻《普乐经》一十五卷，未及练覆，值伪郑沦废，不暇重修。今卷部在京，多明八相等事。有沙门彦琮，内外通照，华梵并闻。预参传译，偏承提诱。以笈多游履，具历名邦，见闻陈述，事逾前传。因著《大隋西国传》一部。凡十篇：本传、一方物、二时候、三居处、四国政、五学教、六礼仪、七饮食、八服章、九宝货、十盛列山河、国邑人物。斯即五天之良史，亦乃三圣之宏图。故后汉《西域传》云'灵圣之所降集，贤懿之所挺生'者是也。词极纶综，广如所述。"[717]

笈多译经，"文义澄洁，华质显畅"，可见在佛典音义方面能够中外兼备，传情无碍。至于其能援引"内外通照，华梵并闻"的沙门彦琮预参传译，并以笈多游履，具历名邦，见闻陈述，事逾前传，"因著《大隋西国传》一部"。从中可以看出西域胡人对中外社会的沟通与互相了解，做出过重大贡献。

及至有唐，来华的域外胡僧日渐增多。尤其武周前后，络绎结绳，辗转东都者继踵接武、不辞于劳顿。

如"释地婆诃罗，华言日照，中印度人也。洞明八藏，博晓五明。戒行高奇，学业勤悴，而咒术尤工。以天皇时来游此国，仪凤四年（679 年）五月，表请翻度所赍经夹，仍准玄奘例，于一大寺别院安置，并大德三五人同译。至天后垂拱（685～688 年）末。于两京东、西太原寺（西太原寺后改西崇福寺，东太原寺后改大福先寺）及西京广福寺，译《大乘显识经》《大乘五蕴论》等凡一十八部。沙门战陀般若提婆译语，沙门慧智证梵语。敕诸名德，助其法化。沙门道成、薄尘、嘉尚、圆测、灵辩、明恂、怀度证义，沙门思玄、复礼缀文笔受。天后亲敷睿藻，制序冠首焉。照尝与觉护同翻《佛顶》，深体唐言善传佛意。每进新经，锡赉丰厚。后终于翻经小房，享年七十五。天后敕葬于洛阳龙门香山，塔见存焉。"[718]

[717] 事见道宣：《续高僧传》卷二《隋东都雒滨上林园翻经馆南贤豆沙门达摩笈多传》，《大正藏》第50册，（台北）新文丰出版公司，1983年，页434～436。

[718] 赞宁：《宋高僧传》卷二《周西京广福寺日照传》，中华书局，1987年，页32、33。

康居贤首法师释法藏，以粟特胡人在天后时代于东都佛授记寺新译八十卷《华严》，由此成为西域胡僧中在东都弘法的著名法侣。僧传载其事迹有谓：

"释法藏，字贤首，姓康，康居人也。风度奇正，利智绝伦。薄游长安，弥露锋颖。寻应名僧义学之选。属奘师译经，始预其间。后因笔受、证义、润文、见识不同而出译场。至天后朝传译，首登其数。实叉难陀赍《华严》梵夹至，同义净、复礼译出新经。又于义净译场，与胜庄、大仪证义。昔者敦煌杜顺传《华严》法界观，与弟子智俨讲授此晋译之本。智俨付藏，藏为则天讲新《华严经》。至天帝网义十重玄门、海印三昧门。六相和合义门、普眼境界门，此诸义章，皆是《华严》总别义网，帝于此茫然未决。藏乃指镇殿金狮子为喻，因撰义门。径捷易解，号《金师子章》。列十门总别之相，帝遂开悟其旨。又为学不了者设巧便，取鉴十面八方安排。上下各一，相去一丈余。面面相对，中安一佛像，燃一炬以照之，互影交光。学者因晓刹海涉入无尽之义。藏之善巧化诱，皆此类也。其如宣翻之寄，亦未能舍，盖帝王归信缁伍所凭之故。泊诸梵僧罢译。帝于圣历二年（699 年）己亥十月八日，诏藏于佛授记寺讲大经。至《华藏世界品》，讲堂及寺中地皆震动，都维那僧恒景具表闻奏。敕云：'昨请敷演微言，阐扬秘赜。初译之日，梦甘露以呈祥；开讲之辰，感地动以标异。斯乃如来降迹，用符九会之文。岂朕庸虚，敢当六种之震。披览来状，欣惕于怀云。'其为帝王所重，实称非虚。所以华严一宗，付授澄观，推藏为第三祖也。著《般若心经疏》，为时所贵，天下流行。复号康藏国师是欤。" [719]

"释实叉难陀……华言学喜，葱岭北于阗人也。智度恢旷，风格不群。善大小乘，旁通异学。天后明扬佛日，崇重大乘。以《华严》旧经，处会未备。远闻于阗有斯梵本，发使求访，并请译人。又与经夹，同臻帝阙。以证圣元年（695 年）乙未，于东都大内大遍空寺翻译。天后亲临法座，焕发序文。自运仙毫，首题名品。南印度沙门菩提流志、沙门义净同宣梵本。后付沙门复礼、法藏等，于佛授记寺译成八十卷。圣历二年（699 年）功毕。至久视庚子（700年）驾幸颍川三阳宫，诏叉译《大乘入楞伽经》，天后复制序焉。又于京师清禅寺及东都佛授记寺，译《文殊授记》等经。前后总出一十九部，沙门波仑、玄轨等笔受，沙门复礼等缀文，沙门法宝、恒景等证义，太子中舍贾膺福监护。长安四年（704 年），又以母氏衰老，思归慰觐。表书再上，方俞敕御史霍嗣光送至于阗。暨和帝龙兴，有敕再征。景龙二年（708

---

[719] 赞宁：《宋高僧传》卷五《周洛京佛授记寺法藏传》，中华书局，1987 年，页 89、90。

年）达于京華……敕于大荐福寺安置……以景云元年（710 年）十月十二日，右胁累足而终，春秋五十九岁，有诏听依外国法葬。十一月十二日于开远门外古然灯台焚之。薪尽火灭，其舌犹存。十二月二十三日，门人悲智、敕使哥舒道元，送其余骸及斯灵舌，还归于阗，起塔供养。后人复于荼毗之所，起七层塔，土俗号为华严三藏塔焉。"[720]

僧传以上摘录的实例表明，隋唐时期在西域胡人东来弘法佛教的人群中，除了来自于印度的达摩笈多、地婆诃罗等人外，另有康法藏、实叉难陀等中亚胡人的身份。这与龙门地区发现的胡人崇佛史迹有着显然的一致性。

此中业经田野调查的例证，如前述长安三年（703 年）九月二十日安思泰造浮图一所于龙门石窟北原墓地的事迹。次如景龙三年（709 年）十月二十六日在龙门东山北麓、敬善寺东原与夫人何氏大葬的前六胡州大首领安菩萨一家两代的信仰实例。又如景云元年（710 年）玖月一日吐火罗僧宝隆在龙门东山万佛沟北崖造像一铺的题记叙事等等，都反复说明当年洛阳地区有着数量众多的西域胡人的崇佛业绩。

（4-3）洛阳故城东郊景教遗物的出土与伊洛河两岸胡人宗教信仰的聚落成因

截止目前为止，洛阳地区发现的景教文化遗迹已有四宗。其一为 2006 年发现的出土于隋唐洛阳故城东郊李楼乡齐村的景教经幢，其二为 2013 年在龙门石窟西山北段红石沟北崖发现的景教瘗窟，其三为 2014 年在隋唐洛阳城东"柏仁村"发现的花献夫妇墓志，其四为 2019 年在洛阳唐城遗址城角村东南原发现的唐代景士所用的石砚。

这些面世于唐代洛都伊洛河两岸的宗教遗物，从文物层面透露出唐代洛阳地区景教信徒的活跃。尤其是，这躯景教经幢题记中"中外亲族，题字如后：弟景僧清素，从兄少诚，舅安少连……义叔上都左龙武军散将兼押衙宁远将军守左武卫大将军置同政（正）（员）……大秦寺寺主法和玄应，俗姓米；威仪大德玄庆，俗姓米；九阶大德志通，俗姓康"等一系列涉教人士名资的刊布，业已充分从民族构成上透露出当年洛阳景教信徒在聚落形态范畴领域内的一些独特的内涵。

人们知道，景教（Nestorianism）是基督教聂斯托里派（Nestorian Christianity）的称谓。这个教派反对玛利亚是神的母亲，反对圣像崇拜、炼狱说等传统基督教教义。431 年，在小亚以弗所宗教会议（Ecumenical Council of Ephesus）上，聂斯托里派被罗马基督教法庭判定为异端。聂斯托里本人及其追随者被驱逐出境。不过，他们很快在萨珊波斯王国找到避难所，

---

[720] 赞宁：《宋高僧传》卷二《唐洛京大徧空寺实叉难陀传》，中华书局，1987 年，页 31、32。

498 年成立自主教会，总部起初设在塞琉西亚—泰西封（Seleaucia-Ctesiphon），先后以迦勒底（Chaldea）或亚述（Assyria）教会的名义传教。阿拉伯帝国阿拔斯王朝（Abbasid Dynasty，750～1258 年）建立后，景教总部一度迁往巴格达，享誉西亚，盛极一时。

根据现藏西安碑林博物馆的唐建中二年（781 年）刊刻的景教碑记载，景教于唐初贞观年间（627～649 年）传入我国。当时有一位名为阿罗本的传教士，从古波斯出发，沿着于阗等西域南道诸绿洲城郭经由河西走廊来到长安。他拜谒了唐太宗，请求准许在中国传播这一波斯宗教。当时唐太宗不仅令宰相房玄龄赴西郊相迎，并亲自向其问道解惑，成为景教传播史上的一段政教佳话。嗣后唐太宗降旨，准许他们传教，于是景教开始在长安等地传播开来。从碑文"高宗大帝，克恭纘祖，润色真宗，而於诸州各置景寺。仍崇阿罗本为镇国大法主。法流十道，国富元休；寺满百城，家殷景福"所记情况来看，太宗之后国家曾令各州建立景教寺院，可知当时景教已在全国建立了传教体系。碑文中有景教经典《尊经》被译成中文的记载，并且引用了大量的儒、道、佛经典及中国史书中的典故，采取"格义"式的手法来阐述景教的教义。体现出西方景教文明在东来伊始即注意与汉地文化保持密切融合态度的做法。这无疑属于世界文化交流过程中的一种"文化接触"（Culture Contact）亦即文化"涵化现象"（Acculturation）。

大秦景教流行中国碑，不仅记录了景教在华 150 年传播的盛况，同时也向世界昭示了在大唐盛世之时，在中华大地之上早在 1380 多年前已被基督的福音所普照。

而洛阳隋唐城伊洛河两岸出土的上述景教遗物，至少说明时至中晚唐时期，东都洛阳已经有大量的景教信士的存在。凡此珍贵无比的宗教史资料，不但从文化遗产层面透露出当年中外人际往来过程中，东西方社会在意识形态领域内的人文交流，与此同时也可以看到当年络绎东来的胡人部落，在丝绸之路东方起点城市的精神依托与情感取向。这类带有突出的"文化整合（Culture Integration）"色彩的文化史资料，实际上正是发生在当年东来胡人部落中信仰视域下的人心构成、人情取向的无可替代的一项信息遗产。

毫无疑义，所有这些具有精神财富意义的历史元素，正是丝绸之路昌明时代东方胡人部落情感世界"无形生活"的真实折射。

（4-4）漠北石刻的摩尼教信息折射了胡人在洛阳地区的信仰传播

有关洛阳地区摩尼教历史的当地文物，至今阙如。因此，有关唐代洛阳地区的摩尼教遗事，我们只有期待今后相关文物遗迹的出土。

然而，让人们感到峰回路转的是，远在中晚唐时代的漠北地区，却令人惊喜地发现了极为难得的当年摩尼教石刻史料。

1889 年，俄国探险队雅德林采夫（N. M. Yadrintsev）于蒙古国高原的哈拉巴勒嘎斯城址内发现建于唐宪宗元和九年（814 年）的《九姓回鹘可汗碑》残件。该碑由汉文、突厥文和古回鹘文刻写，主要记述回鹘汗国建国后至保义可汗在位时（808 ~ 821 年）的史事及与中国唐朝的关系和摩尼教传入回鹘部落的情况。对于后者，碑文记载，唐代宗宝应元年（762 年），回鹘牟羽可汗助唐平定安史之乱后，曾从洛阳带回睿息等四位摩尼教教职人员并改宗了摩尼教。

得出这个判断的依据是，该碑的汉文碑文记事中，有着以下可靠的内容。

（第四行）：罗没蜜施颉翳德蜜施毗伽可汗嗣位，英智雄勇，表正万邦，子爱登里罗汨没蜜施颉咄登蜜施合俱录毗伽可汗，继承英伟，杰特异常，域内□□，诸邦钦伏。自大唐玄宗帝蒙尘，史思明之子朝义（下缺）

（第五行）：使，币重言甘，乞师并力，欲灭唐社。可汗忿彼孤恩，窃弄神器，亲逞晓雄，与王师特角，合势齐□（驱），克服京洛。皇帝与回纥约，长为兄弟之邦，永为舅甥之国。可汗乃屯军东都，因观民俗、败民弗。

（第六行）：师将睿息等四僧入国。阐扬二祀，洞彻三际。况法师妙达名门，精通七部，才高海岳，辩（辨）若悬河。故能开正教于回鹘，以茹荤屏酪为法。立大功绩，乃曰'汝悉德'。于时都督刺史、内外宰相、司马金

（第七行）：曰：今悔前非，愿事正教。奉旨宜示，此法微妙，难可受持，再三恳恻：往者无识，谓鬼为佛，今已悟真，不可复事。特望□□□□□曰：'既有志诚，任即持赍，应有刻画。魔形悉令焚热，祈神拜鬼，并摈斥

（第八行）：而受明教。'熏血异俗，化为茹饭之乡；宰杀邦家，变为劝善之国。故圣人之在上，上行下效。法王闻受正教，深赞虔诚（图二三七）[721]。

根据近代学界对这一漠北文物的研究，我们得知至迟在

图二三七
蒙古哈拉巴勒嘎斯城址内发现的建于唐宪宗元和九年（814 年）的《九姓回鹘可汗碑》残件

[721] 有关摩尼教在中国的弘教史迹可参考林悟殊：《摩尼教及其东渐》，中华书局，1987 年；王媛媛：《从波斯到中国：摩尼教在中亚和中国的传播》（From Persia to China:The Spread of Manichaeism in Central Asia and China），中华书局，2012 年。

安史之乱发生之际，洛阳已有摩尼教教士传法的事实。

当代国内学者研究表明，七世纪末叶传入中原的摩尼教，其有限的宗教典籍亦每有附会佛教概念的事实。如撰于八世纪初叶的摩尼教文书《摩尼光佛教法仪略》，不唯其文献题目明显带有佛教宗教概念的痕迹，而且其正文内容中亦一再表现出依托佛、道两教的思想[722]。这与洛阳地区出土的火祆教石刻史料透露的祆教糅合佛教概念的事体如出一辙。

逮回鹘西迁北庭一带，不但吐鲁番地区成为东方摩尼教教团活动的中心，元和二年（807年）回鹘使臣又奏请于河南府和太原府置摩尼寺各三所。由此可见洛阳一带与摩尼教保有密切的关系。

此外，吐鲁番博物馆的藏品中，见有于高昌古城以北柏孜克里克石窟出土的唐粟特文摩尼教写卷，这在一定层面上折射出粟特这一商业民族对"三夷教"在丝绸之路上的传播，曾发挥着巨大的助推作用。所有这些，无疑都是人类在精神文明领域交流、传延的结果。

世界宗教史知识告诉我们，宗教本身的存在，一个突出的伦理原则——亦即事体的外延——只能是信仰人数的群体化。因此，凡是宗教遗存存在的地区，无一不是宗教信众集体活动的场合。所以，宗教遗迹的出现，透露出当地信教人士的众多。可以说，丝绸之路上的每一处宗教文物的出现，都昭示了当年这一地区宗教信众的繁多。

与此同时，各地文物领域内这些别见心宇的历史资料，开启了我们对古人精神世界的认知。它让我们感受到，遗产视域下胡人部落的全息生计，绝非出土的物质文物的视觉载体那么的刚然骨感。通过我们对这些带有强烈意识形态寓意的"软性信息（Soft Information）"的发掘，我们终究可以体悟到丝路沿线处于商贸生计的胡人部落，正是在这种带有主观能动性的意识形态的指导下，实践着自己利益最大化的人生追求。

由此不难看出，有唐一代的东都洛阳，恰恰是在这种佛教、火祆教、景教、摩尼教意识流支配下的胡人部落，将洛阳地区推向了传播西方宗教教义的重镇。所有这一切，无疑与粟特等西域人活跃于丝绸之路上的长途贸易生活的群体取向有着内在的联系[723]。

---

[722] 文载开元十九年（731年）六月八日大德拂多诞奉诏集贤院译：《摩尼光佛教法仪略》一卷，《大正藏》第54册，（台北）新文丰出版公司，1983年，页1279～1281。说见林悟殊：《敦煌本〈摩尼光佛教法仪略〉的产生》及《〈摩尼光佛教法仪略〉的三圣同一论》，《摩尼教及其东渐》，中华书局，1987年，页168～176、183～190。

[723] 张乃翥、郑瑶峰：《文化人类学视域下伊洛河沿岸的唐代胡人部落——以龙门石窟新发现的景教瘗窟为缘起》，《石窟寺研究》第5辑，文物出版社，2014年，页154～174；同书第6辑，科学出版社，2016年，页255～299。

（六）丝绸贸易的高涨，刺激了封建国家对洛都城东漕运管理的升级

隋唐时代，由于东都地区外来移民的数量已有更大的递增，这无疑引起封建国家对这一行政事态持续地关注。

尤其西域诸胡，杨隋一代亦多遣使通好、互致报聘，形成东都地区一道靓丽的人文景观。如本书前引史籍记事有谓：

"炀帝时，遣侍御史韦节、司隶从事杜行满使于西蕃诸国。至罽宾，得玛瑙杯；王舍城，得佛经；史国，得十舞女、狮子皮、火鼠毛而还。帝复令闻喜公裴矩于武威、张掖间往来以引致之。其有君长者四十四国，矩因其使者入朝，啖以厚利，令其转相讽谕。大业年中（605～617年），相率而来朝者三十余国，帝因置西域校尉以应接之。"[724]

史载大业六年（610年）正月，洛阳盛饰中外集会，极尽夸饰炫耀之能事，终月而罢[725]。

大业"十一年（615年）春正月甲午朔，大宴百僚。突厥、新罗、靺鞨、毕大辞、诃咄、传越、乌那曷、波腊、吐火罗、俱虑建、忽论、诃多、沛汗、龟兹、疏勒、于阗、安国、曹国、何国、穆国、毕（国）、衣密、失范延、伽折、契丹等国并遣使朝贡……乙卯（二十二日），大会蛮夷，设鱼龙蔓延之乐，颁赐各有差"[726]。

有唐一代中原地区胡人移民的繁多，可以粟特商贩络绎东转华夏为缩影。

史载"康国，即汉康居之国也。其王姓温，月氏人。先居张掖祁连山北昭武城，为突厥所破，南依葱岭，遂有其地。枝庶皆以昭武为姓氏，不忘本也……人多嗜酒，好歌舞于道路……俗习胡书，善商贾，争分铢之利。男子年二十，即远之旁国，来适中夏。利之所在，无所不到"[727]。

由于西域诸胡这种追逐丝路贸易的利益需求，唐代内地的外来移民已较前代有了更大幅度的增加。如前所引，贞观三年（629年）"户部奏言：中国人自塞外来归及突厥前后内附、开四夷为州县者，男女一百二十余万口"[728]。这势必加速李唐国家对诸胡部落的动态管理——

[724]　魏征等：《隋书》卷八三《西域传》，中华书局，1973年，页1841。

[725]　魏征等：《隋书》卷三《炀帝纪上》，中华书局，1973年，页74。

[726]　魏征等：《隋书》卷四《炀帝纪》，中华书局，1973年，页88。

[727]　刘昫：《旧唐书》卷一九八《西戎传》，中华书局，1975年，页5310。

[728]　刘昫：《旧唐书》卷二《太宗纪上》，中华书局，1975年，页37。

其安抚与疏导——无外乎两种积极应对的策略。

对此，曾以"天可汗"称著于东方的李唐国家，无疑会熟稔地借诸丝绸之路上的"兴生"贸易，让中外社会有机的获取各自的最大化收益。

值得人们留意的是，大约盛唐的前后，以海上贸易为主导的中外交流逐渐成为东西方社会往来的热潮。

对于西域胡商泛海东来、舳舻弥望的史踪，古籍文献亦有相应的记叙。

如唐天宝九年（750年），广州"有婆罗门寺三所，并梵僧居住……江中有婆罗门、波斯、昆仑等舶不知其数。并载香药、珍宝，积载如山。舶深六七丈，师子国、大食国、骨唐国、白蛮、赤蛮等，往来居住，种类极多"[729]。

"波斯国，在京师西一万五千三百里，东与吐火罗、康国接，北邻突厥之可萨部，西北拒拂菻，正西及南俱临大海……自开元十年（722年）至天宝六载（747年），凡十遣使来朝并献方物。四月，遣使献玛瑙床。九年（750年）四月，献火毛绣舞筵、长毛绣舞筵、无孔珍珠。乾元元年（758年），波斯与大食同寇广州，劫仓库，焚庐舍，浮海而去。大历六年（771年），遣使来朝，献珍珠等。"[730]

中外海上往来之转盛，必然引起李唐政府对南北运河交通的重视与节制。中唐以降洛阳漕河区段水利设施之加密及胡人部落数量的递增，似有此中因素所引起。

正是基于东都地区胡人如此之繁盛，李唐帝国遂有强化大运河水运的措施，借以通过提升江南丝绸的水运接纳，实现封建国家经贸收益的扩大。

其实，对于一个东方国家来说，远自春秋、战国时代，中国即已开始注重水利运输的开发。

如公元前6世纪初，楚国就在江汉平原上开挖了"杨水"，约相当于现在从长江沙市一带到汉水沙洋一带，由此沟通了汉水中上游和长江衔接。这是有记载的中国最早的运河工程。西晋时期，为了加强长江中下游与京城洛阳的联系，这条运河曾被再次疏浚，史称为"杨夏水道"。此后公元前486年，吴王夫差"城邗，沟通江淮"。以上这两条人工运河，"于楚，西方则通渠汉水、云梦之野；东方则沟江淮之间。"[731]

---

[729] 元开：《唐大和上东征传》卷一，《大正藏》第51册，（台北）新文丰出版公司，1983年，页991。

[730] 刘昫：《旧唐书》卷一九八《西戎传》，中华书局，1975年，页5311～5313。

[731] 司马迁：《史记》卷二九《河渠书》，中华书局，1982年，页1405、1406。

至战国时代，魏国又开凿了沟通黄河、淮水之间的鸿沟，从而与邗沟贯通，直达于长江。及嬴秦一统，出于对岭南的节制，始又于兴安开通灵渠，使江淮与珠江流域联接起来。两汉以降，封建国家注重地理、沟洫的经略，这就为后世的水运经营提供了国家意识。

时及杨隋，国家设"运署谒者，都水左右二装五城谒者……南康建安晋安伐船谒者，晋安练葛屯主，为三品蕴位"[732]。次者更有"都水台"的机构之设：史载"都水台，管诸津桥。使者二人，参事十人。又领都尉、合昌、坊城等三局。尉皆分司诸津桥"[733]。

李唐时代，国家则通过对水利机构设置的细化，提升了内河水运的管理效率。其时设从第八品下阶官有"太史都水监主簿"者[734]。

次"工部尚书一员……其属有四：一曰工部，二曰屯田，三曰虞部，四曰水部……凡京师、东都有营缮，则下少府、匠作，以供其事"[735]。

其"水部郎中一员，从五品上。龙朔为司川大夫。员外郎一员，从六品上。主事二人，从九品上。令史四人，书令史九人，掌固四人。郎中、员外郎之职，掌天下川渎陂池之政令，以导达沟洫，堰决河渠。凡舟楫溉灌之利，咸总而举之。凡天下水泉，三亿二万三千五百五十九。其在遐荒绝域，迨不可得而知矣。其江、河，自西极达于东溟，中国之大川者也。其余百三十五水，是为中川。其又千二百五十二水，斯为小川也。若渭、洛、汾、济、漳、淇、淮、汉，皆互达方域，通济舳舻，从有之无，利于生人者也。凡天下造舟之梁四，河则蒲津、大阳、河阳，洛则孝义也。石柱之梁四，洛则天津、永济、中桥，灞则灞桥。木柱之梁三，皆渭川，便桥、中渭桥、东渭桥也。巨梁十有一，皆国工修之。其余皆所管州县随时营葺。其大津无梁，皆给船人，量其大小难易，以定其差"[736]。

次者"都水监：使者二人，正五品上。汉官有都水长，属主爵，掌诸池沼，后改为使者，后汉改为河堤谒者。晋复置都水台，立使者一人，掌舟楫之事。梁改为太舟卿，北齐亦曰都水台。隋改为都水监，大业复为使者，寻又为监，复改监为令，品第三。武德复为监，贞观改为使者，

[732] 魏征等：《隋书》卷二六《百官志》上，中华书局，1973年，页735。

[733] 魏征等：《隋书》卷二七《百官志》中，中华书局，1973年，页755。

[734] 刘昫：《旧唐书》卷四二《职官志》一，中华书局，1975年，页1801。

[735] 刘昫：《旧唐书》卷四三《职官志》二，中华书局，1975年，页1840。

[736] 刘昫：《旧唐书》卷四三《职官志》二，中华书局，1975年，页1841。

从六品。龙朔改为司津监，光宅为水衡都尉，神龙复为使者，正五品上。仍隶将作监。丞二人，从七品上。主簿二人，从八品下。录事一人，府五人，史十人，掌固三人。使者掌川泽津梁之政令，总舟楫、河渠二署之官属，凡虞衡之採捕，渠堰、陂池之坏决，水田、斗门、灌溉，皆行其政令。""舟楫署：令一人，正八品下。丞二人，正九品下。舟楫署令掌公私舟船运漕之事。""河渠署：令一人，正八品下。丞一人，正九品上。府三人，史六人。河堤谒者六人，掌修补堤堰渔钓之事。"[737]

本著不避费词胪列古籍记事之细节，意在透过古人职官之史记，管窥有唐一代国家对水利设施的重视。其官属职责如此之明确，无疑出于国家对管内水运事业的认真。这从以下唐代漕运管理的丝丝细化，可以洞悉其端倪。

对此，历史文献有着不辞巨细的记载，从中可以看出自盛唐伊始，国家明显强化了内河水运的管制。

如"开元二十一年（733年）八月，侍中裴耀卿充江南淮南转运使。二十二年九月，太府少卿萧炅充江淮处置转运使。天宝二年（743年）四月，陕郡太守韦坚加兼勾当缘河及江淮转运使。四载八月，杨钊除殿中侍御史，充水陆转运使。乾元元年（758年）三月，第五琦除度支郎中，充诸色转运使。二年十二月，兵部侍郎吕諲，充勾当转运使。元年建子月，户部侍郎元载充江淮转运使。宝应元年（762年）六月二十八日，户部侍郎刘晏充勾当转运使。广德二年（764年）正月，户部侍郎第五琦充诸道转运使。永泰元年（765年）正月，刘晏充东畿淮南浙江东西湖南山南东道转运使，第五琦充畿关内河东剑南山南西道转运使。大历四年（769年）三月，刘晏除吏部尚书兼御史大夫，充东都河南江淮山南东道转运使。建中二年（781年）十一月，度支郎中杜佑兼御史中丞江淮水陆运使。三年十二月二十日，包佶除左庶子，充汴东水陆运使。崔纵除右庶子，充汴西水陆运使。贞元元年（785年）三月，元琇加御史大夫，充诸道水陆运使。其年七月，尚书右仆射韩滉充江淮转运使。五年二月，中书侍郎窦参充诸道转运使。八年三月，张滂除侍郎，充诸道转运使。十年十月，润州刺史王纬兼诸道转运使。十五年十二月，以浙西观察使李锜充诸道转运使。永贞元年（805年），以司空平章事杜佑再兼诸道转运使。元和元年（806年）四月，兵部侍郎李巽充诸道转运使。三年六月，刑部尚书李墉充诸道转运使。五年十二月，卢坦除刑部侍郎，充诸道转运使。六

[737]　刘昫：《旧唐书》卷四四《职官志》三，中华书局，1975年，页1897。

年四月，刑部侍郎王播充诸道转运使。十四年五月，刑部侍郎柳公绰充诸道转运使。长庆元年（821年）二月，王播复为刑部尚书，充诸道转运使。四年四月，王涯为户部侍郎，充诸道转运使。宝历元年（825年）正月，王播为淮南节度，又充诸道转运使。"[738]

其实，就东都地区的河运行政来说，高宗、武周时代已经纳入国家管理的视野，洛阳含嘉仓国家仓储制度的建立及其对江南漕运米粮的征调，即是这一政治业绩的一种直接的体现。上引史乘有关诸道水运的详细纪实，反映了此后——尤其是安史羯乱之后——李唐王朝全力确保河运事务畅通无碍的措置。

安史乱后江南水运节制的强化，似乎与盛唐晚期国家阻断西胡交通有关——"天宝二年十月敕。如闻关已西诸国，兴贩往来不绝。虽托以求利，终交通外蕃，因循颇久，殊非稳便。自今已后，一切禁断。仍委四镇节度使及路次所由郡县，严加捉搦，不得更有往来"[739]。至于东都地区河运终端的经略，则是通过都城伊洛水系的漕运开发，由构建国家粮储体系和国际市场贸易体系来实现的。

史载"显庆五年（660年）五月一日，修洛水月堰。旧都城洛水天津之东，有中桥及利涉桥以通行李"[740]。

"上元二年（675年），司农卿韦机，始移中桥。自立德坊西南置于安众坊之左，南当长夏门街。都人甚以为便。因废利涉桥，所省万计。然每年洛水泛溢，必漂损桥梁，倦于缮葺。内使李昭德始创意，令所司改用石脚，锐其前以分水势，自是无漂损之患。"[741]

"大足元年（701年）六月九日，于东都立德坊南穿新潭，安置诸州租船。"[742]

"开元二年（714年）闰二月，陕郡刺史李杰除河南少尹，充水陆运使。至三年九月，毕构为河南尹，不带水陆运使。至天宝三载（744年）十一月，李齐物除河南尹，又带水陆运使。贞元十年（794年）二月，河南尹齐抗，充河南水陆运使。至元和六年（811年）十月。敕河南水陆运使宜停。"[743]

---

[738]　王溥：《唐会要》卷八七《转运使》，中华书局，1955年，页1599、1600。

[739]　王溥：《唐会要》卷八六《关市》，中华书局，1955年，页1579。

[740]　王溥：《唐会要》卷八六《桥梁》，中华书局，1955年，页1577。

[741]　王溥：《唐会要》卷八六《桥梁》，中华书局，1955年，页1577。

[742]　王溥：《唐会要》卷八七《漕运》，中华书局，1955年，页1596。

[743]　王溥：《唐会要》卷八七《河南水陆运使》，中华书局，1955年，页1601、1602。

图二三八
2013 年夏隋唐洛阳漕运河道遗址内考古发现两艘载体
庞大的中古沉船的遗体之一

图二三九
2013 年夏隋唐洛阳漕运河道遗址内考古发现两艘载体
庞大的中古沉船的遗体之二

"开元二年，河南尹李杰为水运使，大兴漕事。"[744]

而贯通洛城内外的漕渠入口，即设在洛阳城东伊、洛河下游频临偃师县的夹河滩一带。由于地理位置形成水势平稳的水文便利，这里极其适于江淮运河船舶的停靠、进退。据来自 2014 年 1 月 6 日网络信息的最新报导，2013 年夏季以来，位于这一漕运地段的洛河遗址内，考古发现两艘载体庞大的中古沉船的遗体。目前，其中的一艘已经发掘出土（图二三八、二三九）[745]。另一艘还有一半掩埋在淤土、沙丘中。

洛阳出土唐代石刻文物中，亦有资料证实地居洛郊东迤的偃师辟有漕渠入口的史实——《洛阳出土历代墓志辑绳》影刊唐人崔涣墓志，载其夫人卢氏元和三年（808 年）七月之前卒殁，"即殡于偃师县漕口之北"（图二四〇）[746]。这一殡葬洛阳城东的墓地选择，可能正与这一仕宦家庭信仰佛教有着密切的关系。因为墓志披露，卢氏"长女从桑门为尼，法名玄法"，他们无疑属于一个笃信佛教的家庭。这与以上文物史料揭示的这一地区盛行胡人风俗有着人文背景的一致性。

更为主要的是，这一石刻文物信息提示我们，洛都漕口如此之选址，实际反映了李唐王朝利用东都漕运的根本动机，除了有利于确保都城内部含嘉仓国库的粮食储备外，更出于利用这一夹河地带的水系网络，最为便捷地沟通城内濒临洛河两岸的北市、南市、西市三个国

---

[744]　王溥：《唐会要》卷八七《转运盐铁总叙》，中华书局，1955 年，页 1587。

[745]　报道见 2013 年 9 月 23 日《洛阳晚报》A4 版。

[746]　洛阳市文物工作队：《洛阳出土历代墓志辑绳》，中国社会科学出版社，1991 年，图版 663。

图二四〇
洛阳出土唐代崔涣墓志载其夫人卢氏元和三年（808 年）
"殡于偃师县漕口之北"

际贸易市场，以便最大限度地维持封建国家对这些跨地域贸易征收的财税收入。

在此前后的一段东都故实，充分显示出李唐国家为此而展开的城市运作。

当时洛北的"漕渠"，系"大业二年（606 年）土工监丞任洪则开，名通远渠。自宫城南承福门外分洛水，东至偃师入洛。又迮洛水湍浅之处，名'千步''陂渚'两碛。东至洛口，通大船入通远市"[747]。

时建春门北"仁风坊，有'南运渠'，自城东流，至外郭之东南隅。屈而北流，经永通、建春门外。又屈而西流，入城经此坊之南。又经从善坊南，分为二流，屈曲至临阛坊南而合。至南市北，有福先寺水碓。又北流，经延福、富教、训善坊之西入洛"[748]。

关于洛城围绕南市开发的"运渠""分渠"的记事，清人徐松曾有方位的复原[749]。由之人们可以看出洛都漕运与城内三座商业市场的地理关联。

"显庆二年（657 年）十二月十九日，洛州置北市，隶太府寺。"[750]

"天授三年（692 年）四月十六日，神都置西市，寻废。至长安四年（704 年）十一月二十二日，又置。至开元十三年（725 年）六月二十三日，又废。其口、马移入北市。"[751]

"天宝元年（742 年）二月，广东都天津桥、中桥，石脚两眼，以便水势。移斗门自承福（坊）东南，抵毓财坊南百步。"[752]

[747] 徐松辑、高敏点校：《河南志·隋城阙古迹》，中华书局，1994 年，页 116。

[748] 徐松辑、高敏点校：《河南志·唐城阙古迹》，中华书局，1994 年，页 142。

[749] 徐松辑、高敏点校：《河南志·唐城阙古迹》，中华书局，1994 年，页 142。

[750] 王溥：《唐会要》卷八六《市》，中华书局，1955 年，页 1581。

[751] 王溥：《唐会要》卷八六《市》，中华书局，1955 年，页 1581。

[752] 王溥：《唐会要》卷八六《桥梁》，中华书局，1955 年，页 1577。

  "八载（749 年）二月，先是东京商人李秀升，于南市北，架洛水造石桥，南北二百步，募人施财巨万计。自五年（746 年）创其始，至是而毕。"[753]

  "十载（751 年）十一月，河南尹裴回请税本府户钱。自龙门东山抵天津桥东，造石堰以御水势，从之。"[754]

  凡此种种横跨洛、伊二水城市津梁的构建，其中含有便利洛水两翼三个市场交通往来的用意，这与筑桥费用来自"东京商人李秀升"等个人捐施及"税本府户钱"有着直接的干系。这无疑透露出即便都城桥梁之改善，亦有突出、强化商业需要的意图。

  至于天授三年（692 年）、开元十三年（725 年）西市之两废，"其口、马移入北市"之措置，大抵由于西市偏居城内西南高敞地带漕运不便而使然，从中折射出东都市场运作与水运交通关系的密切。

  李唐国家既对东都漕运和市场构建给予如此的重视，那么我们就有必要通过对东都市场体系的回顾，看看那里究竟孕育着怎样的与当年胡人人文生计相关联的社会事态。

  "两京都市署，京师有东西两市，东都有南北两市。令一人，从六品上。丞各二人，正八品上。录事一人，府三人，史七人，典事三人，掌固一人。京、都市令掌百族交易之事。丞为之二。凡建标立候，陈肆辨物，以二物平市，谓秤以格，斗以槩。以三贾均市。贾有上、中、下之差。"[755]

  对于如此丰富多彩的乡土文物资料的出土，如果我们善于从"信息多元"的层面予以综合的剖析，那么我们无疑可以看到，随着大运河及伊洛漕渠的物质——尤其是江南丝绸——运载、吞吐的与日俱增，那么以兴生取利为目的的西域胡人，必将会以各种联结方式，跨越崇山天堑、万里荒漠远赴运河终端的洛阳，购买价位最便宜的丝绸产品。

  现在我们可以意识到，在大批的驼队进入洛阳城内的南北两市购买囤积丰仍的库藏丝帛的同时，洛阳城东伊洛河两岸的漕运码头，势必亦成为胡人贸丝捷足先登的商业前沿场所。洛阳漕河沿岸这种含有鲜明夷教背景的胡人聚落，说到底乃是以宗教联络的形式，集群的开

[753] 王溥：《唐会要》卷八六《桥梁》，中华书局，1955 年，页 1577。

[754] 王溥：《唐会要》卷八六《桥梁》，中华书局，1955 年，页 1578。

[755] 刘昫：《旧唐书》卷四三《职官志》三，中华书局，1975 年，页 1889。

发城外贸丝绸的"税前利率"[756]。

如此看来，一切来自于文献、考古遗存的集束性信息，无一不将我们寻踪历史真相的目光，锁定于东都漕运段落的人际因缘。

至此，我们不难明了，正是大运河渊源不断的南丝北运洛阳，以贩丝为生计的"兴生胡人"，才将他们的利益要点投放在唐都城外漕河沿岸——大运河核心段落——的"税前贸易（Tax-evasive Trade）"黄金地段。这与以善于经商称著世界的粟特民族"利之所在，无远弗届（For the sake of profit they reach any place, no matter the distance）"的人文取向，有着内在的一致性。

如果我们善于用行为人类学（Action Anthropology）的方法来审视一座历史文化名城的人间迹象，那么东都洛阳城东崇义乡、感德乡胡人聚落的形成，根本的历史路径正在于此，这是毋庸置疑的。

与文献上述胡人记事相表里，洛阳地区数以千万计的魏唐墓葬遗物中，见有数目不清的胡人形象和丝路美术的陶质雕塑。这些艺术作品以其形象鲜明、生动传神的情态定型，从视觉形象领域折射出当年中原一带胡人生计的信息传递、情趣宣泄，从而让我们从埋葬于地下的有形世界，感受到当年洛阳地区胡人生态的斑斓多姿、绘声绘色，进而为丝绸之路上演绎不辍的万般世象，提供一道带有世风纪实意义的人文风景。

在这些刻画有西域胡人东都生活情节的墓葬美术遗迹中，1981 年龙门东山北麓发掘的景龙三年（709 年）唐故陆胡州大首领安菩萨墓葬出土的一件唐三彩骆驼的美术造型引起了我们分外地注意。

这件光色绚丽的丝路典型骑乘驮畜，其双峰周围的鞍鞯，见有源自波斯美术的联珠纹边饰。而其上悬缀长颈执壶和双耳扁壶各一具，从而透视出浓郁的西域美术式样的艺术风格。骆驼两峰之间的皮囊上，有一体量硕大而面庞丰冗、双目暴突的"神兽形神像"（见前图一八一）。

形制类同的三彩骆驼，洛阳唐墓中另有众多的实例。

---

[756] 张乃翥、郑瑶峰：《文化人类学视域下伊洛河沿岸的唐代胡人部落——以龙门石窟新发现的景教瘗窟为缘起》（上），《石窟寺研究》第 5 辑，文物出版社，2014 年，页 154～174；同氏：《文化人类学视域下伊洛河沿岸的唐代胡人部落——以龙门石窟新发现的景教瘗窟为缘起》（下），《石窟寺研究》第 6 辑，科学出版社，2016 年，页 255～299。

次如前引 1963 年关林盛唐墓出土的一件三彩骆驼（见前图一三九）、1966 年关林盛唐墓出土的一件三彩载人骆驼（见前图一四〇）、1973 年关林车圪垱唐墓出土的一件嘶鸣骆驼及牵驼俑（见前图一四一）等，俱有上述丝路运输携带诸胡生计用品的美术载体。

学者们据唐人笔记"突厥事祆神，无祠庙，刻毡为形，盛于皮袋，行动之处，以脂苏涂之。或系之竿上，四时祀之"[757] 的记载，指出上述载有"神兽形神像"的美术样本，即为突厥化粟特移民所祭祆神的状模，它实际上从一个侧面反映了中原一带内徙粟特部落宗教生活的一个场面[758]。

正是这些粟特移民的居住及其信仰活动的需要，适此之间的长安、洛阳率有多处祆祠的出现[759]。而围绕着祆祠所在地段发生的富有西风胡韵的人文情节，则尤其传达出域外文明落植中原社会的精彩细节。

唐人张鷟《朝野佥载》记东都洛阳遗事有："河南府立德坊及南市西坊皆有胡祆神庙。每岁商胡祈福，烹猪羊，琵琶鼓笛，酹歌醉舞。酹神之后，募一胡为祆主，看者施钱并与之。其祆主取一横刀，利同霜雪，吹毛不过，以刀刺腹，刃出于背，仍乱扰肠肚流血。食顷，喷水咒之，平复如故。此盖西域之幻法也。"[760]

清徐松《两京城坊考》卷五，引宋敏求《河南志》记事亦谓：东都"会节坊，祆祠。""立德坊，胡祆祠。"[761]

西域移民携故国风俗于内地的情势，文人笔下亦有脍炙人口的描述。

王建《赛神曲》："男抱琵琶女作舞，主人再拜听神语。新妇上酒勿辞勤，使尔舅姑无所苦。椒浆湛湛桂座新，一双长箭系红巾。但愿牛羊满家宅，十月报赛南山神。青天无风水复碧，龙马上鞍牛服轭。纷纷醉舞踏衣裳，把酒路旁劝行客。"[762] 则绘声绘色再现了一幅胡人赛神

[757] 段成式：《酉阳杂俎》卷四《境异》，中华书局，1981 年，页 45。

[758] 洛阳三彩骆驼承载祆神图象及其有关问题，参见姜伯勤：《唐安菩墓所出三彩骆驼所见"盛于皮袋"的祆神》，《唐研究》第七卷，北京大学出版社，2001 年，页 55 ~ 70。

[759] 有关长安、洛阳两地祆祠宗教活动的细节，参见林悟殊：《波斯拜火教与古代中国》相关章节，（台北）新文丰出版公司，1995 年。

[760] 张鷟：《朝野佥载》卷三，中华书局，1979 年，页 64、65。

[761] 徐松：《两京城坊考》卷五，中华书局，1985 年，页 164、170。

[762] 《全唐诗》卷二九八，中华书局，1960 年，第 9 册，页 3377。

行酒的图画。

此已透露出当年洛阳地区社会人文行为的斑斓纷织、别样光彩！

有唐一代东来胡人的众多，导致唐朝政府效仿前朝设置胡人部落的专门管理制度。《新唐书》卷四六《百官志一》："两京及碛西诸州火祆，岁再祀，而禁民祈祭。"[763] 从中亦可看出封建国家对东来胡人沿袭故国风俗的重视。

洛阳地区域外胡人聚落的丛仍繁颗及故风依旧，可由五代中叶当地粟特大族石敬瑭一门盘根错节的内部联姻得到映射——葬于洛阳西郊石陵村的后晋皇帝石敬瑭，其曾祖母安氏、祖母米氏、母何氏、妃安氏，已从家族世第角度再三透露出中原胡人部落的充斥[764]。

面对胡人部落如此高昂的的生计需求，李唐王朝不失时机地对运河终端的漕运设施作出了一连串的更新改造。以此适应日益高涨的漕河两岸的丝绸贸易。

不仅如此，相对于出土文物及历史文献的披露，活跃于唐代诗坛的一组文人歌咏，则对洛阳"漕渠"功能和地位的"诗话景致"有着更具传情色彩的描写，从而映照出当年洛阳社会各界对这一水文沃土的生存依赖和情感关注。

苏颋《杂曲歌辞·长相思》："君不见天津桥下东流水，东（应为"南"）望龙门北朝市。杨柳青青宛地垂，桃红李白花参差。花参差，柳堪结，此时忆君心断绝。"[765]

孙逖《进船泛洛水应制》："禁园纡睿览，仙棹叶时游。洛北风花树，江南彩画舟。芳生兰蕙草，春入凤凰楼。兴尽离宫暮，烟光起夕流。"[766]

储光羲《洛潭送人觐省》："清洛带芝田，东流入大川。舟轻水复急，别望杳如仙。细草生春岸，明霞散早天。送君唯一曲，当是白华篇。"[767]

同人《洛中送人还江东》："洛城春雨霁，相送下江乡。树绿天津道，山明伊水阳。孤

[763] 欧阳修、宋祁：《新唐书》卷四六《百官志》，中华书局，1975 年，页 1195。

[764] 参见芮传明：《五代时期中原地区粟特人活动探讨》，《史林》1992 年第 3 期，页 9；徐庭云：《沙陀与昭武九姓》，《庆祝王仲翰先生八十寿辰学术论文集》，辽宁大学出版社，1993 年，页 335～346；注引荣新江：《敦煌归义军曹氏统治者为粟特后裔说》，《中古中国与外来文明》，生活读书·新知三联书店，2001 年，页 267。

[765] 《全唐诗》卷二五，中华书局，1960 年，第 2 册，页 340。

[766] 《全唐诗》卷一一八，中华书局，1960 年，第 4 册，页 1188、1189。

[767] 《全唐诗》卷一三九，中华书局，1960 年，第 4 册，页 1414。

舟从此去，客思一何长。直望清波里，唯余落日光。"[768]

韩翃《东城水亭宴李侍御副使》："东门留客处，沽酒用钱刀。秋水床下急，斜晖林外高。金羁络腰袅，玉匣闭豪曹。去日随戎幕，东风见伯劳。"[769]

刘复《出东城》："步出东城门，独行已彷徨。伊洛泛清流，密林含朝阳。芳景虽可瞩，忧怀在中肠。人生几何时，苒苒随流光。愿得心所亲，尊酒坐高堂。一为浮沉隔，会合殊未央。双戏水中凫，和鸣自翱翔。我无此羽翼，安可以比方。"[770]

刘禹锡《酬李相公喜归乡国自巩县夜泛洛水见寄》："巩树烟月上，清光含碧流。且无三已色，犹泛五湖舟。鹏息风还起，凤归林正秋。虽攀小山桂，此地不淹留。"[771]

同人《尉迟郎中见示，自南迁牵复，却至洛城东旧居之作，因以和之》："曾遭飞语十年谪，新受恩光万里还；朝服不妨游洛浦，郊园依旧看嵩山；竹含天籁清商乐，水绕庭台碧玉环；留作功成退身地，如今只是暂时闲。"[772] 则从诗文角度展示出唐人自巩县溯水漕河直达洛都东郊的史实。

孟郊《旅次洛城东水亭》："水竹色相洗，碧花动轩楹；自然逍遥风，荡涤浮竞情；霜落叶声燥，景寒人语清；我来招隐亭，衣上尘暂轻。"[773]

杜牧《中秋日拜起居表晨渡天津桥即事十六韵，献居守相国崔公兼呈工部刘公》："碧树康庄内，清川巩洛间。坛分中岳顶，城缭大河湾；广殿含凉静，深宫积翠闲；楼齐云漠漠，桥束水潺潺；过雨栝枝润，迎霜柿叶殷；紫鳞冲晚浪，白鸟背秋山；月拜西归表，晨趋北向班；鸳鸿随半仗，貔虎护重关；玉帐才容足，金樽暂解颜；迹留伤堕屦，恩在乐衔环；南省兰先握，东堂桂早攀；龙门君天矫，莺谷我绵蛮。"[774]

许棠《早发洛中》："半夜发清洛，不知过石桥。云增中岳大，树隐上阳遥。堑黑初沉月，

[768] 《全唐诗》卷一三九，中华书局，1960 年，第 4 册，页 1413。

[769] 《全唐诗》卷二四四，中华书局，1960 年，第 8 册，页 2744、2745。

[770] 《全唐诗》卷三〇五，中华书局，1960 年，第 10 册，页 3468。

[771] 《全唐诗》卷三五八，中华书局，1960 年，第 11 册，页 4040。

[772] 《全唐诗》卷三五九，中华书局，1960 年，第 11 册，页 4054。

[773] 《全唐诗》卷三七六，中华书局，1960 年，第 11 册，页 4219。

[774] 《全唐诗》卷五二六，中华书局，1960 年，第 16 册，页 6026、6027。

河明欲认潮。孤村人尚梦，无处暂停桡。"[775]

《唐会要》及许氏诗中"石桥"之云云，恰有乡土地理遗存的印证——今洛阳、偃师交界的夹河地带，距佃庄乡西北 3.2 公里的洛河南岸，仍有名为"石桥"的村聚。这无疑正是当年唐人频繁穿行的"石桥"遗踪了（图二四一）。

除此之外，唐人穆员有关洛水新修"斗门"的叙事，还让人们对东都水利重大项目的历史演革有了具体的认识。其《新修漕河石斗门记》有谓：

图二四一
洛阳、偃师交界地带洛河南岸至今仍有名为"石桥"的村聚
（村北东望）

"分洛为漕，斗门在都城东南中桥之右。旧制喉不深，口不束，其流随之。水斯溢，旱斯涸。东有斜堰，俾其来往。终岁不修辄坏，修则水积高而迤南北。北伤则洛亘邙趾，南伤则鱼游井鄽，不修则漕复于陆。且其地与岸，皆填薪焉。不在闰，不一易，每岁缮塞斜堰。洎南北堤桥之费，相与盈万。其斗门之功不计，盖其弊者也。

安平公治三川之暇，顾念于此之疾未去，且曰：'水之性，导无不顺，壅无不害。善为水者，惟其所趣。使若自然，其要在于不与之竞而已。是用浚斗门之下，以量其入。庳斜堰之上，以归其余。庶乎饶不为增，伤不为减。盈万之费，岁收于公。而通海之波、率土之运，东西交骛，合朝宗之义焉。

中桥之旁有古堰，废石沉于泥沙。公乃发而转之，以代填薪之制，省于自他山而致者盖百之一。犹惧刚之不胜柔，岸化于水。乃授规矩，俾之追琢。如斧斯锐，以分其冲；如月斯仰，以折其势。积石山斗，中流汤汤；南临凿龙，永代无愧。上济行迈，是为通桥。岁三月兴作，四月毕事。人不见始而觇其终。埒其功用，不足于常岁之数。而不朽之利，与皇都洛水垂之无穷焉。呜呼，物之至柔者水，不得其理，甚者怀山襄陵，其次决堤防、隳城邑。夫惟不争

[775] 《全唐诗》卷六〇三，中华书局，1960 年，第 18 册，页 6963。

之力，然后胜之，天下之理一理也。制天下之至强者，其唯不争乎?

于水也见公之政，于政也见公之德。异日观《易》《简》久大之业，此非其一隅哉? 公以为成公之志者，实肄其勤，命以名氏刻于岸石。仍俾末吏，谨而书之。贞元四年（788 年）四月丁亥日记。"[776]

按一般水运知识的理解，古人所谓"斗门"者，实即漕河水域节制上下轴舻的"船闸"是也。由此可见，正是洛东漕运的繁忙，所以至少自天宝元年至贞元四年（742 ~ 788 年）洛水亘有"斗门"的反复设置与修缮。

不仅如此，乡土调研及田野勘察得知，洛都城东伊洛河沿岸，其节制漕水的更有石砌大坝的存在。与洛水上述"石桥"相掩映，时至今日南距佃庄村 2.4 公里的伊河南、北两岸，仍有"石坝"村落的存在（地图见前）——洛阳村落地名的沿革，从一个侧面印证了历史遗产不辍千年的人文联系。这由当地齐村考古发掘获得的葬于"齐村"的唐人陈鼎墓志的记事，可以看出由唐至今乡土文化遗存绵延千载的历史韵致。

由此可见，"洛潭""水亭""漕口""斗门""石桥""石坝"在伊洛河夹河地带的出现，实际折射了洛都东郊漕河水运的繁荣。而唐人诗文有关洛城漕河交通的此等叙事，无疑从文学视域透露出当年这一水文系统与洛都各界人文生活的密切。

伊洛河水系既然承载者东都漕运的功能，那么毫无疑问，以沟通洛阳与江南桑丝产地为职能之一的隋唐运河及其枢纽地带，亦必为东都兴生胡人所依重。洛城东郊"感德乡""崇义乡"胡人部落的生成与行政区划的设定，正与这一丝路贸易的交通构成——伊洛河漕运码头的地理分布——有着内在的关联。

这是因为，相对于洛阳城内的南市、西市与北市来说，地居城东而衔接运河的漕运码头一带，丝帛贸易将享有"市前交易"的更多的利润空间。而这种带有实质经济意义的社会资源的分配率，才是洛阳城东胡人聚落赖以形成的根本原因。

---

[776] 《全唐文》卷七八三，中华书局，1983 年，页 8183、8184。

（七）文化遗产中的人事回顾：洛阳出土历代胡人史料集锦

图二四二
洛阳邙山出土西晋初年安国粟特
人安文明妻月氏人支伯姬砖志

1. 西晋初年安国粟特人安文明妻月氏人支伯姬砖志

永康元年（300 年）二月廿一日

2003 年冬，文物部门在洛阳偃师县西侧首阳山南麓发掘了一座永康元年（300 年）的西晋墓，编号为 2003YHDM37。墓中出土陶俑、陶房、陶磨、陶碗、陶碓、陶牛、陶鸡、陶狗、陶车轮、陶空柱盘、陶灯、陶盾及铜质饰件等诸多陪葬明器外，另有左长 30.5、右长 27、宽 20.5、厚 7.3 厘米的弧形墓铭砖一件，砖内镌刻"永康元年二月廿一日，安文明妻支伯姬丧"的铭文一通（图二四二）[777]。

2. 丘穆陵亮夫人于阗王族裔女尉迟氏龙门石窟古阳洞造像记　太和十九年（495 年）十一月

"太和十九年（495 年）十一月，使持节、司空公、长乐王丘穆陵亮夫人尉迟，为亡息牛橛请工镂石，造此弥勒像一区。愿牛橛舍于分段之乡，腾游无碍之境。若存托生，生于天上诸佛之所；若生世界，妙乐自在之处。若有苦累，即令解脱。三涂恶道，永绝因趣。一切众生，咸蒙斯福"（见前图一一四）。

3. 车师前部王车伯生息妻鄯善王族鄯月光墓志　　　正始二年（505 年）十一月廿七日

"大魏正始二年（505 年）岁次乙酉十一月戊辰朔廿七日甲午，前部王故车伯生息妻鄯月光墓铭"（见前图七九）。

4. 北魏安定王元燮为女夫闾散骑故入法敬造观世音像题记　　　　　　永平四年（511 年）

龙门石窟古阳洞北壁列龛中，有永平四年（511 年）安定王元燮造像一龛。该龛下层底座刊刻供养人行列之西侧，有造像题记文曰：

"安定王为女夫闾散骑故入法敬造观世音像二躯，圣教□津，真相景发，妙极天华，

[777]　图版采自洛阳市第二文物工作队、偃师商城博物馆：《河南偃师西晋支伯姬墓发掘简报》，《文物》2009 年第 3 期，页 36～40。

含生仰化。愿使间散骑缘此入法之功，当令永离尘躯，即真无碍，开明玄门，常为龙华唱首。又愿缘眷万善归佑，吉利征集，一切群生，咸同兹愿"（见前图一一六）。

题记所见的"间散骑"者，应是北魏定都洛阳时代柔然王族郁久闾氏受封于拓拔王朝的贵族。其与安定王一门的联姻，反映了中原王朝对柔怀北方民族上层人士的重视。这是北朝晚期黄河流域时常出现的政治问题，反映出草原丝绸之路人际互动的时态。

5. 鄯善王宠之孙鄯乾墓志　　　　　　　　　　延昌元年（512年）八月廿六日

　　"君讳乾，司州河南洛阳洛滨里人也。侍中镇西将军鄯善王宠之孙，平西将军青、平、凉三州刺史鄯善王临泽怀侯视之长子。考以去真君六年（445年）归国，自祖已上，世君西夏。君初宦以王孙之望，起家为员外散骑侍郎，入领左右辅国将军、城门校尉。出为征虏将军、安定内史。春秋卅四，以永平五年（512年）岁次壬辰正月四日薨。蒙赠征虏将军、河州刺史，谥日定……延昌元年（512年）八月廿六日，卜营丘兆于洛北邙而窆焉"（见前图八〇）。

6. 故太尉公穆妻尉太妃墓志铭　　　　　　　　神龟三年（520年）六月三十日

　　"太妃河南洛阳人也……祖侍中、散骑常侍、建义将军、四部尚书、西阳公，建明略于皇家，有大功于帝室。父博陵府君，聿遵前功，克绍鸿构。太妃纂累代之英模，体弈世之熏烈，志业通华，机识端爽，义光九族，礼穆二门，道训柔嘉，德容温谧，严同夏景，仁协春辉……春秋六十六，神龟二年（520年）十一月十日薨于洛阳之安贵里第。大魏神龟三年（520年）岁次庚子六月癸卯朔卅日壬申附葬于景山之旧茔。乃作铭曰……贞规独秀，秉心塞渊；玉明琨岫，珠曜随川……"（见前图一一五）。

7. 北魏外戚于氏为女安乐郡君下嫁西域贵种耶奢难陀氏造释迦像题记

　　　　　　　　　　　　　　　　　　　　　正光四年（523年）正月廿六日

龙门石窟古阳洞北壁西段之下层，有元魏外戚于氏造像记文曰：

　　"比丘尼法隆感庆往因，得育天威。故竭单诚，为女安乐郡君于氏嫁耶奢难陀，造释迦像一区。愿女体妊多康，众恼永息，天算延纪，亡灵加助。正光四年（523年）正月廿六日"（见前图一一七）。

按此法隆息女安乐郡君于氏，应即北魏宣武皇帝后族于姓的千金，其所远嫁他乡的夫主

"耶奢难陀"其人，或即魏时西域白山部族中"野咥"一姓的贵族。这一婚姻事实的再现，应与郁久闾王室联姻元氏有着相同的背景[778]。

8. 洛阳邙山出土翟突娑墓志　　　　　　　　　　　　　　大业十一年（615年）正月十八日

"君讳突娑，字薄贺比多，并州太原人也。父娑，摩诃大萨宝，薄贺比多。日月以见勋效，右改宣惠尉。不出其年，右可除奋武尉，拟通守。祖，晋上卿之苗裔。翟雄，汉献帝尚书令、司徒公，文海之胤禀。公姓元于灵绪，诞山岳之英精。擢泽崇峰，（似失一字）含溺珠。怀六（或失一"艺"字）于龆年，着芳风于早日。蕴性文苑，悬今绝古。凝然澹泊，怖用逸于放郊；（似失一字）志翱翔，腾九宵以舒翰。重忧，哀毁泣血。王沉之操，神爽了俊；雅德高奇，如金如玉。宝璧摧衰，移风易俗。兰叶枯枝，改变霜凝。春秋七十，大业十一年（615年）岁次乙亥正月十八日疾寝，卒于河南郡雒阳县崇业乡嘉善里。葬在芒山北之翟村东南一里……"（图二四三）

9. 洛阳邙山出土突厥彻墓志　　　　　　　　　　　　　　大业十二年（616年）三月十日

该墓志拓本广37、阔38厘米，内中楷书志文15行，行满15字。今据行文次第迻录如下：

君讳彻，字姑注，塞北突厥人也。｜侠侲之苗胄，波斯之别族。祖各志，任阿｜临河上开府。父若多志，摩何仪通。身早｜逢迷晓，皈慕大隋。勤奋赤诚，恒常供奉，｜任右屯卫通议大夫。其人乃威神雄猛，｜性爱武文。接事长幼，恒不失节。至于弓｜马兴用，玄空走步，追生勿过三五。乃于｜丙子之年，丁亥之朔，丁亥之日，忽然丧｜没，埋在东都诚北老子之乡大翟村东｜三百余步。东临古汉，西至缠（澶）原，北憩邙｜山，南瞻洛邑。能使亲知躃踊，眷属烦惋，｜五内崩催，莫不悲噎。呜呼哀哉，乃为铭｜曰：

曾为塞土，早愃风门；忽然一谢，永｜绝长分；生爱弓马，性念追空；一朝丧｜没，永去无公。｜

大业十二年（616年）三月十日（图二四四）。

10. 洛阳邙山出土康大农墓铭　　　　　　　　　　　　　　贞观廿一年（647年）九月一日

---

[778]　龙门所见"间散骑"及"耶奢难陀"题记的探讨，参见张乃翥：《从龙门石窟造像遗迹看北魏民族关系中的几个问题》，《民族研究》1989年第2期，页32～40。

图二四三
洛阳邙山出土大业十一年（615年）翟突娑墓志

图二四四
洛阳邙山出土大业十二年（616年）突厥彻墓志

"君讳婆，字季大，博陵人也。本康国王之裔也。高祖罗，以魏孝文世举国内附，朝于洛阳，因而家焉，故为洛阳人也。祖陀，齐相府常侍。父和，隋定州萨宝，又迁奉御。并英风秀出，器局沉明。率下有方，事君以礼。虽日碑归汉、由余适秦无以仰则忠贞、永伴荣观。君少而英敏，气概不群；身长九尺，风骨疎朗；墙宇标峻，望之俨然；禀纵多能，博通才艺；逍遥自得，不干荣位。既而世袭衣缨，生资丰渥，家僮百数，藏镪巨万。招延宾邻，门多轩盖。锦衣珠服，入必珍羞。击钟鼎食，出便联骑。

自山河东北，关洛西南，莫不钦揖高风，藉甚声问。群公朝士，七贵五侯，竞陈书敝，托款袊素。武德（618～626年）中，左仆射裴寂揖君名义，请署大农。君感知己之姿，衔十顾之重，乃降情屈心，俦而从之。既而来往许氏之庐，出入金张之馆，虽复一行作吏，而未废平生之欢。自裴侯下世，君亦辞位。高蹈闲居，养志而已。四运不居，百年荏苒。不图不虑，大渐弥缠。以贞观廿一年（647年）八月十四日终于洛阳之私第，春秋七十有五。即以其年□月一日，迁葬于北邙山之南

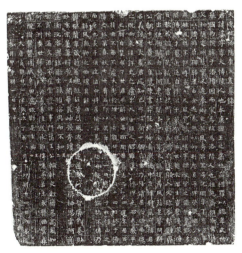

图二四五
洛阳邙山出土贞观廿一年（647年）康婆墓铭

原也。长子须达，泣血待晨，偷存晷□；恐舟壑移改，铭志不传，乃追录风徽，勒之幽壤。其辞曰……"（图二四五）

11. 唐故上开府上大将军安府君（延）墓志铭并序 　　　　　　永徽四年（653年）四月廿八日

"君讳延，字贵萨，河西武威人也。灵源浚沼，浪发昆峰；茂林森蔚，华敷积石。跃银鞍而得俦，飞白羽而称雄。故得冠冕耆豪，因家洛俟。祖真健，后周大都督。父比失，隋上仪同平南将军。并睿哲早闻，雄豪凤著，高列将名，冠通侯君。连蹑茂族，疏干华宗。挺特幼彰，仁孝天性。不畴弓矢，百中之妙逸群；无意诗书，四始之义宏达。及皇运伊始，宣力义旗。授上开府上大将军。振迹五营，功逾四校。虽奉诚以著，名未上闻。何悕中曦，奄然落照。以贞观十六年（642年）七月廿日终于私第，春秋八十四。夫人刘氏，望高西楚，作妇东周。嫔德既彰，母仪斯则。桃源尚远，俄见迁舟。以永徽四年（653年）四月七日终于弘敬里私第，春秋八十三。以其月廿八日合窆于北邙之阳，礼也。晓撤樽俎，凤驾灵辒。盖飘飘兮北上，魂悒悒兮南移。刊德音于玄石，庶弥久而无遗。

词曰：

望重玉关，族高昆岳；俊哲齐颖，英髦挺悫；连芳茂族，分蕚华宗；仁标早岁，孝积唯童；立志乡闾，功流秘阁；兰菊传芳，光景西落；碧雾起兮昏泉户，清风吟兮悲白杨；去昭昭之华屋，处寂寞之玄堂"（图二四六）。

12. 大唐故处士何君（盛）墓志 　　　　　　永徽四年（653年）八月廿三日

"君讳盛，字多子，洛阳人也，其先出自大夏之后。物产珍奇，邑居填衍。自张骞仗节而往，班超旋旆以来，命氏开家，衣冠礼袟，备诸国史，可略言焉。祖德，齐仪同三司。朝野具瞻，人伦楷式。父那，北道和国大使。文武是资，维恩允著。君承芳祖武，禀灵载诞，代表英奇，人推雅量。慕梁竦之高风，屡辞州县；仰郭泰之徽烈，接诱乡闾。道著上庠，德光左塾。冀凭积善，永保期颐。沉痼日侵，药石无验。永徽四年（653年）岁次癸丑七月十九日终于里第，春秋八十。即以其年八月庚辰朔廿三日壬寅，葬于邙山韦村北一里之半，礼也。君自幼及长，资仁履孝。乡闾表其素德，朋友归其忠恕。不侥幸以求荣，岂忤物而私己。大限有期，奄然长往，呜呼哀哉。然恐居诸代运，陵谷倾移。故题方石，记之泉户。乃为铭曰……"（图二四七）

图二四六
洛阳邙山出土永徽四年（653 年）安延墓志铭并序

图二四七
洛阳邙山出土永徽四年（653 年）何盛墓志

13. 唐故陪戎校尉康君（子相）墓志　　　　　　显庆二年（657 年）三月十四日

"唐故陪戎校尉康君（子相）墓志

君讳子相，河南洛阳人也。其先出自康居，仕于后魏。为颉利发陪从孝文，粤自恒安，入都瀍洛。积德重胤，著于州闾。祖翻，以累叶魏臣，耻于齐霸。既遇周师入洛，拥众先降，蒙授上仪同左骁卫中郎将。昔由余如秦，名传简册；日磾归汉，誉重搢绅。望古为曹，异时同绩。父清，隋左勋卫、晋王府屈哇真。以旧左右，加建节尉守屯卫鹰扬郎将。忠勤奉主，谨蔼见称。趁侍蕃胡，执参驷之羁勒。攀援栏陛，作钩陈之爪牙。

君生于诚孝之门，幼闻仁义之训。居身廉慎，口无择言。立性淳和，不欺暗室。交游以信，事长以恭。武德五年（622 年），直秦王府监司牧围，劳力忘食。督察工徒，竭心无懈。太宗抚运，乃加忧奖，以旧左右，□赐荣班。贞观十年（636 年），敕授陪戎校尉，任连七萃，职典五营。外立戊己之功，内恣步兵之赏。年登让秩，归老旧庐。早则资舟，方在陶之润屋；智而好殖，同赐也之驱驷。纵金乡壤，万柳鸠□之帷；撤瑟丘园，巫轸陈驹之悼。以显庆二年（657 年）二月十八日，卒于洛州洛阳县之嘉善坊，春秋六十六。粤以其年三月十有四日壬寅，窆于河南县之平乐乡。东望首阳，恻夷叔之荒垄；北瞻邙阜，切田客之哀梡。

有子文朗，蒙遗一经，升袟植劳，佐□□里，寒泉伤骨，□结终身。敬撰德徽，乃为铭曰：

图二四八
洛阳邙山出土显庆二年（657年）康子相墓志

累勤成务，积行为基；处乡称善，归塾登师；道存鬼谷，年洎耄眉；均鲜在濑，若石游邳；泛泛不羁，营营自厚；世随川阅，丘从地久；风荡松帷，云沉垄首；反真冥昧，芳尘不朽。

金紫光禄大夫礼部尚书弘文馆学士上柱国高阳县开国男许敬宗制文"（图二四八）。

作为康居入附华夏的粟特贵族，康子相的墓志纪事，直接载明这些西域蕃胡远在北魏建都平城时代，即已与拓跋王朝开展了人文往来。自恒安转徙于瀍洛，无疑与这一东来胡部援附北魏帝国的政治意识有所关联。这从康氏一门魏、周、隋、唐四朝的居官任职可以得到证明。此外，值得学界留意的是，这些来臻华夏的诸胡士人，曾经异口同声地宣称"洛阳人也"的认籍表白，至少说明在中古时期的胡人心目中，他们已经有了东方民族大家庭的归属感——丝绸之路不唯是一条经济交往的纽带，更是沿线相关聚居民族精神沟通和认同的一款深入心脾的理念之结。

14. 大唐故处士安君（静）墓志铭并序　　　　　　　显庆二年（658年）十二月十九日

"君讳静，字处冲，河南洛阳人也。昔夏后承天，派隆基于朔北；魏皇统历，胤华胄于周南。或济俗康朝，功参微管；或鸿名盛德，才同王佐。父宗，令望标暎，一时忠规素范，腾芬□代。岂止金门七叶，杨氏五公而已哉。祖巘，齐河阳镇将，□高□下，气凌云甸。父远，隋文林郎。模楷人伦，师表雅俗。□清神内澈，如抱夜光；机爽外融，若悬朝镜。志轻轩冕，烟霞之趣弥高；性狎泉林，簪绂之情遂远。恒然神王，难得亲疎；寂矣忘骸，不关贵贱。镜浮生之递促，植来果于福田。鉴大夜之遐长，祛往缘于欲界。深该六度，妙蕴四禅。岂期佑善无征，辅仁乖验。金箱玉质，与春露而先危；蓝顿芝枯，等秋叶而俱尽。粤以显庆二年（658年）十一月廿二日遘疾卒于私第，春秋六十有二。即以其年十二月十九日葬于北邙平乐乡安善里，礼也。长子行旻等，想风树而增欷，抚

寒泉以痛心。惧陵谷之有迁，纪芳猷于豊
石。呜呼哀哉！乃为铭曰：

　　巍巍茂族，赫赫昌源；如珠耀浦，类
玉晖昆；六奇秘策，七叶高门；公侯递暎，
朱绂华轩；其一。盛矣征君，邈哉处士；
礼润初□，义资终始；晦迹清丘，齐衡黄
绮；慎斯三惑，成兹四美；其二。寂寥蒲海，
迢遭葱河；始欣中日，还伤逝波；雾萦丹
旐，风传薤歌。莹临月镜，邃掩云罗；其三。
三千尚遥，百龄俄毕；几悲冬夜，频嗟夏日；
掩彩少微，潜形幽室；勒铭泉壤，式昭贞质。
　　显庆二年（658年）十二月十九日处
士安君墓志铭”（图二四九）。

图二四九
洛阳邙山出土显庆二年（658年）十二月十九日
安静墓志

　　由墓志字里行间的叙事，可知安氏生前在信仰方面有着浓郁的佛教意识。这是中古时期
粟特部落内常有的现象。

15. 大唐故陪戎副尉安君（度）墓志铭　　　　　　　　显庆四年（659年）十一月七日

　　“君讳度，字善通，长沙人也。其先奕叶相承，根扶疏而不朽；洪源远派，等松竹
而长荣。祖陀，齐任滁州青林府鹰击郎将。父定，隋任河阳郡镇将。并志操凝远，心神
迥邈。抚临兵众，恩等春阳。君龆年早惠，凤着嘉声。玉润优游，逍遥自得。珪璋间发，
挺思云松。君往以太原□义之功，帝授陪戎之职。遂豚迹闾里，不仕王侯。孝敬于家，
恭己无犯。悠悠养志，嗟时逝而不停；屑屑终晨，叹隙驹而易往。以显庆四年（659年）
岁次己未闰十月甲戌朔寝疾卒于敦厚之第，春秋七十有八。即以其年十一月癸卯朔七日
己酉，葬于洛阳城北邙山之阳，礼也。既而神香遥远，空传西域之名；琼草难求，唯闻
蔓倩之说。奄然零落，可不悲哉！将恐海变陵移，懋迁时逝，故题玄石，勒铭云尔。其
词曰：

　　郁郁长松，昂昂直上；莲峰拂桂，昭□独往；悲缠里闬，乡闾遐想；哀哉兴感，儵
无髣像；如彼素月，开霞独朗”（图二五〇）。

图二五〇
洛阳邙山出土显庆四年（659年）安度墓志

图二五一
洛阳邙山出土龙朔元年（661年）三月十一日史行简墓志

16. 《大唐故汴州尉氏县主簿史君（行简）墓志》　　　　龙朔元年（661年）三月十一日

"君讳行简，字居敬，魏州冠氏县凤栖乡大同里人也。家承积庆，疏德水以开源；代袭簪组，资岳灵而诞秀。英猷递发，冠盖仁其风仪；人物相晖，雅俗由其标指。载嗣其德，不陨其名。爰逮于公，弥隆其誉。君丹山迅羽，渥水腾驹，识量疏通，机神爽茂。壮思泉涌，掞藻若□。翰动霞浮，非假若烟之气；文成绮焕，自针女工之彩。博晓绵藉（籍），尤精草隶。弱冠举孝廉，解褐授文林郎，迁汴州尉氏县主簿。居官请约，徽誉载弘；莅事宽平，嘉声逾远，庶云兴尺表，竦腾虹于碧雾；风生蘋末，理鹏翰于丹宵。而细柳光驰，虞泉易谢，秀而不实，碎此贞坚。遘疾，以显庆五年（660年）四月卅日，卒于官第，春秋卅有六。粤以六年（661年）岁次辛酉三月景申朔改为龙朔元年（661年）。十一日景午，迁窆于河南县平乐乡北邙之山，礼也。南临清洛，穷地轴以疏流；北带崇邙，耸烟霞以列嶒。松风晓劲，将楚挽以俱酸；笳声夕引，与哀猿而并思。弟行珍，恸桓山之永诀，悲棠荑于泉扃。扪素心而沥胆，仰苍天以掩泣。徒结思于陟岗，恨驰晖之递臧。乃勒铭于兹篆，□贞规以碣立。其词曰：

箭水开源，九里疏润；云峰秀极，千寻标峻；德劭往初，庆锺来胤；黄陂万顷，孔墙数仞；可畏后生，器符先进；其一。

鸿陆斯渐，骥跱余足；阅水难留，劳生易促；霜夺晨秀，风飘夜烛；背伊阙以位俩，指邙山而踯躅；信天伦其靡诉，虽百身而何赎；聊纪德□泉扃，庶遗芳而可录"（图二五一）。

17. 《唐故游击将军左领军丰仪府果毅都尉何君（光）墓志铭并序》

龙朔元年（661 年）十一月十八日

"公讳光，字昭德，陈郡庐江人也。层澜浚发，架蓬墟而委态；华基远构，掩形岑而戴极。若乃龙翰凤鹓之美，金璋珪绪之盛。故以飞英宝篆，绚彩瑶编。可略而阙也。曾祖雅，梁婺州刺史。祖亮，陈豫章太守。或业优该综，指芸阁以驰芳；或道穆循良，临筱区而擢秀。父嗣，江都郡郡守。□姿孔室，标琏器以疑规；述职淮南，叶江灵而演映。君懿宇严秘，仰云构而齐深；冲量凝明，湛霜浮而均净。扫室弘议，纵横之气已高；投笔兴怀，漂姚之功可立。弦开月影，褫朱雁于旻空；剑挺星华，矫素猨于风路。而天营地切，羽林寄重。爰以良家，遂参英选。起家为亲卫，又转亲卫校尉，从班例也。肃影宸轩，驰襟宵极。岁序遄积，诚勤克著。至贞观二十一年（647 年）月，诏授将军丰仪府果毅都尉。宠章逾盛，荣望斯隆。有光威武之重，实允扞城之寄。方谓庆蔼延祉，耀金吾以擅荣；而灵景驰阴，徒铜仪而莫驻，遂使狼精辍映，龙韬晦色。指滕城而独远，蹈丰京而不归，悲夫！以龙朔元年（661 年）九月二日卒于里第，春秋七十。嗣子护军元廓，永惟终养，仰风枝而未静；载想趋间，践霜庭以增恸。而龟谋已叶，鹤隧行封。爰以龙朔元年（661 年）十一月十八日安厝于邙原，礼也……"（图二五二）。

图二五二
洛阳邙山出土龙朔元年（661 年）何光墓志

18. 唐故蜀王府队正安君（师）墓志铭

龙朔三年（663 年）九月廿日

"原夫玉关之右，金城之外，逾狼望而北走，越龙堆而西指。随水引弓之人，着土脾刀之域，俱立君长，并建王侯。控赏罚之权，执杀生之柄。天孙出降，侍子入朝。日碑隆于汉辰，由余重于秦代。求之往古，备在缣缃。君讳师，字文则，河南洛阳人也。十六代祖，西华国君。东汉永平（58～75 年）中，遣子仰入侍，求为属国。乃以仰为

图二五三
洛阳邙山出土龙朔三年（663年）安师墓志

并州刺史，因家洛阳焉。曾祖哲，齐任武贲郎将。祖仁，隋任右武卫鹰扬。父犳，隋任骁果校尉。并勇冠褰旗，力逾扛鼎。至如逢蒙射法，越女剑端，咸竦削树之奇，塞井飞灰之术，莫不得自天性，闇合囊篇。君克嗣家声，仰隆堂构。编名蜀府，誉重成都。文武兼资，名行双美。以斯厚德，宜享大年。彼苍不仁，殲良奄及。以显庆二年（657年）正月十日构（遘）疾终于洛阳之嘉善里，春秋五十有七。夫人康氏，隋三川府鹰扬姓周都督康府君之女。兆谐鸣凤，作合游龙。是日潘杨，有符秦晋刚柔之际，譬彼松萝婉嬺之欢。同兹琴瑟，爰诞令胤。并擅声芳，游艺依仁。登朝入仕，皆有徙里之训，咸资断织之恩。以龙朔三年（663年）八月廿一日终于洛阳之嘉善里第，春秋五十有四。即以其年九月廿日，合葬于北邙之阪。呜呼哀哉！永言人事，悲凉天道。小年随朝露共尽，大夜与厚地俱深。著嫔风于冥漠，纪懿范于沈阴。譬银河之不晦，同璧月而长临。其词曰：

日磾仕汉，由余宦秦；美哉祖德，望古为邻；笃生懿范，道润松筠；爰有华族，来仪作嫔；四德无爽，六行纷纶；诞兹令胤，时乃日新；奄捐朱景，递委黄尘；泉扃一闭，春非我春。

龙朔三年（663年）岁次癸亥九月辛亥朔廿日庚午制"（图二五三）。

19. 唐故上骑都尉康君（达）墓志铭并序　　　　　总章二年（669年）七月八日

"□夫玉关之右，金城之外，逾狼望□□走，越龙堆而□□。随水引弓□□□□□刀之城□□君长，并建王□（侯），控赏罚□权，执杀生之柄，天孙外□，□子入朝。日磾□于汉辰，由余重于秦代。求之往古，备在缣绁。君讳达，字文则，河南伊阙人也。十六代祖，西华国君。东汉永平（58～75年）中，遣子仰入侍，求为属国。乃以仰为并州刺史，因家洛□（阳）焉。曾祖勋，齐任上柱国。祖达，齐任雁门郡上仪同。父洛，隋任许州通远府鹰击郎将。并勇冠褰旗，力逾扛鼎。至如逢蒙射法，越女剑端，咸竦削树之奇，塞井飞灰之术，莫不得自天性，闇合囊篇。君克嗣嘉声，仰隆堂构。编名勋校，举重

成都。文武兼资，名行双美。以斯厚德，
宜享大年。彼苍不仁，殲良奄及。以总
章二年（669年）六月廿一日，遘疾一旬，
终于河南思顺里之第，春秋六十有二。
即以其年七月八日葬于北邙之阪。呜呼
哀哉！永言人事，悲凉天道。小年随朝
露共尽，大夜与厚地俱深。着嫔风于冥漠，
纪懿范于沈阴。譬银河之不晦，同璧月
而长临。其词曰：

日碑仕汉，由余宦秦；□（美）
哉祖德，望古为邻；笃生懿范，道润
松筠；爰有华族，来仪作嫔；四德无爽，

图二五四
洛阳邙山出土总章二年（669年）康达墓志

六行纷纶；诞兹令胤，时乃日新；奄捐朱景，递委黄尘；泉扃一闭，春非我春"（图
二五四）。

安师墓志与康达墓志相隔六年而刊刻，然其文言措辞乃有频频若尔的雷同。按照一般史
学原理来看待，墓志行文中这种并非一个家族而叙事雷同的现象，显然带有史料伪造的成分。
如果泥于这种史料排他的思维，则这两份石刻文物该有淘汰使用的必然。但是，如果我们善
于从文化人类学（cultural anthropology）强调文化整体观念（holistic view or holistic approa-
ch）的思维模式去看待这一文物案例的潜信息（potential information）价值，那么安师、康达墓
志的部分叙事雷同，则恰恰从一个语境（contexy）视域折射出当年中原一带因胡人众多、丧
葬频繁而导致墓志编撰出现"程序化"制作的现象——墓志行文的陈陈相因，实质上从潜层
意义上反映了由于当地胡人部落数量的众多，导致了东都地区这种特殊的墓志发生了记事因
缘附会、不问就里究竟的文风——这种为胡人效法汉人编写墓志的专门书场，才是这一人文
现象的根本推手。而这，正是初盛唐时代丝路高度畅通的历史背景下，暴露于史料领域内的
一种特有的现象。

20. 大唐故广济府左果毅都尉弓高侯史君（崇礼）墓志铭　　总章三年（670年）正月廿三日

2011年春，西安郊区出土洛阳人史崇礼墓志一盒。志盖拓本长50.5、宽50厘米，盖芯
阳刻篆书"大唐故」史君墓」志之铭"，盖芯四周及四刹阳刻卷草纹。志石长50、宽50.5厘

米，厚未详。阴刻楷书志文30行，行满30字。志文乃谓：

"大唐故广济府左果毅都尉弓高侯史君墓志铭

君讳崇礼，河南洛阳人也。自天赐玄珪，人兴纽石，本枝蔓延，英灵盼响。若乃凭物诞神，因山纪号，控弦百万，雄朔野以扬声；列国数十，总幽都以为长。虽业谢中宇而位伴尊极，故玉关分括地之威，金祭展郊天之义。昭彰史载，可略言焉。

曾祖乙，史波罗可汗，周驸马都尉，左右骁卫大将军、上柱国、雁门公。志略雄远，风神爽迈。祖实，隋右武卫大将军、上柱国、康国公。皇朝赠本官。雅度淹通，清规秀逸。并鸿鳞化北，大翼图南。外移侨子之贵，内委忠臣之节。呼韩入朝，位在王侯之上；秅侯传国，名居张许之右。父善应，隋左右光禄大夫、左武卫武牙郎将。皇朝左翊卫中郎将、银青光禄大夫、使持节北抚州都督、抚州诸军事左卫将军、弓高县开国侯、食邑七百户。惟岳降神，自天生德，立行无择，发言由中（衷）。故名著上林，勋高王府。建旗作牧，化渐中区。受律为将，声驰外域。

君濯羽弱水，振迹吾（武）川。凤毛五色，骥足千里。起家左勋卫，袭封弓高侯。雄戟耀芒，茂功宣于陛禁；析珪传瑞，懿德显于家邦。杨云之宦既疲，枚叔之游以遂。授许王府法曹参军事。文而无害，得情勿喜。平反承圣善之恩，高里迈贻孙之庆。又以仁而能勇，文武兼资。誉重将门，声飞天阙。麟德二年（665年），敕授左典戎卫、广

图二五五
西安郊区出土总章三年（670年）洛阳人史崇礼墓志盖

图二五六
西安郊区出土总章三年（670年）洛阳人史崇礼墓志

济府果毅都尉。长裾襬饰，修剑横威。禁旅务殷，戎昭寄重。号令明习，士马精妍。军容武事，皆成楷则。而承弓鸟日，不驻西沉之光；挺剑蛟川，未止东流之逝。以总章二年（669年）四月廿二日，遘疾卒于雍州泾阳县广济里广济府之官舍，春秋卌一。粤以三年（670年）岁次庚午正月乙亥朔廿三日丁酉，葬于明堂县洪源乡之少陵原，礼也。惟君资性冲和，器宇恬旷。家承荣贵，不从豪侈之游；生在膏腴，能为礼度之士。孝友昭著，信义可寻。喜愠不形，夷险无变。泛观载籍，妙极精华。兼闲草隶，尤工尺牍。历职文武，能官有裕。舒散琴罇，游扬风月。赏心乐事，未极生前之欢；素执良俦，空余殁后之恨。呜呼哀哉！巾素轜兮撤朝奠，属青鸟兮启夜台；出郭门兮往不返，入泉扃兮掩讵开；傥佳城，见白日，勒贞琬兮寄芳埃。其铭曰：

于惟玄族，诞膺灵命；大人聿兴，贤王以晟；国赗茂祉，家纂余庆；渐珥汉貂，遂隆秦政。其一。雁门继业，康国传芳；礼逾质子，宠极降王；弓高挺秀，弈叶辉光；位以功重，名由德彰。其二。懿范不亡，是生都尉；夏璧光赵，韦珠掩魏；武库兼锋，官庾总味；匪学以知，未仕而贵。其三。言从武侍，乃入梁园；既称文雅，复掌戎轩；秋霜是厉，春华以繁；搏摇初渐，逸羽方骞。其四。人有珪璋，寿无金石；始嗟薄命，俄伤厚夕；空垄徒春，孤坟渐昔；唯留贞琬，芳尘可籍"（图二五五、二五六）。

21. 唐故康敬本墓志铭并序　　　　　　咸亨元年（670年）□月十四日

"君讳敬本，字延宗，康居人也。元封（前110～前105年）内迁，家张掖郡。□□望重，播美□（海）西。因地□□，派流不纪。故知东南擅竹箭之美，西北蕴球琳之珍；莫不□□□□，□□□□，经行失驭，水□□□。五马跃而□□，六龙腾而□□。自我□□□□□籍。曾祖默，周西州大中正。祖仁，隋上柱国、左骁卫三川府鹰扬郎将。□□□剑□……父凤，隋□□右亲卫□朝散大□（夫）□□□□□□□□□迈举□橄晨□□□皇泰元年（618年）授银青光禄大夫，迁□□将军□□左□骠骑大将军阳城县侯。五年后，再以□授以□光□□□□肃□□□□筚，□□□□之雄□；□□□□，总十之秘策。君操神悰悟，性灵□俊□□□□羽翰□逝，实□□□千日。古文秀□刃之，□雅览孔□之，□山□□之途，□眄姬□之□，以贞观（627～649年）年中，引□光国，射策□□□□□郎，又除授三水县尉，□（改）授幽州三水县尉。两造□□□□备□官不□□□无冤□□□□礼二事，清览要枢，仙阁总辖□□□□□火□心厕□□□□□□而□□□□致学就释卜翼之□，弘文美而询明，亦戎之奥□□□

图二五七
洛阳邙山南麓出土咸亨元年（670年）康敬本墓志

彩□□将笔□□之翘吟，凭鑫波而积翠，□晋州洪洞县。魏地要□□□□□□□□□诈。君□质一同，□辅□□夜鱼吴楚朝□□□□□□□□□军□□□神□□□仙也，听□□□□，爰山河休牛之□，襟带□□□□□□□□行播美，本词□□澹何行预兹门□□受命宜□□□□□□，□□处正，履道依仁，□丁忧逸，□戎引路，号天靡愫，避地□□□□□□□□亟改甘凉。与善无征，降（享）年不永，春秋卅有□，□□终于章善里第。□□□□长衢。方骋腾云景，喊巷歌郊，□寂寞□□□□□□□□□□□行诚，阙礼经孝。或神明彰于典册，即以咸亨元年（670年）□月十四日，迁神于洛阳县之瞿村西原，礼也。乃为铭曰：……"（图二五七）[779]。

22. 唐故陪戎副尉康君（武通）墓志铭并序　　　　　　咸亨三年（672年）二月廿三日

　　"君讳武通，字宏远，太原祁人也。远派洪流，导长澜于汉浦；崇基峻□，擢远莜于邓林。芳声与史册□传，珪组与图绌并载。祖默，周任上开府仪同大将军。父仁，隋任左卫三川府鹰扬郎将。□奇必奋，八阵是图；武略挺生，文雄倜傥。惟君天纵凝□，□□迥秀。皇坟帝典，析幽迹于志学之□；击剑控弦，负壮气于强仕之岁。于时隋室清荡，思弘志道。暨皇泰（618年）初，仕至大将军□城县开国子。既而隋历告终，唐皇启圣，惟新是建，岂复□于诸任。以贞观廿二年（648年）改授陪戎副尉，从班例也。君爱自盛年，有怀禄祥；逮乎晚节，实重闲居。览跣公止足之言，庶松子浮云之志。春秋六十有五，以贞观廿三年（649年）五月十九日终于章善坊里第。夫人唐氏，即酒泉单王之胤也。严□斋敬，出自天然。凝懿范于室家，执大义于兹日。挺生五子，皆□利宾。俱有王佐之材，并□瑚

[779]　河南省文物研究所、河南省洛阳地区文管处编：《千唐志斋》，文物出版社，1983年，页265，图版265。

链之器。岂其从善不效，与善无征，康
宁养寿，安寝而殒。以大唐咸亨三年（672
年）正月廿二日终于利仁坊私第，春秋
七十有二，即以其年二月廿三日合葬于
洛州洛阳县诸葛村北二百步□（邙）山
之阳，礼也。□□□不忍长离，无勘承诀，
瞻邙山而登□，听洛川而呜咽。□□□感，
庶几同哀。其词曰：

　　蒲昌贵族，酒泉华裔；地灵不绝，
人□悠□；钟鼎方显，天□□□；□去
衣冠，弃捐环佩；其一。慈恩未□，幽
□勿臻；恩养不果，□报无因；割切肌膏，
抽剥心神；穹仓（苍）不□，独苦斯人；其二。宾徒□散，独有孤封；月开东岳，日隐
西春；风疾草劲，宵寒夜浓；何□□□，再奉尊客"（图二五八）[780]。

图二五八
洛阳邙山出土咸亨三年（672 年）康武通墓志

23. 唐故处士康君（元敬）墓志　　　　咸亨四年（673 年）五月廿九日

　　"君讳元敬，字留师，相州安阳人也。原夫吹律命氏，其先肇自康居毕万之后。因
从孝文，遂居于邺。祖乐，魏骠骑大将军，又迁徐州诸军事。父仵相，齐九州摩诃大萨
宝，寻改授龙骧将军。皆以忠勤奉主，操等松筠，委赞称臣，心贞昆玉。故得奕叶传芳，
崇基峻远。缨绂递袭，详诸图史。昔由余入秦，日磾归汉，流芳简牍，誉擅缣缃。彼乃
一时，未可同年而语。君生于茂族，□门幼闻，仁义之训，居身廉慎，口无择言，立性
恭俭。交游以信，不贪荣禄。怡然自安，放旷里间，逍遥卒岁。然浥洛中都，地惟神壤，
仕途丧乱，郭邑凋零。文明握图，一纮清谧。爰降纶旨，令实三川。君光应朝命，徙居
河洛，即□□土圭之乡洛州阳城人也。幸属禋宗大礼，瘞玉之亭。□称万岁之声，坛起
白云之端。□斯嘉命授君，为公土理。应积祉余庆，永保遐龄。岂谓瘵疾弥留，盍先朝露，

[780]　河南省文物研究所、河南省洛阳地区文管处编：《千唐志斋》，文物出版社，1983 年，页 273，
　　　　图版 273。

春秋六十有一。五月七日壬辰卒于私第陶化里。以咸亨四年（673年）五月景戌朔廿九日甲寅，迁厝于河南北邙平乐乡，礼也。东望首阳，则齐、夷之荒陇；南瞻伊洛，切田客之哀歌。子宋生，年余龆龀，号悲在疚，泣风树之不停；陟岵无见，追昊天之罔极。恐寒暑变化，陵谷贸迁，敬撰徽猷，乃为铭曰：

> 人惟英彦，志怀秀异；金玉在躬，雕琢成器；不贵荣禄，怡然是恣；不尚轩冕，无容造次；阖棺邙野，启殡中荒；灵影风灭，莛寝徒张；松风萧瑟，宿草滋长；及真冥昧，芳猷永彰。咸亨四年（673年）岁次癸酉五月景戌朔廿九日甲寅”（见前图二三六）。

按翟突娑、康婆、康元敬墓志中披载的胡人职务“萨宝”一词，从语源上追溯，系出自梵语 sārthavāha 之音素，原有“商队首领”的意思。随着古代印度与中亚、西亚文化交流的推进，发祥于七河流域而以兴贩见长的粟特诸部，亦采用这一习惯词语称谓其商贸头领的职务，成为粟特语借词 s'rtp'w 加以使用。由于粟特兴生部落从事商贸活动时兼有信奉故国宗教火祆教（Zoroastrianism）的传统，以致这一称谓又被松弛地赋予在祆教祭祀中具有神职组织职能的商队首领。据日本学者吉田丰对西疆沙海出土的粟特古信札第五件的研究，这一词语在粟特语系中可以直接比定为“商队之主”，正是内地习见的“萨甫”“萨保”“萨宝”一词之所本。这一词语其后在北朝和隋唐时期即演变为粟特人中兼及祆教事务的部落首领的称谓[781]。

如此看来，这一词语称谓原本含有浓郁的中亚祆教文化的信息，它涉及粟特胡人部落内徙东方后，对中原官吏体制及其礼仪民俗的影响。

关于萨宝在中国内地的人文事迹，汉文典籍尚有以下值得注意的史料。

固原出土《大隋正议大夫右领军骠骑将军故史府君之墓志铭》记其家资世第有谓：“曾祖妙尼，祖波波匿，并仕本国，俱为萨宝。父认愁，蹉跎年发，舛此宦途。”[782]

这条史料信息告诉我们，仕宦系列中的“萨宝”，原为粟特本土固有的官职。

根据姜伯勤氏的研究，粟特部落入华以来的汉地萨宝制度，“可以分为六朝隋时期和唐

---

[781] 相关的论述参见 P.Pelliot, "Le Sapao",BEFEO3,1903,pp.665-671; 藤田丰八《萨宝につきて》，《东西交涉史の研究·西域篇》，（东京）荻原星文馆，1933年，页279～307；A.E.Dien, "The Sapao Problem Reexamined, "Journal of the American Oriental Society,82,1962,pp.335-346; D.D.Leslie,"Persian Temples in T' ang China",Monumenta Serica,35,1981-83,pp.275-303；吉田丰《ソゲド语杂录》（Ⅱ），《オリェント》第31卷第2号，1989年，页165～176。

[782] 罗丰：《固原南郊隋唐墓地》，文物出版社，1996年，页17。

时期两大阶段"。汉文史料中的"摩诃大萨宝、京邑萨宝与诸州萨宝，属于晋末北朝隋时期。北魏摩诃大萨宝及北周京师萨宝，原应为该王朝时期全国性职衔，但因张掖实际上是北魏、北周、隋时期西域胡商的一大门户及聚落地，因而此种全国性职衔，在北魏时可驻在张掖，北周时可驻在酒泉。而且从史氏作为北周京师萨宝，乃世袭了其父北魏摩诃大萨宝的职称，又可推知北魏摩诃大萨宝与周京师萨宝性质相近。"[783]

从《隋书》论北齐萨宝制度所谓"鸿胪寺掌蕃客朝会吉凶吊祭，统典客、典寺、司仪等署令丞，典客署又有京邑萨甫二人，诸州萨甫一人"[784]的情况看，北齐时又将萨宝分为"京邑萨甫"和"诸州萨甫"两类，且都隶属为鸿胪寺、典客署之属官。

至于"萨宝"一职的官品，隋代史料中始有零星的提及"雍州萨宝为视从七品""诸州胡二百户已上萨宝为视正九品"[785]。

有唐一代，由于内徙胡人部落的增多，以"萨宝"主持胡人"祆祀"的宗教活动曾经成为连结西胡人众的纽带，这曾引起中原王朝对这一民众群体高度地关注。于是唐廷规定："两京及碛西诸州火祆，岁再祀，而禁民祈祭。"[786]历史上六胡州及范阳羯胡的叛乱，确切折射出中原封建王朝源自现实的忧虑。

由此可见，萨宝职衔之纳入中国封建官吏体制，完全出于管理日益增多的东来胡人部落的需要。东方官僚制度中这种颇见民族政治色彩的往日故事，足见丝路交通社会影响之宏远。

不仅如此，由康婆墓志载其嗣子"须达"的名讳，可以看出宗仰故国祆教信念的东来粟特胡人，同时亦有着佛教信仰的意识形态。这与胡人东来华府受到当地主流宗教影响的社会背景有着内在的联系[787]。

24.《唐故夫人史氏墓志铭并序》　　　　　　　　　咸亨五年（674 年）二月廿九日

"夫人史氏，邺人。原夫灵峤分峰，耸崇天而架迥；鸿源控液，揭厚地以疏澜。是

[783] 姜伯勤：《中国祆教艺术史研究》，生活·读书·新知三联书店，2004 年，页 28 ~ 30。

[784] 魏征等：《隋书》卷二七《百官志》，中华书局，1973 年，页 756。

[785] 魏征等：《隋书》卷二八《百官志》，中华书局，1973 年，页 790、791。

[786] 欧阳修、宋祁：《新唐书》卷四六《百官志一·祠部》，中华书局，1975 年，页 1195。

[787] 有关中原地区祆教信众宗奉佛教意识的时态，参见张乃翥：《中原出土文物与中古祆教之东浸》，《世界宗教研究》1992 年第 3 期，页 29 ~ 39。

图二五九
洛阳邙山出土咸亨五年（674年）唐故夫人史氏墓志

以起导漳漪，建芳名于汉日；警崇鱼潋，驰美誉于齐庭。奕叶布于详图，冠冕飞于简册。祖诃，隋陈州刺史；气宇祥整，风度海弘，理人谐五袴之哥，济俗合两岐之咏。父仁，朝议郎；文峰迥秀，藻五色以霞明；笔海渊深，乘九奏而含韵。惟夫人桂苑流芳，兰丛引馥，赤星合照，素魄连华。总四德而含贞，均六行而齐美。至于崇遵释教，倾信首于法城，标觉药于情原，绚心花于意树。岂谓月灵落照，星务沉辉，鸾镜灵明，神仪遽远。春秋五十三，以咸亨五年（674年）正月廿五日终于嘉善之里。哀子敬忠等，望风树而摧轸，泣寒泉以伤神。以其年岁次甲戌二月辛巳朔廿九日己酉葬于邙山之阳。敬叙芳德，其词云尔：

巖巖远岫，浩浩长源；昆山玉颖，汉水珠泉；干天秀峙，带地资川；簪缨继踵，冠冕仍传；其一。□□□秀，月魄资灵；德容早备，柔顺夙成；仁周地义，孝尽天经；其二。阅川不驻，过陈恒驰；洛滨化雪，巫岭云移；空传析诵，徒缉蘋诗；始辞人里，终结泉悲；其三。陇云朝□，谷雾宵昏；风吟枯木，鸟思荒坟；草深霜遍，烟上山门；惟斯贞石，芳音永存；其四"（图二五九）[788]。

25. 大唐故康君夫人曹氏墓志铭并序　　　仪凤二年（677年）十一月廿六日

"夫人曹氏者，沛郡谯人也。汉相曹参之后，实当涂之苗胤。元功上将，辉映一时。代载羽仪，声流万叶。祖樊提，周上大将军。父毗沙，隋任胜州都督。且文且武，不绝于本朝；光后光前，无隔于今古。夫人渐润蓝田，滋芳兰畹，贞顺闲雅，令范端

---

[788]　图版引自北京图书馆金石组：《北京图书馆藏中国历代石刻拓本汇编·唐》第15册，中州古籍出版社，1989年，页213；吴树平、吴宁欧编：《隋唐五代墓志汇编·洛阳卷》第5册，天津古籍出版社，1991年，页171；录文详周绍良编：《唐代墓志汇编》，上海古籍出版社，1992年，页584、585。

详。受训公宫，作嫔嘉室。四德周备，六行齐驱。整肃闺门，实惟和睦。喜怒不形于色，禀自生然；荣悴不改于怀，正符天性。孝同梁妇，节比义姑。抚育深仁，恩流中外。所冀慈云润趾，慧日澄神。如山之寿未终，游岱之期斯及。忽以仪凤二年（677 年）十月五日卒于私第，春秋八十有五。还以其年十一月廿六日，权殡于邙山。嗣子处哲，集蓼疚怀，结终身之痛。恐英声代远，斩板销夷。纪德幽扃，遗芳无殄……"（图二六〇）。

图二六〇
洛阳邙山出土仪凤二年（677 年）康君夫人曹氏墓志

　　曹氏墓志虽然称望其"沛郡谯人也。汉相曹参之后，实当涂之苗胤"，但由其"祖樊提……父毗沙"的胡人名讳一点来看待，夫人应为粟特曹国的内徙侨民殆无疑问。西域胡人采用内地世族乡里籍望的叙事，反映出当年内徙胡人极力融入汉人社会的心态。这从一个侧面折射出中古时代中原民族融合的情势。

26. 大唐故平□（州）□（平）□（夷）戍主康君（续）墓志铭并序

调露元年（679 年）十月八日

　　"公讳续，字善，河南人也。昔西周启祚，康王承累圣之基；东晋失图，康国跨全凉之地。控弦飞镝，屯万骑于金城；月满尘惊，辟千营于沙塞。举葱岩而入款，宠驾侯王；受茅土而开封，业传枝胤。曾祖德，齐任凉州都督。祖暹，齐任京畿府大都督。父老，皇朝左屯卫翊卫。斯并九皋腾韵，千里标题。或衣锦维桑，据白门而露冕；或披缇执棘，奉紫披而星环。余庆潜凝，聿光英胄。君骊泉明月，彩冠韦珠；鹊巇浮虹，温逾卫璧。掩文场而擅誉，窥武帐而探奇。含咀九流，沉研百氏。忠规孝绪，笼天地而架风云；茂范嘉猷，符郭巾而齐李。御创迁高，蹋授平州平夷戍主。迫于公檄，非其选也。伯阳之参柱史，宣父之吏中都，其道可尊，其班尚屈。是知千仞之木，起自毫端；九层之台，兴于一板。然而遭回雁水，且洽随波；巡御龙庭，仁光游雾。清弦泛轸，韵荒塞之秋风；浊酒盈尊，暎边城之夜月。方冀鹤书昭贲，递飞步于槐庭；岂期鹊史延妖，永沉魂于蒿里。以仪凤

图二六一

洛阳邙山出土调露元年（679 年）康续墓志

图二六二

洛阳邙山出土调露元年（679 年）罗甑生墓志

二年（677 年）十二月十二日寝疾，终于平夷之官第，春秋五十有五。以调露元年（679 年）
十月戊申朔八日乙卯归葬于洛阳城北七里晏村西平乐乡界……"（图二六一）。

27. 大唐故陪戎副尉罗府君（甑生）墓志铭并序　　　　　调露元年（679 年）十月廿三日

　　"公讳甑生，阴山人也。昔贾谊腾声，不阶七命之重；终军诞秀，音□六极之光。
虽名檀国华，地殊人望，尚延悲于当代，永贻恨于终古。矧夫家承阀阅，代茂簪绂，松
柏成行，芝兰克嗣。存诸图牒，讵烦雕缕。祖日光，周任秦州都督，谥曰盘和公。山川
通气，珪璧凝姿。天优其才，人济其美。滔滔不测，若江河之纳川流；岩岩高峙，若山
岳之镇厚地。父季乐，隋鹰扬郎将。竹符花绶，降节雕舆。宠冠百城，威隆四镇。君□
冑清华，□庭礼让。天经地义，温清叶于无方；共寝同蔬，邕穆□于有政。情志□□，
志逸江湖。纵偃止文场，栖迟笔海，浮云名利，不纵羁束之劳；□□材亭，自得逍遥之
致。起家秦王左右陪戎副尉。云□□□，□丹□镜，知名于青编。脱落徽班，优游衡沁。
悲夫！四游挥忽，千□□□。香□逸魂，居然莫致；药称不死，竟是空言。显庆四年（659
年）十二月十二日终□私第，春秋六十有四。夫人康氏，幼贻门范，得规矩于自然；凤
□□□，□婉顺于天性。贞襟霜净，秀质霞开。何言逝水沧波，悲泉落□。□恒娥之窃药，
攀月桂而忘归；类弄玉之登仙，奏风箫而永去。以仪凤二年（677 年）二月终于章善里宅，
春秋六十有九。以调露元年（679 年）十月廿三日合葬于河南界北邙之礼也。子神符等，

茹荼衔恤，援柏凝哀。恐天长地久，邈矣悠哉，式镌贞琬，光昭夜台。其词曰……洛州偃师县人也"（图二六二）。

从姓氏源流上推测，罗甄生可能系出于吐火罗本籍。这与当时吐火罗人进入内地的称姓传统或有关联。其夫人系出粟特康氏，亦可为此胡人通婚添一佐证。罗氏墓志行文汉义甚浓，说明中古时代这一胡人部落与汉文化有着密切的接触——龙门石窟东山有景云元年（710 年）吐火罗僧宝隆颇富汉语音韵章节的造像发愿文，从中更可窥见这一东来胡人群体的汉化情节。

28. 唐故何君（摩诃）墓志铭并序

    调露二年（680 年）二月廿八日

"君讳摩诃，字伽，其先东海郯人也。因官，遂居姑臧太平之乡。夫含章挺秀，振清规于汉朝；硕学标奇，展英声于魏阙。其后珪璋迭映，槐棘骈阴。详诸家素，可略言矣。曾祖□，齐为骠骑，七札居俗。祖陀，梁元校尉，六奇在念。父底，隋授仪同，弯弧写月，嚆矢飞星。惟君不冠缨在念，轩冕留心。惩襟定水之前，

图二六三
洛阳邙山出土调露二年（680 年）何摩诃墓志

栖志禅林之上，不谓庄壑迁舟，孔川流箭。俄见山隅之祸，终闻属纩之悲。与善无征，夜台奄及。以调露二年（680 年）二月十六日遘疾卒于洛阳界嘉善之私第也，春秋五十有一。以其年二月廿八日窆于北邙之山平乐之（原），礼也……"（图二六三）。

29. 唐故安君（神俨）墓志铭并序　　　　　　调露二年（680 年）二月廿八日

"君讳神俨，河南新安人也。原夫吹律命系，肇迹姑臧。因土分枝，建旗强魏。英贤接武，光备管弦。祖君恪，隋任永嘉府鹰阳（扬）。父德，左屯卫别将。并风格遐远，清猷载穆。爪牙之任，实擅于五管；干略之能，咸加于七革。公禀和交泰，感质贞明。志局开朗，心神警发；仁惠之道，资训自天；孝友之方，无假因习。销声幽薮，晦迹山池。肃慢于林泉，优游于里闬。不以夷险易操，不以利害变情。齿暮年移，

忽瘿沉痼。两楹入梦，二竖为灾。药物无施，奄从风烛。以调露二年（680年）正月廿六日卒于嘉善里之私第，春秋五十有八。夫人史氏，承懿方池，蕴资圆水。贞顺闲雅，令范端详。受训公宫，偶此嘉室。俄潜月浦，奄翳巫山。以咸亨五年（674年）正月廿五日倏焉长逝，春秋五十有三。还以调露二年（680年）二月廿八改祔于邙山。嗣子敬忠，集蓼迷心，结终身之痛；悲夜台之难曙，嗟白日之长词。略铨德行，乃为铭曰……"（图二六四）。

图二六四
洛阳邙山出土调露二年（680年）安神俨墓志

图二六五
洛阳邙山出土永隆二年（681年）康枕墓志

30. 唐故康君（枕）墓志铭并序　　　　　　　　　永隆二年（681年）八月六日

"君讳枕，字仁德，河南巩县人也。原夫吹律命系，肇迹东周。因土分枝，建旗西魏。英贤接武，光备管弦。祖安，翼赞周朝。父陀，匡辅隋室。君禀和交泰，感质贞明。志局开朗，心神警发；仁惠之道，资训自天；孝友之方，无假因习。有隋失驭，王政孔艰。君乃晦迹俟时，消声厎行。属权舆立极，缔构张维，邦命惟新，委名秦府。时□在位，品物咸亨。攀附之志克宣，产露之勋悠叙。乃授公以陪戎副尉。公以曜灵西谢，湍逝东奔，乃翔集三川，卜居中土。抚弦荐芰，吟咏情性之间；泛菊盖荷，高迈烟霞之□。逍遥去智，妙洞若丧之机；鉴止凝心，凤镜死生之际。所冀□云润趾，慧日澄神。如山之寿未终，游岱之期斯及。以显庆元年（656年）二月十八日先天而逝，春秋六十有五。夫人曹氏，承懿方池，蕴资圆水。贞顺闲雅，令范端详。受训公宫，母仪私室。俄潜月浦，奄翳巫山。以永隆二年（681年）六月一日终于私第，春秋七十有五。还以其年八月六日改祔于邙山。嗣子善义，痛风树之难追，忽从灭性。即同其日，窆于坟茔之礼也。嗣子善恭、尊行等，集蓼疚怀，结终身之痛。恐英声代远，斩板销夷，纪绩幽局，遗芳无殄……"（图二六五）。

由安神俨、康杺墓志叙事语句多有雷同的现象，我们可以窥知当年胡人墓志之成文，殆有职业笔手专事行文的故事。

31. 大唐故游击将军守左清道率频阳府长上果毅康府君（留买）墓志铭并序

永淳元年（682年）十月十四日

"粤若汉图方运，西河称有地之君；晋祚中微，东洛窃非常之号。岂如声高千角，名官分圣政之朝；气拥三边，冠冕列皇唐之代。猗欤盛欤，信康君之谓矣。公讳留买，本即西州之茂族，后因锡命，遂为河南人焉。曾祖感，凉州刺史。祖延德，安西都护府果毅。父洛，皇朝上柱国。并风格秀整，岳峙川淳。分崇寄于铜符，表奇才于铁骑。穷通有数，多违万里之心；时命难并，终同百夫之长。公珪瓒积庆，负闲气以挺生；将相有门，蕴雄姿而命代。耻为雌伏，志在雄飞。倾意气以接权豪，怀功名而重书剑。皇家

受匈奴，背德负地，险以傲灵，诛悖天常，而悉惠化。召遂投舡出将，振甲临戎。羽骑飙驰，髦头雾集。玉版金縢之术，出之于中襟；三宫七舍之图，捐之于后殿。扫鸡林而舍遗卵，觜距无施，穷瀚海而斩巨鲸。郡飞自息，旋师返旌。献捷之京，诏授游击将军守左清道率频阳府果毅北门长上。载加荣命，频降玺书。声实冠于五营，问望同于四友……以永淳元年（682年）七月十七日构（遘）疾薨于洛阳之第。即以其年十月十四日归窆于河南平乐之原"（图二六六）。

图二六六
洛阳邙山出土永淳元年（682年）康留买墓志

　　出身于"西州"茂族的康留买，入唐后认籍于河南。其任职唐廷军旅、近卫北门的人生仕途，有唐一代多为载籍胡人的通常履历。这从一个侧面折射出初盛唐时期汉胡之间民族政治生态的一些微观迹象。

32. 大唐故游击将军康府君（磨伽）墓志铭并序　　　　　　永淳元年（682 年）十月十四日

　　"君讳磨伽，其先发源于西海，因官从邑，遂家于周之河南。簪裾累代，虽为雄族。自昔文王作圣，启迹于西州；夏禹称贤，降灵于东国。永言前古，君子无隔于华戎；详之后叶，莫不殊于中外。遂使公侯继出玉塞以握铜符；考绩无穷，誓山河而锡茅土。曾祖感，凉州刺史。祖延德，安西都护府果毅。并钟鼎百代，珪璧万重。隆宇刻于班条，宏略总于师律。父洛，皇朝上柱国。得乾坤之秀气，降辰寫之精奇。畴庸即居正，官之入幕，是论兵之首。君乃受中黄之正性，襄太白之英灵。松筠挺其高节，冰霜照其冲府。风神爽迈，不将俗物关心；意气肃然，直以风云自许。耻笔墨之能事，学剑以敌万人；重战胜之奇功，弯弧而洞七札。至若石阵沙城之妙术，出自胸襟；黄公玄女之兵符，捐诸度外。匈奴逆命，骄子孤恩。出大汉而侵后庭，□羊而骋豺武。天子听朝不怿。亲阅军容。凡在戎行，君为称首。以公为检校果毅，言从薄伐。

衔山列阵，吴马见而魂迷；背九阵兵，韩彭闻而失色。军无滞日，役不逾时。一举而扫龙庭，再战而清瀚海。军回，授游击将军上柱国，酬其效也。嗟乎，殊功罕叙封，大树其何时。长策未申悲，小年之易谢。以永淳元年（682 年）四月三日疾薨于京之私第。（与兄）游击将军守左清道率（留买）同返葬于洛州河南县平乐之原"（图二六七）。

　　康磨伽卒殁于长安，却择期与胞兄留买归葬于河南县之邙麓平乐原，可见其习染汉风遵守窆葬故里的观念意识。这一史实的本身，亦能透露出内徙胡人因久居中原向慕汉化的情态。

33. 突厥豪酋阿史那忠造像记　　　　　　　　　无纪年，时代应在唐高宗中、后期

阿史那忠造像记，镌刊于龙门石窟西山北段宾阳南洞东崖一带。全文乃曰：

"右骁卫大将军、薛国公阿史那忠造"（见前图一七〇）。

据 1972 年昭陵陪葬墓出土的阿史那忠墓志记载，阿史那忠上元二年（675 年）五月廿四日终于洛阳尚善里私第，春秋六十五。而《唐书》本传载其永徽（650～655 年）初，封薛国公，累迁右骁卫大将军。是以可知这一造像题记刊于永徽、上元二年之间。

34. 史暕夫人李氏造像记　　　　　　　　　　垂拱二年（686 年）十二月八日

史暕夫人李氏造像记，刊于龙门石窟西山南段北魏时代开凿的"火烧洞"窟外南崖，其文曰：

"左玉钤卫将军、薛国公史夫人李氏，垂拱二年（686 年）十二月八日敬造"

（见前图一七一）。

检之史乘，知以上两例佛教石刻之功德主，即初唐突厥王族始毕可汗移徙内地的裔胤。《旧唐书》卷一〇九记载：

"贞观（627～649 年）初，阿史那苏尼失者，启民可汗之母弟，（阿史那）社尔叔祖也。其父始毕可汗以为沙钵罗设，督部落五万家，牙直灵州之西北。骁勇有恩惠，甚得种落之心。及颉利政乱，而苏尼失所部独不携离。突利之来奔也，颉利乃立苏尼失为小可汗。及颉利为李靖所破，独骑而投之。苏尼失遂举其众归国，因令子忠擒颉利以献。太宗赏赐优厚，拜北宁州都督、右卫大将军，封怀德郡王。贞观八年（634 年）卒。

忠以擒颉利功，拜左屯卫将军，妻以宗女定襄县主，赐名为忠，单称史氏。贞观九年（635 年），迁右卫大将军。永徽（650～655 年）初，封薛国公，累迁右骁卫大将军。所历藉以清谨见称，时人比之日磾。上元（674～676 年）初卒，赠镇军大将军，陪葬昭陵。

（忠）子暕，袭封薛国公。垂拱（685～688 年）中，历位司仆卿"[789]。

35. 大唐登仕郎康君（老师）墓志铭并序　　　　垂拱三年（687 年）二月十日

康氏墓志，1999 年冬出土于洛阳邙山。志石长 48、宽 48、厚 13 厘米。首题"大唐登仕郎康君墓志铭并序"，其文有曰：

---

[789] 刘昫：《旧唐书》卷一〇九《阿史那社尔传》，中华书局，1975 年，页 3290。

"君讳老师，其先康国人也。以国为姓，燕齐赵魏之流；因官命族，司马司徒之号。况乎卅六国，枕白山之北隅；万□千里，当□泉之东裔。金方辟境，乌弋控于龙沙；玉胜□庭，魏□栖于葱岭。曾祖宝康，国王之第九子也。周游击将军，以西□国首领。祖和，周明威将军。父祇，隋鹰扬郎将。并簪裾弈叶，剑履光芒。来朝，则长乐受封；谒帝，则甘泉画像。康僧西入，高名动于晋京；康会南归，感德倾于

图二六八
洛阳邙山出土垂拱三年（687年）康老师墓志

吴主。岂止稽侯入仕，遂标忠孝之奇；呼韩拜职，列在王公之上。

君之生也，卓矣不群。心愚小月之珠，足逸大宛之骏。夺资间起，恒温之□猬毛，异象孤生，李广之椎猿臂。风神廓落，器宇魁梧。邀剧孟于洛中，访季心于关右。金鞍宝马，去来三市之傍；绥颊高谈，出入五侯之第。何曾侈靡，不能逾一万之钱；刘毅雄豪，不能多百万之费。隋大夫之晏喜，愿得分庭；孙丞相之招贤，方膺置驿。递而高泰景晦，大壑舟迁，黄鸟之药无征，青龙之符罕验。春秋七十有四，以垂拱二年（686年）七月十八日终于私第。

夫人史氏，即呼论公之孙也。瑶池降精，碧树飞灵，郁彩云之影霭，腾宝月之轻明。燕支山上，自开红粉之楼；葡萄苑中，还织青花之锦。早凋淑□，呜呼哀哉。

粤以垂拱三年（687年）岁次丁亥二月乙未朔十日，合葬于北邙山之平乐原。礼也。涂宫既启，泉帐斯安，西阶北寝之仪，两鹤双虹之化，生平已矣，今古悠哉。龙蟒惊骍，龟□行飞。楚槐凄而荫可断，池台寂而宾旅稀。铭曰：

金方拓境，玉塞承家；远分熊岳，傍枕龙沙；舆邦蒲海，作帝莎车；五□间起，衮冕联华。卓彼高人，禀兹英杰；驱驰金市，去来金穴；逸骑腾云，舞姬回雪；一瑟环碎，

还同石折；原陵西趾，邙山北路；两鹤俱□，双□□步；庄□落日，泉扃长暮；积厚地而犹存，举昊穹而□□"（图二六八）。

36. 粟特安公夫人康氏（敦）墓志　　　　　　　　　垂拱三年（687年）二月十五日

2007年洛阳邙山出土《大唐故处士安公康夫人墓志并序》，其文载曰：

"夫人讳敦，其先康居国人也。晋泰始年中（265-274年）奉表献真珠宝物，因留子孙，遂为河南洛阳人焉。远叶散而弥芳，长□委而逾浚。惟祖惟父，志笃忠贞。夫人禀秀芝田，含芬兰畹，体韵凝寂，襟神朗悟。进退合轨，折旋成则。亦既有行，作嫔君子。闺闱允睦，蘋藻克修。诚为善于施襟，励断机于废业。加以熏修净行，究毗梨之奥旨；专精内典，披始路之幽宗。安公洁志山泉，不构尘俗，舍兹名利，证彼慧舟，转读大乘，夙夜匪懈。岂谓徒闻预善，奄促遐龄。仪凤三年（678年）八月廿五日卒于旗亭里，权殡于河南县平乐乡之原。宿草已深，松槚斯树；霜露之感，递改炎凉。夫人孀居婺室，一十余载，滋味屏绝，绵历数周。崇仰福田，精诚弥固。方冀倚庐垂训，奉慈爱于遐龄；而陟屺无瞻，空号慕于原野。呜呼哀哉！以垂拱二年（686年）六月五日寝疾卒于旗亭里第。即以三年（687年）岁次丁亥二月乙未朔十五日己酉合葬于北邙山之平原，礼也。亲宾吊伤之容，临悲风而雪涕；孺子旋疑之感，仰穹苍而靡诉。

式镌翠琬，用纪徽猷。乃为铭曰：

阆风西峙，太史东流；马来金代，人移旧丘；惟祖惟父，寔播徽猷；如松如桂，且温且柔；其一。笃生令淑，惟家之媛；既笄具德，作仇良彦；洽契松筠，始终无变；念彼藤蔂，仰酬兰眘；其二。阆川去矣，春景不留；有为泡影，如寄如浮；良人凤逝，递列行楸；百身无赎，心之怀忧；其三。愁恨伤年，奄辞兰渚；式遵同穴，悽酸行旅；冥冥大夜，昭昭寒暑；图史扬芬，懿声斯杼。

图二六九
洛阳邙山出土垂拱三年（687年）粟特安公夫人康敦墓志

垂拱三年（687年）二月十五日右千牛率府长史王□撰"（图二六九）[790]。

从中得知这一粟特家庭远自西晋初年即已来臻华夏，而且至迟入唐以来便已信奉着汉地佛教。

37. 龙门石窟浑元庆造像记 　　　　　　　　　　　　　载初元年（689年）二月十日

龙门西山南段净土堂北崖，有铁勒豪酋浑元庆造弥勒像一龛，龛楣造像题记文曰：

"维大唐载初元年（689年）二月十日，右玉钤卫大将军行皋兰州都督兼□（使）持节左□□军上下□（灵）丘县开国□（公）浑元庆并夫人京兆史，敬佛龛一所"（图二七〇）。

按唐代铁勒浑氏之史踪，古典文献勉有简约的披露。《旧唐书》卷一九九下《铁勒传》有谓：

"铁勒，本匈奴别种。自突厥强盛，铁勒诸部分散，众渐寡弱。至武德（618～626年）初，有薛延陀、契苾、回纥、都播、骨利干、多览葛、仆骨、拔野古、同罗、浑部、思结、斛薛、奚结、阿跌、白霫等，散在碛北……（贞观）二十一年（647年），契苾、回纥等十余部落以薛延陀亡散殆尽，乃相继归国。太宗各因其地土，择其部落，置为州府：以回纥部为瀚海都督府，仆骨为金微都督府，多览葛为燕然都督府，拔野古部为幽陵都督府，同罗部为龟林都督府，思结部为卢山都督府，浑部为皋兰州，斛薛部为高阙州，奚结部为鸡鹿州，阿跌部为鸡田州，契苾部为榆溪州，思结别部为蹛林州，白霫部为寘颜州，凡一十三州。拜其酋长为都督、刺史，给玄金鱼以为符信，又置燕然都护以统之……至则天时，突厥

图二七〇
龙门石窟西山南段载初元年（689年）铁勒豪酋浑元庆造像记

---

[790]　康氏墓志拓本，系2014年西安大唐西市集团董事局主席吕建中先生及陕西师范大学胡戟教授相赠，特此致谢。

强盛，铁勒诸部在漠北者渐为所并。回纥、契苾、思结、浑部徙于甘、凉二州之地"[791]。

同书《浑瑊传》："皋兰州人也，本铁勒九姓部落之浑部也。高祖大俟利发浑阿贪支，贞观（627～649年）中为皋兰州刺史。曾祖元庆、祖大寿、父释之，皆代为皋兰都督。"[792]

史籍以上之记事，让我们看到初唐、中唐之际铁勒浑部酋长与中原王朝的人际联系。而浑元庆夫人之为京兆史氏，似已显示出入附中原之后的北狄豪族，已与内徙粟特史氏等昭武九姓侨民或漠北内附突厥存在着血缘的融合。

图二七一
龙门石窟永昌元年（689年）洛阳南市香行社造像记中所见的粟特胡人

38. 龙门石窟南市香行社像龛及其题记中所见的粟特胡人

永昌元年（689年）三月八日起手

龙门古阳洞北崖，有东都南市香行社造像一铺。该窟南北宽1.68、东西进深1.65、高1.72米，内雕一佛二菩萨三尊主像。主像体态圆润，刀法纯熟，传达出一派盛唐造像的艺术气质。该龛北壁造像题记内有汉胡社众之题名，从中可以窥见当年汉胡商贾在丝路沿线从事香料贸易的踪迹。今据北京国家图书馆藏拓移录题记全文于篇次：

"南市香行社 社官安僧达，录事孙香表、史玄策、常行师、康惠澄、张才辩、孙元楷、陶善意、宫孝敬、郭弘济、王思泰、柏玄泰、刘元佑、赵思言、赵待客、李智绪、兰敬宾、何难迪、房玄哲、□守约、单雅、康静智、张玄福、卫善庆。右件社人等一心供养。

永昌元年（689年）三月八日起手"（图二七一）。

唐代东都的南市，以诸胡群聚、商肆林立誉满于中外。当丝路贸易畅通之岁月，东、西香料交易亦追逐商潮，盛极一时。今兹南市香行粟特商侣安僧达、史玄策、康惠澄、何难迪、康静智与汉商结社为伍参与龙门开窟造像之题名，不啻为龙门造像之功德群体增添以西域人成分。

---

[791] 刘昫：《旧唐书》卷一九九下《北狄传》，中华书局，1975年，页5343～5349。

[792] 刘昫：《旧唐书》卷一三四《浑瑊传》，中华书局，1975年，页3703。

唐人张鷟《朝野佥载》记洛阳胡人风习曾有："河南府立德坊及南市西坊，皆有胡袄神庙。每岁商胡祈福，烹猪羊，琵琶鼓笛，酹歌醉舞。酹神之后，募一胡为袄主，看者施钱并与之。其袄主取一横刀，利同霜雪，吹毛不过，以刀刺腹，刃出于背，仍乱扰肠肚流血。食顷，喷水咒之，平复如故。此盖西域之幻法也。"[793] 征诸龙门造像之实例，洛阳南市一带东来粟特之生计活跃、信仰驳杂可见一斑。

39. 大周故冠军大将军行右鹰扬卫将军归义可汗阿史那府君（感德）墓志铭并序

天授三年（692年）一月三十日

阿史那感德墓志，2000年6月隋唐东都城定鼎门遗址西南平原出土，今存关林庙洛阳古代石刻艺术馆。志石长73.7、宽73.9、厚16.8厘米，志盖长73.6、宽74、厚13厘米，盖芯篆书"大周故冠」军大将军」归义可汗」阿史那志"。志文略云：

> "可汗讳感德，字尚山，长城阴山人也……曾祖咄苾颉利可汗……贞观四年（630年）归顺，授右卫大将军，赠归义郡王、食邑二千户。祖特勤，□□叶护。父伽那，左卫郎将。可汗视继天之重，叶护比明雕之贵……垂拱三年（687年）岁次丁亥二月乙未朔十一日乙巳，皇太后若曰：'于戏乾坤，□载总区。宇而陶化，日月环周，一□度而□照。咨尔故左威卫大将军□颉利可汗赠归义郡王阿史那咄苾曾孙感德，惟尔□□，□□□猷。我国家括地受图，补天立极，威怀不二，吊伐无私。用在尔先，自贻剿覆。代经三叶，□□□而知恩；□□五纪，将□麻而就直。是用命尔为归义可汗，嗣守蕃叶。'呜呼念哉，敬尔威仪，慎尔□度。庶几宠命，保入无□，可不慎□……
>
> 永昌元年（689年）九月，授右豹韬卫将军。黄极警卫，紫掖□□。天子知其重臣，同僚推为国□。圣神皇帝坐明堂而朝海内，登泰阶而有天下。坤作成物，河出图而洛出书；乾知太始，星重光而月重曜。扶桑东极，弱水西环，火□南临，□□北望。咸承正朔，并入提封。重开奖授之荣，再下优矜之制。
>
> 天授元年（690年）九月廿九日，制曰：'代雄蕃落，风叶□□，誉重金河……宜敷天授之恩，俾沐迁荣之曲。可冠军大将军、行右鹰扬卫大将军。'……享年不永，与

[793]　张鷟：《朝野佥载》卷三，中华书局，1979年，页64、65。

图二七二
"神都城南"天授三年（692年）突厥归义可汗阿史
那感德墓志盖

图二七三
"神都城南"天授三年（692年）突厥归义可汗阿史那
感德墓志

善无征。呜呼哀哉！以天授二年（691年）正月十八日遘疾薨于从政里之私第，春秋廿
有七……夫人阿史德，即镇军大将军行右武卫大将军兼定襄都督五州诸军事右羽林军上
下五原郡开国公之第二女也……即以天授三年（692年）岁次壬辰壹月壬午朔卅日景申
安厝于神都城南毕圭乡之礼也……"（图二七二、二七三）。

40. 大周故康府君（智）墓志铭并序　　　　　　　　　　　　　　长寿三年（694年）四月七日

"君讳智，字感，本炎帝之苗裔，后有康叔，即其先也。自后枝分叶散，以字因生，
厥有斯宗，即公之谓矣。……祖仁基，陈宁远将军。神谋应兆，奇算合机。气宇恢疏，庙
略宏达。父玉，隋朝散大夫。星辰间气，天地齐人。文章总鸾凤之姿，仁智体山泉之性。公，
游击将军。自天生德，精通玄女之符；惟岳表神，契合黄公之术。遂得雄材远振，掉孤剑
而飞霜；逸气挺生，挥长戈而驻日。昔班超表绩，非无燕鸽之封；韩增策勤，实惟龙额之号。
以今方古，何独人斯；比德论功，庶几无昧。呜呼哀哉！熟谓井中桑出，奄经二竖之灾；
突下鹣生，莫验一九之药。南山之寿，与大椿而等摧；东岳之魂，乘广柳而长往。鑿舟难驻，
滔滔有逝水之悲。隙驹易驰，黯黯轸倾义之恨。呜呼哀哉！春秋七十有一，长寿二年（693年）
二月廿三日终于神都日用里思顺坊之私第。夫人支氏，三从允穆，四德幽闲。行合女仪，礼

图二七四
洛阳邙山出土长寿三年（694年）康智墓志

图二七五
洛阳邙山南麓马坡村出土长安三年（703年）康郎墓志

该嫔则。苹蘩庄敬，奉先祖而无违；闺庭肃恭，挹夫夫而不怠。鸣呼哀哉！去咸亨（670～673年）年中遘疾，奄从怛化。而萎荣夕落，感鸾镜而孤哀；蘽露晨晞，悲鹤琴而独嗾。嗟夫，天寿殊契，衾襚同期。偕老之志匪渝，异室之情弥笃。既而宅兆斯卜，便开马鬣之封；送终既临，复启龟文之由。即以长寿三年（694年）四月七日合葬于洛州城北一十三里平乐乡北邙山原"（图二七四）。

41. 大周故同州隆安府左果毅都尉康君（郎）墓志并口（序）

长安三年（703年）四月廿三日

"若夫禀山岳之气者，必孤峰捶云；孕淮海之精者，必长澜浴日。故知逸群筹策，闻勇列于关西；出俗奇谋，播芳声于塞北。颍川康君者即其人。君讳郎，字善庆，魏州贵乡人也。植性中鲠，立志清勤。或葱岭尘惊，唯欣逐鸟；蒲山雾起，情切鹰鹯。匹马长征，不渝于寒暑；孤峰勇战，岂惮于晨昏。积效彰功，迁授掌上。以神功（697年）之岁，被积石军大使别奏充行。山路迢迢，蜂飞万里；河源眇眇，蚁众三秋。公鼛摧锋，边隅一静。此时公辈，尤加奖擢。以圣历元年（698年）七月六日，敕授同州隆安府左果毅都尉。一掌禁兵，几移灰律。又奉恩敕，差充积石军。子总管，提剑前驱，扫风尘于塞表；横戈后骑，拥沙漠之余氛。未有月余，贼徒雾散。功逾车骑，效越伏波。未叙之间，俄然遘疾。以长安二年（702年）四月廿九日，卒于冯翊县太平乡府之官舍，春秋卅有三。呜呼哀哉，叹逝悲来！痛百龄之已谢，嗟千月之不回。是知人代迁革，陵谷推移。庶坚石之长存，勒微功之莫朽。云尔：

少负奇质，长有英名；横戈塞表，克捷边亭；其一。功著葱山，效彰蒲海；荣赏见沾，勋庸是赖；其二。东讨西征，南蛮□（北）狄；纪事铭功，庶凭贞石；其三。天长地久，人代推移；嗟乎永谢，泉路何之；其四。

长安三年（703年）岁次癸卯四月壬辰朔廿三日甲寅"（图二七五）。

康郎墓志据云早年出土于邙山南麓马坡村一带。从其行状大意，知其武周时代曾多次参与西北地区的边疆封事。而其执掌"禁兵"的纪事，亦为唐代西来胡人常见的史迹。

42. 安思泰浮图铭 长安三年（703年）九月廿日

粟特人安思泰镌造的方形石塔，20世纪70年代出土于龙门地区的田野遗迹中，今存龙门石窟研究院。石塔密檐四级，系一整块青石自下而上略见收分而刻成。石塔通高165厘米，基层底边每边长37厘米。基层因雕刻所需琢磨细腻，正面造像一龛，其余三面则以阴刻楷书各刊题辞。第二层以上至塔刹顶珠一段，则略事雕凿而未行修磨，从而在整体艺术效果上显得手法简洁、古朴刚健。

该塔基层正面之坐佛像龛，内刻阿弥陀坐像一尊。像龛左右耳龛各一，内刻胡跪男、女供养人各一身。龛下题记文曰：

"清信佛弟子安思泰一心供养十方诸佛、一切贤圣"（图二七六）。

塔基右面，刊安思泰造浮图铭一篇，文曰：

"大周浮图铭并序

若夫业终运化，上哲不能移；丹徒水迁，中才莫由晓。遂使埋魂蒿里，委骨泉门，缄憾松楸，抱怨丘陇。思泰罪积，早丧慈亲，风树惊庭，蓼莪凄野。敬造灵塔，式报先亡，永谢三途，长归八正。

其词曰：

图二七六
龙门东山北麓出土长安三年（703年）安思泰浮图铭题记

图二七七
龙门东山北麓出土长安三年（703年）安
思泰浮图铭

图二七八
龙门东山北麓出土长安三年（703年）安思泰
刊《佛说续命经》

悲哉埏埴，痛矣阴阳，生我父母，窆之丘荒。其一。风树神销，陔兰气绝；堂宇寂静，薤露歇灭；其二。敬造灵塔，饰像浮图；挈贝而应祐，尽丹青而倚珠；其三。

长安三年（703年）岁次癸卯九月庚寅朔二十日安思泰造浮图一所，为七世先亡敬造”（图二七七）。

塔基左面，刊《佛说续命经》一部，全文乃云：

南无大慈大悲观世音所愿□□□□顶经

“娑婆世界，重□睹婆，著涅盘解脱地，唯愿千百世众海，供养诸佛，□一切如影随身。观世音愿恒受持，不舍西方阿弥陀佛、观世音菩萨、得大势至。有能诵此一佛二菩萨名者，得离生死苦，永不入地狱，恒遇善知识；有疑有难者，诵经千遍，即得解脱。

一愿三宝恒存立，二愿风雨顺时行，三愿国王寿万岁，四愿边地无刀兵，五愿三途离苦难，六愿百病尽除平，七愿众生行慈孝，八愿屠儿不杀生，九愿牢囚欣得脱，十愿法界普安宁。眼愿不见刀光刃，耳愿不闻怨枉声，口愿不用违心语，手愿不杀一众生。总愿当来值弥勒，连臂相将入化城”（图二七八）。

按此塔功德主人安思泰其人，应即粟特安姓东来中原的移民。其于龙门造此石塔并施刊经之行为，无疑说明当时洛阳一带东迁粟特多有皈依佛教者，这与石窟内部所见诸多粟特造像实例事理吻合，亦与当地其他粟特文化遗迹传达出共同的信息脉络。

43. 康法藏祖坟记　　长安三年（703 年）九月廿日后

安思泰石塔基层的背面，刊有唐代佛教华严宗三
祖康法藏家族坟茔记一篇，其文云：

图二七九
龙门东山北麓出土长安三年（703 年）
康法藏祖坟记

　　"次西边坟

　　祖婆康氏，右麟德二年（665 年）八月亡。

　　祖父俱子，右上元二年（675 年）五月亡，
其年八月葬在洛州河南县龙门乡孙村西一里。
父德政合葬记。孙男法藏、阿仵、□□□、惠琳。
孙男崇基、万岁。

　　父德政，右去垂拱三年（687 年）七月七
日亡。

　　母尹氏，右去长安元年（701 年）十一月二十九日亡"（图二七九）。

除此之外，法藏本人尝于龙门石窟造像多处，今择其例，略示一斑。

在龙门西山魏字洞西壁，有乾封二年（667 年）康法藏造像一龛及题记。题记文曰：

　　"法藏为父母、兄弟、姊妹，又为胜蛮，敬造弥陀像一龛。乾封二年（667 年）四
月十五日。"

此外，在老龙窝上方，有"韩曳云、司徒端、刘彦举、康法藏、董师德"等三十余人造
优填王像两龛的题名。

另在宾阳三洞外崖上方的列龛中，有比丘"明如、法藏"造像的题名[794]。

考古信息以上所见法藏之事迹，反映出这一粟特僧人一门三代结缘龙门的事实。而法藏
家族龙门之行事，正可视为东来粟特部落中原社会生态的缩影，此由龙门另一粟特家族——
安菩萨夫妇——墓葬习俗的揭示，可以窥见其旖旎。

[794]　温玉成：《华严宗三祖法藏身世的新资料——兼述龙门石窟中的外国人造像》，《法音》1984 年第 2 期，
　　　页 35、36。

44. 武周何彦先墓志 　　　　　　　　　景龙三年（709年）八月十八日

　　武周何彦先墓志，2013年10月洛阳市偃师县洛水南岸东石桥村出土，是洛阳隋唐故城东郊漕河两岸胡人聚落区出土的又一件粟特胡人墓志。志石长87.5、宽86.5厘米，内隶书志文30行，行满31字，其文曰：

　　"周故地官侍郎上柱国何公（彦先）墓志铭并序

　　给事中修文馆学士武功苏颋撰。」

　　公讳彦先，字元茂，庐江潜人也。晋徵君准十代孙。曾祖景，陈秘书郎。衣冠北徙，累」迁济南郡通守，因家于济南之平陵。祖达，隋青州别驾。父武，唐婺州永康县丞，追」赠代州都督府长史。莫不蕴其儒玄，材可镇俗，更于夷险。位不适时，故遗风作程，」令息昌绪。公始自于高迈，见奇于卓立。年十七，师事东海王义方。覃思百家，研精」一纪。藏山壤壁，蠹简漆书。陈农之所求，倚相之所读，靡不发挥幽赜，刊正柢梧。归」东已叹于季长，请北递闻于仲远。上元二年（675年），太仆卿温翁归，准制举，应藻思清」华、词弹文律。公褎然祖名，首践甲科。解褐秘书省校书郎，转洛州阳城县主簿。垂」拱（685～688年）初，拜右台监察御史兼修文馆学士，稍迁侍御史。高步石渠，仍司铁柱。是时持」狱秉宪，各为巧祍，而公推心恕物，独徇哀矜。因而上闻，将有大用。加朝散大夫行」天官员外郎，

图二八〇
2013年洛阳东郊洛水南岸东石桥村出土景龙三年
（709年）何彦先墓志

俄迁凤阁舍人。伏奏丹地，司言紫宸。扬历二省之华，见称一时之」杰。除洛州司马，俯擢近臣，来光亚尹。惠风所靡，期月而化。大足元年（701年）銮舆之西」幸也，出为太州刺史。至则清道肃设，离宫储峙。恭而不劳，简而能济。入拜天官侍」郎，端清赏举，遗材浮华，已变畏臣，源之璞玉。真实知归，邀彦辅之明镜。寻除地官」侍郎。始敷其教，奄顿于疾，公谓：'命也者，审乎修短；生也者，观乎进退。'赐来何迟，丘」祷已久。呜呼！失于交臂，全而启足。降年六十有三，长安三年（703年）九月廿五日，卒于京」师宣阳里第。冕旒悼焉，饰终加数；缨緌闻者，咨嗟失声。咸谓公

藏密之用，知微｜之体；嘿而识之，阳秋潜运；温其如也，礼乐自然；本以宣慈，惠和成之。文行忠信，宜｜应匪躬论道，竭力匡时。胡宁彼天，不享昭代。至于筹皇王之理，画军国之宝，开四｜始之英、漱六经之润者，皆见公所著《帝图秘录》十卷、《三国战策》十二卷、《政论》两卷、｜《文集》廿卷。噫！古之谓不朽也欤？

　　夫人河东裴氏，曾祖昂之，周洛州刺史。祖孝起，唐｜沧州清池县令。父仁绍，早亡不仕。生于有德之门，嫔于君子之室。组纴酒食之训，｜形于家人；蠡斯雀巢之风，洽于群族。福不为寿，早世而亡。垂拱二年（686 年）三月十四日，｜终于东都绥福里第，春秋卅五。粤以景龙三年（709 年）太岁集酉八月乙酉朔十八日壬｜寅合葬于洛州偃师县石桥之东北原，礼也。山即首阳，城邻景亳，衣衾以敛，克奉｜遗言。编简或存，不忘圣道。有子监察御史鸾，宗正寺主簿凤等。程材见伟，修业增｜茂，以为称前人之德，莫大于扬名；询故吏之谈，所怀者知己。哀托蒙鄙，而为铭曰：｜

　　何公堂堂，万夫之望；才生于代，休有其光；致虚守静，直也至方；聚学辩物，宛而成｜章；宾国利往，升朝孔臧；入以精爽，出为循良；官罔不义，政无不康；岁落其实，人之｜云亡；冥灭坟隧，呜呼昊苍；笳铎云返，松楸巳行；殁而可作，久久芬芳"（图二八〇）。

45. 粟特六胡州大首领安菩萨墓志　　　　　　　景龙三年（709 年）十月廿六日

　　1981 年，龙门石窟东山北麓发掘了唐故陆胡州大首领安菩萨墓葬。墓志记载，安菩萨父子两辈尝以粟特部落首领于贞观四年（630）后移籍于唐境。安氏本人则又受唐羁縻引领部落六胡活跃于中原。墓主之子安金藏两《唐书》有传，加之墓中出土有为数不少的显示西域文明色彩的文物，因而这一粟特家庭的内部情况，无疑值得我们给予更多的关注。至于墓中所出安氏夫妇之墓志，对于研究中原地区东来粟特部落的历史面貌，则尤其具有珍贵的价值。现将墓志全文迻录如下：

　　"唐故陆胡州大首领安君墓志

　　君讳菩，字萨，其先安国大首领。破凶奴，衔帐百姓归中国。首领同京官五品，封定远将军，首领如故。曾祖讳钵达干，祖讳系利。君时逢北狄南下，奉敕遥征。一以当千，独扫蜂飞之众。领衔帐部落，献馘西京。不谓石火电挥，风烛难住。粤以麟德元年（664 年）十一月七日，卒于长安金城坊之私第，春秋六十有四。以其年十二月十一日，旋窆于龙首原南平郊，礼也。夫人何氏，其先何大将军之长女，封金山郡太夫人。以长安四年（704年）正月二十日寝疾卒于惠和坊之私第，春秋八十有三。以其年二月一日殡于洛城南敬善寺东,去伊水二里山麓,礼也。孤子金藏,痛贯深慈,膝下难舍,毁不自灭,独守母坟。爱尽生前,敬移殁后。天玄地厚,感动明祇。敕赐孝门,以标今古。嘉祥福甸,瑞草灵原,乡曲荫其风,川途茂其景。粤以景龙三年(709年)九月十四日,于长安龙首原南启发先灵。以其年十月二十六日于洛州大葬,礼也。嗣子游骑将军胡子、金刚等,周极难追,屺岵兴恋。日弥远而可知,月弥深而不见;与一生而长隔,悲复悲而肠断;呜呼哀哉。其词曰:

素成大礼,载召幽魂;关山月亮,德洽乾坤;鸿门定远,留滞将军;择日迁卜,阴阳始分;兰芳桂馥,千岁长熏。其一。名由谥显,德以位班;质含月态,镜转神颜;淑慎匪亏,丽藻清闲;珠川永绢,玉润灵原;君贤国宝,妻美金山;孝旌问闲,万代称传;其二"(见前图一五八、一五九)。

人们熟知,粟特安氏原本信仰着故乡的祆教。但安菩萨墓志的记事,从出土文献角度透露了这位移籍中原的六胡州"大首领",已经一门两代改信了佛教,这由安氏及其二子取了带有佛教意味的名字"菩萨""金刚""金藏"可以略见其端底。而安氏夫妇以佛教信仰为念不远千里自长安迁葬龙门的过程,着实从一个侧面反映出粟特诸胡曾以东来部落热恋着龙门佛教胜地的宗教氛围。结合前引粟特移民在龙门地区的造像、置塔、刊经、修墓之行为,不难看出,龙门地区佛教文化之熠熠昌明,与东来粟特的推波助澜有着密切的关联。

尤其是,当我们阅读安菩萨墓志记事的时候,我们会发现这一文化遗产给我们对当年丝绸之路上的"运河贸易",赐予了启示性的认识价值。

安菩萨家族以信仰佛教之缘故,故其夫人何氏长安四年(704年)卒后遂有选择性地"殡于洛城敬善寺"的地望期待。而安氏本人,虽然麟德元年(664年)十一月卒于长安金城坊,且"其年十二月十一日旋空于龙首原南平郊"。但45年之后,出于家族信仰的原因,一仍不殚坎坷,千里转输迁葬于龙门,与夫人合祔于敬善寺之近迤。墓志记载表明,这次两京之间的移媵迁葬,自"景龙三年(709年)九月十四日于长安龙首原南启发先灵,以其年十月廿六日于洛州大葬",前后经历了42天的时间。

由此我们可以想象,当年两京之间灵榇的路途转输,经历了风餐露宿,廓费时日的杠抬车载,器具损耗。其间石壤坎坷、硖石曲回的路途艰辛自难备述,两京路上这种逶迤颠沛的转输生计,说到底折射了宗教信仰支配下人间意志的坚韧选择。

而这,毫无疑义折射出一代胡人领袖两京"移榇"的必要性,含有重大的社会语境学(Social context)意义——龙门东山北麓伊洛河两岸"崇义乡""感德乡"胡人侨乡内输丝部落的人事积聚,需要李唐国家推出一位影响力非凡的历史人物,作为地标遗存显示于当地。

　　这样看来，龙门地区这座胡人墓志的出现，正是当年贩丝部落政治需求惠赐给我们的一座具有重大历史学价值的文化遗产。

46. 大唐故波斯国大酋长右屯卫将军上柱国金城郡开国公波斯君（阿罗憾/Abraham）丘之铭
景云元年（710年）四月一日卒，其年葬洛阳建春门外

　　晚清时洛阳出土《大唐故波斯国大酋长右屯卫将军上柱国金城郡开国公波斯君（阿罗憾/Abraham）丘之铭》，序其行状有谓：

　　　　"大唐故波斯国大酋长、右屯卫将军、上柱国、｜金城郡开国公波斯君丘之铭。｜君讳阿罗憾，族望波斯国人也。显庆（656～660年）年中，｜高宗天皇大帝以功绩可称，名闻西域，出使｜召来至此，即授将军北门□领使，侍卫驱驰。｜又差充拂菻国诸蕃招慰大使，并于拂菻西界｜立碑，峨峨尚在。宣传圣教，实称蕃心。｜诸国肃清，于今无事。岂不由将军善导者为｜功之大矣。又为则天大圣皇后召诸｜蕃王，建造天枢，及诸军功，非其一也。此则｜永题麟阁，其于识终。方画云台，没而须录。以｜景云元年（710年）四月一日，暴憎过隙。春秋九十有｜五，终于东都之私第也。风悲垄首，日惨云恇，｜声哀鸟集，泪落松干。恨泉扃之寂寂，嗟去路｜之长叹。呜呼哀哉！以其年□月□日，有子俱｜罗等，号天罔极，扣地无从。惊雷绕坟，衔泪刊石，｜四序增慕，无辍于春秋；二《礼》克修，不忘于生死。｜卜君宅兆，葬于建春门外，造丘安之，礼也"（图二八一）[795]。

图二八一
唐洛阳建春门外出土景云元年（710年）
波斯国大酋长阿罗憾墓志

[795] 阿罗憾墓志的录文与拓本，始见端方：《匋斋藏石记》卷二一，页9；又刊《北京图书馆藏中国历代石刻拓本汇编·唐》第20册，中州古籍出版社，1989年，页110；录文详周绍良编：《唐代墓志汇编》，上海古籍出版社，1992年，页1116。

图二八二
洛阳出土开元三年（715
年）粟特人石野那浮图

图二八三
洛阳出土开元三年（715
年）粟特人石野那浮图铭

47. 龙门石窟吐火罗僧宝隆造像记　景云元年（710 年）九月一日

如前报导，龙门石窟东山看经寺上方摩崖间，有景云时代吐
火罗僧宝隆造像一铺。龛下有造像题识详载事端因由。造像题记
文曰：

"盖闻百空者诸佛，□□□资粮。所以慧观穷于二边，□□
破于四德。今有北天竺三藏弟子宝隆，上奉诸佛，中报四恩，下
□□□。敬造释迦牟尼一铺，□为赞曰：大慈大悲，是救是依，灭
恶生善，不枉不欺。景云元年（710 年）玖月一日吐火罗僧宝隆造"
（见前图一六九）。

48. 石野那浮图铭　　　　　　　　开元三年（715 年）正月廿七日

"大唐开元三年（715 年）正月二十七日，家人石野那为曹主
故王元邵造五给（级）浮图一区，为记"（图二八二、二八三）。

根据日本粟特语学者吉田丰先生的研究，这位名称"野那"
而出身于石国的粟特人，其名字可以还原为"**Yānakk**"，意即"最
喜欢的人"[796]。

史料搜集表明，这种以"最喜欢的人"设定名字的现象，开
元时代中原地区更有其他的实例。如敦煌、吐鲁番出土文书中，
亦不乏"曹延那（Yanakk）""曹野那（Yanakk）"的粟特胡人
具名的出现。

与此蕙芬映照的是，唐玄宗时代的宫廷，并有内职曰"曹野
那姬"者的出现——"玄宗，禁中尝称阿瞒，亦称鸦。寿安公
主，曹野那姬所生也。以其九月而诞，遂不出降。常令衣道服，

[796]　参见耶鲁大学韩森（Valerie HANSEN）：《丝绸之路贸易对吐鲁番地方社会的影响：公元
500 ～ 800 年》，《法国汉学》丛书编辑委员会编，荣新江等主编：《粟特人在中国——历史、考
古、语言的新探索》，中华书局，2005 年，页 128。

主香火。小字虫娘，上呼为师娘。为太上皇时，代宗起居，上曰：'汝在东宫，甚有令名。'因指寿安，'虫娘是鸦女，汝后与一名号。'及代宗在灵武，遂令苏澄尚之，封寿安焉"[797]。可见中古时代内地多有以"野那"命名的粟特胡人的出现。

49. 故岐州岐山府果毅安府君（思节）墓志

开元四年（716年）五月廿七日

"府君讳思节，其先长沙人也。家世西土，后叶东周，今为河南人也。曾祖瓒，隋左卫大将军。拥旌龚命，而六漠无祲；授抱先登，而三军加勇。

图二八四
洛阳邙山出土开元四年（716年）安思节墓志

祖遮，任左金吾卫弘仁府折冲。仡仡干城，英英御难。率职亮采，光于古人。皇考暕，上柱国。纪庸燕山，铭勋彝器。雄誉声于天下，猛气横于大荒。记谍存焉，可略言也。君世为华胄，早能耀德。干蛊于家而孝风变俗；移忠于国而丕绩勤王。弱冠，宿卫皇闱，典司文陛。敏对以待问，执机而应务。帝用盛之，擢授祁州祁山府果毅。图略云郁，神情月照。用武则断匈奴之臂，运谋则伐单于之心。愿扫游魂，将雪国耻。而幽数或奇，□策未振。居无何，脱巾旧里，倏然有外物之议。潜华养素，采真冥古。陆大夫之籍甚，时论同归；郭有道之优游，人林取宪；泥蟠而晦德，雾隐而韬文。惜其大位未跻而享年不永。开元四年（716年）四月十有一日寝疾，卒时年五十八。初，公洗心妙业，结意芳缘，护法终身，持戒没齿。昔厌烦恼之境，今游清净之方。即以其年五月廿七日殡于邙山之阜"（图二八四）。

[797] 段成式：《酉阳杂俎》卷一《忠志》，中华书局，1981年，页2；王谠：《唐语林》卷四《贤媛》略同，上海古籍出版社，1978年，页150。

图二八五
龙门北原伊水北岸出土开元七年（719年）史北勒墓志

50. 《大唐故冠军大将军史□（北）勒墓志并序》

开元七年（719年）四月十五日

史北勒墓志，长45.5、宽46.5、厚10.3厘米，2010年秋出土于龙门北原伊水北岸的城角村一带。由此可知其为龙门地区内徙胡人部落沿着伊水两岸布置墓葬的遗迹。志文乃曰：

"《大唐故冠军大将军史□（北）勒墓志并序》

公讳多，字北勒，西域人也。建土鹿塞，代贵龙庭。交赟往来，书于曩策。公其后也。曾祖达，官本蕃城主。自天纵知，神朗宏达。不由文字，晤暗古今。率彼附容，远钦皇化。祖昧，嫡袭，不坠忠贞。父曰，凤使玉关，作镇金塞。乃礼遣长子，削衽来庭，公之是也。公至自，皇上嘉其成款，特拜授中郎将。自参侍丹墀，绵历年祀，尝无纎犯，声誉日闻。又加冠军大将军，进位上柱国，转右领军卫中郎将。拥虎□□，猛士警翼。皇图运豹韬之奇筹，弥摧匈寇。公素知止足，不尚矜华。谢病丘园，甘寝私第。岁时月见，二三而已。谷神不死，徒著五千之贤；圣□□归，终化一棺之土。以开元六年（718年）十月廿六日，薨于里第，春秋一百一。七年（719年）四月十五日，迁厝于洛阳城南，礼也。其处则迤接华阳，依紫微于北极；俯临伊渚，奇□控于南山。瑞则仙鹤吊人，图则神龟占地。绝浆哀子，痛甚曾参；树剑良用，悲深吴礼；沿兹铭典，以勒泉门。冀播金声，永存玉策。其词曰：

惟德动天，无远不届；赫赫宗唐，四方是拜；英英公族，则为蕃首；声闻中华，威振细柳；粤自龙庭，入侍凤阙；削衽拖绅，解辫冠发；翼翼警卫，叠叠岁月；忠恩日闻，礼数时越；功逾卫霍，绩出韩彭；玉门拥节，金岭麾族；不尚矜华，屡乞骸骨；谢病归家，星杂寡疁；日逗纎陈，人生斯须；忽如过客，羃历草隧；萧瑟风柏，泉路一分；幽明永隔，名冀与今；天壤俱凋，兹石兮勒名策"（图二八五）。

51. 大唐故正议大夫易州遂城县令
上柱国康公（固）墓志铭并序

开元九年（721年）十月十一日

"……君讳固，字义感，
春秋七十有二。考其门绪，则
媲金社以传名；验其声华，则
比玉人兮挺誉。出身献直以事
主，效职尽节以图荣。谅知命
有推迁，物皆代谢，以开元八
年（720年）十月廿一日寝疾，
终于魏州馆陶县之别业也……
夫人赵氏，成州刺史之长女也。
充国之贵族，元淑之家孙。闺
范克彰，邕和早着。适人以礼，
俯就于初笄之年。结偶有期，

图二八六
洛阳邙山出土开元九年（721年）康固墓志

克展于乘龙之誉。春秋卅有七，去垂拱三年（687年）三月廿一日，终于西州之官舍。
所恨椅桐半死，葛藟全凋。魂魄远塴于莎车，旌旐近随于柳驾。炎凉几变，背贯升之关河；
坟陇再营，得邙山之地势。即以开元九年（721年）岁次辛酉十月乙亥十一日乙酉合葬
于河南府河南县平乐乡之北原……"（图二八六）

由康固夫人赵氏垂拱三年终于西州的记事，可见武后时代这一汉胡联姻的家庭，曾以人
世迁革留寓于西域。而其"魂魄远塴于莎车，旌旐近随于柳驾。炎凉几变，背贯升之关河；
坟陇再营，得邙山之地势"的叙事，透露出康固家族认籍洛阳的人文观念。这不仅是北魏移
跸中原以来多数洛阳出土的胡人墓志所常见的理念，更是这一"西州"官家锐意魂归洛阳的
透露。这与此前康留买、康磨伽这一"西州"世族恋土洛阳有着相近的原因。

52. 大唐故下管令上柱国康府君（威）墓志　　　　　　开元十一年（723年）十月十一日

"君讳威，字宾，卫人也。昔八表军中，元台鼎遌。□□魏道武，历通五运。爪牙同
凑，迁舆大豫，今为河南人焉。曾祖讳远，后魏右龙相（骧）将军、寿阳县开国公。祖讳满，

图二八七
洛阳邙山出土开元十一年（723年）康威墓志

隋右卫郎将、寿阳侯。父讳达，皇朝金谷府统军。君周文鼎族，讬北公高，遂辅云中。帝分十姓，主升中岳。臣无外交，代袭干戈。勋封上品上柱国。以其开元十年（722年）季秋末遘疾，卅日终于郑州荥阳私第，春秋六十。夫人韩氏，齐人。汉大臣韩信末孙女。贞雅四德，妇功全矣。以太极元年（712年）三月六日终于荥阳私第。以开元十一年（723年）癸亥二月十三日己酉，夫妻合葬，附（祔）于先祖父茔定鼎门正北廿五里河南北山，礼也。孤子庭玉，内怀忠孝，恐高峰颓为历阳，东海升为原岭，故勒为铭记。

兄弟六人，各从存天。第四兄惠观沙门，内勤释教，忠于事君，道俗志成，袭寿阳县开国公。兄友弟恭，哀哀痛于陟岵。左瀍谷原，右瀍水泉，南至帝宅，永附幽焉"（图二八七）。

康威墓志的婚姻纪事，亦为唐代粟特移民与汉族血缘融合的实例。

53. 大唐故忠武将军行左领军卫郎将裴府君（沙）墓志并序

开元十三年（725年）正月廿五日

"公讳沙，字钵罗，疎勒人也。地秀灵杰，得右姓于金方；族茂忠贞，作菛门于玉塞。曾祖施，本蕃大首领。祖支，宣威将军。父达，云麾将军。乃天生贤材，不由文字。并解其辫、削其衽、慕礼乐、袭衣冠。常躬勤边隅，功不自伐。仍心恋阙下，忠不敢忘。公少奇，颇有韩、彭之略。及长也，属蕃落携二，安西不宁。都护李君与公再谋，奏拔四镇。公乃按以戎律，导以泉井，百战无死败之忧，全军得生还之路。翳公是赖，朝廷嘉之。特拜游击将军，寻加折冲都尉。无何，北庭杂虏候秋月以南牧，西海余尊，度沙徼而东侵。公志在丧元，奋不顾命。请躬先士卒，歼彼□魅。帝俞其诚。金曰惟□。遂挥剑出塞，不战而要荒自清；返斾来朝，未至而庙堂先赏。以功授忠武将军行左领军卫郎将。夫功成身退者，鲜有人能。公频请悬车，诏迟回而后许。仍赐几杖，恩□缪而弥加。自乐道优闲，亦十有余载。岂谓叔夜论无验于养生，乃知子辇言必善而将死。以开元十二年（724年）十二月卅日薨于私第，春秋八十一。以开元十三年（725年）正月廿五日葬于北邙山西。官给葬事，并赐班剑鼓吹，赗粟帛，礼也。惟公傲傥，蹻捷过人。历宦两朝，恪勤五主。宜其列侯关内，享福闰门。天何不仁，摧我梁□。嗣子祥等，悲缠陟岵，痛结在庐。以为桑田有移，金石不朽。庶□景行，用勒其铭：

赫赫我唐，四夷来王；念尔先祖，早竭忠良；惟公勇列，复启戎

图二八八
洛阳邙山出土开元十三年（725年）疏勒人裴沙墓志

行；指大成效，拜虎贲郎；其一。率性知止，退居辞禄；饵术未验，逝川何速；华堂才歌，繐帐旋哭；其二。逶迤春水，绕绕邙山；长夜冥寞，去者何还；吞古人之遗恨，痛嗣子之哀颜"（图二八八）。

54. 唐故朝散大夫上柱国颍州汝阴县令史公（待宾）墓志铭并序

开元十八年（730年）闰六月廿三日

"公讳待宾，字待宾，河间鄚人也。粤自济北，迁于燕垂。在昔史鱼怀谅直之诚，史岑著出师之颂。家声无替，才贤继美。曾祖护，隋任宋州楚丘县令。长吏之能，亲人之要，时闻干理，政不烦苛，得之于此君矣。祖卿，皇朝国子监助教。鸿儒硕德，依仁游艺。同匡衡之射策，类曹毗之入仕。父威，沧州长芦县丞，屈台乡之用，荏全赵之眄。公土风质愿，操履贞慎，行惟可则，言必有章。少好礼经，长娴吏道，解褐授眉州清神县丞。蜀城南望，梁山北峙。接江国之三巴，通商旅之方族。忽忽不乐，雄雄有声。秩终，选授魏州魏县丞。纵巫马星入，门豹风行，不资赞贰之劳，岂弘宽猛之政。至任未经考，恩制授中书省主事。其后又重践斯职。密勿王言，清切禁省，恭勤励志，夙夜在公。于时居庙堂者共所嘉叹，又改授泗州下邳县令。山植孤桐，水现浮磬，郊原控带，田壤膏腴。公约身率下，劝农务穑。地

图二八九

洛阳邙山出土开元十八年（730年）史待宾墓志

图版采自北京图书馆金石组：《北京图书馆藏历代石刻拓本汇编·唐》第23册，中州古籍出版社，1989年，页23

不荒闲，岁实仓廪。亦犹荥阳之渠尽决，寿张之界独豊者哉！其后又授颍州汝阴县令。汝颍多奇，人吏尚谲。公大敷善诱，潜察奸讹。赏罚既明，比户咸若。州课第一，县异有三。字人如子，繄公是赖。前后作宰，并树丰碑。稜韩蒯钧，可比职同年矣！公卧疾久之，医药不救，春秋八十二，终于审教里之私第。呜呼！命先薤露，魂归斗星，卜其宅兆，安此窀穸。

夫人邵氏，前亡。今合葬于洛阳县平阴乡邙山之原，礼也。生乃宜家，死则同穴。虽合葬非古，而垂范将来。嗣子宣义郎行豫州新息县主簿隐贤，衔酸茹泣，谁谓茶苦。送终全礼，恐掩松扄。痛隔幽明，悲缠屺岵。

仆乡连瀛海，宦均唐邑，遂怀眷而葡萄，因抚事而含毫。铭曰：

洛阳东京，邙山北横；悠悠人代，郁郁佳城；飞旐曳影，哀挽传声；终悲栾栋，芜没坟茔。

开元十八年（730年）闰六月廿三日安厝于此原”（图二八九）。

55. 河南府密县人米神通墓志铭并序　　　　　开元十九年（731年）四月十三日

“四营设象，六义垂偏，造化常期，劳生休死。神通恭字勃美，生日长安。祖腾英，珠服米国，轩冕相继。锺鼎仍传，远控条枝。珪门秀族，云惊星落，丈夫志世之悲，桑出鸟□；君子亡身之厄，春秋卌三也。意重崩城，束箭不留。海辉土壤，开元十九年（731年）三月卅日黄昏时，终福善宅。是日庭折玉树，掌碎明珠。振恸乡邦，伤于九族。遂共慈颜，永隔抱恨。赴于幽途，遗老母之长悲；喊怨归于冥路。叹乎！寒笋空奠，冰鱼阙执。劬劳深祜，负米哀缠。一子永背慈颜，念切孤遗，羁栖靡托。不意西兹日下，电影倾巢，驷不停奄。斯日矣，以其年岁次辛未四月己卯朔十三日辛卯，殡河南县界龙门乡孙村，礼也。冥面秘说，墨翟变形。今者府君，魂归墓所。威仪引路，挽歌切于杨声；四寂之影空莚，九原之悲逾切。叙其志操，乃为铭曰：

川惊水阔，景没山迷；白鸪朝叫，
青鸟夜啼；高松落落，宿草萋萋；其一。
谷深风驶，垄冥云伍；龙章卜兆，马鬃
开埏；丘陵迁易，海变桑田；其二。署
石记时，故勒金编；长辞永日，随愿生天；
森森源深，悠悠系缅；其三。貂蝉迭构，
华室重关；光泽既融，英髦自现；蔼迹
以泛，芳香弥远"（图二九〇）。

56. 大唐故翊麾副尉泽州太行镇将骑都尉安
府君（孝臣）之墓志铭并序

开元廿二年（734 年）四月九日

"夫以三教之法，与天地合兴；圣
演流传，俱当是一。君讳孝臣，太原郡
人也。惟生翘心逸众，勇气超群，镇静
边疆，宁清塞境。何忽终于敦厚里之私
第，春秋卅有六，天哉中化。嗣子兴宗，
次子承宗、次子荣宗。呜呼！以开元廿
二年（734 年）岁次三月八日，魂归四大，
气散春风。荒郊之野，永世长居。用其
年四月九日，殡于河南县平洛（乐）乡
邙山之原母大营（茔）内安措（厝），
礼也。夫子之德，其铭曰：

盛德何在，荒田一丘；含霜风切，
覆垄云愁。惟灵生母，营（茔）内敬造尊胜石幢，高两丈五尺。又就墓所，写《花严经》
一部。愿灵承尘沾影，往生净土"（图二九一）。

图二九〇
河南县龙门乡孙村出土开元十九年（731 年）米神通墓志

图二九一
洛阳邙山出土开元二十二年（734 年）安孝臣墓志

墓志记事表明，洛阳盛唐时代的这一粟特家庭，曾经以墓所立幢、刊经显示着虔诚
的佛教信仰，这与安菩萨墓志、安思泰塔铭等石刻记事可以折射出汉地胡人信仰的佛教
化倾向。

图二九二
近年龙门北原出土开元廿四年（736 年）突厥豪酋史
思光墓志盖

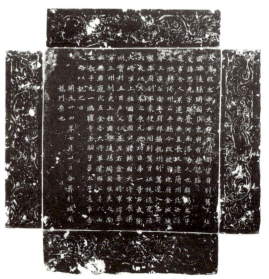

图二九三
近年龙门北原出土开元廿四年（736 年）突厥豪酋
史思光墓志

57. 近年龙门北原出土唐突厥豪酋史思光墓志　　　　　　开元廿四年（736 年）七月四日

志石长 44.5、宽 43.5、厚 9.6 厘米，志盖长 46、宽 45.5 厘米，盖芯篆题"大唐故」史府
君」墓志铭"。石藏王氏。志文叙事有曰：

"《大唐故太中大夫守安州都督府别驾上柱国乐陵县开国侯史府君（思光）墓志铭》
公讳思光，字昭觉，河南洛阳人也。解褐太子」通事舍人，累迁尚乘直长。又迁简
州阳安县」令，旋转降州正平县令。改授京兆府金城县」令，又迁左卫率府郎，摄杭州
别驾，迁入左司」御率府副率，蒙授安州别驾。曾祖统，隋光禄」大夫。祖大奈，太原
元从功臣第一等、右武卫」大将军上柱国窦国公赠辅国大将军食渠」州实封五百户。父
仁基，左右金吾将军绵、华、」宁三州刺史上柱国乐陵县开国侯。夫人南」安县君庞氏，
左金吾大将军濮国公第六女」也。长子元一，鸿胪寺丞。嗣子孚，太子通事舍」人。略
以记之曰：

开元廿四年（736 年）七月四日合葬于城南」龙门原"（图二九二、二九三）。

志主祖大奈，两《唐书》有传，本系突厥贵族，以太原扶唐功名于朝。子孙称贯于洛阳。
可见盛唐时代北狄附化者多有认同华夏为宗国的民族意识。

58. 近年龙门北原出土唐米钦道墓志　　　　　　开元廿五年（737年）十一月十四日

志石长 45.5、宽 44、厚 11.3 厘米，志盖长 46、宽 45 厘米，盖芯楷题 "故巂州 ｜别驾米 ｜君墓志"。志文乃曰：

"《故正议大夫行巂州别驾米君（钦道）墓志并序》

君讳钦道，敦煌人也。曾祖斌，隋骠骑将军。祖琳，皇忠 ｜武将军。父刚，游击将军左卫中郎将。咸恪居官次，竭 ｜情无私。簪绂相承，载籍详之矣。君智也无涯，以和为 ｜量，注焉不满，酌焉不竭。朝野君子，洒然异之。弱冠翊 ｜卫，拜右执戟，转右屯卫骑曹参军。累迁正议大夫巂 ｜州别驾昆明军副使。君文足以化人，故委佐郡政；武 ｜可以静寇，乃兼总戎麾。君不畏危途，俄临巂郡。乃求 ｜人稳、肃兵权。百姓流不空之谣，三军感分醪之惠。未 ｜几，属州将见疑，远构幕府。率境自懼，兴兵聚逆。霜戈 ｜景物，风旆摇空，汹汹我人，尽成鲸敌。君内融奇策，外 ｜制凶徒。扶天使于至危，定封域于已叛。呜呼！宠命 ｜未加，寝疾弥固。以开（元）廿年（732年）秋七月卒于官。知也不知，｜闻皆哀悼。人吏攀慕，哭不绝声。嗣子温，凤承教旨，遵 ｜奉遗令，远迹荒徼，归茔洛师。夫人浔阳郡君翟氏，质 ｜素贞柔，仪范淑睦，作配君子，而德□垂训。闺门以礼 ｜度。天不假善，先君而终。以开元廿五年（737年）岁次乙丑十 ｜一月十四日甲申合葬于洛城南原，礼也。神州近地，不 ｜懼湮芜。纪德流芳，事资铭志。其词曰：

全德君子，文武济时；戎然永寐，铭以志之"（图二九四、二九五）。

图二九四
洛阳龙门北原出土开元廿五年（737年）米钦道墓志盖

图二九五
洛阳龙门北原出土开元廿五年（737年）米钦道墓志

图二九六
洛阳邙山出土开元廿八年（740年）康庭兰墓志

59. 大唐故右威卫翊府左郎将康公（庭兰）墓志铭并序

开元廿八年（740年）十月十七日

"川流广矣，怀珠而炳丽；山积高矣，蕴玉而增晖。比夫代袭簪缨，必资贤淑。清芬不坠，余庆斯存。则康氏家牒详焉，今可略而言也。曾祖匦，皇朝游骑将军守左卫翊府中郎将。百夫之特，三略之英。爰立盛名，聿光奇器。祖宁，归德将军行右领军卫将军。杖钺无前，从政可纪。方明令德，言崇大树之□；浡发雄规，克荷高门之祉。父烦陀，云麾将军上柱国。坚刚果断，恭肃允怀，勤俭公家，清白私室。

公讳庭兰，壮武将军行右威卫翊府左郎将上柱国。出身入仕，移孝成忠。或执锐陷坚，或争锋绝漠。克谋而宦达，守道而名扬。宿卫阙庭，多历年所。军闻他客，用选尔劳。降疾弥留，歼良讵几。春秋六十有五，开元廿八年（740年）九月□日，终于东都温柔里之私第。即以其年十月十七日，迁措（厝）于河南之杜郭原。公行惟乐善，性实谦冲。虽悉戎班，而雅重文艺。闺门邕睦，容范可观。六籍播于□田，百氏包于辩囿。暨于晚岁，耽思禅宗。勇施罄于珍财，慧解穷于法要。冥冥舟壑，同舍筏而不留；袅袅风林，与焚芝而共陨。嗣子韶、旦等，缠哀孺慕，泣血充穷。莫酹爱羞，痛幽冥之遂易；宅兆方启，惧陵谷之贸迁。思缉徽猷，诞披阀阅。永缄泉壤，用表佳城。其词曰：

狷狄尚德，和而不同；乃祖乃父，代禄惟崇；曰仁曰义，家声有融；藏舟贸壑，舍筏归空；餐茶遂苦，泣血焉穷；庶雕铭兮撰懿，与天地兮相终。

执徐之祀，玄□之秒篆文兼书"（图二九六）。

60. 大唐故左威卫仓曹参军庐江郡何府君（简）墓志铭并序　　天宝元年（742年）七月卅日

"大唐故左威卫仓曹参军庐江郡何府君墓志铭并序。妻陇西辛氏撰。君讳简，字弘操，庐江人也。曾祖贠、祖豪、考珪，不仕，皆好幽静，避世隐居。至君，博学道高，温恭志肃。以进士及第，解褐扬州高邮主簿。在任洁白能仁，清勤动众。再授左威卫仓曹参军。丁内忧，去职于制，悲裂情异。众人恻怛之心不忘，伤贤之意无改。泣常流血，以类羔柴。居服有仪，同乎敬子。遂成寝疾，已入膏肓。针刀无瘳，药攻不及。以天宝元年（742年）六月十九日卒于河南县敦化坊之里第，春秋五十有七。君金玉不宝，忠信代之。积聚不祈，多闻为富。长闻陋巷，人不堪忧。君也处之，不改其乐。以其年七月卅日，权殡于城北，礼也。身欲随没，幼小不可再孤。一哭之哀，君其知否？是以陌舟已誓，匪石不移。刊石为铭，以存终古。辞曰：

忆昔府君，复礼为仁；学以循德，文以立身；笃信于友，克孝于亲；天道何怨，歼此良人；佳城郁郁，陇树依依；千秋万岁，长处于兹"（图二九七）[798]。

图二九七
洛阳邙山出土天宝元年（742年）何简墓志
图版采自北京图书馆金石组：《北京图书馆藏中国历代石刻拓本汇编·唐》第30册，中州古籍出版社，1989年，页14

何简墓志由其夫人撰写，这在封建时代属于世所罕见的文化懿行。而其行文典雅、遣词妙高的文章学特色，不但显示出这一陇西望族家风儒素的传统文化修养，更能折射出当年粟特移民华夏者，颇有接与汉族儒士的民族时态。

61. 大唐故酋长康国大首领因使入朝检校折冲都尉康公故夫人汝南上蔡郡翟氏墓志铭并序

天宝八载（749年）八月十日

"大唐故酋长康国大首领因使入朝检校折冲都尉康公故夫人汝南上蔡郡翟氏墓志铭并序。

夫人翟氏，汝南上蔡郡人也。家传轩冕之荣，门出士林之秀；汉丞相之荣贵，吴将军之智谋，声播古今，名芳史籍。曾祖瓒，隋朝议郎检校马邑郡司马。祖君德，皇朝散大夫太常寺丞。父方裕，清河郡清河县尉。并高材莅职，雅誉称雄。清规振于郡县，朱绂光于

---

[798] 图版引自北京图书馆金石组：《北京图书馆藏中国历代石刻拓本汇编·唐》第30册，中州古籍出版社，1989年，页14。

乐府。夫人禀柔和之性，怀信义之规。四
德范明，三从礼著。方冀颐年□保，肃家
道于闺庭；何期遘疾弥留，归冥途于寂寞。
以天宝八载（749年）六月九日，终于福善
坊之宅也。春秋七十有八。以其载八月十日，
葬于河南县平乐乡之原。礼也。嗣子从远，
攀号冈极，毁瘠衔哀。恐陵谷之有迁，询
匠石以明记。庶垂不朽，敬为铭曰：

夫人望族，礼乐门传；温柔成范，
孝义称先；冀终暇寿，何促颐年；泉台
一闭，日宇长捐；刻石纪德，万古芳宣"
（图二九八）。

图二九八
洛阳邙山出土天宝八载（749年）故酋长康国大首
领因使入朝都尉康公夫人翟氏墓志

62. 大唐故河南府慕善府果毅都尉省城副使魏郡康府君（先昂）墓志铭并序

天宝九载（750年）二月十三日

康先昂墓志于2003年2月洛阳北郊邙山出土。志石全文乃谓：

"公讳先昂，字昂，魏郡昌乐人也。祖填，酒泉郡司马。父芬，党郡无恤府果毅。
皆代袭名籍，累践班荣。君乃砥节砺行，弘器包量。敬亲和室，恭兄友弟。在家必达，
在邦必闻。浩浩焉、汪汪焉，奥不可测也已。至若文梁秘策，武檀韬钳，蕴德足以润
身，擢才而方从仕。释褐灵武郡鸣沙府别将。虽才高而位卑，寔鸿渐之翼也。未终考祑，
以父忧去职。迄于数稔，又迁范阳郡开福府别将。则班祑有序，资职不遗。改冯翊郡连
邑府左果毅都尉。在官廉慎，政必利人。居厚者不矜其多，处薄者不怨其少。更转河南
府慕善府右果毅都尉，赐支省城使，出入宫禁，侍卫丹墀。将期永保终年，冀凭遐祚。
何图昊天不吊，降此鞠凶，己丑岁十二月八日，殡于东京太常之公第也，春秋卌有八。
禀命不融，中年殒卒。死生永阔，逝者何追。妻子攀号，朋友伤悼。乃卜宅兆，揆日安厝。
以天宝九载（750年）二月十三日殡于北邙之原，礼也。飞旐前路，灵轜驾途；冥冥穷泉，
杳杳长夜，感雍门之遗谤，聊勒石以为铭。其词曰：

惟岳降神，生兹哲人；文武挺质，礼乐谋身；尽忠事国，竭力安亲；享年不永，
奄忽穷尘；殡以原礼，厝以吉辰；陇水呜咽，杨风悲辛；叹生涯之永诀，故刊石以铭真"
（图二九九）。

图二九九

洛阳邙山出土天宝九载（750 年）康先昂墓志

图三〇〇

洛阳邙山出土圣武二年（757 年）闰八月九日大燕
游击将军曹公故大夫人康氏墓志

63. 大燕游击将军守左威卫翊府左郎将员外置同正员内供奉上柱国赐紫金鱼袋曹公故大夫人
康氏墓志铭并序　　　　　　　　　　　　　　　　　圣武二年（757 年）闰八月九日

"大理评事石镇撰

曹氏之先, 盖六终之别族, 邾郳君之远裔也。厥初稽讯图谍, 或云邾有天下, 尔后风云际会,
果入魏, 建大名。子孙无穷, 公侯必复。散在海内, 列于士流。是生先考嵩禅师, 肇锡灵均,
遂以仁贵名字；晚悟寂灭, 复以定住为名。岂唯浮生大千, □□深入不二。禅林淡如以自得,
释门宗之以为主。每见大师跌坐, 缁徒骈立。卑身而伏, 竦耳而听。虽言说无我, 而雾露沾人。
器世火风, 生涯泡幻。以圣武元年（756 年）八月廿六日, 遘疾灭度, 春秋八十有六。卅余
年, 太夫人康氏, 贞淑明懿, 第一流也。耶殊大邑, 积成五百之因；童子虔心, 长结二花之
愿。至于母仪轨范, 妇德周旋, 则虽青史所书, 彤管所记, 方之异日, 无负古人。□□□忘
独贤, 天不与善。两楹先梦, 二竖俄征。享年七十有一, 以圣武二年（757 年）七月十四日,
终于嘉善里之赐第。嗣子彦瓘, 早立杰出, 挺生天姿。宿昔龙潜, 早预纪纲之□；今□凤诏,
忽加□列之尹。陪游清切, 伏奏明光, 玉墀衔圣主之恩, 金印表□公之德。方思陟岵, 递叹
终堂。扪心失图, 沥血以泣。至闰八月九日甲子, 悉力庀事, 卜宅于洛阳之邙原, 礼也。寒
泉□□, 风树长□, 谓予散材, 目托贞石。庶觊碑之不朽, □扃□而□铭。铭曰：

邾郳之系, 康居之裔；如□□□, 栖公□□；邙原北指, 洛川东逝, 日往月来, 芳
尘不替"（图三〇〇）。

志文关于夫人康氏"耶殊（耶稣）大邑，积成五百之因；童子虔心，长结二花之愿"的寄情叙事，实际从石刻文献的史料层面，透露出安史之乱前后的这一粟特移民家庭，因华夏地区胡人众多曾经秉承景教信仰于汉地的人文时态。这一宗教事态出现于一位拥戴安禄山势力的粟特家庭，从体制内信息层面为我们认识安史之乱的宗教氛围提供了绝佳的历史资料。因此这一石刻文献具有极其重要的世界文化史价值。

64. 大燕故司膳卿阿史那公（明义）墓志 　　　　　　圣武二年（757 年）闰八月廿五日

2016 年 10 月上旬龙门西山北麓杜村出土安燕圣武二年（757 年）闰八月廿五日突厥内徙胡酋阿史那明义墓志一合。志石长 61、宽 61、厚 25.4 厘米，志盖石长 62、宽 61.5 厘米，厚不详，盖芯篆书"故司膳」卿阿史」那公志"。志文乃曰：

"《大燕故司膳卿阿史那公（明义）墓志铭并文》

沙门灵曒撰

四气肇形，分地理而立正朔；八方傲建，称天骄以置君臣。单单夫莫与京也。」

公讳明义，之字守谦。其先自夏后淳维之胤也。托圣诞灵，凭神启土。鸡秩峥」嵘而作镇，余吾喷薄以通波。日隐穹庐，云伍代马，境连中夏，国壮边方。郁为」强宗，世不之祀。曾祖缬繄施，任本蕃可汗。祖惠真，本蕃特勤。并屠奢表」德，须卜遗芳。锦服雕鞍，珠璎玉帐。既成贵种，亦曰豪家。父承休，司徒同中」书门下平章事、云中郡王。当唐室盛昌，岁时交会，远慕汉宣之化，遂逐呼韩」之朝。相公敷奏中京，累承宠寄。将改温顿之号，旋封义阳之名。作悍幽燕，」以御夷羯。公即相公第三子也。生而歧凝，志性不群，沉静而好谋，含弘」而尚智，相公雅爱之。尝于众子中指而言曰：'此子必大吾门也！'相公授」在军疆，公亦随侍。或汉南塞北，日夕边阴，寇戎相持，彼众我寡。长戈雪」落，飞镝星流。公之妙年，曾未介意。手挥一剑，腰佩双鞬。突围而踣毙者如」麻，衝阵而摧伤者接武，如此数矣。克敌夷凶，救父之危，成子之孝。诏书」诏书（衍入二字，抄者注）褒赏，有超凡等。遂授右领军卫左郎将，又转左司御率府率，又转左骁」卫将军，又转左威卫大将军。扦边克清，能官人也。顷者唐祚陵夷，燕邦遂」启。相公攀龙附凤，卜宅周秦。特标建国之勋，大署元功之绩。不变奥鞬」之号，更崇丞相之班。父贵子随，徵还洛邑。诏授司膳卿。皇情有属，鼎饪斯调。九列增辉，百僚取则。冀其绍伊吕之业，翼尧舜之君。保固邦家，」昭彰史策。岂谓昊天不惠，歼厥贤良。生也有涯，溢从沦谢，以大燕圣武二年（757 年）」八月遘疾，越八日薨于中都尊贤里之

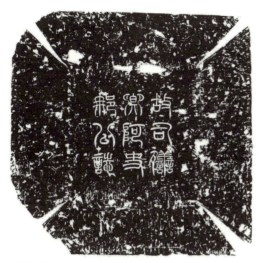

图三〇一
龙门西山北麓出土圣武二年（757年）闰八月廿五日
突厥阿史那明义墓志盖

图三〇二
龙门西山北麓出土圣武二年（757年）闰八月廿五日
突厥阿史那明义墓志

私第，春秋卅有七。呜呼！荣衰迭换，修」短同归。天子悼龙剑之匣空，家君恸骊珠之掌碎。赙赠羽仪，有加恒」典。即以其年后八月廿五日，归窆于洛阳南原，之礼也。有子垂髫，任太仆主」簿。继公而夭。夫人郎氏，泣井桐之半死，悲鸾镜之一沉。展敬舅姑，永期」同穴。呜呼！秋风箫鼓，哀鸣非出塞之时；落日旌旌，缭绕是送终之骑。高楼相」府，长绝晨昏；陇月松门，永沉泉壤。邀迹悉缁门，□（脱一字，抄者注）情非俗侣，□（脱一字，抄者注）奉渭阳之命，敢辞」琢玉之文；牢让难胜，遂为铭曰：

　　凤城南，龙门北，地吉祥兮龟食墨；开茔卜兆将封域，夕月松林千古色；年代」悠扬浩无极，独有功名纪燕国。此二。

　　太子率更令翰林供奉张芬题篆"（图三〇一、三〇二）。

　　洛阳地区出土的这两件胡人墓志，从潜信息（Subliminal messages）视域对我们认识唐代胡人在大运河及丝绸之路转口贸易中利润积聚的丰厚有质的认知——参与一场血腥的大规模的政治动乱，除了人生利益的最大化诉求，没有其他的原因可以自圆其说。

65. 《唐石公故夫人康氏（媛）墓志铭并序》　　　　　　大历十四年（779年）十一月十六日

　　　"前恒王府参军张文哲撰并书

　　夫人字媛，本族西国；后因输质，枝叶相传；飘寄年多，今为洛阳人也。曾祖□，祖□，父演，皆立性柔洁，志好清闲，乐道自怡，人所推望。夫人即演公之长女也。夫人全德自天，邕容令则。虔恭内职，克保厥训。自天宝（742～755年）末，贼臣挥剑涂洛阳，万姓姓（蕊按：多一"姓"字）波逃，士庶失业。夫人以忠孝为节，贞操立身，妇礼女仪，彰于邦族；自属艰险，不离父母，甘旨汤沐，皆躬执奉之。呜呼，天不永（蕊按：此句当少一字），兰桂先凋。以大历十四年（779年）夏四月廿二日，因孕遘疾，药饵不从，终于思顺里之私第，享年廿有八。父母肠断，弟妹折伤。即以其年己未岁仲冬月十六日壬午，卜宅于河南府洛阳县伊川乡之原，礼也。夫人淑德素积而荣寿不增，偕老空传空（蕊按：此句多一"空"字），飘零何遽。恐陵谷迁变，遂刻为铭。词曰：

彼邦媛兮顺且清，殁弥后兮仰佳声；修妇道而令则，留女训而伤情；千秋兮万古，独永隔兮哀荣（蕊按：多一"独"字）"（见前图一七二、一七三）。

66.《唐故左金吾卫大将军上柱国曹府君（乾琳）墓志铭并序》

贞元十三年（797年）八月十三日

曹乾琳墓志 2012年2月下旬出土于龙门西山王山村东地，志石长47、宽47厘米，志盖拓本长49.5、宽49.5厘米，盖芯篆书"大唐故｜曹府君"墓志铭"。志文有曰：

"《唐故左金吾卫大将军上柱国曹府君（乾琳）墓志铭并序》

表弟杨冰撰并书

府君讳乾琳，宁宝鼎，雍州高陵人也。本姓何，曾、祖并高道不仕，养性烟霞。小不出其官讳也。父思缊，皇朝金紫光禄大夫。积善余庆，诞生府君。山河降灵，琼枝孕质。性唯虚静，宠辱若惊。享年一十一。遭父丧，毁至灭性，殆不全生。食不享鲜，衣不袭丽，目不忤视，体不懈容。同气三人，府君居长。敦诗博礼，皆慈母训之。舅氏曹公，皇左武卫大将军。察府君无诡色，于下不谄情，于上遂进名。入内供奉圣朝，出入金门徘徊凤阙。天仗之下，别授恩晖。万乘亲教殊绝之艺，曹氏之姓，因此继焉。后天宝末，戎夷乱常，华夏隔命。君臣父子，皆异国矣。府君每想龙庭之恋，未曾不痛于心。常以恳祷斋戒，克宁邦家。至广德年中（763～764年），荠流江乡，届淮西幕，仕李相国。克效驱驰，久而从军。书官当位，受（授）游击将军、守左金吾卫大将军、员外置同正员、赐紫金鱼袋上住（柱）国兼试光禄卿。两全忠孝，七纵戎夷。元熏（勋）任以腹心，雄司迁以荣贵。

夫人彭城刘氏，令淑早彰，箴规不替，葛瀫之时，已咏贤母之诚。逾明举案，齐眉作嫔。君子丁兹凶畳，沥胆灰心，悲棺椁以断肠，痛灵魂而匪讬。岁月萧索，空轸孝情。

图三〇三
2012 年龙门西山出土贞元十三年（797 年）
曹乾琳墓志盖

图三〇四
2012 年龙门西山出土贞元十三年（797 年）
曹乾琳墓志

府君有堂弟曰义忠、曰英等，扶榇长号，哀深至性。消形领色，酸感路人。府君既敦高尚之情，岂顾风尘之吏。守道宴居，十数年矣。呜呼！以贞元十三年（797 年）三月九日，享年六十九，终于东都河南县私第。孀妻主丧，孤妹号绝。以其年八月十三日，迁葬于龙门乡南王村天竺寺石门北之岗阜也。其处也，松柏迎合，烟染新坟，悲缠薤歌，晦于天地。泳（咏）痛伤手足，悲悼难宣。讬以鄙才，为铭云尔：

望本高陵，门传青史；贻厥胤胄，袭芳继美；官宠金吾，行谦君子；一辞兰室，长归蒿里；迁殡于岗，功名可纪；萧条古原，松风夜起。

时岁次丁丑八月甲寅朔三日丙辰建"（图三〇三、三〇四）。

从本件墓志的文献记事，我们可以判断墓主曹乾琳本系粟特何国内徙部落的后代。入华以降之所以改姓为曹氏，殆因曹国舅氏出于政治仕途的眷爱。这从一个人文侧面折射出内徙粟特注重政治体系构建的意识。

而其表弟杨冰信息的披露及其夫人彭城刘氏的记载，更使我们看到这一内徙胡人家族已与汉地土著名门有着血缘交融的事实。之后洛阳出土景教经幢"中外亲族"的叙事，正是中唐之后洛阳地区粟特聚落血缘人际向着汉化融合的印证。

此外，曹乾琳卒后"迁葬于龙门乡南王村天竺寺石门北之岗阜"的选址纪事，透露了这一胡人后裔居洛期间曾经信奉着佛教。这一点，由元和八年（813 年）其夫人刘氏墓志的涉佛记事再次获得了确证。

67. 洛阳龙门北原出土史诠墓志　　　　　　　　元和六年（811年）七月廿九日

近年洛阳龙门西山北麓出土史诠墓志一合，志石长38宽37.5厚7.8厘米，志盖长38.5宽38厘米，厚未详。盖芯楷题"大唐故」史府君」墓志铭"。志文有曰：

"大唐故右卫绥州义合府别将员外置同正员赐上」骑都尉史府君墓志铭序」

昔鲁人有逝川之叹，而庄周兴夜壑之悲。虽荣辱各殊，而死」生一致矣。爰有唐史公，讳诠，其先北海人也。代为雄族，」生克贤明。曾讳道，高尚不仕，放志遗荣。闻达不求，自隐逸也。」祖讳思敬，河南怀音府左果毅都尉员外置同正员赐绯鱼」袋。公则都尉之仲子。公才广智周，聪明玄解，心仁貌古，仗」信搞谦。乡党美其贤，宗族称其孝。义能拯物，道可济时。常嗤」轩冕之荣，早悟轻世，遂归心释氏，顿弃繁华。解结缚于空门，」悟一乘于觉路。虽处俗而离俗，常在尘而离尘。将有道之家」而福聚，何祸锺而不寿。命也！以元和六年（811年）辛卯二月十九日」寝疾，终于河南延福里之私第，春秋六十有九。呜呼！嘉志不」从，良木斯折。行流桂月，声著遗风。夫人雁门成氏，天姿仪」表，圣代箴规，风美高门，德光女史。何图蕣花中天，早闭幽扉。」虽陇树烟埋，而芳德常在。公有二子，长曰洌，次曰涴，皆色」养不亏，温情无间，常修德于有教」之门，每立身于无过之地。」文武不坠，筹略过人，才名见知，可济家国。崩心泣血，绝粒毁」容。称家有无，卜安宅兆。以其年七月廿九日窆于龙门乡孙村」。启夫人旧茔，合祔玄寝。封依崇岭，接万安以出云；地引伊」流，清波莹目。恐桑田一变，陵谷再移，略序遗风，用慰泉户。其」铭曰：

礼祔龙原，令子泣血；苍苍松柏，皎皎山月；烟埋陇树，」鸟啼新阙；水长逝兮不再回，双剑沉兮爽气灭"（图三〇五、三〇六）。

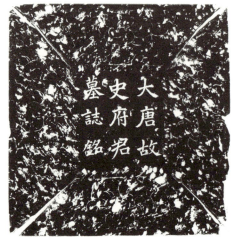

图三〇五
洛阳龙门北原出土元和六年（811年）史诠墓志盖

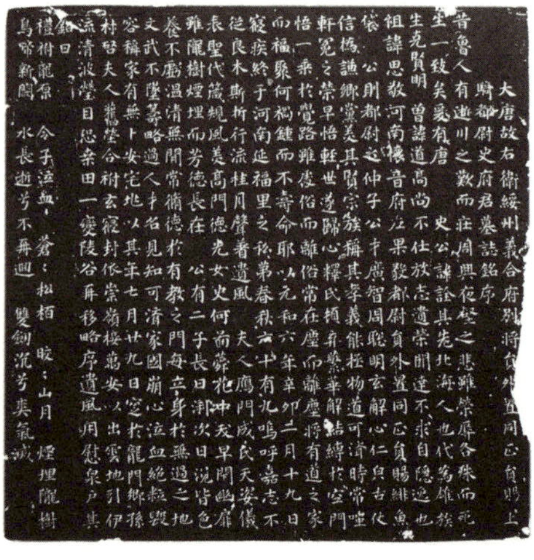

图三〇六
洛阳龙门北原出土元和六年（811年）史诠墓志

68. 唐故庐江郡何澄夫人墓志铭并序　　　　　元和八年（813年）二月廿五日

近年龙门东山北麓出土庐江郡夫人墓志一方，全文曰：

　　"唐故庐江郡夫人墓志铭并序

　　大圣善寺沙门文皎述

　　夫人庐江人也，祖考胄绪，载于谱牒，此不繁述。夫人令懿端穆，矜庄丽饰。兰仪婉淑，至性坚贞。修苹藻于中柜，持礼容于内则。奉先人之命，将事君子，归其有家。遂适浔阳何氏。室家之敬，宜友宜宾；合卺之欢，如鸾如凤。岂期鸣折一翼，梧枝半摧。早失所天。悒然孀处，治家垂训，仅十余祀矣。无何，小瘿沉痼，大渐弥留。医药徒施，膏肓无救。以元和七年三月廿日奄终于嘉善里之私第，享年六十九。有子男一人，名绾，婚康氏。公仁孝不资，温恭性得。敬养也过于曾闵，居丧也比于颜丁。自罹荼凶，茹荼泣血，柴毁骨立，殆不胜哀。卜明年二月廿五日，合祔于洛阳县伊川乡伊川村先茔之礼也。以余从事于文，见命纪述。恐陵谷之迁变，冀斯文之未泯，铭曰：

　　二仪运行，四序迁谢；春荣秋落，物皆随化；人者一气，禀灵在兹；休劳同辙，孰免于斯；卜以吉辰，永安神理；一归泉户，千载云已；日居月诸（住），桑田成海；贞珉纪德，其文长在"（见前图一七四）。

从何澄、何绾父子的姓氏出身，加以其婚聘康氏的事迹，我们可以看出这一粟特部落内部通婚的情势。他们选择龙门东山北麓这一胡人聚落作为本姓的"先茔"，亦能看出其与洛阳隋唐城东胡人部落的联系。

69. 洛阳东郊白马寺西原出土安义墓志　　　　元和十一祀（816年）十一月十一日

志石长45.5、宽45厘米。志文乃谓：

　　"唐故定安郡安府君（义）墓志铭并序

　　终南沙门文惠撰

　　观夫覆载含育，其归一焉。禀气形殊，物情自异。或修文｜进身，或习武立德；或耕桑乐业，或商贾济时；此皆｜国之宝也，博而专则见之。故定安郡安府君，讳义，京兆｜奉天人也。元和十一祀（816年）四月三日终于从善乡归夏里｜永泰坊之私第，春秋七十有五。即以其年十一月十一｜日，葬公于三川乡杨魏村之平原也。公德行内彰，独称｜人表，温恭敦俭，同里钦慕。家传其信，孰不知闻。虽徇世｜经途，而多弘益。应贤哲之邀，拯孤乏之才。研精释门，旁｜罗儒典。克己礼让，言匪乖于友朋；惠之诚，意岂达于｜亲故。翱翔物外，蕴德内修。早悟空门，与时非竞。公百行｜既修，六艺好学，

图三〇七
洛阳东郊白马寺西原出土元和十一年（816年）
安义墓志盖

图三〇八
洛阳东郊白马寺西原出土元和十一年（816年）
安义墓志

利物足以称欢，体仁足以后效。寿虽得」年，哲人时丧。呜呼痛哉！爱初在疾，以至于病，身虽不怠，」心志不易。怡然气和，任运而化。内外吊祭，各献勤诚。其」葬以时，匪遗礼教。曰'生荣死哀'，盖谓此矣。嗣子曰叔政，」次曰建凤，仲曰建荣。人孝自天，谦恭穆穆，执丧之礼，痛」过乎哀。以余见知，命令记烈。其词曰：

伟哉安府君，京兆奉天人；游野来于此，」洛下寄家宾；平生好释典，复乐洪儒亲；」千金葬泉户，三川终不磷"（图三〇七、三〇八）。

由墓志记载志主"终于从善乡归夏里」永泰坊之私第"的叙事，可知有唐时期洛阳城东不仅濒临伊、洛漕河一带设有"崇义乡""感德乡"两个胡人聚居的侨乡，而且另有"从善乡""归夏里"这样含有归化意义的胡人聚落。截至目前所知，白马寺东西濒临洛水的"三川乡"一带，曾有居住、埋葬诸多胡人的生存遗迹的发现。如本书披露的粟特胡人何彦先、康绪、康璀及本志主等氏，均为与此有关的胡人移民。这与洛京城东漕河两岸贩丝贸易的日益繁荣应该有着内在的联系。

70. 唐故处士高平郡曹府君（琳）墓志铭并序　　　元和十五年（820年）七月九日

"陇西李邵南书

公讳琳，字琳，其先高平人也。自降于皇代，世职不绝。祖讳从雅，高道不仕。皇考讳元颖，雅性弘真，偃仰自适。趋竟名位，曾不干怀。公即元颖之第二子。公养家闲居，

或渔猎经史。晚节慕道，尤遵释教。知非二
相，乃悟一乘。不幸以元和十五年（820 年）
正月廿四日寝疾，殁于洛阳县北市里之私第，
享年七十有九。以其年七月九日葬于河南县
平乐乡杜翟村之原，从其礼也。夫人陇西郡
彭氏，淑德婉丽，克谐姻族，抚孤幼以营窀穸。
长子忠义，次子弘庆，并皆职居禁园苫苫之
中，形影相吊，哀摧权策。泣血送终。有女
三人，长女适于孟琮，次女归于刘端，季女
娉于高遂。并贞轨□先，妇道母仪，堪为女
师。次女不幸先公而丧，呜呼！恐陵谷迁变，
九泉之中，载乎名氏。其铭曰：

图三〇九
洛阳邙山出土元和十五年（820 年）家在北市里
的曹琳墓志

　　□□□□，积善有庆；曹公立身，执德之柄；□□□资，令德在斯；南山至寿，北牖临丧；
□□□室，莫之能将；亲宾痛悼，邻里凄凉；□终不抚，存殁皆臧"（图三〇九）。
　　从曹琳私第位于"洛阳县北市里"之内的情况审视，这一家族应与龙门石窟唐代造像题
记中所记的"北市丝行"有着丝绸贸易的联系。

71. 唐故沔州刺史庐江何公（抚）墓志铭并序　　　　　　　长庆四年（824 年）二月四日

　　1999 年八月，洛阳偃师县北邙山出土何抚墓志一合。志盖盝顶，石广 62、阔 61.8、厚
11 厘米，盖芯楷书"唐故沔州」刺史庐江」何公墓志"。志石广 60、阔 59.5、厚 10.5 厘米。
其文乃曰：

　　　　"唐故沔州刺史庐江何公（抚）墓志铭并序
　　　　朝议郎行□□库部员外郎翰林学士上柱国赐绯鱼袋韦表征撰
　　　　呜呼！天地之理，善恶之□，余尝晓其四焉，而未达其二。践仁义、抱才器而禄寿
者，余知之□；明仁义、登才器而禄寿者，余所未达。□□四者，或□或□，一弛一张，
□□难测，熟知其常。公讳抚，字庶安，庐江□人也。□□□于韩氏，厥后子孙，或谓之何，
亦犹□□籍□之类也。世夺忠□，代袭儒雅。国史家谍，可得而详。庐州旧先仕于高宗、
天后之朝，历鸾台凤阁舍人、太州刺史、冬官侍御史。史□蔚时，所宗为勇。□□□□
公为，克绍先□。尝与兄□齐名当世，官至越□。邵公祖昌，构疾不□，□终江都尉，

赠秘书监。皇驾止翰，□□奋通。智□□达，惠□以□。□庄□以临下，门□□火，复出为御史中丞，□□观察使。□□□□，亦赠太子太保。太夫人崔氏，封□□□太夫人。□范门风，□乎百族；母仪妇德，播乎六姻。公出自□仁，禀此令德。尝挺珪玉，□凌冰行，湟而不缁，柔而不□。□五常以分性，总再行而成□。其在龆龀也，而□□心；彼其□□也，宛如老成。《初学记》《毛诗》《周易》及《左氏传》，长而能博综成□，通□□□。□君臣父子之义，明理乱变化之源。行合于经，造次于是。八岁以一子官，授□州参军事□一子。先夫人□川□乱，殚□以终，礼居洛下七年。养志丘园，怡心坟籍。探周孔之奥，得荀盖之劣。其所友者，皆当时知名之士。相与迹，习道艺，琢磨仁义，故行成于内而声驰于外。绍事中□。公之尹河南也，表授左威卫兵曹参军、充水陆运巡官。房公虚问宣、歙，复以本官充观察推官，制□□。公节制襄、汉，奏授大理评事，充山南东道观察推官。自夏徂秋，乞归就养。工部侍郎张公，□□华□之奏，授监察御史里行，充潼关镇国军判官。兵部尚书相国郑公之留镇东都也，复以本官充留守后官。未几，拜监察御史。廿九月，转史在任。岁余，以忧去职。自释褐，盖五历从事，再更台宪，一为郡守。常以公直莅官，清慎厉己。明以问物，惠而爱人，其始至终也。时属旱□，百姓艰食，颐之以征□，因之以流亡。公于是减租发廪，飞章上闻。免其役徭，削去颣冗。逋逃来复，乡闾以安。吏不忍欺，人无败业。时议称其恺悌之理，待以□□之资。禀命不融，天何以信。既奉大事，洎于反虞凡卅五日。以长庆三年（823 年）十二月庚寅无疾而卒于东都会节里之私第，春秋卅一。亲者痛，友者悲，闻者伤。以明年二月甲申归窆于河南府偃师县首阳山之南原，祔于先茔，礼也。《礼》云：'毁不危身，盖为中人'言之也。夫毁者，情之所过也。彼不肖者父亡，能全于毁欤？身者，亲之余也。彼贤者又焉能存其身而忘其亲欤？公以至性加于人，积□遗谒己。形气离散，肺肝□枯，神魂无所依，筋骸无所属。溘然而尽，意其有归。嗟乎！使死者无知则已矣，若其有知，则必觐慈颜于泉途，奉供养于幽壤。岂湮沦冥窦，宵然而已乎？是知前丧之不能死者，盖有谓焉，□色养者知之矣。后丧之不能生者，亦有谓焉。唯死，孝者知之矣。公先娶范阳卢氏，后娶长水尉赵郡李宪女。不幸先公而亡，生一子，年始九岁。小字玄德，体貌温厚，有先人之风。保抱偈纶，□于丧次。哀哉！季弟拱，茕然在疚，几乎无生。形影遽离，手足如断。故宅兆之礼，殡葬之仪，有一于此，靡不诚信以表微，凤忝姻好，分同伯仲，周旋行义，知公最深。讬于铭志，以贻来裔。词曰：

　　□□夏闶悲风飘，玉桢摧落瑶华凋；逝川东去永寂廖，贤人一绝音尘消；洛城之东

图三一〇
洛阳邙山出土长庆四年（824 年）何抚墓志盖

图三一一
洛阳邙山出土长庆四年（824 年）何抚墓志

首阳趾，龙姅虎□岗□起；青乌告我宅于此，往者以宁来者祉；四神二六各异形，罗列左右安子灵；金釭明灭断莹□，天□鸿洞长冥冥；吉日良辰讫龟筮，斗杓直卯甲辰岁；幽扃灵钥玄扉闭，陵平谷□千万世"（图三一〇、三一一）。

72. 洛阳出土花献夫人安氏墓志　　　　　　　　　　　长庆元年（821 年）十月廿二日

2010 年岁末，洛阳隋唐故城东郊出土圣善寺沙门文简撰花献夫人安氏墓志一合，墓志长、宽均 30 厘米，其楷书志文 22 行，行满 23 字。志盖楷书额题文曰："大唐故」夫人安」氏墓志"。墓志全文如次：

"唐故安氏夫人墓志铭

夫人安氏苗裔，安定郡人也。世祖讳晟之女也。繁衍淑女，彩黛纷敷。焜耀华叶，若斯之盛也。夫人幼而韶□，长而婉穆。金声玉振，薿荣兰茂。恭守箴诚，昭彰六姻，则贤班、姜，无以比也。适花氏之门，实秦晋之好。如琴如瑟，若埙若篪。和鸣锵锵，有偕老之誉。保金石齐固，宜享椿松之寿。岂期素无乖违之疾，奄倾西泉之驾。时长庆元年（821 年）四月五日终于修善之里，春秋五十八。奈何运有数极，修短分定。金之坚不可腐，松之贞不可不折。巷失规矩，宗倾母仪。夫哭气填其胸，男哭血洒其地。古之常制，不可久留。卜兆川原，以为窀穸之所。用其年十月廿二日葬于洛阳县感德乡柏仁村，不祔先茔，别立松柏。南瞻万安，北背洛汭。长子应元、次子满师皆幼而不禄，苗而不秀。幼子齐雅，克己复礼，乡党称善，友朋敬之。徒跣茹蓼，折肝殒心。扶杖侍棺，叫绝道路。属时多难，虑谷迁于陵。邀余志之，刊石作纪。文简不方者，沐恩颇深，敢不课愚。抽毫叙事，乃为铭云：

安氏之女，花氏之妻。兰馨芝茂，如璋如珪。凤桐半折，孤鸾独栖。其一。孟母其萋，珠沉汉浦。精粹苞萝，参衔万古。奚为奇灵，长夜盘暮。其二。伊洛之郊，土地丰饶。周姬之□，宇宙之标。神归其下，德音不遥。其三。册名刊日，封乎枝叶。志其坤房，北邙相接。地久天长，子孙昌业"（见前图一六五）。

73. 洛阳出土花献与夫人安氏合葬墓志　　　　　大和二年（828年）二月十六日
　与花献夫人安氏墓志同时、同地出土的花献夫妇合葬志，长、宽均53厘米。志文楷书27行，行满29字。全文又曰：

"唐故左武卫兵曹参军上骑都尉」灵武郡花府君公神道志铭」

洛阳圣善寺沙门文简撰。」

君讳献，字献灵，武郡人也。祖讳 移恕，考讳 苏邻，咸嗜道偃仰，浪心清闲。」以荣召为祛风之花，逍遥为绀霜之竹。而乃高尚，无屈仕焉。延及府君」纂延素风，有位而不登，弃禄养和，不争名于 朝。澄心履道，尝隐逸于市，布」人信于戚属者。公不顾崄艰，迎媚姊于砂塞之外。侍之中堂，聚食欢笑。累」岁倾殁，祔葬 先茔。哭泣过制，人皆嗟焉。放言行于朋从，守直道以度时。不」邪谐以矫媚，是以义声溢于天下，孝致盈于缙绅。常洗心事 景尊，竭奉教」理。为法中之柱础，作徒侣之笙簧。而内修八景，外备三常，将证无元，永祛万」虑。于噫，日居月诸，否来泰往，忽遘微疾，未越一旬，有加无瘳，色沮神淬，召医」上药，拱手无所施。方知利剑先缺，甘泉先竭，干道变衰。而精魂归乎北斗，以」宝历三年（827年）正月八日，终于河南县修善里之私第，享年七十一。

夫人安定郡」安氏，明洁宣慈，酌仁怡愉，好音韵，为丝竹，宫唱商和，礼翔乐优。以温恭而成」妆，非粉黛为颜色。故穰穰百福，蓁蓁成荫。坤仪祸生，先归泉户。以长庆元年（821年）」夏四月五日终于旧里。孕子三人，长曰应元，次曰满师。皆为人杰，不及时禄。」芳而不荣，具在前志。季子齐雍，行操松筠，为帝之珍。招贤纳士，响慕从风。江」海之心，罕议侪匹。泣血绝浆，有终天之恨。哭无常声，毁形过制。龟兆从吉，即」以大和二年（828年）二月十六日，归葬于洛阳县感德乡柏仁村。启 夫人故坟，礼」

及合祔。则龙剑合于下泉，琴瑟永沉；蒿里终天之义，从古如斯。南顾万安，北」背洛涘。左瞻少室孤峰，右占土圭之墅。文简久承顾眄，卷抚情逾，邈志之。性」多拙直，恐叙事不精。握管抽毫，记刻贞石，用虞陵谷之变。其词曰：」

灵武之氏，代不乏贤；谥物化洽，与时为天；道其叶叶，松明竹鲜；」剑合重泉，琴瑟初掩；永殄笙簧，廿殁余念；景寺遗声，芳尘罢亡；」峨峨淑德，克生休命；履义蹈忠，含清体正；如玉之洁，如金之镜；」三光西没，百川东度；天道运回，人随代故；倏忽左叹，凄凉薤露；」安氏夫人，祔葬终也；水合蛟龙，坟同松槚；千载九原，嗣子泪下"（见前图一六六）。

74. 洛阳唐感德乡出土景教经幢所刊诸胡人士　　　　　　元和九年（814年）十二月八日

2006 年 5 月，河南洛阳隋唐故城东郊出土了一件珍贵的唐代景教石刻，这是继明天启五年（1625 年）陕西出土《大秦景教流行中国碑》及近代敦煌石窟、吐鲁番古城遗址等出土景教经典写卷以来，国内又一宗教文物的重大发现。

洛阳出土的这件景教遗物，在形制上系一模仿佛教陀罗尼经幢的同类石刻。其整体为一面宽 14 厘米的八面体石灰岩棱柱，残高 84 厘米，水平截面外接圆直径 40 厘米。经幢之中段，为一明显受到激烈撞击的断面，据此推断这件石刻曾经受到人为的破坏。

这一石刻经幢顶端的立面上，分别影雕着两组极富装饰效果的十字架符号及其左右配置的"天神"形象。而其幢身之中段，则每面刊刻汉文楷书文字 2～6 行。

第一面至第五面第一行，刻祝文与《大秦景教宣元至本经》一部。第五面第二行至第八面，刻《大秦景教宣元至本经幢记》一篇。

现依行文次第，迻录石刻全文如下：

祝曰：」清净阿罗诃，清净大威力，清净……」大秦景教宣元至本经」时景通法王在大秦国那萨罗城和明宫宝法云座将与二见，了决真源……」王，无量觉众及三百六十五种异见中民。如是族类，无边无极，自嗟空□……」念，上观空皇，告诸众曰：善来法众，至至无来，今可通常，启生灭死，各圆……」常旨……无元无□，无道无缘，妙有非有，湛寂常然。吾闻大阿罗诃……」置因缘机轴，自然著为象本，因缘配为感乘。剖判参罗，三生七低，浇……」作，以为应旨，顺成不待，而变合无成，有破有成，无诸所造化，靡不依……」嗣，虔仰造化，迷本匠王。未晓阿罗诃，功无所衔，施无所仁，包浩□……」悉见见，故无界非听悉听听，故无界无力尽持力，故无界响无……」临，

图三一二
2006年洛阳隋唐故城东郊"感德乡"出土
元和九年（814年）唐代景教经幢残石

物象咸揩，唯灵感异，积昧亡途。是故以善教之，以平治之……」化终迁，唯匠帝，不亏不虚，不浊不清，保任真空，常存不易……」弥施河，应人度原灵。故慧圆悟之宝，有不空尤于空，不滞……」卢诃那体究竟真疑，常乐生命。是知匠帝为无境，遂不法……」数晓，人大晤了，皆成益□民滞识是见将违，盖灵本浑……」且容焉，了己终亡焉。听为主故，通灵伏识，不遂识迁，□……」下备八境，开生三常，灭死八境之度，长省深悔，警慎……」……」景通法王说至既已，普观众晤于其会中，诠以慧……」诸界。但有人受持读诵，信解勤行，当知其人，德超……」如海溢坳，平日升暗，灭各证太，寂晓自在，常喜涤□……」

　　大秦景教宣元至本经幢记」夫至圣应现，利洽无方。我无元真主匠帝□……」海而畜众类，日月辉照，五星运行，即··□……」散，有终亡者，通灵伏识，子会无遗，咸超净□……」海，宵宵冥冥。道不名，子不语，世莫得而也。善□……」无始未来之境，则我匠帝阿罗诃也……」有能讽持者，皆获景福，况书写于幢铭□……」承家嗣嫡。恨未展孝诚，奄违庭训。高堂□□……」森沉感因，卑情蓬心，建兹幢记，镌经刻石，用□……」慰·亡姚安国安氏太夫人神道及·亡师伯和□……」愿景日长悬，朗明闇府，真姓不迷，即景性也。夫求□……」幽魂见在，支属亦愿无诸障难，命等松筠，长幼□……」次叙立茔买兆之由，所管即洛阳县感德乡柏仁（里）……」之始，即元和九年（814年）十二月八日，于崔行本处买，保人……」戚，岁时奠酹，天地志同。买南山之石，磨龚莹澈，刻勒书经……」于陵文翼，自惭猥拙，抽毫述文，将来君子，无见哂焉。时……」敕东都右羽林军押衙陪戎校尉守左威卫汝州梁川府……」中外亲族，题字如后··弟景僧清素·从兄少诚，舅安少连……」义叔上都左龙武军散将兼押衙宁远将军守左武卫大将军置同政（正）（员）」大秦寺·寺主法和玄应，俗姓米；·威仪大德玄庆，俗姓米；·九阶大德志通，俗姓康……」检校茔及庄家人昌儿·故题记之。」其大和三年（829年）二月十六日壬寅迁举大事。」（图三一二）[799]。

75.唐故试左骁卫兵曹参军康绪墓志 　　　大和九年（835年）正月廿六日

近年洛阳白马寺西原出土粟特人康绪墓志一合，志石长46、宽45.5厘米；志文有谓：

"唐故试左骁卫兵曹参军康府君（绪）墓志铭并序

霸陵祐之述。

古之葬者，不封不树。后世圣人，易之以棺椁。礼仪由立，刑名粗」陈。洎晋宋以来，始刻石为志，藏之泉户，贻厥子孙。谇德纪名，自」此而盛矣。府君姓康氏，讳绪，会稽人也。望起本郡，随大父」锡莅仕，羸迁名都。潜顾玉道，始观风于洛汭，定宅于成周。今为」洛阳人也。公弹冠从仕，干禄相时。擢任左骁卫兵曹参军，职居」清逸。肃卫殷严，景慕陶潜。挂冠罢去，雅怀此志。遂脱簪裾，遁迹」朝市。乐循长者之辙，名利未尝苟合也。倏然隐伦，吟咏情性，乐」天知命，以是而行其志焉。故仁者悦，不仁者惧。不趋权势，忽去」浮华，居然达识，优游自乐也。无何，天不繄遗，风湿成疹。十全之」医，万金之药，竟无实效。命也如此，运其有归。竟以大和八年（834年）冬」十月十九日寝疾，殁于福善里之故第，享年六十六。邻伍嗟叹，」知音恸怀。长子季璋，次子季伦，幼男季弘，皆佩服《诗》《礼》，睦然清」风。克嗣前喆，哀奉遗训。茹毒绝浆，追惟始终。

[799] 有关洛阳出土景教经幢最早的报道及研究，见张乃翥：《一件唐代景教石刻》，《中国文物报》2006年10月11日；张乃翥：《跋河南洛阳新出土的一件唐代景教石刻》，《西域研究》2007年第1期，页65～73；该文录文《补正说明》，刊《西域研究》2007年第2期，页132。

图三一三
近年洛阳白马寺西原出土大和九年（835 年）康绪墓志盖

图三一四
近年洛阳白马寺西原出土大和九年（835 年）康绪墓志

不忘窀穸，卜以九」年春正月廿六日，迁于洛阳县三川乡阳魏村之郊。用周礼典」也。尚恐田成碧海，水变青山，湮没无追，疚心如捣。访余谀诐才，握」管叙实。聊纪先君，氏姓名讳。勒于贞石，意存不朽。闷之泉堂，以」贻后代。铭曰：

或或府君，授姓于康；康之得氏，起于三皇；绵世子孙，枝叶其昌；」至于府君，才识谟臧；隐迹朝市，言行有常；皇天不愿，丧此忠良；」绝弦堪恸，德音难忘；嗣续德美，伯成行次；□（此处脱一字——录者按）伦幼弘，长曰季璋；泣」血灭性，哀奉帷裳；宅兆伊洛，以启泉堂；刻贞石而为志，同地久」而天长。

唐大和九年（835 年）岁次乙卯正月丁未朔廿六日壬申建"（图三一三、三一四）。

76. 唐故秀士史府君（乔如）墓志铭并序　　　开成二年（837 年）二月廿日

　　"府君讳乔如，其先起自大隋，享金碑之宠盛，弈世为我唐臣有石奋之令称。尝著勋力，布在史册。食鼎华毂，二百余载。史臣名儒皆熟之，故不重书。四代祖元庆，隋特进安西大都护。高祖献，皇司农卿关内都支度使肃国公。曾祖震，左监门大将军。祖寂，皇太子家令，赠秘书监。监生二人，长供，次备。供不仕早终；备进士擢第，自畿佐，登柏台，践粉署，累从国相，军领光、濠、曹、濮四郡。皆考殊绩，时谓良二千石。

有二子，府君即濮州鲤庭之长也。令显之后，人皆目之。方踬长途、绍懿绪，不幸短命
荼宿疾，卒于洛阳县延福里，年廿。幼弟在侧，恸然哀号，邻里为之泣下。以开成二年
（837年）二月廿日，权葬于河南县感德乡孙村原礼也。温如以兄第之堂也，故得以志之。
温如少孤，季父育之。及长，伴与府君等同问安。当季父易箦之际，府君尚未及冠，顾
命温如主丧、抚二子。于是与二子同疾共□逮十年。呜呼丧缺！手足零落，痛销骨髓，
乃衔泣为铭，词曰：

吾家积善，俟汝后庆；天不与诚，噫嘻乃命；洛阳南路，新成封树；不骞不崩，贞石在下。

堂兄进士温如撰并书，镌字人李元楚"（见前图一六七）。

史乔如墓志有关坟茔所在地"河南县感德乡孙村"的记载，证实长安年间（701～705
年）安思泰、康法藏的家族坟茔，亦在龙门东山北麓伊水岸畔的胡人聚居区内的孙村一带。
只不过当时孙村隶属于龙门乡，及至中唐时代，此地已划归感德乡而已。

77. 洛阳东郊白马西原出土唐康璀墓志　　　　　　会昌五年（845年）十一月廿九日

近年洛阳东郊白马西原出土唐会昌五年（845年）康璀墓志一合，志石长46、宽46、
厚8.2厘米，志盖长47.5、宽47厘米，厚未详，盖芯篆题"大唐故」康公墓」志之铭"。
志文乃曰：

"《大唐故云麾将军守左金吾卫大将军上柱国汲县开国子食邑五百户颍川康公（璀）
墓志铭并叙》　安定处士张彤纂述并篆

公讳璀，颍川之后也。因祖从官，因居于中山，今为高平人矣。裔自姬周之胤族，」
洎康叔之苗，因封命氏，遂著姓焉。历乎汉魏，逮我圣唐，公侯不绝。九代」祖隋朝中
山太守颍川公讳詠。子孙承业，因遂家焉。爰曾及祖，皆文武显」达，并谱于简册。故
不具载。烈考故昭义军都知兵马使兼监察御史赐紫」金鱼袋。蕴文业以修身，效武功而
报国。是以特承恩旨，赐以宪秩，娶陇西」李氏。夫人是生于公之昆季。其弟兄早年丧逝，
葬于先茔。公即侍」御之次子也。公廉让自处，倜傥不群。以礼仪而修身，竭色养而孝
理。真孙」吴静难之略，奥黄石受律之谋。令誉播于人伦，闻□显于乡党，故得公侯徵命」
致于武幕。元和之初（806年），宪宗临轩，问罪成德。昭义奉徵命，以讨凶煞。公每陈」
策应略，皆□诸将，推于上功。高名闻于阙下，恩诏封于功臣。乃授云麾将军」试殿中监。
八年（813年），加游击将军守左武卫大将军。穆宗统极，优劳勋业，又授云」麾将军
上柱国汲县开国子食邑五百户，充横海军同节度副使。敬宗临御，」恩拜银青光禄大夫。

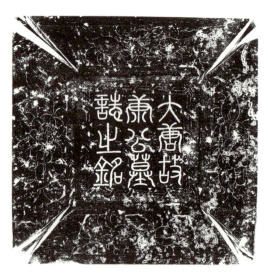

图三一五
洛阳东郊白马西原出土唐会昌五年（845年）康璀墓志盖

图三一六
洛阳东郊白马西原出土唐会昌五年（845年）康璀墓志

文宗即位，优敉勋臣，加太子宾客，迁天平军节度副使。」开成之初（836年），陈以耄齿，请退丘园。诏允所请。嗟乎！功成名遂，知进知退，诚君子」之逵谋也。何图苍穹不造，天丧贤良，染疾于旬，奄遘斯祸，薨于河南嘉善里之」第宅，享年八十。即会昌五年（845年）太岁乙丑七月廿五日庚午。嗣子等丁此凶忧，」肝心毁裂，攀慕罔极，昊天匪报。夫人信都甄氏，执庄敬之仪，以奉舅姑」之养。奈何仁而不寿，丧兹贤淑，遘疾崩背。昔大和五年（831年）十一月廿九日终于嘉善之宅。」享年五十二。卜葬于大和六年（832年）壬子岁正月廿六日，安厝于河南府洛阳县三川乡北」杨魏村。有男四人，长男公液，娶安氏，有男二人。长曰昭郎，幼曰会郎。次男公度，」娶王氏，有男一人。字端郎。次男公政，会昌三年（843年）无疾而逝，附葬于先茔。幼男公约，」有女二人，长适何氏，四年而丧。幼女十三娘。嗣子等再罹此祸，荒迷失次，行号□哭，」营奉大事，敬遵古典，择兆安厝。卜筮其年十一月廿九日壬申，葬于旧茔之」礼也。未遇大通之岁，今乃同茔别墓，从龟筮也。窀穸之事，礼崇封树。其官冕」德行及与郡邑，非文记无以示于后裔。尚虑川原变易，无以光显。故刻於石，昭于」玄堂，彰于千古。乃为铭曰：

耿耿君子，众传美声；辕门效节，功业克成；」退繁乐静，弃罢显荣；生居越地，倾丧洛京；体貌翻为泉下人，高坟镇」守三川月；贞石永记于玄堂，寂寂长幽松柏阙"（图三一五、三一六）。

78. 唐故内五坊使押衙银青光禄大夫试鸿
胪卿上柱国安府君（珍）墓志铭并序

大中四年（850年）十月廿日

"乡贡明经王仇撰。府君讳珍。

先祖安，世为东平郡人也。太宗包笼
万国，修文德信义。披甲持戈，无不
立大功也。英儒士悉，书之为国史焉。
曾祖　，祖　，父昌，皆礼仪克著，才
有七能，经政居贞，家标史册。公即
之长子也。以大和八年（834年）五
月四日，内侍爱以忠直，重以敏捷，
乃署公为押衙。所冀劲竹长荣，贞松
永茂，谁谓逝波不驻，隙驷难留，以
大中四年（850年）五月五日寝疾终
于孟州河阴县临阆里之私第，享龄
八十有四。夫人费氏，谦柔是守，婉
娩可敦，倏忽凤桐先逝，龙剑俱沉。

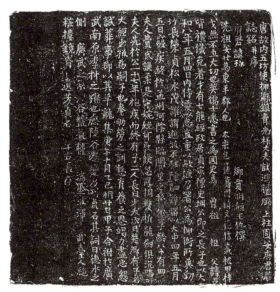

图三一七
早年河南荥阳出土大中四年（850年）安珍墓志

呜呼！夫人先于公一十七年抱疾而终。有子二人。长曰　，少夭；次曰楚卿，有子名大经。
少孤，为嗣子也。奉劬劳之训，惭育养之恩。竭力尽忠，恳诚丧事。即以其年龙集庚午
十月乙巳朔廿日甲子合祔于广武南原李村之礼也。虑陵谷迁变，乃刊贞石。其词曰：

德水之侧，广武之原；谷盘气郁，湍甍波浑；武台人绝，装接镜昏；遗芳贞石，千
古长存"（图三一七）。

79. 龙门北原出土粟特移民史氏墓志　　　　　　　　　　　　咸通七年（866年）六月廿三日卒

2013年9月，龙门东山北麓出土内徙胡人史氏墓志一合。志石长39.5、宽39.8厘米，
志盖长41、宽42厘米，盖芯楷题"唐故渤｜海史氏｜墓志铭"。志文乃曰：

"唐故如夫人渤海史氏墓志铭并叙

外甥朝议郎前守洛阳县令柱国赐绯鱼袋李坦撰。

女顺章明于深壸，女功茂丽于静恩。克究令仪，式颛懿范。｜有昔之五可，故君子

得以纳之。如夫人姓史氏，其先」阴山达官，在高宗朝内附，郁为中华之豪族。父昭，」代州水运押衙。策功塞垣，树德军旅，门风自肃，家声共高。」故有是淑女，获执君子之箕帚。如夫人移天之初，宜」家有裕，事长上以敬立，抚幼弱以慈闻。举案而岂止齐」眉，进贤而无非后己。中表宗族，曾无间言，始终一如，垂二」十七祀。缥劳十载，身累三年。暝眩无徵，凶短俄及。以咸通」七年（866年）岁在丙戌六月廿三日易箦于河南府道化里之税舍，」享年五十。有子一人沙弥，年十九。有女一小沙，年十三。」良人剧晦，前邠州录事参军、宿州军事判官。闲居洛师，军」事以阴阳所忌，归葬未期，权窆于河南府河南县龙门乡」南王村南原也。沙弥、小沙哀毁逾制，号慕无节。邻伍为之」雪涕，行路莫不兴嗟。军事虑其年代浸远，原隔超迁，谓为」舅甥凤详事实，固命记录，敢让镂铭。钟磬如之何，匪扣」不扬；丝萝如之何，匪高不彰。因声结感，托蔓增光。」九十令仪，闺闱克备；二八秾华，里巷传懿。果从」德门，垂范后昆。方期求福，忽奄归魂。芳蕙易折，」皎月先缺。永閟泉台，空留妇节。」

　　佺乡贡进士剧韬书"（图三一八、三一九）。

　　由本志所载志主"其先阴山达官，在高宗朝内附，郁为中华之豪族"，可知史氏一门唐初乃活跃于雁北一带从事草原丝绸之路人事经略的粟特望族。逮及内迁中原，遂又定居洛邑，与中原旧族联姻婚媾、血缘融合。

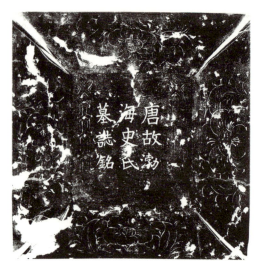

图三一八
龙门北原出土咸通七年（866年）粟特移民史氏墓志盖

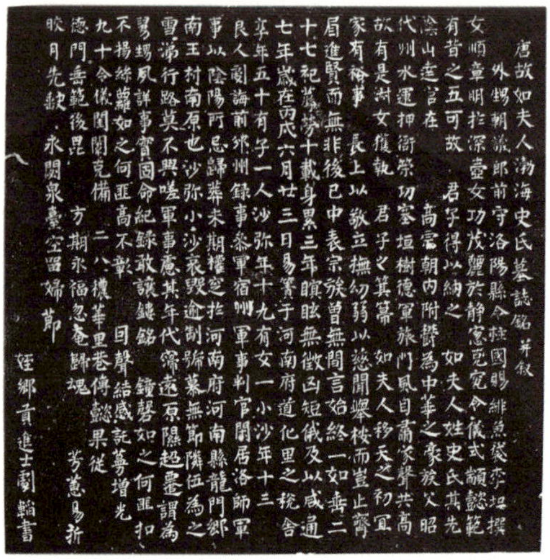

图三一九
龙门北原出土咸通七年（866年）粟特移民史氏墓志

80. 龙门石窟老龙洞北壁初唐内徙胡人贵族妇女的造像题记

无纪年，约在初盛唐时代

龙门石窟老龙洞北壁有初唐阿弥陀造像龛一铺，龛下刻内徙胡人贵族妇女的造像题记三行，文曰：

"清信女可敦敬造弥陀像"（图三二○）。

按龙门石窟这一石刻文献中的"可敦"（хатан），与前引云冈石窟第18窟所见柔然题记中的"可敦"，史料中亦曾写作"可贺敦""可孙""恪尊""合屯""合敦"者，系我国古代北方鲜卑、柔然、突厥、回纥、蒙古等族最高统治者可汗的正妻。《新唐书·突厥传上》谓："突厥阿史那氏，盖古匈奴北部也。居金山之阳，臣于蠕蠕，种裔繁衍。至吐门，遂强大，更号可汗，犹单于也，妻曰可敦。"《魏书·蠕蠕传》载其："大会国人，号地万为圣女，纳为可贺敦。"由此可知，龙门石窟镌刊这一造像题记的女性佛弟子，应为李唐帝国盛期入附中原的漠北王族的夫人。

图三二○
龙门石窟老龙洞北壁初唐内徙漠北贵族"清信女可敦"造像题记

81. 唐故金紫光禄大夫检校司空前左金吾卫将军兼御史大夫太原郡康公府君（赞羡）墓志铭并序

天成元年（926年）七月十四日

"曾祖　检校工部尚书。

祖琮，检校司徒。

父怀英，检校太尉兼中书令。

夫圆盖澄清，兆乎阴晦，方舆旷远，数有废兴。曜灵岂坠于轮环，望舒未销乎于圆缺。何可比于草木人伦之类乎？悲夫康公，讳赞羡，字翊圣。天滋秀异，生于贵胄。室满荣光，人惊异器。龆龀之岁，所玩尤殊。识辨之年，习业迥异。宝之可类于掌珠，命之必为于国础。及于艹岁，以父荫斋郎出身，授弘文馆校书。妙年端谨，声振簪缨。孔融之辩自然，甘氏之材迥秀。擢恩授秘校兼锡银璋。而且性蕴孤高，心思俊杰。念孔门之礼异，终愧前修；叹戎列之家风，实多故事。乃脱颃绖，除银青光禄大夫检校右散骑常侍左监门卫大将军同正兼御史大夫，仍委永平军，补充极职。兼衔内马步军都指挥使。时年弱冠，有一娶平卢军节度留后范阳郡卢太保庭彦第三女。亦甲第名家，簪裾盛族。光荣贯世，休庆谁同。而尚未逾年，睿泽忽降，又除检校工部尚书。清明自重，操行可佳。为人瑞贯于一时，作

世珍迈于前古。遂就加金紫，仍转秋卿。虽縻职于雄藩，岂淹骥足；在声光而已振，难息超腾。遂除授尚书左揆守商周刺史兼御史大夫。肃一境之风烟，尧天自碧；静四郊之疆土，舜日空悬。人歌何暮之谣，俗播来苏之化。方当政理，旋降大祸。持孝节之匪亏，报劬劳之未泯。灵芝夕见，异鸟晨窥。志道不假于走飞，奇事自闻于天子。未逾星纪，便贬渥恩，起复检校司空除淮西刺史。二天舒惨，心迎送之匪同；一带波涛，递欢谣之不尽。又以梁朝多事，国步时艰，藉其勇干之才，遂备翊垣之列。却复金紫，仍授执金。续又充内职，转近禁庭。才度周星，便蒙微恙。遂谋休退，入雄求医。冀就痊平，专欲征拜。不为秦工，不验扁鹊。无征绵历，岁时转至沉笃。及于太岁在丙戌六月二十三日，薨于洛阳，享年三十有三。葬于北邙，礼也。时公妻胤子二人，长女蔡哥八岁，次男汴哥四岁。悲夫！皓月空沉，零花艳息。痛缠手足，哀动乡闾。引丹旐之冥冥，去归有路；展繐帏之杲杲，精魄难留。由是浚悲斯方盛，哀乎陨落。惭非硕鼠之才，强谐呪笔；敢并屠龙之志，辄构斯文。为铭曰：

伟哉奇士，卓然不群；为国之祥，为时之珍；惠留赤子，功赞明君；何递凋谢，谁踵前勋。

乡贡进士房浚撰。天成元年（926 年）七月十四日左街内大德令俨书并篆，贾颙镌"（图三二一）。

82. 晋故均州刺史光禄大夫检校司徒兼御史大夫上柱国开国男食邑三百户安府君（万金）墓志
天福二年（937 年）十一月十七日

"前□□军□□□将仕郎试大理评事赵普撰并篆书

盖闻天地之间，人最为贵，方圆动静，一像乾坤。高悬日月以照临，大纳江河而灌溉。七星九曜、五岳四时者矣。公讳万金，字宝山。其生也，上禀于德星；其长也，才包于六艺。弓开似月，纷纷而射；落妖星剑掷为龙，矫矫而却迥瑞日，勇能嚼豗，力可拽牛。夜思昼行，豹略如困于玄女；左擒右纵，龙韬元受于黄公。昔从武皇破黄巢，西定紫塞，久权兵柄。擎爱日而灭妖星。明宗念以凤勋，除受□州刺史。怜其硕德，特委鱼符留伴。餬于天庭，未许归于本郡。再承宠渥，除受贝州刺史。百姓歌其来暮，一人对其去思。兴农佩犊之谣，喧喧四海；恤寡矜孤之惠，蔼蔼八弦。清泰二年（935年）除受均州刺史。露冕而六条清静，骞帏而千里恺康，赏罚既行，闾境之奸邪黜窜；恩威并布，一方之疲敝舒苏。曾讳德升，银青光禄大夫检校太子宾客、故镇武马军指挥使索葛府刺史。箭射九鸟，声震四海。入阵而六钧弓硬，临戎而丈六戈轻。祖讳重胤，银青光禄大夫检校工部尚书静塞军管内部游亭使索葛府刺史。抚绥封疆，四境之夜无吠犬，剪除奸盗，千

图三二二
洛阳邙山出土天福二年（937年）安万金墓志

里之村绝凶渠。皇讳进通，银青光禄大夫检校尚书右仆射守应州别驾索葛府刺史。长兴二年（931年）赠司空。正清如水，显令誉于八纮；恩惠如膏，展骥足于千里。妣曹氏，长兴二年赠鹿邑县太君。公即司空太君之爱子也。公本自稷契之苗裔也。始因周平王治国，六蕃来侵，将军奋剑一挥，万夫胆碎；操戈直指，八表晏清。上旌功劳，乃命氏族焉。公即将军二千年后玄孙也。初，索葛府刺史迁马军左第二军使，迁昭义军左游□马军指挥使，迁塞宁军使，迁右先锋指挥使，迁昭义军卫队指挥使，迁昭义军在城及守御左右厢都指挥使，后除严州刺史，前后指挥使，七处刺史。三任先婚何氏，长兴元年（930年）十月，内封陈留县君。生男二人，长远进，内殿直银青光禄大夫检校国子祭酒兼御史中承（丞）骁骑尉。次延超，银青光禄大夫、检校左散常侍兼御史大夫武骑尉护圣副兵马使。女一人，事梁家。次室米氏，生子一人元审，前索葛府刺史。次室王氏，生子一人元福，殿前承旨。次室张氏，生子一人韩留。次室赵氏，生女一人，事石家。公于天福二年（937年）五月奉宣令往西京请见（现）任刺史俸禄，就便养老。其年十月内，忽蒙寝疾，善终于私第，享年七十六。于十一月戊辰朔十七日甲申，与陈留县君迁祔于河南县北邙山张杨里伯乐原，礼也。普叨泰姻娅，幸沐嘉□，惭非黄娟之词，获刊翠珉之上。铭曰：

生我兮天地，毓我兮二仪；天生天煞，天地之宜；俾我七□，兵柄荷尧；云之蔼蔼，受乎三携；郡印感舜日，曦曦无由恋；□其圣代，不为顿隔；明时北邙山，白水表旌庵"（图三二二）。

83. 大晋洛京故陈留县君何氏墓志铭文并序　　　　　天福四年（939年）八月四日

　　"夫光禄大夫检校司空使持节均州诸军事州守均州刺史兼御史大夫上柱国万□（金）窃闻朝乌夕兔，尚不免于亏盈；深谷崇陵，亦难逃于迁变。矧乎五行兼济，四大相须，禀阴阳寒暑之期，处荣辱死生之数。可谓尽善尽美矣。此者永安宅兆。县君姓何，太原郡晋阳县人也。自长兴元年（930年）十月日，除授告县君。陈留何氏讳曾晏，应州别驾。祖海，代州司马。父重度，河东军押衙充节院军使。母彭城郡刘氏，夫人无邑号。右伏以县君炼玉为心，黄金比德。贞松雪静，谅韫兰芳。将期寿同龟鹤，椿柏齐坚。何图染疾缠绵，禄归地库。即巳乙亥岁天福四年（939年）六月二十五日，终于洛京水北景行坊宅斯室，年六十五□。此为哀笳□奏，起惨惨之悲风；丹兆将□，□沉沉之落日。何图夫人有终，俄归大夜。父继，儿女等□□□五人，女二人。哀长子元审，授索葛府官，新妇王氏。哀次子元进，右蕃内殿直银青光禄大夫检校国子祭酒兼御史中丞骁骑尉，新妇史氏。哀次子元□，忠勇功臣银青光禄大夫检校□散□常侍兼御史大夫充护圣右第三军第三指挥第五都副兵马使上柱国。新妇何氏。哀次子元□，殿前承旨。新妇张氏。哀次子韩留。长女十三娘，外侍石。次女十四娘，外侍梁。并哀号僻踊，孝比高柴。泣血绝浆，爰崇备礼。今于己亥岁天福四年（939年）八月四日壬寅，殡于洛城西北北邙山去京二十里河南县平洛乡张杨村，选买得地□□□□□将永别后代。其地□东西阔三十步，

南北长四十步，□□东□□□□□□□□前□望见上岗；后倚龙崗，□以四神，俱备□□来□后，恐桑田改变，□尽胤年，刊志标题，乃为词曰：

　　晋阳县君，克□为仁；□□□□，□敬□门。又词曰：

　　后穆夫人，百志修身；□□□□，四□□君；哀哉长夜，遗纳珠珍。泉门一□，再□□因；□□□□，金银□□；□□□温；夜台明月，载□问命；嗟尔□□，□□□□；□□□□，□□如何；□□□□，□□□□"（图三二三）。

图三二三

洛阳邙山出土天福四年（939年）陈留郡君何氏墓志

84. 大宋故郑州衙内指挥使银青光禄大夫检校工部尚书兼御史大夫上柱国安君（崇礼）墓志

铭并序　　　　　　　　　　　　　　　　开宝四年（971年）十月二十三日

　　"乡贡进士李象撰

　　……君讳崇礼，字同节，其先雁门人也。银青光禄大夫检校尚书右仆射讳弘璋，君之曾祖也。金紫光禄大夫检校司空兼御史大夫讳福迁，君之王父也。推忠致理佐命保国功臣河中护国军节度管内观察处置等使开府仪同三司检校太师兼中书令赠尚书令行河中尹上柱国汧国公食邑二千五百户食实封三百户讳重诲，君之孟父也。郑州防御使金紫光禄大夫检校司徒兼御史大夫上柱国讳重遇，君之烈考也。或志与道存，高卧升平之世；或德从后显，恩沾冥冥之魂；或掌密于天枢，或作藩于侯国；世官世禄，则史册具详。乃武乃文，则前志可验。此得略而不书。始者堂序八人，君冠其长。风云未集，咸怀济物之心；羽翼将舒，俱负雄飞之志。然而非奇崛之才，不可以当时用；非特达之选，不可以展大功；藏机在怀，有发必中。居一日，孟父令公于犹子之爱有择贤之心。君方弱龄，神采独秀。群弟之侔右左，卓立之情甚高。因谓郑州司徒曰：'垂积善之庆而保问望者，在此子矣！'遂奏充郑州衙内指挥使加银青光禄大夫检校工部尚书兼御史大夫上柱国。资父事君，在家形国。君严而肃，贞固有干事之能；清而通，临财念苟得之诚。未尝不忖己而度物、舍短而从长。方欲飞奏天庭，宾于王国，展骥足于东道，运鹏翼于南溟。无何，风树兴悲，顿使云衢失路，广顺元年（951年）丁郑州司徒之丧，罔极之哀，仅乎灭性。礼制有节，宦情已阑。遂毓蔬灌园，挂冠不仕。或药圃春暖，竹斋夏凉。或薜径秋吟，或桂堂冬燠。莫不履屦曳杖，携友延宾。绿杯盈卮，素琴横膝。俯接襟袂，厕杂缁黄。日居月诸，垂数十载。尝谓僚友曰：'夫饰身者文，仲尼不曰遁世无闷；毓德者道，老冉不曰养素全真。吾今袭大易之居贞，达玄元之反朴。而今而后，将欲慕大乘义、种未来因。不亦可乎？'于是闻者知君以三教饰身，百行为则。宜其享高门之庆，垂积世之勋。永践福庭，遐跻寿域。殊不知仙乡素约，内院潜期。天龄昧终吉之言，物理契无坚之喻。死其而逝，命也何征。于开宝四年（971年）正月十日，寝疾终于延福里之私第，享年五十七。呜呼！君生而不群，禀天地之淳粹；长而莅事，冠今古之贤能。晚岁退居，得盈虚之妙理；终年履道，达空寂之玄关。前所谓善始令终、贻厥无忝者，不其然乎？即以其年十月二十三日归葬于河南县平乐乡朱扬村之大茔（茔），礼也。

　　君婚高氏，早岁而亡，今卜祔焉，以尽敬也。琴调绿绮，久闻别鹤之音；剑入平津，再合双龙之气。有子二人，长曰隐珪，授将仕郎试秘书省秘书郎。婚安陆副车清河张氏

图三二四
洛阳邙山出土开宝四年（971 年）安崇礼墓志

之女。次曰十哥，尺璧寸珠，俱是成家之宝。贞松建木，咸称构厦之材。孙女一人苏姐，方在襁褓。慧悟之性，骨气已殊。庆子谋孙，渐保莫京之緜；牛岗马鬣，爰求无愧之辞。将备变迁，是兹刊勒象。幸因秋赋，泊寄伊川。见托为文，具存实录。谨为铭曰……"（图三二四）。

中古一代洛阳地区如此频见的胡人名籍，说明当年这一中原都会日常生活中流淌着浓郁的域外人文风情的格调。这种颇具时代气息的文化景观，在唐人诗词歌咏中恰有生动的流露。

如唐人冯著《洛阳道》诗云："洛阳宫中花柳春，洛阳道上无行人；皮裘毡帐不相识，万户千门闭春色；春色深，春色深，君王一去何处寻？春雨洒，春雨洒，周南一望堪泪下；蓬莱殿中寝胡人，鸧鹊楼前放胡马；闻君欲行西入秦，君行不用过天津；天津桥上多胡尘，洛阳道上愁煞人。" [800]

前引贞观三年（629 年）"户部奏言：中国人自塞外来归及突厥前后内附、开四夷为州县者，男女一百二十余万口。" [801]

中国人户史上如此引人注目、耐人寻味的载籍，的确让人们感受到公元 7 世纪初叶华戎交往时态的繁荣。而洛阳以上石刻史料显示，这些来自西域的内徙胡人，或信奉着旧邦的祆教，或宗崇于天竺的佛法。或者以军功显赫于朝堂，或者因商贸聚敛于"关洛"。或远溯家声于西极，或称贯认籍于中州，其不惟族内婚媾于部落，更有结姻于汉族名望者。其间博大恢弘气息之散发，彰显着一代民族自强不息、勇于开拓的精神境界。

---

[800] 《全唐诗》卷二一五，中华书局，1960 年，第 6 册，页 2249。

[801] 刘昫：《旧唐书》卷二《太宗纪》，中华书局，1975 年，页 37。

（八）小结

　　通过本章对唐代洛阳与丝绸之路关系的史料蒐索，我们可以看出，正是封建国家对大运河及其漕运码头地带水务管理的高度重视，促使了东都地区——尤其是洛阳城东郊伊、洛河平原（The plain of the Yi and Luo rivers）感德乡、崇义乡两个胡人侨乡——部落人众的持续增多。这些充分意识到大运河终端口岸利润率升值的兴生胡众，出于商业趋利原则的生计支配，自然将聚落选址优先设置于伊洛河夹河滩一带。

　　乡土知识告诉我们，20世纪60年代以前，由于豫西水系的稳定，伊洛河一带的河流水量，长期保持着山林筏木的运载。自洛阳至巩县南河渡入黄的一段漕河，一仍发挥着河运畅通的水务效应。笔者近期的田野调查得知，时至今日黑石关至黄河一段的伊洛河，仍旧保持有充分的船运水量（图三二五、三二六）。由此可以想见古代以降洛阳漕河水量的充沛。

图三二五
伊洛河漕运故道与黄河衔接的
"洛口水域"今貌（自北向南摄）

图三二六
伊洛河漕运故道与黄河衔接的
"洛口水域"今貌（自西向东摄）

图三二七
伊洛河漕运故道黑石关下游水畔因"税前贸易"致富的"康百万"世袭庄园

图三二八
伊洛河漕运故道黑石关下游水畔因"税前贸易"致富的"康百万"世袭庄园

图三二九
洛水岸边巩县粟特后裔康百万庄园鸟瞰

隋唐洛阳漕河贩丝运输的繁忙，盛唐诗人王维的文笔亦有真切的描述。其《杂咏三首》有谓："家住孟津河，门对孟津口；常有江南船，寄书家中否？君自故乡来，应知故乡事；来日绮窗前，寒梅著花未；已见寒梅发，复闻啼鸟声；心心视春草，畏向阶前生。"[802]

事实上，丝绸之路、大运河时代这种以"利润定位"为宗旨的经济地理学法则，直到中晚唐时代——乃至漕河存在的末期——仍然是中原地区一个富有"丝绸意义"的人文生态系统。时至"辛亥西幸"时期濒临伊洛河流域黑石关下游的巩县康店，依然有靠兴生丝绸贸易聚富的粟特人后裔"康百万"的康店庄园的存在（图三二七～三二九）。长期以来人们忽略、无视了漕河岸边、黑石关以下这一"康姓庄园"称雄河南的经济地理学和人文地理学的历史成因，折射的是学术界——尤其是豫籍学术界——对历史探索的信息麻木和心智萎缩。

漕河岸边的"康百万"庄园，是千百年来大运河输丝业绩遗留至今的一个"化石级"文化遗产，值得我们给予学术研究的关注。

---

[802]　《全唐诗》卷一二八，中华书局，1960 年，第 4 册，页 1304。

"资源分配律"是我们认识、解析人类生计取向的学理依据

2014 年 6 月 22 日 10 时许，在卡塔尔首都多哈（Doha）召开的"第 38 届世界遗产"大会上，中国大运河（The Grand Canal of China）获准列入世界文化遗产名录。这是中国的第 46 个世界遗产项目。同日下午，中国与哈萨克斯坦、吉尔吉斯斯坦联合申报的"丝绸之路：起始段和天山廊道的路网"（The Silk Road: The initial section and the network of the Ten-zan corridor）也获准列入世界文化遗产名录，成为首例跨国合作、成功申遗的项目，也是中国的第 47 个世界遗产项目。

丝绸之路申遗的成功，不但说明了人类的这一项伟大的文化业绩得到了当今国际社会的承认，同时也昭示出这一文化遗产对今后的人类社会有着十分重要的文明价值的启迪意义。毫无疑问，丝绸之路的全部形成过程，揭示了自古及今人类社会始终处于一种相互依存、不断交流的人文过程中。丝绸之路的全部形成史，向我们提出了一个"人类共同体"永恒伦理。

如果我们意欲叩问这一永恒伦理的历史成因，那么回溯人类历史上的行迹互动无疑就是我们无法绕过的一个认知结节。这从本著前所引述英国考古学家 2016 年在伦敦发掘汉人遗骸的科考实例可以获得内在的行为化启迪。

对此人们不难理解，在东汉时期国际社会交通水平远远昔非今比的生产力条件下，不远万里跋山涉水、横绝海峡的人际沟通，其间包含了多少旷日持久、难以想象的行程艰辛。

有基于此，我们认为如此跨越远洋的坚毅行为，势必有强大的后盾实力的支配与干预。

英国《每日邮报》以"两大古帝国的相遇：两具中国人骸骨如何进入伦敦的古罗马墓地"为题进行的报道，显然注意到了这种事态的背后，包含着国家层面的历史语境。

这两具亚洲骸骨的发现还有双重的文化史意义：一是进一步证明伦敦在古罗马时期就是一个多元化色彩浓厚的国际化城市；二是把中国人向伦敦移民的时间提前到中国的东汉时期（图三三〇）。

专家认为，下一步需要综合研究在古罗马帝国遗址墓地发现的骸骨，

图三三〇
2016 年英国考古工作者发掘的伦敦南华克区一座 2 ~ 4 世纪含有华人遗骸的古罗马遗址

这将有助于弄清楚究竟有多少"外国人"居住在古罗马帝国，也有助于了解那个年代的移民模式[803]。

这篇惊世骇俗的媒体报道，以英国本土考古发掘的确凿事例，指出时届中国东汉王朝的中晚期，中国汉人已经风雨无阻、暑寒不避远足于欧洲的西极。

此外，2010年意大利瓦纳立（Vagnari）发现的那具有着东亚血统的成年男子骸骨，DNA测试同样将其生活的年代锁定在2世纪的罗马帝国时期。

凡此无独有偶的考古学发现，在揭示东汉时期人类交通往来的历史实证性方面，无疑具有弥足珍贵的学术意义。

实际上，自古及今业已揭示的东西方文化史资料，以足以引起我们对沿诸丝绸之路前赴后继的人际交往，作出关乎人类生存本柢的思考。

楬橥于本书的有关历史资料，系来自于蒐集出土文物和文献图籍的时段积累。这些内涵丰富、信息错综的文化史元素，对洛阳与丝绸之路的历史联系有着内在的阐释意义。说到底，地当丝绸之路东方端点的洛阳，有隋以来担负着大运河南方输丝的繁重吞吐，从而造成国内首屈一指的域外以丝绸兴生为主体的胡人移民部落的积聚。这些赋有内在关联的历史现象，明显地揭示着东西方生存资源的差异，催生了欧亚大陆和海域的人民，为探索生存资源的地域沟通，做出了取向拓展的不懈努力。

本书围绕着东都洛阳而展开的对既有历史资料的发凡，实际上起因于作者多年来在对中外文化交流史致力学习的过程中，挥之不去地对这一历史过程的内在成因——尤其是对洛阳地区在古代国际交通地位中的历史语境——给予的初步思考。

如果人们意欲为洛阳这一城市定位找到一个带有人类根本生存意义的诠释依据，那么毫无疑义，"资源依赖（dependence on resources）""资源分配律（law of resource distribution）"和"形式优先（priority of form）"这些人类亘久以来赖以依托的生存律法则及其城际要素，正是它人文地理定位的不二之选——运河输丝的优于陆路，始终决定了洛阳与丝绸之路"商业利益最大化"的城市地位。洛阳城下含嘉仓、回洛仓依托运河建立起来的规模惊人的国家仓储设施的考古揭示，再次从"大遗址"论域证实了这座城市与大运河密迩相关的历史因缘。

---

[803] 《光明日报》驻伦敦记者林卫光：《伦敦发掘古罗马时期骸骨似为中国人 或将改写东西方文明交流史》，光明网，2016年9月26日7点43分伦敦报道。

图三三一
中古时期黄河水运核心段落八里峡悬崖绝壁上的纤道遗迹

　　文献研究已经表明，自大业元年（605年）隋炀帝发河南诸郡男女百余万开凿南运河直通江淮以来，李唐一代——尤其是中晚唐以降——国家频有"水陆转运使"行政设置的出台。于是"养蚕八度，收稻再度"南方各地，即以畅达的水运交通，与洛阳保持了稳定的输丝联系。这无疑为洛阳地区的国家储丝奠定了得天独厚的运输条件。隋唐时代洛阳地区西域胡人的增多，无疑与当地输丝条件的高度优越，有着毋庸置疑的内在联系。这一点，我们从田野考古揭示的黄河三门峡以下河段"纤道"水运的艰险工程遗迹中，即可以产生出与长安储丝无从同日而语的切实考量（图三三一）。

　　不仅如此，时至今日当人们走进两京道崤山北路石壕路段的时候，蜿蜒曲迴的盘山道辙，提示着当年山区旱路车载艰辛、劳力困乏的交通实况（图三三二）。

　　由此而可知，古代人们渴望水路运载之便利，殆为发自成本计量的价值取向的呼唤。东都大运河的南通江淮及伊洛河漕渠的开发，端的从交通代价上为东西方世界的丝绸传输提供了无比优越的价值赋予。丝绸之路因隋唐运河的开通，揭开了一个属于"划时代"意义的理性起点和效率空间！

　　实际上，正是基于新安、陕县左右崤山陆路和黄河水路规模化运载的艰辛，隋炀帝出于对帝国财政拓展的需要，遂有迁都洛阳、开凿大运河的国家决策。继此之后洛阳地区——尤其是洛都城东漕河两岸"崇义乡""感德乡"胡人部落的日益增进与行为繁密——折射出东都运河输丝规模的升级及胡人"税前贸丝"兴生主体的扩展。

图三三二
丝绸之路两京故道艰辛转输的瓶颈路段"石壕"遗迹

从经济学原理上来看待，大运河与丝绸之路的衔接，对南丝北运及西输，对东西方世界生活资源的沟通与再分配，有着效率提升的属性意义。从这一生活资源的转输效率上着眼，洛阳作为丝绸之路起点城市的历史地位，要远远高于其在空间地理学上居于东方城市这一刚性论据的支持。

本书罗列与此相关的历史文献及文物遗迹，实际上正是隋唐东都承载丝绸之路国家贸易重镇的史料库存。洛阳因大运河开通而肩负起丝绸之路"起点城市"的地位，不得不说事理有份，名至实归。

在我们看来，大业四年（608 年）大运河北段永济渠"引沁水南达于河，北通涿郡"以来，洛阳——亦或涿郡——称之为"草原丝绸之路"的起点，实际亦有同样的道理。

大运河输丝对丝绸之路兴贩贸易的巨大促进作用，就连安史之乱期间的两京丝绸运载，亦有人文史料的折射。

诗圣杜甫《哀王孙》诗中对安史之乱期间两京胡人交通的络绎不绝，便有着设身处地切骨的描述："长安城头多白乌，夜飞延秋门上呼。又向人家啄大屋，屋底达官走避胡。金鞭断折九马死，骨肉不待同驰驱。腰下宝玦青珊瑚，可怜王孙泣路隅。问之不肯道姓名，但道困苦乞为奴。已经百日窜荆棘，身上无有完肌肤。高帝子孙尽隆准，龙种自与常人殊。豺狼在邑龙在野，王孙善保千金躯。不敢长语临交衢，且为王孙立斯须。昨夜东风吹血腥，东来橐驼满旧都。朔方健儿好身手，昔何勇锐今何愚。窃闻天子已传位，圣德北服南单于。花门剺面请雪耻，慎勿出口他人狙。哀哉王孙慎勿疏，五陵佳气无时无。"对此，诗界注曰："《旧书》，天宝十五载六月九日，潼关不守。十二日，明皇自延秋（门）出幸蜀，亲王妃主俱不及从。"[804]

这种"昨夜东风吹血腥，东来橐驼满旧都"的惊人场景，端的折射了即在有唐时期两京失守的战乱年代，洛阳运河的官私输丝，一仍牵动着西来胡人不弃岁月的商业追求。

如果我们善于从"资源支配理论（Theory of resource control）"的视域去思考发生于古代丝绸之路沿线的人文事态，那么我们不难发现，颠覆盛唐根基的"安史之乱"，实际起因亦与运河输丝的利益享有与争夺存在着至关重要的内在联系。

从本著此次公布洛阳出土的两件圣武二年（757 年）同月的胡人墓志——《大燕游击将军守左威卫翊府左郎将员外置同正员内供奉上柱国赐紫金鱼袋曹公故大夫人康氏墓志》及《大燕故司膳卿阿史那公（明义）墓志》——已明显折射出内地胡人部落尤其是他们的上层人物，

---

[804] 《全唐诗》卷二一六，中华书局，1960 年，第 7 册，页 2268、2269。

对安史叛乱持有附和的态度。

毫无疑问，洛阳地区出土的这两件胡人墓志，从潜信息（Subliminal messages）层面对我们认识唐代胡人在大运河及丝绸之路转口贸易中利润积聚的丰厚有着本质的认知。

这两位在安史之乱中依附范阳军镇的胡人，前者来源于中亚的粟特，后者出身于漠北突厥的豪门。大抵由于在洛阳、范阳经营大运河输丝的贸易中从陆上丝绸之路和草原丝绸之路获得过巨额的利益，所以便参与到安禄山的反唐叛乱之中，借以鼎助这一羯胡集团能够接手东西方丝绸贸易管控的国家特权。

事实上，盛唐时代的范阳羯胡，正是得益于北运河（永济渠）的输丝涿州，从草原丝绸之路的陆路起点，获得了丰厚的贸丝利润储备，才为这次蓄谋已久的军政行为提供了有力的财赋支持。

这些来源于胡人内部的石刻文献，以地下文物特殊的原真信息及其确切的内证叙事诉求，透露出当年包括景教信徒在内的胡人部落，为争夺运河输丝与丝路贩丝利益最大化所作出的政治选择。

这样看来，洛阳与范阳，在丝绸之路上的历史地位，值得当今学界予以全新的研究。

与此同时，一些年来随着丝绸之路文化学研究的升温，丝绸之路的起点问题，亦日益为国际学术界——尤其是中国学术界——所属意。例如，洛阳与西安，谁应该是——或者说谁更有资格——担当丝绸之路起点城市的称号？

我们感到，丝绸之路的起点，不仅是一个直接的空间地理学概念，更是一个内涵丰富的人文地理学概念。如欲判定哪座城市或地区作为丝绸之路的起点，显然即有必要判定一个城市在上述地理学中的要素内涵，是否契合人们的认知盘点。历史研究已经表明，作为跨地域物质交流的一种充满调整的切实过程，资源优化的分配律无疑在丝绸之路的整个贸易史中起着根本的作用。它实际上决定了"丝路起点城市"地理选址的内在伦理。

通过本书对洛阳地理赋存和人文结构的学术剖析，我们已经可以为学界勾画出中古时期洛阳作为丝绸之路起点城市的一些带有内证性质的文化依据。这与联合国教科文组织世界遗产委员会确认汉魏洛阳城遗址、隋唐洛阳城定鼎门遗址、新安汉函谷关遗址和陕县崤函古道石壕段遗址 4 项遗产为丝绸之路入选遗产点有着完全一致的事理基础。

在本书长达十年的写作过程中，社会各界曾经遇到过长安、洛阳争当"丝绸之路起点城市"的热点议题。时至今日，以"大唐气象"雄踞中国古都峰域的西安，则每每以"西市"遗迹、玄奘与大雁塔等规格极高的文化遗存，唱响了"丝绸之路起点城市"文化命题。

人所共知，以人文积淀称冠古今中外的八百里秦川，在世人心目中毫无疑问有着华夏腑藏、文明宝库的精神感受。所以，从中国古都史的视域考虑，西安之称雄方外内服，绝对不致招来人们的妄言与非议。

但是，任何事物的存在，都有其赖以赋存的充分条件和必要条件。人们不能因为长安之雄峙于中国古都文明的高端，便可以任意地赋予它任何带有光鲜寓意的城市徽号。

在丝绸之路"起点城市"的问题上，当今的西安和洛阳，甚或发生过学术"分庭"及人事"抗礼"的活剧。这一观念事态的背后，其实更多地透视着两地文化阶层"热爱家乡"的传统意识！否则，这一激荡多年的社会舆论的背后，就不会出现长期以来缺乏有力的学术论著的理念支撑这种遗憾。这不能不说是当代"两京"学术的一个带有突出时代特征的理性短板。

置身于上述事态之外的我们，通过这次周章岁月的学术实践，感到面对如此富有文化魅力的丝绸之路的科研课题，我们应该以冷静周密的理性思考和铸以时日的学力实践，对贯穿于这一人类文化遗产上的这类无容回避的学术问题，做出理所应尽的研究致力。

在这一学术活动中，我们认为大家应以博大开放的史学胸怀，摒弃情感意识下的"畛域之见"，赋予一座"符号城市"以本真的历史面貌，从而为"丝绸之路"的学术研究铺就一个理性的起点。这才是我们面对一项历史文化遗产应该抱定的实事求是的治学态度。

学术活动似乎与乡土激情有着难以释怀的不解之缘，但激情本身替代不了严谨、科学的学术理性和实践。学术浮躁与城市浮夸的当下生态，已有必要引起东方学术界的冷静反思与认真对待。

图三三三
德国地理学家，地质学家李希霍芬（Ferdinand Paul Wilhelm Richthofen, 1833 年 5 月 5 日至 1905 年 10 月 6 日）

在本课题即将步入尾声的时候，我们由衷地感受到有关洛阳与丝绸之路的学术课题，除了因缘于这一九朝故都历史文化含量深厚、气象博大的历史赋存足以构建起一个内涵丰富的研究项目之外，一百多年以来中外学术前辈们矢志不渝、筚路蓝缕探险洪荒绝域、著述焚膏继晷的事业引领，无疑更是我们高山仰之、景影行之的人生夙愿。

近代丝绸之路学术史上诸如德国地理学家、地质学家李希霍芬（Ferdinand Paul Wilhelm Richthofen，1833 年 5 月 5 日至 1905 年 10 月 6 日）（图三三三），英国探险家、考古学家、艺术史家斯坦因（Marc Aurel Stein，1862 年 11 月 26 日至 1943 年 10 月 26 日）（图三三四），瑞典地理学家、探险家斯文·赫定（Sven Hedin，1865 年 2 月 19 日至 1952 年 11 月 26 日）（图三三五），中国著名语言学家、历史学家季羡林（1911 年 8 月 6 日至 2009 年 7 月 11 日）（图

图三三四
英国探险家、考古学家、
艺术史家斯坦因（Marc
Aurel Stein，1862 年
11 月 26 日至 1943 年
10 月 26 日）

图三三五
瑞典地理学家、探险家
斯文·赫定（Sven Hedin，
1865年2月19日至1952年
11月26日）

图三三六
中国著名语言学家、历史
学家季羡林（1911年8月
6日至2009年7月11日）

三三六）等学林泰斗及其令人赞佩的学术成果，无时不刻激励着我等学术晚辈虔虔循行的学业实践。

正是在上述学术前辈们事业成就的启发、感召之下，在不断探索的学术践行中，我们始能参悟到所有这些继往开来的文化学研究的实践积累，其基本的出发点，无一不在指向揭示丝绸之路现象对人类生活关系良性取向的启迪意义。

2013 年 9 月 7 日，中国国家主席习近平出访哈萨克斯坦，在纳扎尔巴耶夫大学提出共同建设"丝绸之路经济带"的设想；同年10月，习近平在印度尼西亚提出共同建设"21 世纪海上丝绸之路"。自此，"一带一路"的倡议走进世界视野，逐步引发了全球的共鸣。

2018 年 8 月 27 日，习近平在北京出席推进"一带一路"建设工作 5 周年座谈会上发表讲话，明确提出共建"一带一路"不仅是经济合作，而且是完善全球发展模式和全球治理、推进经济全球化健康发展的重要途径。他表示，共建"一带一路"顺应了全球治理体系变革的内在要求，彰显了同舟共济、权责共担的命运共同体意识，为完善全球治理体系变革提供了新思路、新方案。共建"一带一路"正在成为我国参与全球开放合作、改善全球经济治理体系、促进全球共同发展繁荣、推动构建人类命运共同体的中国方案。

这种充分借鉴了古代丝绸之路惠赐人类社会往来、经济交流良性模式的当代政治理念，不仅赢得了全球各国广泛地称赞和参与，从而散发出巨大的国际政治的意义，而且在文化理念上促使了我们对发生在古代人类文明史上的这一交通动脉的重大价值的持续思考与解读。

这样看来，自古及今丝绸之路这份丰厚的历史遗产既然属于世界人民的一个永恒的使命课题，那么我们即有责任从阐释学（herme-neutics）的研究方法入手，对这一人类文化遗产的历史总程作出认真地复原研究。这种有益于发掘人类优秀历史遗产的专业活动，应该责无旁贷地落在有志于担当文化人类学研究的每一位学界同仁的肩上。

愿学界有更多、更好的丝绸之路学术著作不断地问世！

后 记

　　呈现在读友们面前的这本拙撰，是十年来我与家父张乃翥先生于京、洛两地之间时断时续整理出来的一部有关洛阳与大运河输丝贸易的学术积稿。

　　其实，父亲几十年来关注的学术焦点，主要设定在洛阳地区此前出土的一批含有域外艺术特质的石刻文物、墓葬明器和大遗址建筑遗迹的文化学梳理与探讨。这应该与他几十年来供职于龙门石窟这一世界文化遗产单位学术研究的专业对口有着很大的关系。

　　2009 年，我与父亲写作的《洛阳与丝绸之路》一书在北京出版。在这本书的成稿过程中，我们重点关注了洛阳与西域方向文化交往的历史素材——对于期间蒐集到的一些来自丝绸领域的具体考古信息，考虑到该书主题的取向所指，并未纳入我们取材的当务之选。

　　记得当时父亲曾经告诉我，中国丝绸史料的本身，象其他任何历史资料一样，始终都有着它们固有的核心科研价值。但是，这些宝贵史料的学术利用——尤其是将它们纳入到与我国整体考史有关的学术用场——现在还不到可行的时候。这些材料的发掘使用，应该着眼于中国古代史整体场域的综合需要。只有这样的学术取向，才能体现出这一物象史料对人类文明的揭示，具有着得天独厚的资源性价值。

　　始料未及的是，十余年后的今天，中国丝绸文物考古资料的集束发现，会成为我们这部书稿无以割舍的文化史资料。

　　大家或许记得，2005 年前后，中国学术界对"丝绸之路起点城市"曾经有过一场"竞争之谊"的演绎——西安、洛阳两地的学人，甚至有着同台"自话自说"的戏剧性过节。

　　学术界与其他社会群体同样，有些争执应该属于十分自然的现象。但我们纵观这一争执的背后，却没有哪一方拿出以理服人的科研说辞支持自己的界说。散发其间的城市自豪感的实质性构架，不过是家乡情感的宣泄而已，这充其量只能暴露出有关学人的视域局限和理性肤浅。

父亲与我谈到，作为一位洛阳人，他本人不会参与洛阳、西安"丝绸之路起点城市"的吸睛之争，因为这无助于相关真理的学术揭示。这种事情背后浸染的学术浮躁，是他几十年来深恶痛绝、决不与流的心中块垒。当时他就嘱咐我，要踏踏实实做一些中国与域外文化交流的历史资料的深入发掘和系统积累，以期用文化史资料的本身，来揭示世界文明史上那些赋有有机网络意义且具有客观说服力的时代真实。

当我把这本书稿最后的定本请父亲过目时，他让我指出书中的哪些部分可曾涉及了丝路"起点城市"的问题。阅读中，父亲缓缓点头说道，"尚可，看来也只有这样下笔了"。我如释重负，算是为过去十几年来的学习、劳动画上了句号。

本书的出版得到了文物出版社的鼎力支持，意大利汉学家、广州美术学院毕罗（Pietro De Laurentis）教授为本书挥毫题签，也是我们引以为友谊的佳话。

谨以此书献给我的祖父张荣观先生、祖母韩瑞芝女士。祖母早逝，无缘一见。祖父的清癯、手杖和某年春天的那束野花，将永远留驻我的心田。

张成渝

2022 年 10 月 3 日于燕园

丝从东方来
SILK COMES FROM THE EAST

隋唐洛阳城东运河两岸的
胡人部落与丝绸之路的东方起点

Central Asian Settlements along the Banks
of the Grand Canal in Sui-Tang Luoyang and
the Eastern Starting Point of the Silk Road